陕西师范大学人文社会科学
高等研究院项目（GYY202101）

史记学论稿

张大可 著

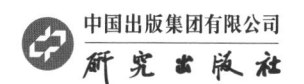

中国出版集团有限公司
研究出版社

图书在版编目（CIP）数据

史记学论稿/张大可著.--北京：研究出版社，2025.4
  ISBN 978-7-5199-1566-7

Ⅰ.①史… Ⅱ.①张… Ⅲ.①《史记》—研究 Ⅳ.①K204.2

中国国家版本馆 CIP 数据核字 (2023) 第 180230 号

出 品 人：陈建军
出版统筹：丁 波
责任编辑：于孟溪 孔煜华

史记学论稿

SHIJIXUE LUNGAO

张大可 著

研究出版社 出版发行

（100006 北京市东城区灯市口大街 100 号华腾商务楼）
北京中科印刷有限公司印刷 新华书店经销
2025 年 4 月第 1 版 2025 年 4 月第 1 次印刷
开本：880 毫米 ×1230 毫米 1/32 印张：14.375
字数：359 千字
ISBN 978-7-5199-1566-7 定价：88.00 元
电话（010）64217619 64217652（发行部）

版权所有·侵权必究
凡购买本社图书，如有印制质量问题，我社负责调换。

作者简介

张大可 1940年生,重庆市人。1966年毕业于北京大学中文系古典文献专业。先后任职兰州大学历史系教授、北京外国语大学中文系教授兼中文系副主任、中央社会主义学院教授。现任陕西师范大学人文科学高等研究院特聘研究员、中国历史文献研究会常务理事、中华伏羲文化研究会常务理事、中国史记研究会会长。

作者研究方向,主要在中国历史文献学、秦汉三国史两个学术领域,发表学术论文一百余篇,尤长于《史记》与"三国史"的研究,在学术界独树一帜。作者1985年出版了论文集《史记研究》、1988年出版了论文集《三国史研究》,是新中国成立以来第一个出版《史记》研究与《三国志》研究个人论文专集的学者。2011年获中国史记研究会学术成就奖。出版学术论著二十二种,八百余万字,主要有《史记研究》《司马迁评传》《史记论赞辑释》《史记文献研究》《史记精言妙语》,《三国史》《三国史研究》《中国文献学》等。长期从事"全新样式古籍整理"的研究开拓与实践工作,主创、主编"中国六大史学名著整理"与《史记疏证》两大全新样式古籍整理学术工程,六千余万字。主编高校教材三种《中国历史文选》《中国历史文献学》《史记教程》。主编大众读物《中国历史人物评传丛书》等数十种。全国三十一家出版社已出作者主创、主编学术论著、教材、古籍整理作品、大众读物总计一百零二种。作者个人主创达六千余万字,主编四千余万字,合计字数一亿零二百万字。有六部学术论著获省部级优秀图书奖。《中国历史文选》2007年入选教育部普通高等教育"十一五"规划国家级教材，2008年获高教司普通高等教育精品教材奖。2013年商务印书馆出版《张大可文集》十卷。

内容提要

《史记学论稿》，全书十五章，是作者以其四十年来《史记》研究深厚积淀为基础，对"史记学"所作全面系统性探索，因自谦为瓦釜雷鸣，故题称"论稿"。全书对司马迁其人及《史记》其书做了全面系统的考论评说：对司马迁思想和《史记》内容做了深入的探讨与评析；对《史记》的语言成就，对《史记》问世两千多年来的流传与"史记学"的形成与发展等，做了简洁明快的总结与评析；对如何评价司马迁所写《史记》的成就，以及《史记》在世界文化思想史上的地位和影响，提出了作者的一家之言；对《史记》版本进行了梳理。本书旨在开启《史记》研究的新思路，是一部内容丰富而又深入浅出的学术论著，既可供高等院校开设《史记》专修课作参考教材，也可供《史记》爱好者阅读。

目　录

引言　/ 001

第一章
导论——《史记》的民族凝聚力与当代《史记》研究　/ 005
第一节　《史记》的民族凝聚力　/ 006
第二节　《史记》问世以来研究成果回顾（汉—公元 2000 年）/ 008
第三节　当代《史记》研究步入黄金时代　/ 012
第四节　中国史记研究会十五年　/ 017

第二章
司马迁才、学、识、德的修养　/ 031
第一节　源远流长的史官世家　/ 031
第二节　司马迁多彩的人生　/ 036
第三节　蒙冤受腐刑，发愤著书　/ 047

第三章
《史记》产生的历史条件　/ 058
第一节　大一统时代的呼唤　/ 058
第二节　司马谈发凡起例　/ 060

第三节　司马迁完成一代大典　/ 062

第四节　父子两代人的心血结晶　/ 068

第四章
成一家之言的创作宗旨　/ 070
第一节　究天人之际　/ 071

第二节　通古今之变　/ 076

第三节　成一家之言　/ 080

第五章
《史记》体制　/ 085
第一节　宏大的五体结构　/ 086

第二节　《史记》经络互见法与重复累书　/ 090

第三节　《史记》史论"太史公曰"　/ 099

第四节　《史记》一百三十篇标题　/ 103

第六章
史家之绝唱　/ 110
第一节　纪传体的特点　/ 111

第二节　《史记》书法——记事实录　/ 114

第三节　司马迁的历史观　/ 124

第四节　《史记》对中国史学的贡献　/ 133

第七章

无韵之《离骚》 / 139

第一节　司马迁发愤著书，其思想与屈原相通 / 140

第二节　《史记》的抒情性与悲剧性 / 144

第三节　司马迁的写人艺术 / 150

第四节　司马迁的文学观 / 158

第五节　《史记》对中国文学的贡献 / 163

第八章

国学之根柢 / 167

第一节　《史记》是中国古代三千年民族文化之浓缩 / 167

第二节　继往开来的百科全书 / 169

第三节　《史记》为人伦立则，是一部道德伦理教科书 / 174

第九章

资治之宝典 / 184

第一节　国家建构要与时俱进，不断更化革新 / 184

第二节　司马迁笔下的明君 / 187

第三节　司马迁笔下的贤臣 / 191

第四节　司马迁开明的政治理想 / 194

第十章

司马迁的国家观（上） / 197

第一节　三千年的王朝更替，走向大一统的国家建构 / 197

第二节　非德不昌，施政之本要关爱民生　/ 209

第三节　四海皆兄弟，华夏各族是一家　/ 228

第十一章
司马迁的国家观（下）　/ 242

第一节　非兵不强，武备是立国之柱石　/ 242

第二节　《史记》是一部古代最完备的战争史　/ 248

第三节　司马迁写历史转折的三大战役　/ 253

第十二章
《史记》的语言成就　/ 280

第一节　典范的叙事散文语言　/ 280

第二节　个性化的人物语言　/ 291

第三节　对民间语言的吸收与提炼　/ 300

第四节　各色语言技巧　/ 306

第五节　讽刺艺术　/ 320

第六节　雄健、峻洁、婉曲的语言风格　/ 328

第十三章
史记学的形成与发展　/ 338

第一节　汉唐时期的《史记》研究　/ 338

第二节　宋元明清及近代的《史记》研究　/ 343

第三节　现当代的《史记》研究　/ 348

第四节　马班异同成为一门学问　/ 354

第五节　中国台湾地区的《史记》研究　/ 370
第六节　《史记》在海外的流传　/ 374

第十四章
《史记》版本　/ 383
第一节　宋代以前的古抄本　/ 383
第二节　三家注刻本　/ 385
第三节　《史记》评林本　/ 394
第四节　《史记》百衲本　/ 398
第五节　《史记》的通行版本　/ 399
第六节　中华书局点校本　/ 400

第十五章
司马迁在世界文化思想史上的地位和影响　/ 402
第一节　司马迁与希罗多德　/ 402
第二节　司马迁与普鲁塔克　/ 408
第三节　司马迁在世界文化思想史上的地位和影响　/ 412

附录一　史圣颂　/ 418
附录二　历代《史记》研究论著索引　/ 424
附录三　主要参考书目　/ 444

引　言

　　《史记》是中国历史上一部体大思精的历史著作，同时又是一部优秀的文学传记著作，西汉司马迁撰。

　　司马迁，字子长，西汉左冯翊夏阳（今陕西韩城芝川镇）人。他生于汉景帝中元五年（前145），卒于昭帝之初（前86年左右），享年约六十岁（从王国维说）。司马迁的一生恰与雄才大略的汉武帝相终始。其时正值西汉鼎盛时期，也是中国封建制度确立以后的第一个盛世，政治、经济、军事、文化各方面都出现了空前蓬勃发展的局面。司马迁生活在这个盛世，完成了空前的历史巨著，可谓应运而生，成就了中国史学史上的一项大事业。

　　司马迁是我国古代最有创造天才的历史学家和文学家之一。他有着崇高的人格、顽强的毅力和卓越的史才，所以在两千多年前就写出了一部具有世界史性质的中国古代通史，即纪传体《史记》。这是一部体系完整、规模宏大、气势磅礴、识见超群的历史巨著，并且是传记文学的典范。两千多年来有不可胜计的中外学者阅读和研究它，并给予了崇高的评价，从而形成了一个专门的学术体系，即"史记学"。司马迁给中华民族带来了光荣，给华夏子孙留下了一份最珍贵的文化遗产。

中国近代思想家梁启超，在 20 世纪初倡导新史学之际，十分推崇《史记》，提出把《史记》引入高校课堂的想法并付诸实践，颇具远见。1949 年新中国成立后，中国的"史记学"研究分为大陆与台湾地区两支发展，各自都取得了优异的成绩。而后，中国大陆、中国台湾地区与日本的"史记学"形成鼎立格局。20 世纪 80 年代以来，大陆的"史记学"研究迅猛发展，已持续四十年（1980—2020），成为学术界的一个热门课题，研究队伍迅速壮大，研究成果以加速度的趋势递增，许多高等院校开设了专门的《史记》课，有的高校还成立了《史记》研究室，特别是中国史记研究会成立，组织团队攻关，创立跨世纪界碑学术工程等，这些都标志着当代《史记》研究步入了一个黄金时代。适逢其会，这是我们这一代人的骄傲。

本书是笔者首次对"史记学"所作的系统性全面探讨。在本书之前学术界有多种"史记通论"问世，实质也是对"史记学"框架的探索。笔者在改革开放之初，从 1981 年起在兰州大学历史系开设《史记》专修课十年，至 1990 年，伴随教学对《史记》进行了全面系统的专题研究与文本解读，相继推出了《史记研究》论文集、《史记论赞辑释》《史记全本新注》等论著。[①] 嗣后，笔者出版多种《史记》专论，有《司马迁评传》《史记文献研究》《史记十五讲》《史记精言妙语》，以及近年来的《史记史话》《〈史记〉导读十讲》《司马迁生年研究》《史记疑案——争议千年的十大疑案研究》《史记中的宴会》《史记讲义》

---

① 《史记研究》，甘肃人民出版社 1985 年版；《史记论赞辑释》，陕西人民出版社 1986 年版；《史记全本新注》，三秦出版社 1990 年初版，现已出第四版。

《十三堂史记通识课》等①。2001年,中国史记研究会成立,笔者主持编写《史记教程》《史记学概要》,用作高校《史记》专修课教材②。以此为基础,笔者对"史记学"作了架构。全书十五章,对司马迁其人及《史记》其书做了全面系统的考论评说:对司马迁思想和《史记》内容进行了深入的探讨与评析,对《史记》问世两千多年来的流传,以及《史记》的成就和在世界文化思想界的影响进行了总结,对"史记学"研究范围,以及开拓新领域的研究路径作了勾勒。此外,"史记疑案"应是"史记学"研究的范围,因其内容较多,笔者另行建构一本专论,题名"史记疑案——争议千年的十大疑案研究"与本书并行出版,故"史记疑案"不在本书中做研讨。

本书原拟用"史记通论"之名,目的就是要凸显《史记》这部国学根柢书,加一个"学"字,彰显《史记》自成"一家之言"。言者,议也,即"学"也。司马迁独树"一家之言"的《史记》,将伴随历史的推移,日益普及,成为平民大众的读物,即所谓人人必读的国学根柢书。笔者早在四十年前,20世纪80年代初在兰州大学历史系开设《史记》专修课时就提出了建设"史记学"的课题,近年已有学者推出了"史记学"的建构论著。笔者认为作为一门学科来建设,还要加强"《史记》研究如何走向现代化"这一课题的研讨,笔者数十年的探

---

① 《司马迁评传》,南京大学出版社1994年版;《史记文献研究》,民族出版社1999年版;《史记十五讲》,国家图书馆出版社2010年版;《史记精言妙语》,中州古籍出版社1999年版;《史记史话》,国家图书馆出版社2015年版;《〈史记〉导读十讲》,人民出版社2019年版;《司马迁生年研究》,商务印书馆2019年版;《史记疑案——争议千年的十大疑案研究》,研究出版社2023年版;《史记中的宴会》《史记讲义》两书,线装书局2022年版;《十三堂史记通识课》,四川文艺出版社2023年版;《史记》精编本(解读《史记》十大名篇),四川文艺出版社2023年版。

② 《史记教程》,华文出版社2002年初版,商务印书馆2010年再版。《史记学概要》,收入二十卷本《史记论著集成》,为第三卷,商务印书馆2015年版。

索自认还不成熟，留待贤者。因此，最终将本书定名为《史记学论稿》更接地气。笔者推出本书，将《史记》一书的体例内容、文献价值、成书条件、流传情况、作者经历，以及其所取得的成就及对中国和世界的影响悉数道来，对于雅爱《史记》的人，或有重要意义，可以起导读的作用。笔者借本书的推出与广大《史记》爱好者分享心得、交朋友。最后，有两点特别交待，一是本书行文中插入的整段引用文字，别为一段用楷体，彰显引文的价值；二是行文引用的古代文献，原文中的常用通假字，直接改用当今的简体字，使行文畅达，贴近大众读者。这两点交待，可视为凡例。

以上是为引言。

第一章 导论——《史记》的民族凝聚力与当代《史记》研究

在中国传统文化国学精品中,《史记》是无与伦比的"百科全书",它有取之不尽的思想源泉,哺育着一代又一代人的成长,具有非凡的凝聚作用。这一特殊的历史价值与地位,使《史记》成为中国人的根柢书。司马迁的思想、精神、人格对中国知识阶层、对中华民族产生了不可估量的影响,以至于有人说,文史工作者不研究司马迁和《史记》,就不知文化研究从何谈起。随着时间的推移,《史记》日益普及,研究队伍不断扩大,由古及今,每一个时代都有一长串的名流学者涉足这一领域。汉代学者班彪、班固父子,文献学家刘向、褚少孙,哲学家扬雄、王充;唐宋韩愈、欧阳修等八大家,史学家刘知几、郑樵,哲学家程颢、程颐、朱熹等数十人;清代的考据大家与文史哲各界学术泰斗如顾炎武、王鸣盛、钱大昕、赵翼、万斯同、王念孙、阎若璩、章学诚等,不胜枚举;近代的梁启超、刘师培、王国维、胡适、鲁迅、郭沫若、侯外庐、范文澜、钱穆、施之勉、朱东润、程金造、陈直;今人杨向奎、钱锺书、蔡尚思等广为人们所熟知。当代文学、史学、哲学以及自然科学各界无不涉及《史记》研究,阅读欣赏的人也日益增多。《史记》为何有如此大的魅力?它的生命之树为何长盛不衰?本章接续"引言",深入展开,下分四个节目来谈。

第一节 《史记》的民族凝聚力

《史记》是无与伦比的"百科全书",具有非凡的凝聚作用。它有三大特点,分述于次。

1. 民族文化的浓缩

《史记》沉淀中国古代三千年文明史,是民族文化之浓缩,可以说这是凝聚力的核心,表现在四个方面。其一,《史记》是我国第一部通史;其二,《史记》的编纂过程是我国历史上第一次系统的大规模文献整理过程;其三,司马迁第一次记载了周边各民族的历史,主张华夏各族是一家;其四,《史记》是熔铸了各民族共同心理的历史哲学著作。

2. 历史与文学的成就遗泽后世

《史记》作为历史书,是一部体大思精的著作。体大,是指《史记》的五体形式,囊括中外,贯通古今,内容丰富,无与伦比;思精,是指《史记》内容的全面性、系统性和进步性。《史记》所述历史内容表现的社会结构,以人为主体,在中国乃至整个人类文化史上,是首次体现历史是"人"的社会活动的发展史。《史记》全书记载了四千多个人物,立传人物三百多个,五体中记载人物的篇目达一百一十二篇。以人为中心,就要写出活生生的人的活动,从而锤炼写人艺术,创造了历史与文学统一的范例。所以,《史记》的纪传在中国文学史上又是传记文学的典范。司马迁写历史人物,不是记流水账,而是选取生活中典型的事迹突出人物的特点。在司马迁笔下，人物个性鲜明，一个个呼之欲出。司马迁之所以能成功地完成历史人物的典型塑造，这是从属于他的理想的。司马迁以人物为中心写历史，其目的就是要用活生生的历史人物来警醒世人，寓褒贬，别嫌疑，明是非，使社会各色人物都能在《史记》中找到自己的影子，以史为鉴，追求自己的人生。所以《史记》行世，长盛不衰，成为人们提高素质、锤炼修养的必读教科书。《史记》创造历史与文学统一的艺术价值可供人们欣赏，也是它生命之树长青的原因之一。鲁迅评价《史记》为"史家之绝唱，无韵之离骚"，揭示了个中道理。

3. 司马迁崇高的人格、创新的精神、忍辱负重的意志，激励有志者奋发有为

司马迁说："君子所贵乎道者三：太上立德，其次立功，其次立言。"[1] "三立"精神就是司马迁的人生观。他由于受李陵之祸而痛不欲生，但想到《史记》未完成，又坚强地活下来，将全部愤怒倾注于《史记》中。司马迁在《报任安书》中有一段名言："人固有一死，或重于泰山，或轻于鸿毛，用之所趋异也。"如果人的一生，不能对社会作出贡献，仅仅以一死来与黑暗进行抗争，就如同"九牛亡一毛，与蝼蚁何异！"司马迁在《孔子世家》和《伯夷列传》中，引圣人孔子之言："君子疾没世而名不称焉。"他在《太史公自序》中记载了父亲司马谈的临终遗言："且夫孝，始于事亲，中于事君，终于立身，扬名于后世，以显父母，此孝之大者也。"立身扬名为孝道的最高准则，这是司马迁借父亲之口提出的新颖见解。这种见解标志着司马迁在生与死的抉择中形成了以立名为核心的荣辱观，司马迁又将其上升成为发愤著书说。其言曰：

---

[1] 《与挚伯陵书》，载皇甫谧《高士传》。

> 古者富贵而名磨灭，不可胜记，唯倜傥非常之人称焉。盖西伯拘而演《周易》；仲尼厄而作《春秋》；屈原放逐，乃赋《离骚》；左丘失明，厥有《国语》；孙子膑脚，《兵法》修列；不韦迁蜀，世传《吕览》；韩非囚秦，《说难》《孤愤》；《诗》三百篇，大底贤圣发愤之所为作也。此人皆意有所郁结，不得通其道，故述往事、思来者。①

司马迁感情激荡，如波涛滚滚，一泻而下，说明他要发愤著书，效法古人，把自己的全部精力和热血倾注在《史记》之中，以成"一家之言"。司马迁于是从个人的悲怨中解脱出来，忍辱著书，留下了宝贵的实录作品。

司马迁的人格是崇高的，他认为只有那些能够经受得起艰难环境磨炼的人，才能作出一番大事业来。这一认识不但激励了他自己，而且也启迪后人深思。他的"发愤著书"说，在文学史上产生了深远的影响。唐宋八大家中的韩愈提出"不平则鸣"的文学主张，欧阳修提出"诗穷而后工"的观点，就是对"发愤著书"说的继承和发扬。司马迁自己成功的伟大创作，更成为人们学习的样板，因而《史记》的生命之树长青。

第二节　《史记》问世以来研究成果回顾
（汉—公元 2000 年）

本节以两千多年来的《史记》研究总成果作背景对照，以见发展

---

① 《报任安书》，载《汉书》卷六二《司马迁传》。

趋势。下列三表统计两千多年来的"史记学"发展的总成果，分为四个发展阶段，在比较中评估当代的《史记》研究，探索它的发展趋势。时间断限：古代，数据统计从汉至清末，时间跨度2000年；近代，数据统计从1905年到1949年，时间跨度45年；现代，数据统计从1950年到1979年，即新中国成立后的前30年；当代，数据统计从1980年至2000年。[①] 阶段的划分是以《史记》研究成果的内容所含时代性与研究方法的更新为依据，只代表笔者的一家之言。当代《史记》研究还未到达顶点，其发展势头还将持续一个相当长的时期，直至界碑工程的出现，可告一段落。其标志是多项总结性的界碑工程告竣或大体结束。三表数据统计的资料来源有四项：一是1957年中科院历史所编印的《史记研究的资料和论文索引》，二是1989年兰州大学出版社出版的杨燕起、俞樟华合编的《史记研究资料索引和论文专著提要》，三是1995年陕西人民教育出版社出版的徐兴海主编的《司马迁与〈史记〉研究论著专题索引》，四是张大可、俞樟华等人主持编撰的《史记研究集成》第十四卷论著论文《索引》。论文与论著的篇、部以及作者人数，均按上述四种资料条目计数。现代、当代的数据统计只限于中国大陆，截至2000年，未包括中国台湾地区。表见后。[②]

《史记》研究的四个发展阶段，古代与近代为传统《史记》研究，偏重微观，在名物典章、地理沿革、文字校勘、音韵训诂、版本源流，以及疏解、读法、评注等方面下功夫，方法是抄撮材料，排比引证，集甲说乙云，这就是传统注疏与乾嘉考据的治学方法，唐代形成的《史

---

① 这里的古代、近代、现代、当代依"史记学"的发展划分，为笔者一家之言，大体依政治史的时代划分而略有出入，特此说明。
② 《史记研究集成》十四卷，华文出版社2005年出版。该书《索引》数据统计截至2000年，2015年商务印书馆再版，更名《史记论著集成》，二十卷，数据收至2012年，并已包括台湾。本书这里所引据的为商务印书馆将于2025年推出的《史记疏证》第三十四册《索引》，又作了校正，统计数据有微调。

记》三家注是传统方法的一个界碑。传统方法历经两千多年没有多大改变。古代存世的 101 部论著,均属微观"文献研究"。近代研究是一个过渡时期,仍侧重"文献研究",对《史记》的宏观研究已引起了重视。

表一 论文统计

时代	篇数（篇） %	字数（万） %	作者人数（人） %	人均篇数
古代:2000 年（汉—清）	1435 38.7%	100 6.5%	385 21.4%	3.7
近代:45 年（1905—1949）	228 6.2%	200 12.9%	164 9.1%	1.4
现代:30 年（1950—1979）	206 5.6%	150 9.7%	169 9.4%	1.2
当代:21 年（1980—2000）	1835 49.5%	1100 71.0%	1079 60.0%	1.7
合计	3704	1550	1797	2.1

注：数据四舍五入，保留小数点后 1 位，故存在不等于 100% 的情况。

表二 论著统计

时代	部数（部） %	字数（万） %	作者人数（人） %	人均部数
古代	103 32.2%	3000 31.3%	98 38.4%	0.98
近代	35 10.9%	950 8.4%	30 11.8%	1.0
现代	26 8.1%	800 8.2%	21 8.5%	1.43

续表

时代	部数（部） / %	字数（万） / %	作者人数（人） / %	人均部数
当代	156 / 48.8%	5000 / 52.1%	106 / 41.4%	1.6
合计	320	9750	255	1.25

注：数据四舍五入，保留小数点后1位，故存在不等于100%的情况。

表三　论著分类统计

时代 / 部数	文献研究 部数 / %	考证	全本注疏	辑佚	资料	思想研究 部数 / %	论著	论文集	评传	工具书	白话史记	选本	通俗读物	其他
古代 / 101	101 / 100%													
近代 / 31	13 / 41.9%	12	1			14 / 45.2%	14			1		3		
现代 / 30	5 / 16.7%	4	1			2 / 6.7%	1	1		2		13	5	3
当代 / 131	8 / 6.1%	1	4	1	2	54 / 41.2%	39	12	3	9	6	20	29	5

注：数据四舍五入，保留小数点后1位。表中所列为笔者目见作品。

依据上述三表的统计数据，历代研究《史记》的作者 2052 人，留下的论文有 3704 篇，著作 320 部，总字数 1.1 亿多字，这是其他古籍研究不可比拟的。《史记》日益走向普及，生命之树长青。20 世纪 80 年代以来的当代《史记》研究更是一个热门课题，每年发表的学术论文持续在百篇以上。上述三表只统计了当代《史记》研究头二十年，即从 1981 年到 2000 年间的数据，当代论文论著作者达 1185 人，发表论文 1835 篇，出版论著 156 部，总字数 6100 余万字。当代 20 年与历代 2000 余年总量相比，论文占 49.5%，论著占 48.8%，总字数占 55.5%，作者人数占 57.7%。综合评估占总量之半。这足以说明当代《史记》研究步入了一个黄金时代，即"史记学"空前高涨的发展时期。详下第三节。

第三节　当代《史记》研究步入黄金时代

当代《史记》研究的发展趋势是提高与普及双向发展，前者总结，后者开拓，盛况空前。主要标志有以下四个方面。

1. 队伍宏大，成绩显著

据前文表一、表二的数据统计，《史记》问世 2000 多年来有论文总量 3704 篇，论著总量 320 部，总字数 1.1 亿多字，作者 2051 人，当代 20 世纪 80 年代以来的二十年间的研究成果占 2000 多年来总量之半。新世纪来临的头二十年，即当代《史记》研究的第二个二十年，公元 2001 至公元 2020 年，《史记》研究的论著与论文又成倍增长，这二十年间，《史记》论著 200 多部，论文 6000 余篇，新增作者

200 余人。

2. 方法更新，中青年学者大放异彩

20世纪80年代是老中青学者共展宏图的时代。例如20世纪80年代初展开的司马迁与公羊学的讨论，杨向奎首发其端，张维华继之于后，他们两位是老一辈专家。陆永品、施丁、吴汝煜是中年学者，赖长杨是崭露头角的青年学者。司马迁与公羊学这一课题，正是在老中青学者共同参与的热烈争鸣中取得突破的。中青年学者视野开阔，锐气旺盛，引进了系统论、比较研究等新方法，许多重大课题的攻关在他们手中完成，已出版的有分量的著作十之八九也出自他们之手。白寿彝《史记新论》(1981)、程金造的《史记管窥》(1985)、吴忠匡的《史记太史公自序注说会纂》(1984)等是前辈学者的成果，施丁、陈可青的《司马迁研究新论》(1982)、陆永品的《司马迁研究》(1983)、聂石樵的《司马迁论稿》(1985)、张衍田的《史记正义佚文辑校》(1985)、吴汝煜的《史记论稿》(1986)、宋嗣廉的《史记艺术美研究》(1985)、何世华的《史记美学论》(1989)、郭双成的《史记人物传记论稿》(1985)、可永雪的《史记文学成就论稿》(1991)、李少雍的《司马迁传记文学论稿》(1987)、韩兆琦的《史记通论》(1996)、杨燕起的《〈史记〉的学术成就》(1996)及与他人合作的《历代名家评史记》(1986)、仓修良的《史记辞典》(1991)等是中年学者研究成果的代表。张大可出版了《史记研究》(1985)、《史记论赞辑释》(1986)、《史记全本新注》(1990)、《司马迁评传》(1993)、《史记精言妙语》(1999)、《史记文献研究》(1999)，以及与他人合著的《司马迁一家言》(1995)，总字数近四百万字，在学术界别树一帜。老中青结合的《史记》全本注译有三种：王利器主编的《史记注译》(1988)、吴树平等人的《全注全译史记》(1995)、杨钟贤与郝志达主

编的《文白对照全译史记》(1993)，此外还有全本《白话史记》六种。

长江后浪推前浪，20世纪90年代前后涌现出了一批青年学者。覃启勋的《〈史记〉与日本文化》(1989)，俞樟华的《史记新探》(1994)，赵生群的《太史公书研究》(1994)、《〈史记〉文献学丛稿》(2000)，张新科和俞樟华的《史记研究史略》(1990)，韦苇的《司马迁经济思想研究》(1995)，陈桐生的《史记与今古文经学》(1995)，程世和的《史记——伟大人格的凝聚》(1995)，表现了青年学者的不凡实力。总体上看，中青年学者数量大，目前正处于巅峰状态，他们因自觉地肩负起重任而大放异彩，这是20世纪80年代以来"史记热"持续不衰的根本保证。

3. 研究领域不断扩展，研究课题不断深入

20世纪80年代以来的《史记》研究者，对司马迁思想和《史记》文、史、哲、经的内涵展开了全面的研究，《史记》百科全书的价值正在因不断深化阐释而日益显露。学者们对司马迁的历史观、政治观、经济观、社会伦理观、学术观以及历史编纂学、历史文学，《史记》的艺术表现手法、马班异同、《史记》与《春秋》比较等各个方面都作了比较深入的研究，提出了不少引人注目的新观点。此外，司马迁的战争观、美学思想、法律思想、民族思想、人才学思想、天文学和医学成就，以及《史记》与档案资料、《史记》与地方志等课题，不断被开发，而且都有系列论文发表或专题论著出版，取得了丰硕的成果。总之，研究的水平和质量大大提高，在20世纪80年代取得了许多重大课题的突破。例如司马迁与公羊学、《史记》的疑案研究，包括司马迁行年、《史记》断限、《史记》残缺与补窜、"太史公"释名、司马谈作史等，都有新的探索。

4. 协作攻关，总结性的界碑工程提上议事日程

唐代完成的《史记》三家注，是"史记学"的奠基工程，从那时以来已历经一千四五百年，由于20世纪80年代以来的"史记热"和新方法的运用，总结性的界碑工程历史性地落到了当代《史记》研究者的肩上。20世纪80年代中期开始，出现了更为可喜的形势，学术交流扩大，横向联系加强，全国性的《史记》学术研讨会从1985年以来至2020年已举办了25次。1993年陕西省成立了司马迁研究会，促进了总结性工程的开展。2001年中国史记研究会成立，这是当代《史记》研究步入黄金时代的一个标志，必将极大地促进全国各地学者之间的交流与合作，推动《史记》研究向纵深发展。陕西省司马迁研究会组织的"史记会校会注会评"工程，后更名"史记研究集成"，十二本纪部分，2018年在西北大学出版社出版。中国史记研究会组织编纂的《史记研究集成》十四卷，2005年华文出版社出版，后扩展为二十卷本，更名为《史记论著集成》，2015年商务印书馆出版。中国史记研究会组织的继唐代三家注之后的界碑工程《史记疏证》2000万字已完成，进入商务印书馆审校阶段，规划在2025年推出。上述几项大工程均采取协作攻关的形式，会聚了当代的《史记》研究精英。这一系列学术工程毫无疑义是世纪之交"史记学"的大总结，具有划时代的里程碑意义。

5.《史记》的普及工作做得有声有色

前文表三所列当代工具书9种，白话《史记》6种，选本20种，通俗读物29种，其他读物5种，合计69种，2500余万字，可以说是不同层次上的《史记》普及工作。在20世纪50—60年代，瞿悦园的《史记故事选》(1956)、张友鸾等的《史记选》(1956)、王伯祥《史记选》(1957)、郑权中的《史记选讲》(1959)、中华书局《中华

活页文选》合订本第四辑（1962）等，很受读者欢迎，打下了普及的基础。80年代后，《史记》的普及工作上了一个新台阶，多数选本都是普及与提高相结合。韩兆琦的《史记选注集说》（1982）与《史记选注汇评》（1990）、张大可的《史记选注讲》（1989）、上海古籍出版社编的《史记纪传选译》（1987）、杨燕起与阎崇东的《〈史记〉精华导读》（1993）等，都是学术性普及选本。韩兆琦别开生面，在选注文章后集说名家评议并加按语，有助于读者领略太史公的创作义理与笔法。韩兆琦还有《史记评议赏析》两种（1985年内蒙古人民出版社、1988年四川巴蜀书社），精选《史记》名篇赏析，普及《史记》的艺术美。

提供《史记》治学门径和信息的工具书编制，80年代后有突飞猛进的发展，出版图书9种，1200余万字，成为系列。《史记研究资料索引和论文专著提要》(1989)、《史记索引》(1989)、《史记辞典》(1991)、《司马迁与〈史记〉研究论著专题索引》(1995)、《史记论著提要与论文索引》(2015)共五种，都是当代出版的大型工具书，很有实用价值。

文学界对《史记》文学性与艺术性的研究，达到了一个全新的境界，大大提高了《史记》的知名度，在当代《史记》研究中扮演了生力军的角色。《白话史记》《漫画史记》《绘画史记》《史记精言妙语》《史记故事》《史记观止》等普及读物，百花齐放，光彩夺目。普及工作将是今后一个时期的方向，随着精神文明建设不断强化，《史记》不再是少数文人墨客的案头物，而将成为广大人民所共享、共识的文化艺术品。

第四节 中国史记研究会十五年

2001年,中国史记研究会成立,至2015年迎来司马迁诞辰2160周年。中国史记研究会与司马迁故里最高学府渭南师范学院联合举办"纪念司马迁诞辰2160周年""庆祝中国史记研究会成立十五周年"国际学术研讨会,与会研讨的国内外学者一百三十余人,盛况空前。大会推出了《史记论著集成》二十卷、《史记通解》九册、《史记论丛专辑》六卷,三大专题论著凡三十五卷、两千余万字,标志着当代《史记》研究步入一个高峰。《史记论丛专辑》第六卷书题就是"中国史记研究会十五年",总结学会成立对当代《史记》研究的推动,本节就借用"中国史记研究会十五年"为题目,用以总括21世纪之初二十五年来,即2001年至2025年《史记》研究景象,凸显学会的价值与意义。当然,重点讲述从2001年至2015年,中国史记研究会成立十五年的成就,特别标示2015年纪念司马迁诞辰2160周年学术研讨会的意义。下分四个子目来谈。

1. 中国史记研究会推动当代《史记》研究上了一个新台阶

学术界的《史记》研究,历代以来大都是分散的个人行为,学会的成立可以组织同一时代的学者集体攻关,还能做到老中青结合,发挥一加一大于二的集群效应。2001年,中国史记研究会成立,为全国《史记》研究的交流搭建了一个学术平台。会员学者以高等院校历史、中文两系教师为主干,与相关科研单位、出版界雅爱《史记》的学者携手协作。现有会员学者三百余人。学术活动主要有两个方面。一是每年举办一次全国性的学术研讨年会，不仅为会员学者提供面对面的研讨交流平台，还出版年会论文集《史记论丛》，为会员学者提供论文交流阵地。2001年至2015年，举办年会14次，出版《史记论丛》1—12集，发表学术论文892篇，总字数约860万字。《史记论丛》设置的许多栏目，对学者的研究有引导作用，同时具有交流、对话与竞争的平台功能，因此由学会组织的论文发表比起完全个人行为的研究是上了一个新台阶，推动《史记》研究步入了黄金时代。其中《史记论丛》第五集《乌江论坛》[①]，是对项羽专题研讨的论文集，对捍卫悲剧英雄有重大的现实意义，可以说有传世价值。二是组织会员学者协作攻关大型学术工程，有三大成就，分说于下。

（1）2015年举办"纪念司马迁诞辰2160周年"学术活动。2015年，中国史记研究会成立十五周年，也迎来了司马迁诞辰2160周年。从2011年起，中国史记研究会与司马迁故里最高学府渭南师范学院合作，筹备在2015年隆重举行纪念司马迁诞辰2160周年的国际学术研讨会，为1955年缺失的司马迁诞辰2100周年纪念活动补课。2015年10月23日至27日，"纪念司马迁诞辰2160周年""庆祝中国史记研究会成立十五周年"学术研讨会如期在渭南师院召开，海内外参会学者一百三十余人。前文已指出，这是一次隆重的纪念盛会，如此规模的年会，在全国尚属首次。

（2）完成《史记疏证》工程。此项目在2001年中国史记研究会成立之前的1991年正式启动，学会成立，扩大团队组织，集体攻关，拟完成一部继唐代三家注之后当代学术里程碑式学术工程——《史记疏证》。创作主旨用两句话概括："融古今研究成果于一编，聚当今志同时贤于一堂。"《疏证》内容分上下两编：上编《史记集注》是对《史

[①]《乌江论坛》，陕西人民教育出版社，2009年出版。

记》一百三十篇全书文本的会校会注会评与今译，分为20个分册；下编《史记总论》是对历代方方面面研究成果的精华摘要与评析，分为14个分册，全书共34册。2023年已完成定稿与编校审理，计划在2025年出版，为2025年纪念司马迁诞辰2170周年献礼。《史记疏证》总结与开拓并重，微观与宏观两种方法阐释并重，继承传统又打破传统，一编在手，可略知"史记学"两千多年发展的轨迹。项目主持人，现任中国史记研究会会长张大可教授，早在学会成立之前十余年的1985年就酝酿策划该工程，1991年正式启动，制作样稿，做前期工作。1994年成立编委会，实施第一阶段计划，编制《史记研究集成》，为《史记总论》打基础，团队成员十余人。2001年中国史记研究会成立，该工程成为学会集体攻关项目。2006年正式以《史记疏证》名义启动上编《史记集注》，扩大攻关团队。2008年经申报获高校古委会立项，参与协作团队成员有30余位学者，当代《史记》研究的前沿学者大都参与，实现了"聚当今志同时贤于一堂"。2013年在中央社会主义学院召开了《史记疏证》定稿学术研讨会，规划在2015年出版。由于有1/3的《集注》稿不符合规范，为百年大计，推倒重来，于是推迟出版，力争在2025年推出。2017年，全书完稿90%，提交商务印书馆。今全书两千余万字，已于2023年在商务印书馆完成编审定稿，不出意外，在2025年出版面世，"融古今研究成果于一编"的《史记疏证》里程碑工程即将实现，是我们当代学人的骄傲。

（3）司马迁生年十年之差百年论争终结梳理。《史记》三家注记载司马迁生年有两说。司马贞《索隐》引《博物志》，"司马迁年二十八"，系于汉武帝元封三年，即前108年，依此推算，司马迁生于前135年。张守节《正义》，在汉武帝太初元年下按语说，这一年"迁年四十二岁"，太初元年为前104年，依此推算，司马迁生于公元前145年。两说之差正好整十年。公元1917年，王国维发表《太史公系年考略》，后改题为《太史公行年考》，考证司马迁生于公元前145年，开启了对司马迁行年的研究。随后主前135年说的学者提出驳难，但未在学术界引起反响。1955年，依王国维说，是司马迁诞辰2100周年，当时中苏两国学术界筹备开展隆重的纪念活动。郭沫若在《历史研究》第6期发表《〈太史公行年考〉有问题》，主前135年说，阻止了中国学术界的纪念活动，苏联学术界未受影响开展了纪念活动。这一背景引发了学术界的大讨论。

司马迁生年两说，前145年说以王国维的考证为代表，称王说；前135年说以郭沫若的考证为代表，称郭说。两说之争从1917年到2018年整整一百年，学术界进行了三次全国性的大讨论。三次均为前135年说论者向前145年说发起挑战。第一次，20世纪50年代中期由郭沫若批驳王国维而引发。第二次，20世纪80年代初，由兰州大学李伯勋教授在《兰州大学学报》1980年第1期发表《驳王国维〈太史公系年考略〉》而引发。第三次，由2013年中华书局出版点校《史记》修订本，在"前言"中引用《玉海》记载的《正义》佚文为证，定案司马迁生于前135年，前135年说论者据此反对中国史记研究会筹备在2015年纪念司马迁诞辰2160周年，要改为诞辰2150周年而引发。中国史记研究会决定原定在2015年的纪念学术活动不予改变，会后用三年时间，即2016年至2018年开展"司马迁生年十年之差百年论争梳理"学术研讨，推迟《史记疏证》出版时间，全力以赴梳理百年论争成果，作出百年论争的阶段总结。由《渭南师范学院学报》《史学月刊》《管子学刊》，以及中国史记研究会、北京史记研究会的年会论文集《史记论丛》《史记研究》提供研讨阵地。三年间双方发表论文18篇。此次论争规模不及前两次宏大，但质量更高。本次研讨的最大亮点是：不刻意寻求所谓"新证"来立论与驳论，而是回头看，系统梳理百年论争的总成果，终结盘点双方百年论文的全部论点论据，作出百年论争阶段总结。在此基础上，2019年5月26日，"司马迁生年十年之差百年论争梳理学术研讨会"在北京师范大学京师大礼堂召开，由北京史记研究会与北京师范大学历史学院联合举办，参会学者60人。主办方经过充分准备，为大会推出两本学术论著作为研讨参照资料。一是《司马迁生年研讨论文集》，从百年双方论争论文中精选核心论文41篇，其中前145年说25篇，前135年说16篇。全部论文按两说之源、三次论争、百年论争梳理分为五组，两说对照，为双方研讨提供了充分的文献依据以及生动的逻辑论证。二是商务印书馆正式出版张大可梳理百年论争的研究论著：《司马迁生年研究》。该书正论八讲，附论文七篇以及百年论争主要论文索引。该书最大亮点是对百年论争双方作者所目见的91篇论文，其中前145年说者20人，论文37篇，前135年说者28人，论文54篇，进行了全面系统的梳理，具有综合性、综述性，把百年论争双方所有论点、论据，特别是论证方法都拎出来进行系统评说，力求做到无遗漏、无死角，既有立论，也有驳论，行文简洁明快，以严密的逻辑作出了具一家之言的终结定案，为司马迁生年疑案的百年论争画上了阶段性的句号。《司马迁生年研究》的结论是：

> 前135年说之源，郭沫若、李长之的举证无一考据；前135年说后继者的"新证"无一实证。前145年说之源，王国维的考证，论点坚实、方法正确、逻辑严密；前145年说后继者论从史出，百年积累梳理司马迁的行年，证据有十四条之多。可以说，司马迁生年两说只存在于唐代三家注，而百年论争王郭两说不并存，王真郭伪，司马迁生年前145年可以为定论。

司马迁生年两说的百年论争，是现当代"史记学"发展史上的一件大事，这场百年论争终结梳理的学术大讨论，虽然延迟了几年《史记疏证》的出版，却也是中国史记研究会的一大收获。

（4）"中国六大史学名著整理"。此是"中国六大史学名著全新样式整理"的省称。"六大史学名著"为《左传》《史记》《汉书》《后汉书》《三国志》《资治通鉴》六部中国古典史籍经典。"全新样式古籍整理"，是笔者在长期从事《中国历史文选》课与《史记》《三国志》两书专修课教学中，总结出来的，以向大众普及古籍经典。传统古籍整理，主要是对典籍原文进行校勘，校定文本，断句注说，形成多种多样的注本、评说、集注等等，便于广大不同层次读者阅读的一种技术处理。六大史学名著的古注，不同时代的注家，进行了不同形式的整理，皆为对字、词、句的注说，解读文本的字面意义，称微观研究。现当代解读古典文献更重视对文本思想内涵的阐释，表现形式为论文、论著。报纸、杂志发表的论文，出版社出版的论著，注意力着重在全书的创作主旨、价值意义，所以称宏观研究。把两者结合起来，也就是把解读文本思想内涵的宏观研究成果与方法，与传统的古籍整理相结合，增大古籍整理的知识含量，更便读者阅读。针对全社会不同层次的需要，"中国六大史学名著整理"开发为五种体貌的出版样式：(1) 白话本、(2) 文白对照本、(3) 全本新注本、(4) 全本注译本、(5) 集注本。《史记疏证》就是《史记》的"集注本"整理样式。"中国六大史学名著整理"，以于1991年启动《史记疏证》工程为主导，同时启动"六大史学名著"中的《史记》与《资治通鉴》两书的注释整理，与《史记疏证》穿插进行。"中国六大史学名著整理"，规划四千余万字。笔者已完成《史记》与《资治通鉴》的整理达二千四百万字，约占"六大史学名著整理"的2/3。到2024年，《史记》《资治通鉴》两书的白话文本、文白对照本、全本新注本、全本注译本均已出齐，各种样式皆受到广大读者欢迎，实践证明"全新样式古籍整理"是成功的。从2024年起，其余四部，即《左传》《汉书》《后汉书》《三国志》由笔者与志同学者协同整理，在三年内，即从 2025 到 2027 年出齐前四种样式。然后汇辑六大史学名著四种样式的全新整理，力争在 2030 年出齐"中国六大史学名著整理"四种样式的汇编本丛书。即：(1)"中国六大史学名著整理"白话本丛书、(2)"中国六大史学名著整理"文白对照本丛书、(3)"中国六大史学名著整理"全本新注本丛书、(4)"中国六大史学名著整理"全本注译丛书。"中国六大史学名著整理"与《史记疏证》两大学术里程碑工程是一体的，皆为中国史记研究会平台推出，所以在此列为一目叙说。

2.《中国史记研究会十五年》序

本篇序文系统总结了中国史记研究会 2001 年成立到 2015 年十五年间的成就，以下全文引录以为本章《导论》的收束。

文曰：

2001 年 4 月 8 日至 11 日，来自全国 30 余所高等院校和科研单位的《史记》学者 50 余人，会聚无锡江南大学，成立了"中国史记研究会"这一全国性的学术团体。学会迄今已走过十五年的历程，发展会员学者 300 余人，遍及全国 100 多所高等院校及科研单位。会员学者主体是高等院校的教师、科研单位的研究人员，还有新闻出版单位的专家、政府机关干部，以及弘扬司马迁精神的社会贤达。会员学者 2/3 是正副教授高级职称，其中教授和研究员占总数之半，全国知名的《史记》研究专家均入会共襄盛举，是一个干实事的高水平的学术团体。

《中国史记研究会十五年》，
2015 年中国文史出版社出版

中国史记研究会成立有三项任务：第一项，举办年会，开展学术交流活动；第二项，组织协同攻关大型课题研究；第三项，普及《史记》，运用各种形式向社会传播。学会历经十五年，这些任务完成得怎么样，借2015年纪念司马迁诞辰2160周年学术活动的东风，庆祝中国史记研究会成立十五周年，组织一部以"中国史记研究会十五年"为题的论著做一次总盘点，总结成绩，展望未来，十分必要。

第一项，每年举办一届年会，为全国以及海外《史记》研究的学者提供一个学术交流的平台，也是会员学者能够普遍参与的形式。迄今十五年来共举办了十四届年会，出版了年会学术交流论文集《史记论丛》1—12集，共收录论文892篇，碑刻60通，诗歌193首，总字数860万。中国史记研究会一个独有的特色，是年会论文集不仅在召开年会的当年出版，而且在年会召开临近时就出版，表现出了全会学者参与的热情和认真的工作态度。论文征集，一呼百应，特别是专题的讨论，在很短的时间就能征集到高水平的论文，这是全会学者精诚团结的表现。我代表学会向全体会员学者致以衷心的谢意。

专题讨论是学术活动的另一种形式。2008年11月15日至18日，中国史记研究会与安徽和县项羽与乌江文化研究室等单位联合举办了项羽专题学术研讨会，深化了对项羽问题的研究，引起学术界的关注。与会专家学者50余人，80%都是高层学者，来自23所高等院校和10余家研究单位，特别是集中了《史记》研究前沿阵地的学者，中国历史文献研究会、安徽省历史学会、安徽师范大学文学院参予协办，表明这次专题学术讨论学术界的关注面十分广泛，是一次高层次的学术研讨。会后结集出版的《乌江论坛》(《史记论丛》第五集)，充分展现了中国史记研究会贯彻学术争鸣、协作攻关的风采。论文集有很高的学术水平。2009年12月，在北京师范大学召开了《乌江论坛》首发式暨学术研讨会，多家媒体作了报道。2009年6月，中国史记研究会与中国秦汉史学会参与了江苏省宿迁市成立的江苏省项羽文化研究会的专题学术讨论活动，韩兆琦等多位学者的论文获得金鼎奖。2010年第十届年会，以孙武子研究为主题，系统研讨孙武在中国历史上的地位，以及在吴地苏州的兵学成就，也是一次专题学术研讨。

第二项，组织协同攻关的课题研究成绩可观。中国史记研究会十五年来作出了突出的贡献，已完成的集体项目有四个：第一项，在学会成立之际就规划了《史记教程》这部供高等院校开设《史记》课的公共教材，40万字，2002年由华文出版社出版。十年间发行了三版，计8000册。2011年，该书经过修订，调整了编委会，2011年3月由商务印书馆作为普通高校文科教材正式出版，发行4000册，对于推动《史记》课的教学产生了积极的影响。第二项，2005年学会推出《史记研究集成》1—14卷，字数860万。第三项，《史记论著集成》1—20卷，由《史记研究集成》扩充而成，字数1200万。第四项，《史记论丛专辑》1—6卷，字数450万。第三、第四这两项学术成果分别由商务印书馆、中国文史出版社在今年，即2015年6至10月推出，为纪念司马迁诞辰2160周年学术活动献礼，具有特别的意义。上述四项学术成果去其重复，总字数1700万言，成绩相当可观，这说明中国史记研究会是一个务实的学术团体，对推动"史记学"的发展，作出了积极的贡献。

第三项，《史记》普及性传播的学术活动，卓有成效。王立群教授从2006年起，连续五年做客中央电视台"百家讲坛"，主讲项羽、吕太后、汉武帝、秦始皇、汉高祖等系列人物，获得广泛关注。2007年，韩兆琦教授做客北京电视台"中华文明大讲堂"，主讲《史记》系列专题。2010年，张大可教授做客中国国家图书馆"中国典籍与文化"讲座，主讲《史记》系列"史记十五讲"，同名图书由国家图书馆出版社于2010年出版；同年做客中国国际广播电台"孔子学堂"，主讲《史记》22个专题。讲稿题名《张大可讲〈史记〉》，由中国人民大学出版社于2013年出版，列入了团中央青年志愿者工作部向全国青年特别推荐图书。2011年2月26日，张大可教授应"部级领导干部历史文化讲座"之邀，主讲《史记》专题"司马迁笔下的明君贤臣与开明政治思想"。还有多位学者在高校课堂开设《史记》专题讲座，特别值得一提的是平顶山学院中年学者何梅琴教授持续十五年开设《史记》专题课，年年不断。上述各种形式的讲座，都产生了普及与提高的双重效果。

以上是学术活动的主干。中国史记研究会全体会员学者的个人论著论文，本书征集到的论著有191种，论文881篇，起讫时段，恰好就是改革开放以来的三十余年，《史记》问世两千多年来，历代研究《史记》的论著，到清末存世的有101种。学会会员学者三十年间个人论著的总和，超过了旧时代两千多年的总成果。这一成绩，是当代《史记》研究进入黄金时代的有力佐证。

中国史记研究会成立十五年来办了五件值得全会学者自豪的大事，可以载诸史册留下历史记忆。第一件，2001年4月8日至11日中国史记研究会在江苏无锡市江南大学成立，举办第一届年会，研讨"太伯奔吴"的话题，启动了"吴文化研究"，如今已成为无锡市常年举办的吴文化艺术节的主题内容。第二件，2006年8月20日至23日在河南荥阳市举办第五届年会，研讨楚汉战争的学术话题，与会学者联名倡议保护成皋古城遗

第一章 导论——《史记》的民族凝聚力与当代《史记》研究

址,受到郑州市和河南省两级政府的高度重视,申报后国家拨下专项资金,保护了成皋古城。第三件,即前文所述2008年11月在安徽和县举办的项羽专题学术研讨会,维护了悲剧英雄项羽的历史地位,遏制了学术界的不正之风,以及某些地方打造假文物的图谋。第四件,中国史记研究会在2006年启动了《史记疏证》学术工程,规划2000万字,2008年古委会立项[①]。传世的学术论著,一要开先,二要集成。《史记疏证》上继唐代三家注,下启《史记》研究新里程。该书宗旨:"融古今研究成果于一编,聚海内志同时贤于一堂。"学术标准:高、精、尖。即高水平、高标准,组织一流的学术团队;《疏证》解读要精准、精练、规范;尖端攻关,吸收当今学术的前沿成果。具体要求达到五性统一,即学术性、资料性、工具性、时代性、通俗性的五性统一。《疏证》工程在2013年基本完成,原计划在2015年出版[②],这是当代《史记》研究的一个里程碑。第五件,2005年和2015年,中国史记研究会举办纪念司马迁诞辰2150周年和2160周年大型国际学术研讨会,是对20世纪50年代缺失的纪念司马迁诞辰2100周年学术研讨会的补课,历史意义非凡。

中国史记研究会成立较晚,但取得的成绩斐然,这要归功于三个方面的力量协作。第一,是全体会员学者的勤奋努力与积极参

[①] 2006年启动的是《史记疏证》上编《史记集注》,整体工程正式定名为《史记疏证》。此工程下编为《史记总论》,启动于1991年,即前文所述《史记研究集成》(后增补为《史记论著集成》),为《总论》的前期制作。也就是《史记疏证》正式启动于1991年。

[②] 2013年,《疏证》工程基本完成,召开定稿会,发现《集注》近1/3不符合"凡例",为了百年大计,必须返工重新制作;加之学会全力投入2015年纪念司马迁诞辰2160周年学术研讨会的工作,于是推迟《疏证》出版,到2023年才完成了定稿与编审工作,学会与商务印书馆计划在2025年推出,为纪念司马迁诞辰2170周年学术研讨会献礼。

与,已如前述。第二,是学会领导团队即各位正副会长、秘书长的精诚团结发挥的作用。学会理事、常务理事都尽职尽责。第三,是历届东道主的无私奉献。这里,我们要特别提到一个人的名字,他就是江南大学的吕锡生教授,他操办了中国史记研究会成立大会,他的组织能力与学术声望赢得了无锡市各方面的支持,使得成立大会圆满召开。会后,江南大学在校园建立"史记亭"以资纪念。

2011年,中国史记研究会举办第十届年会,理事会决定颁发学会贡献奖和学术成就奖。学会贡献奖颁发给历届年会的主办单位和主要组织者,以表彰他们为学会开展学术活动作出的贡献。学会成就奖颁发给在《史记》研究领域卓有成就且年龄七十岁以上的会员学者,这是第一批,第二批史记成就奖在2014年第十三届年会上颁发给了有突出贡献的中青年学者。

在举办年会的东道主中,我们要特别提出渭南师范学院,该院的地理位置得天独厚,是史圣司马迁故里的高端大学,中国史记研究会成立之初就邀请该校派出一个学者团队参与活动。该院的《史记》研究开展得有声有色,本书《中国史记研究会十五年》列出专题加以介绍。在会员学者中,本书胪列了十一位教授的《史记》研究,各做专题介绍。其他积极参与学会活动的广大会员学者的《史记》研究,作为一个专题来介绍。如此布局,为的是有点有面全面系统地总结中国史记研究会十五年的工作。

最后说一说今年,即2015年纪念司马迁诞辰2160周年学术研讨会的话题。这是一件大事,前文已述,这是对20世纪50年代中缺失的纪念司马迁诞辰2100周年的补课。2015年纪念司马迁诞辰2160周年学术研讨会由中国史记研究会与司马迁故里最高学府渭南师范学院联合举办。定于2015年10月23日至27日在司马迁故里渭南师范学院召开。为了开好这次学术研讨会,学会与东道主共同进行了五年的准备，将推出《史记论著集成》1—20卷、《史记通解》1—9册、《史记论丛专辑》1—6卷，三大专题学术论著，总计35卷（册），总字数2000万，在学术界迄今是一个空前的壮举，这不仅仅是我们中国史记研究会一代学人的努力，更是《史记》这一部百科全书式宝典的学术成就，有永远开掘不完的话题。我们将以纪念司马迁诞辰2160周年的学术活动开启"史记学"发展的新里程。学会的近期规划，一是完成《史记疏证》，二是集中力量开展史记疑案研究。一些"史记学"上的重大问题，尤其是司马迁的生年，一定要在我们这一代人手中完成阶段性的总结。长远的规划，留给后继者来开发，来接力。

中国史记研究会正迎着朝阳，迈开大步，勇毅前行。

本书《中国史记研究会十五年》是学会的一个阶段性总结，一个逗号；但对于开创中国史记研究会、参与《史记疏证》的我们这一代《史记》学人，应该是一个可以令人满意的句号。我们可以自豪地说没有虚度年华。我们躬逢盛时，留下了历史的印迹。

3. 中国史记研究会在2015年推出的大型学术丛书《史记论著集成》20卷、《史记通解》9册，以及《史记论丛专辑》6卷，书影如次

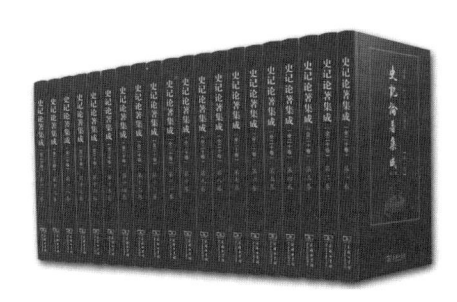

《史记论著集成》全20卷（商务印书馆2015年版）

《史记通解》全 9 册
（商务印书馆 2015 年版）

《史记论丛专辑》，共 6 卷
（中国文史出版社 2015 年版）

4. 中国史记研究会成立 22 年来（2001—2023），年会论文集 19 集书影如次

中国史记研究会十五年（2001—2015）历届年会论文集《史记论丛》（1—12 集）

中国史记研究会后续八年（2016—2023）历届年会论文集《史记论丛》（13—19 集）

第二章　司马迁才、学、识、德的修养

司马迁之父司马谈认为完成《史记》的人就是继孔子之后数百年产生的伟大人才，这个历史继承的重任落在了司马迁身上。前人论说史学大家，必须才、学、识、德四长兼备，司马迁正是这样的一个人。本章考论司马迁才、学、识、德的修养，先从家世说起。

第一节　源远流长的史官世家

1. 司马迁故里

古老的黄河，源远流长。它是中华民族的摇篮，是五千年华夏悠久历史的见证。黄河之水天上来，在它穿行的黄土地上，不知诞生了多少灿若星辰的人物。我国西汉时期的伟大历史学家、文学家和思想家司马迁，就是诞生在黄土高原、黄河之滨的一颗文化巨星。司马迁的诞生地——陕西韩城市，是一座有着悠久文化历史的古城。这里几乎村村有文物，单是保存到今天的元代建筑群，如戏楼、牌楼等，就有一百四十四处之多，使人目不暇接。司马迁故里在这古城西南十八里的高门原。按中华民族的传统习俗，叶落归根，人死归葬故里。司马迁祖茔在韩城西南十七八里的嵬东乡华池、高门两村。华池、高门两村紧邻相连①，同在高门原。如今人口发展，华池分为南、北两村，高门分为东、西、北三村。司马迁七世祖司马靳墓在北华池村，原有土坟一座，1958年平坟整地被夷平。东、西、北高门三村在原上巍然鼎立。在东高门村南洞门楼上，嵌有石刻"太史故里"四个大字。在东、西高门之间，有清薛廷枋等所立司马迁祖茔双碑。双碑立于东高门村西南约数十米，坐西向东。双碑并立，相距数尺。其南碑首横刻小字"汉太史先茔"，中间竖刻大字"汉太史司马公高门先茔"，左边竖刻小字"儒学增广生员薛廷枋立"。碑阴刻有"汉太史司马公高门先茔记"。立碑时间为"嘉庆十七年岁次壬申十月谷旦"。碑阴鲜明记载："昌以下葬者三冢，今则巍然者仅存。""高门三冢"指司马迁高祖司马昌、曾祖司马无泽、祖父司马喜三世墓，也在1958年平坟运动中被夷为平地，如今只有双碑并立于田野。

2. 芝川司马迁祠墓

司马迁祠墓在韩城南二十二里（黄河西岸）的司马坡上，如今属芝川镇，在镇南二里。《括地志》云："夏阳县故城东南有司马迁冢，在高门原上也。"可见，司马坡在古代也泛称高门原。司马坡与华池、高门相距约八里，古夏阳城在两地之间。夏阳城遗址在司马迁祠西北约四里的今嵬东乡堡安村，有"夏阳旧址"石碑。在堡安村的古城楼上，镌刻着"韩原要冲"四个大字。1982年2月23日，国务院批准司马迁祠为全国重点文物保护单位。司马迁生前凄凄惨惨，死后冷冷

---

① 华池距韩城十七里，高门距韩城十八里。华池、高门两村相距一里。

清清的局面已成为历史。如今，司马迁研究已成为学术界的热门课题，《史记》日益走向普及。司马迁故里已成为旅游胜地，每年都吸引着成千上万的中外游人来此观瞻。1958年春，我国现代著名文史学家郭沫若欣闻司马迁祠修整竣工，激情满怀，挥毫泼墨，写了一首五律赞颂司马迁。诗云：

龙门有灵秀，钟毓人中龙。
学殖空前富，文章旷代雄。
怜才膺斧钺，吐气作霓虹。
功业追尼父，千秋太史公。

这首五律，对司马迁的学识、文章、人格、事业作了高度评价。郭老手迹潇洒奔放，刻成诗碑，立于太史祠，给司马迁故里增添了无限神韵。

司马迁祠墓所在地司马坡是一块风水宝地，当是司马迁生前自选的墓地。司马迁受腐刑，按古人习俗，死后不得入祖茔，故司马迁自选了离祖茔不远的司马坡。司马坡所在芝川镇靠近黄河。西安至韩城的西韩公路穿镇而过。这里川宽土肥，盛产粮棉，人物殷阜，镇上居民千余家。芝水流经镇旁，故以芝川为镇名。芝水古称陶水，相传汉武帝巡行曾在此水边采得灵芝草而得名芝水。在司马迁祠西芝水北岸吕庄，原来建有"灵芝庵"，庵内竖有石碑，碑刻"汉武帝采灵芝草于此"九个大字。现在庵和石碑皆已无存。《史记·淮阴侯列传》载韩信葬母："行营高敞地，令其旁可置万家。"《史记·樗里子甘茂列传》载："樗里子卒，葬于渭南章台之东，曰：后百岁，是当有天子之宫夹我墓。"《史记·吕不韦列传》载，秦庄襄王葬芷阳，其母"故夏太后独别葬杜东，曰：东望吾子，西望吾夫。后百年，旁当有万家邑"。这些记载可为司马迁好奇，自选葬地于司马坡之佐证。这里地形高敞突立，西望祖茔，东瞰黄河，亦是一奇。芝川镇的兴起，在司马迁祠墓旁，虽无万家邑，也是千家邑。在司马迁祠墓山脚东南数百米处，有一临河高台，东西与南北各约三百米，这里就是汉武帝临河息辇的夏阳扶荔宫遗址所在地。夏阳扶荔宫是汉武帝三年一次祭祀后土驻跸的行宫，司马迁生前伴圣驾衣锦还乡，该有多么风光！司马迁死后长眠在夏阳扶荔宫旁，不也十分惬意嘛！司马坡下，芝水绕流。芝水入河口，即古少梁渡，后改名夏阳津。公元前205年汉将韩信以木罂从此渡河擒魏王豹。历史遗迹也给司马坡增添了无尽的风采。以司马迁之雄奇豪放，他选定司马坡为葬地，可以说是感情与理性的自然归宿。

司马迁墓为圆形八卦冢，用青砖砌成，高2.5米，直径5米，乃元世祖至元十二年（1275）所重修，距今已七百余年。墓碑是清乾隆年间毕沅所题"汉太史公之墓"。冢上有一棵奇特的五枝参天大古柏，形若龙蟠，"晴则翠色凌岚，阴则同云涵绿，风则波涛汹涌，雨则瀴濒莹溶，雪则白贲堆琼"[①]，变化出神，宛若《史记》文章之雄奇壮丽，观者莫不流连叹惋。柏分杈五枝，当地民众认为象征本纪、表、书、世家、列传五体。

3. 源远流长的史官世家

司马迁在《太史公自序》中追述司马氏世系，源远流长，始祖为唐虞之际的重黎氏，历唐虞夏商，世典天官，至周世典周史，历代相传一千余年，这是司马谈自认最为光荣的家世，即史官世家。司

---

① 乡贤郭宗傅：《重修司马公祠记》。载（万历）《韩城县志》卷八。

马谈引为自豪，表明他以修史为己任，是一个自觉的历史家，并以此教育司马迁。其实，司马氏之姓来源于西周宣王时一位辅佐王室中兴的将军，封于程，伯爵，名叫休甫，史称程伯休甫，做了掌军事的司马，其后子孙称司马氏。司马氏远祖世系盖世代口碑传说，程伯休甫系重之后还是黎之后，司马迁不能明，而统言之"重黎之后"。颛顼之世，重、黎为二人。重为南正，古代天官，观星象，定历法。黎为北正，古代地官，执掌农事。先秦典籍《尚书·吕刑》《左传》《国语》等书都记载有关重、黎二人在颛顼之时分司天地的传说。

  周惠王、襄王时，王室内乱，司马氏离开周王室到了晋国。晋由盛转衰而至灭亡，司马氏再度分散，著名的有三支，各支都出了许多名人。一支在卫，这一支的名人司马喜做了中山国的相。一支在赵，有一个司马凯因传授剑术而扬名。战国后期那个著名的剑客司马蒯聩就是司马凯的子孙。司马蒯聩第十五代孙就是西晋王朝的建立者司马懿。一支在秦，居住在少梁，这一支是司马迁的祖先。秦惠王时出了一个名将司马错，被秦惠王委为伐蜀大将。司马错攻下蜀国后做了那里的留守。司马错的孙子司马靳，做了武安君白起的副将，公元前260年秦赵长平之战，司马靳与白起并肩作战。公元前257年，司马靳和白起同时在杜邮被秦昭王赐死。司马靳的孙子司马昌，做了秦国的铁官。司马昌之子司马无泽做了汉长安管理市场的官员，司马无泽生司马喜，爵为五大夫。司马昌、无泽、喜三代死后都埋葬在华池西高门原。司马喜生司马谈，司马谈做了汉武帝时的太史公。据上所述，表列司马氏家谱世系如下：

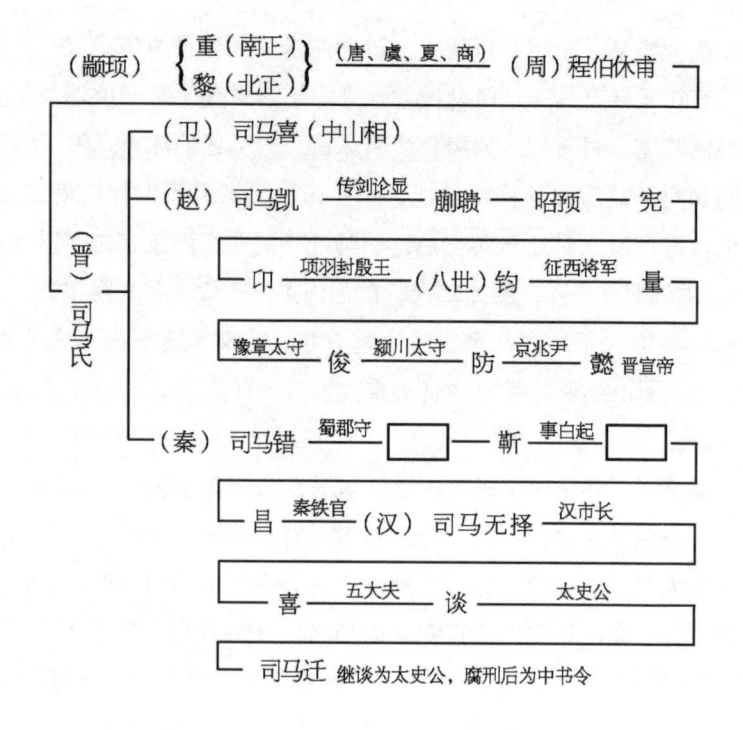

```
(颛顼) ｛重（南正）  （唐、虞、夏、商） （周）程伯休甫
        黎（北正）｝
              ├─（卫）司马喜（中山相）
              ├─（赵）司马凯 ─ 传剑论显 ─ 蒯聩 ─ 昭预 ─ 宪
    （晋）     ├─ 卬 ─ 项羽封殷王 ─（八世）钧 ─ 征西将军 ─ 量
    司       │    豫章太守     颍川太守      京兆尹
    马       │  ─ 俊 ─────── 防 ──── 懿 晋宣帝
    氏       ├─（秦）司马错 ─ 蜀郡守 ─── 靳 ─ 事白起
              ├─ 昌 ─ 秦铁官 ─（汉）司马无泽 ─ 汉市长
              ├─ 喜 ─ 五大夫 ─ 谈 ─ 太史公
              └─ 司马迁 继谈为太史公，腐刑后为中书令
```

第二节　司马迁多彩的人生

1. 司马迁的少年时代

这里讨论司马迁十九岁以前在故里的乡间生活。《太史公自序》郑重地作了记载，说："迁生龙门，耕牧河山之阳，年十岁则诵古文。"这三句话言约义丰，可以说每一句话都是一道中国古代史传中的哥德巴赫猜想。解题方法，可引用《公羊传》的解经方法，用"曷以书"，而"书之者为曷"的方式提出问题，就可层层深入。"迁生龙门"讲出生地，已见前述。这里只释"年十岁则诵古文"与"耕牧河山

之阳"。

用《公羊传》解经方法，我们对"年十岁则诵古文"可以提出一连串的问题。什么是古文？司马迁读了哪些古文书？在什么地方读古文书？读了多长时间？古文程度达到何种水平？司马迁曷以书"年十岁则诵古文"？这与修史有什么联系？回答了这些问题，也就阐释了这句话的微言大义。

司马贞《索隐》给我们留下了唐人的"猜想"。司马贞说："迁及事伏生，是学诵《古文尚书》。刘氏以为《左传》《国语》《系本》等书，是亦名古文也。"司马贞认为"古文"是指《古文尚书》。刘氏亦唐人，即《史记音义》作者刘伯庄。刘氏认为"古文"是指《左传》《国语》《世本》等书。唐人避唐太宗李世民之讳，称《世本》为《系本》。

伏生是秦博士，年龄与司马迁不相及，"迁及事伏生"是想当然的推论。西汉《古文尚书》未立于学官，传《古文尚书》者为孔安国。司马迁曾问故于孔安国，那是私淑弟子，且在成年之后，受学于京师，将在本章下一节论及。"年十岁则诵古文"是司马迁记述少年时之所学，恰恰与《古文尚书》没有关系。因此刘氏的解释才是对的。

《史记》中多次提到古文，《五帝本纪》"总之不离古文者近是"，指《春秋》《国语》。《三代世表序》《十二诸侯年表序》提到古文，也是指《春秋》《国语》等书。这当是刘伯庄注释的根据。

单说"古文"二字，可以有两解，一指先秦古文字，即籀书，又称大篆。《太史公自序》云："秦拨去古文，焚灭《诗》《书》。"所谓"拨去古文"，即废去古文，推行小篆。汉又进一步推行隶书。小篆、隶书皆称今文。再是指用古文书写的先秦典籍。司马迁十岁"诵古文"，而不是"书古文"，可见"诵古文"是读诵先秦古文典籍。但要能读古文典籍，必须先要认识、书写古文字。《史记·封禅书》记载：

"群儒既已不能辨明封禅事，又牵拘于《诗》《书》古文而不能骋。"这说明群儒墨守古文本的《诗》《书》，并以古文本为权威解释。秦灭《诗》《书》，虽烧毁公家藏书，但不可能尽灭私人所藏。司马氏家族藏有古文典籍，司马谈要培养司马迁为大学问家，所以要求其从小就书、诵古文。司马迁聪明绝伦，在十岁时就过了"书古文"的认字写字阶段，而能阅读古文典籍了，故特笔以书之。

"耕牧河山之阳"，司马迁又曷以书？这是司马迁一种浪漫式的抒怀，还是淡淡地述说艰苦的童年？今世时贤论说纷纭。或说："司马迁幼年时，曾在家种田放牛。"[1] 或说："大概在司马迁小时候，家庭还是务农为业，他也帮助家人养养牛放放羊，作些辅助劳动。"[2] 稍加思索，童年司马迁在家"种田放牛"或"养牛放羊，作些辅助劳动"，是不大可能的。司马迁作为司马谈的独生子，留在爷爷奶奶身边，被视同掌上明珠，若非赤贫之家，怎么可能让一个不足十岁的孩童去养牛放羊，或者去田间劳作？须知司马迁祖父司马喜是地方上的五大夫，其祖上是官宦世家，父亲司马谈在京师做官。假如孩童时代的司马迁要给家里做辅助劳动，他何以有暇"年十岁则诵古文"呢？这两者在时间上是矛盾的。一句话，童年司马迁不可能"耕牧河山之阳"，即便是辅助性的劳动也是不可能的。

"迁生龙门，耕牧河山之阳，年十岁则诵古文"，这三句话一气呵成，并在《太史公自序》中书于司马谈《论六家要旨》之后，下接"二十而南游江淮"。这种行文安排是司马迁的匠心独运。这三句话的内容是一组特写，它透露司马迁青少年时代的生活是司马谈为培养司马迁的一种苦心安排。这三句话的语调是高昂的，自豪的。"迁生龙门"，人杰地灵；"耕牧河山之阳"，特殊的修养，"年十岁则诵古

---

[1] 郭维森：《司马迁》，江苏人民出版社1982年版。
[2] 季镇淮：《司马迁》，上海人民出版社1965年版。

文"，聪明绝伦。司马迁亦自觉地接受父亲的安排，很好地经受了耕牧苦读的考验，所以才不无遗憾地书于《太史公自序》中。也就是说，司马迁少年时代的耕牧，既非生活所迫，亦非为家庭农业劳动的助手，而是一种自觉的锤炼，是作为修身养性的一课而认真地执行着。而耕牧年岁，当在二十壮游之前，即年十九岁之前的少年之时，而不是单指在十岁之前的孩童时代。乡间生活与城市生活迥然不同。在乡间，司马迁目睹了一般农家的清贫生活与农民的质朴，又有耕牧的切身体验，这对司马迁产生同情劳动人民的思想感情具有重要意义。

2. 司马迁的家学渊源

从上一节司马氏世系总表可以看出，世典周史的司马迁祖上自春秋中叶去周适晋以来，已中断史官家学五百余年。在春秋战国及秦汉之际，司马氏家族适应时代的大变革，从事政治、军事、剑客、经济活动，在各个领域都产生了司马氏家族的显赫人物。秦国司马氏有名将司马错，为秦国开拓了巴蜀大片领土，又东伐败楚，与秦将白起比肩。司马昌、司马无择两代分别在秦、汉两朝做经济高官。这些是司马迁承继兵学、经济学的家学渊源。给予司马迁影响最大的是其父司马谈。司马谈不仅苦心孤诣培养司马迁成才，还重振天官学，复兴和发扬了史官世家的遗风，发凡起例《太史公书》。详说见第三章。

3. 司马迁的师承与交谊

汉武帝时代，有几位影响深远的大学问家。一位是今文学大师董仲舒，一位是古文学大师孔安国，还有一位是天文学大师唐都，均因司马谈的关系，司马迁能有幸拜在他们门下。司马谈《论六家要旨》，把先秦诸子百家学说归并为儒、墨、名、法、阴阳、道六家，认为六家学说皆有益于治，表明司马谈不墨守门户，有博大胸怀，海纳百川，所以让司马迁既学古文，又学今文。司马迁在什么时间、什么地点受学于董仲舒、孔安国两位大师呢？

董仲舒，西汉广川县（在今河北枣强县东）人，著名哲学家，今文经学创始人，"春秋公羊学"一代大师。董仲舒在汉景帝时已为博士。武帝建元元年（前140）举贤良，对策为举首[①]，汉武帝复问以三策，董仲舒所对，即著名的《天人三策》。董仲舒出为江都相，两年后召还为中大夫，元朔六年（前123）受丞相公孙弘排斥出为胶西相，于元狩二年（前121）致仕家居，潜心为学，三年不窥园，其精诚如此。元朔三年（前126），汉武帝徙天下豪富于茂陵，董仲舒、司马迁当于此时徙居茂陵。故董仲舒致仕居于茂陵而非广川，约卒于元狩六年[②]（前117）。

孔安国是孔子的第十二代孙，鲁国曲阜（今山东曲阜）人，武帝时的大经学家，兼通今古文。孔安国的古文学，承受家学，他的今文学是向申公学《诗》、向兒宽学《今文尚书》。汉武帝元朔二年，孔安国为博士，元狩五年官至谏大夫，元狩六年出为临淮郡太守，不久就死在任上。

依上所考，司马迁师承两位大师，只能在壮游归来于京师，元狩年间这一段时间。司马迁壮游用了多长时间，文献没有记载，以情理推论，至少要花费两三年时间。司马迁元朔三年（前126）二十壮游，归来二十二三，到元狩六年（前117）二十九。二十余岁的

[①] 学术界一般认为，董仲舒举贤良在元光元年（前134）五月，依据是《汉书·武帝纪》，而《资治通鉴》系于建元元年。综核史实，元光元年武帝未举贤良，元光五年举贤良公孙弘为举首，这之前只有建元元年举贤良，而董仲舒为举首。参阅张大可《董仲舒天人三策应作于建元元年》一文，载《兰州大学学报》1982年第4期。

[②] 据施之勉《董子年谱》。

青年，正是问学的最佳年华，司马迁向两位经学大师学习，古今文学兼收并蓄，在当时的门户攻伐时代，确实具有传奇与思想开放色彩。

司马迁出仕为郎，又与大文学家严安、庄助、枚乘及上大夫壶遂等为友，并受到他们的文学修养熏陶。司马迁师承大师，与时贤才俊为友，所得良师益友之助，古代没有第二个人。

4. 二十壮游

汉武帝元朔三年（前126），司马迁二十岁，正当盛年，怀抱着凌云壮志，承父命交游全国，"网罗天下放失旧闻"，首创走出书斋读无字之书，向社会作调查。后人总结为"读万卷书，行万里路"，是大学问家不可或缺的修养。司马迁此行了解和搜求了古代与当时的历史传说故事与各种史料，经历了许多磨难，并在《史记》中留下了许多生动的记载。

司马迁壮游的范围重点在南方，故自述为"二十而南游江淮"。司马迁从京师长安出发东南行，出武关至宛。南下襄阳到江陵。渡江，溯沅水至湘西，然后向东折南到九嶷。窥九嶷后北上长沙，到汨罗屈原沉渊处凭吊。越洞庭，出长江，顺流东下。登庐山，观禹疏九江，辗转到钱塘。上会稽，探禹穴。还吴，游观春申君宫室。上姑苏，望五湖之后，北上渡江，过淮阴，至临淄、曲阜，考察了齐鲁地区的文化，观孔子遗风。然后沿着秦汉之际风起云涌的历史人物的故乡，楚汉相争的战场，经彭城，历沛、丰、砀、睢阳至梁（今开封），回到长安。

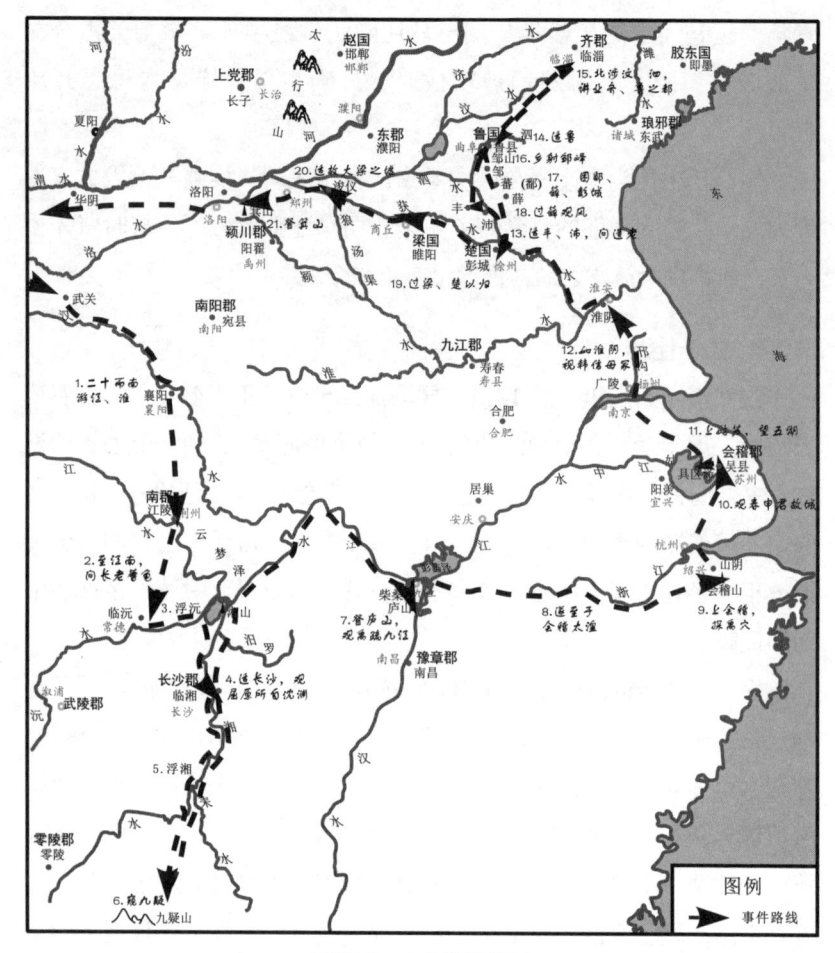

司马迁二十壮游路线图

  司马迁游历考察，兼有历史家和文学家的兴趣。对于历史事件，大至秦始皇的破魏战争，小至战国时一个城门的名字，他都要力求掌握第一手资料。除历史事件外，有关人物遗事、生动的民间歌谣、俚语，无不作了广泛的记载。至于山川地理、古今战场更是了然于胸。顾炎武评介说："秦汉之际，兵所出入之途，曲折变化，唯太史公序之如指掌。山川郡国不易明，故曰东曰西曰南曰北，一言之下，而形势了然。盖自古史书兵事地形之详，未有过此者。太史公胸中固有一天下之势，非后代书生之所能讥也。"① 这是司马迁在史事方面所得游历之助。苏辙云："太史公行天下，周览四海名山大川，与燕赵间豪俊交游，故其文疏荡，颇有奇气。岂尝执笔学为如此之文哉？其气充乎其中而溢乎其貌，动乎其言而见乎其文，而不自知也。"② 这是司马迁在文章辞采风格方面所得游历之助。总之，司马迁二十壮游，不仅使他获得了广博的社会知识，搜求了大量的遗文古事；而且开阔了视野，放宽了胸怀，增长了识见和才干。王国维称为"宦学之游"。这是《史记》成功的条件之一，是值得我们借鉴的。

5. 入仕郎中

郎中是职别最低的郎官，即作为皇帝的贴身卫队，其职责是"掌守门户，出充车骑"。"掌守门户"，指在宫中为皇帝看门的卫队；"出充车骑"，指皇帝出行，郎官作为前呼后拥的仪仗。

郎官又是国家的官吏储备系统，没有定员，多至上千人。积资有年，郎官外出，到地方任县令县丞；到朝中各部，任令丞，级别相当于今天的正科级到正处级。

郎官有四个等级：议郎、中郎、侍郎、郎中，由高官子弟充任，一般是二千石高官，即相当于现在的正部级、副部级的子弟方能入选，一部分来自地方推荐上来的富人子弟。郎官制度称为恩荫。在皇帝身边的中级官员，子弟也可以得到恩荫。司马迁父亲司马谈为太史令，六百石，只相当于现在的正处级，但太史令要观天象、掌图籍档案，所以要列席朝廷议政，起草礼仪制度，得以接近皇帝，因此，司马迁

---

① 《日知录》卷二六。
② 参见《栾城集》卷二三。

得到恩荫，为最低一级的郎官。

司马迁才能卓著，善写文章、作赋；汉武帝能文能武，也是写文章、作赋作歌的高手。汉武帝把全国青年文学高手吸收入郎官卫队中，司马迁因其才华横溢得到武帝赏识。元鼎六年（前111），司马迁35岁，被汉武帝任命为郎中将，为出使西南夷（今云南、贵州）的钦差大臣，到"西南夷"地方去设郡置吏。

6. 奉使西征

奉使西征巴蜀以南，是青年司马迁出仕郎中后所做的第一件大事。元鼎六年武帝发兵征"西南夷"（今云、贵两省及四川西部地区），派司马迁以郎中将的职衔去监军，并设郡置吏，也就是当钦差大臣。司马迁在这一地区生活和工作了一整年的时间，设置了武都、牂柯、越嶲、沈黎、汶山等郡。由于是安抚新区少数民族，司马迁提出了以"故俗治，毋赋税"的办法，开创了尊重少数民族风俗习惯的施政大纲，承认少数民族的自治权利，是了不起的先进思想。三国时诸葛亮平定南中，治理办法就是依据司马迁的"以故俗治"。《史记》首创民族史传，等列少数民族为天子臣民，这与司马迁奉使西征的这一生活体验是分不开的。

7. 扈从武帝

司马迁一生与汉武帝相始终，两人同是西汉大一统时代的英雄。汉武帝雄才大略，创造了许多威武雄壮的历史活剧。司马迁满腹经纶，用如椽大笔，栩栩如生地描绘了这个大时代。汉武帝四处巡行郡县，走遍大江南北、长城内外，司马迁随行，也走遍祖国大地，是为"扈从之游"。汉武帝好文学，能诗能赋，建立乐府，采集歌谣，以观民风，并且还网罗东方朔、枚皋、严助（即庄助）、吾丘寿王、司马相如等一大批文人学士在身边，君唱臣和，充满了浪漫情怀与豪放气派。

司马迁时值年少，后生晚辈置身其间，才华横溢，深得汉武帝亲信而为文学侍从。此时司马迁得意非凡，"仆以为戴盆何以望天，故绝宾客之知，忘室家之业，日夜思竭其不肖之材力，务壹心营职，以求亲媚于主上"（《报任安书》）。这说明，对于扈从生活，司马迁还是非常珍惜的。

扈从武帝，使司马迁跻身于封建中央王朝中枢，了解到了大量机密，像"入寿宫侍祠神语"这类触及武帝隐私与心理的生活经历，"其事秘，世莫知"，司马迁也得以参与。这些生活经历，是司马迁写《孝武本纪》和《封禅书》等篇的基础。元鼎四年（前113），汉武帝首次大规模出巡，周游河洛，观省民风，十分排场。元鼎五年，汉武帝西登空桐，北出萧关，带数万骑打猎于新秦中，场面十分雄伟壮观。扈从汉武帝的司马迁，在观赏过这盛大的场面之后，必将激发其无限的豪情。司马迁擅长大场面的描写，是和他几十年扈从武帝的豪放巡游分不开的。司马迁扈从武帝，使他深深地呼吸着大一统时代的新鲜气息。

司马迁多彩的人生，奠定了司马迁文化巨人的坚实基础，这正是《史记》成书最重要的主观条件。

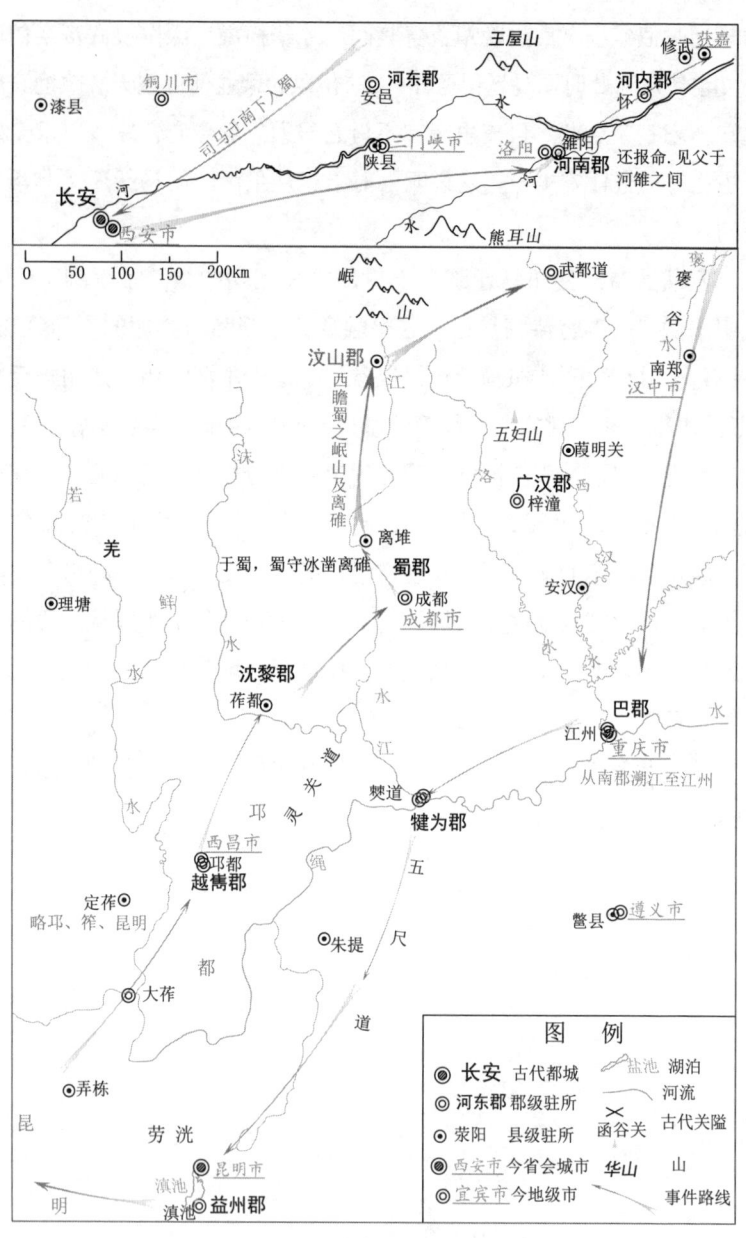

司马迁奉使西征往返路线图

第三节 蒙冤受腐刑，发愤著书

本节所要评说的是司马迁忍辱负重的意志，这是《史记》成为千古绝唱的动因。庄重的语言无法表达司马迁的怨愤情意，本节特别运用当今的口语娓娓道来，分三个层次述说。

1. 何为腐刑？为何受刑人生不如死

元封三年（前108）司马迁任职太史令，到了第五年，即元封七年，改元太初元年，即公元前104年，汉武帝颁布新历法，称为太初历。这是一件举国欢庆的国家大事，象征汉家得天命，西汉也走向了极盛。司马迁参与了太初历的制定，他感到无比自豪和骄傲，得意非凡，并加紧了《史记》的修撰，创作进入了高潮。又过了五年，到了天汉三年（前98）的十二月，司马迁遭到飞来横祸，蒙冤下狱遭受腐刑。这场灾祸，使司马迁蒙受了奇耻大辱，令他痛不欲生。

何为腐刑？为何受刑人生不如死？腐刑，就是宫刑。腐刑原是指割除男性的命根，不让他有生育能力。手术后要在像蚕室那样的温室里调养一百天才能愈合创伤，调养不好伤口就会发烂发臭。所以，这种手术叫作"腐"，定为刑法就称腐刑，又称为下蚕室。腐刑施行在宦官身上就叫宫刑。腐刑、宫刑，名称不同指使用对象不同。

腐刑原是用来惩治犯淫行罪的男人，传说夏朝时候就有了。秦始皇统一六国，整齐风俗，就是规范人的行为准则。秦始皇三十七年，公元前210年，秦始皇巡察东南，把文告刻在会稽山上向全国人民昭示，其中有这样两句："夫为寄豭，杀之无罪。"就是说犯淫行罪的男人叫"寄豭",用今天的话说,就是"公猪",杀死"公猪",不受法律追究。可见淫行罪卑鄙下流,为人所不齿。宦官并没有犯淫行,因为同样受腐刑,也就同样被人看不起。唐朝专权的大宦官,有的虽能操纵皇帝的生死与废立,炙手可热,但仍然被朝官士大夫看不起。况且儒家推重孝道,《孝经》开宗明义第一章就说:"身体发肤,受之父母,不敢毁伤。"可见身体发肤是不能随意毁伤的。大家都知道,三国时曹操"割发代首"的故事。有一次,曹操行军,他的坐骑践踏了庄稼,按曹操自己规定的禁令,坐骑的主人应该被斩首。但曹操是全军统帅,不能杀头,于是他就割掉头发,代替斩首。从此以后,全军无人敢犯禁令。这个故事说明割发等同杀头,曹操巧妙地运用古人不敢毁伤身体发肤的观念,整肃了军纪,收到了很好的效果。

还有清兵入关,为了泯灭汉族的民族意识,下令:"留头不留发,留发不留头。"古代的髡刑就是剃光头。一般有节操的士大夫,连剃光头的髡刑都接受不了,何况是宫刑。孟子说:"不孝有三,无后为大。"一个男人不能娶妻生子是最大的不孝,因此,受宫刑的人,死后也不得入祖坟。司马迁死后就没有入祖坟,司马迁墓在陕西韩城市南十八里芝川镇的司马坡上,这里离司马氏家族祖坟高门原有四公里之远。

在古代,宫刑是如此受人鄙视,所以司马迁遭受宫刑之祸,称为"大质已亏",作为一个男人的象征没有了,司马迁怎能不悲痛欲绝呢!

那么,司马迁为什么会遭受宫刑的奇耻大辱呢?

2. 司马迁因李陵案被株连而蒙冤

李陵案发生在司马迁受祸的前一年,公元前 99 年十二月。李陵案因贰师将军李广利兵征匈奴而引起,所以我们先要介绍贰师将军。

贰师将军,是李广利在公元前 104 年兵征大宛得到的称号。贰师,原是西域大宛国的一座城池，在今中亚吉尔吉斯斯坦境内。加号贰师将军，表示李广利出征的地点是贰师城，目的是要取得大宛的汗血宝马，改良中国马种。同时这也是断匈奴右臂的战役，十分重要。李广利是一个庸才，说通俗点，就是一个草包。汉武帝为何把这样一个重要任务交给草包呢？原来李广利是汉武帝宠姬李夫人的哥哥。说起李夫人，颇带点传奇色彩。她原是长安城里的一个歌星，有好几个兄弟姐妹。李广利是大哥，李延年是二哥。李延年是西汉著名的大音乐家，被汉武帝召进宫中在皇家戏班服务。李延年谱了一首歌曲来推荐妹妹，歌词说："北方有佳人，绝世而独立，一顾倾人城，再顾倾人国。宁不知倾城与倾国，佳人难再得。""倾城倾国"的典故就是从这里来的。汉武帝原本就是一个多情的风流天子，一首歌曲唱得汉武帝神魂颠倒。随后召幸李夫人，果然是一个天仙，《汉书》用五个字描写："实妙丽善舞"，用现今年轻人的时髦话来说，真是长得太绝了，唱的歌、跳的舞太美了。汉武帝爱得如痴如醉，不亚于唐明皇爱杨贵妃。李夫人年纪轻轻就死了，更让人怜爱。汉武帝失魂落魄，思念不已，亲自写悼亡诗，谱曲歌唱。又请方士招魂，每天深夜仿佛看到李夫人缥缈地进了帷帐，却只可以远看，不可以走近触摸。多年以后，汉武帝仍怀念不已。李夫人临死把兄弟重托给汉武帝照顾。汉武帝用李广利为大将，是兑现一个帝王对爱妃的承诺，有一种说不清、道不明的情结。汉武帝因为私心重用李广利，所以凡涉及李广利的事，就成了一个敏感的话题。

汉武帝任用李广利为贰师将军，就是为了让李广利立下军功封侯。大宛是一个小国，能打仗的军队只有几千人。但因为道路艰难遥远，更因为李广利无能，致使汉军为攻破贰师城付出了沉重的代价。汉军前后出动了二十多万军队，两次出征，历时四年，才取得了胜利。加上李广利贪婪，克扣军饷，造成好几万人非战斗死亡。汉武帝封李广利为海西侯，真是一将功成万骨枯。

公元前99年九月，是李广利第二次奉汉武帝之命出征。李广利率领三万骑兵，从酒泉出击，向西征讨匈奴右贤王。当时匈奴右贤王的驻牧地在今新疆境内的天山，吐鲁番以北地区。汉武帝把重兵交给李广利，想让李广利再次立下军功，增加封邑。

为了保证贰师将军的胜利，汉武帝亲自点将李陵，率领他训练的五千步卒为贰师将军的后援。李陵血气方刚，表示要独当一面为策应部队。汉武帝批准，让李陵北出居延，直达匈奴王庭所在的地区，即今天的蒙古高原，吸引匈奴的注意力。李陵是抗击匈奴名将李广的孙子，年轻时进宫为郎官，后升任建章宫监，是汉武帝的贴身警卫队长。李陵骑射技术精良，就像他的祖父李广一样。汉武帝十分赏识，提升李陵为骑都尉，命令李陵在酒泉训练一支能拉强弓的特种部队，也就是强弩步兵五千人。当时的酒泉是一个郡，是河西走廊上的军事重镇，就是今天甘肃省酒泉市。

李陵接受命令，长驱直入，北行三十天，行军千余里，到达了目的地，派人回朝廷报告。汉武帝十分高兴，朝中公卿大臣无不举杯祝贺，奉承汉武帝英明识才，又选拔了一个青年将军。正在这时，孤军深入的李陵却遭到匈奴单于亲自率领的重兵追击。匈奴骑兵从三万增加到八万，李陵且战且退，经过了八个昼夜的激战，汉军斩杀匈奴骑兵一万多人。这时汉军离边塞只有一百多里，终因寡不敌众，粮尽矢绝，孤军无救，全军覆没，李陵自己也当了俘虏。逃回来的散兵只有四百多人。

贰师将军李广利率领的三万骑兵未遇匈奴主力，却被打得大败，损兵折将而返。这里插说一句，十年后，李广利再次带兵出征匈奴，领兵七万，却全军覆没，李广利投降匈奴，为单于所杀。

汉武帝刚刚喝了群臣的庆功酒，突然听到两路兵败，大大扫了帝王之尊的颜面，因此吃不下饭，睡不好觉，上朝也无精打采。阿谀逢迎之徒，猜中了汉武帝的心事，只字不提贰师将军打败仗，把责任全都推到李陵身上，还添油加醋说李陵这也不是，那也不是。司马迁看在眼里，听在耳里，心中很不是滋味。司马迁认为这是不正常的风气，公道、良心、正义到哪里去了！司马迁对李陵的遭遇充满了同情，对那些阿谀逢迎的朝臣们充满了愤慨。当汉武帝召问司马迁的时候，司马迁便以自己对汉武帝的"拳拳之忠"坦率地说了他的看法。司马迁说：

> 李陵事亲孝，与士信，一向怀着报国之心。他只率领了五千步兵，吸引了匈奴全部的兵力，杀敌一万多，虽然战败被俘，其功可以抵过，李陵不会真心降敌，他活下来是想找机会回报汉朝的。(《报任安书》摘引译意）

汉武帝认为司马迁言之有理，接受了司马迁的意见。于是派出使者慰问幸存者，还派因杅将军公孙敖深入匈奴迎接李陵。匈奴劝降李陵，把他扣留在单于王庭，所以，公孙敖在边境候望李陵一年多，没有结果，后从俘虏的匈奴人口中得知一个叫李绪的汉军降将在教练匈奴军队，于是谎报"李陵教练单于兵以备汉"。也就是说，李陵不仅投降了匈奴，而且还在训练匈奴军队，将要用来攻击汉朝。汉武帝看了奏章，非常震怒，不加细察，族灭了李陵一家。实际教练匈奴兵的是另一个降将李绪，而不是李陵。

李氏一门惨遭族灭，而替李陵说情的司马迁被株连追究，判了"诬罔"罪。"诬罔"罪是"大不敬"的欺君之罪，理由有二：一是"沮贰师"，说司马迁败坏了贰师将军李广利的名声；二是"为陵游说"，说司马迁为李陵投降敌人的行为辩护。

那么，给司马迁定的这个"诬罔"罪是否成立呢？我个人的看法，司马迁被定"诬罔"罪是冤枉的，理由有三：

①事实。司马迁说，李陵只有五千步兵，杀敌过万，其功可以抵过，且李陵不会真心投降匈奴。这些都是当时的实际情况。李陵没有给匈奴练兵，这就是鲜明的证据。李陵一家被满门抄斩，李陵这才死心塌地投降匈奴，不应当问责司马迁。

②法理。司马迁只是"推言陵功"，说了李陵的好话，没有说贰师半个不字，说司马迁"沮贰师"，在法理上不能成立。

③动机。汉武帝心情郁闷，召问司马迁。司马迁回答，宽汉武帝之心，坦荡真诚。汉武帝当时没有怪罪司马迁，还听取了司马迁的意见。"诬罔"罪是"莫须有"。

俗话说，"伴君如伴虎"，汉武帝的喜怒，决定了司马迁无罪变有罪。

3. 司马迁的生死抉择

"诬罔"罪量刑是杀头死罪。从当时的司法案例中，能不能找到免死的办法呢？可以找到两种办法来免死。一是缴纳五十万保释金赎罪，二是自请以宫刑代替死刑。司马迁"家贫，财赂不足以自赎"。因为太史令级别低，大致相当于一个正处级，俸禄少；再加上司马迁又清正廉直，没有灰色收入。五十万钱，对于司马迁来说是一个天文数字。钱并不是万能的东西，它买不来万寿无疆，也买不来白头偕老，但有时一文钱难倒英雄汉。在当时汉武帝盛怒的政治氛围中，也没有人敢出来相救，没有这五十万司马迁只能在死刑与宫刑两者之间作出抉择。也就是在生与死之间作出选择。选择宫刑可以活命，但要受辱；接受死刑，或者自杀，解脱受辱，就要丢失生命。对于一个有正义感和报国心的士大夫，选择宫刑，那真是生不如死。

司马迁的选择是万般无奈。他遭受腐刑，蒙受奇耻大辱，心中万分悲苦,他在《报任安书》中凄怆满怀地诉说他的痛苦。任安是司马迁做郎官时的同僚、好朋友,字少卿。司马迁沉痛地诉说衷肠。司马迁说:"少卿啊,我被关在四面高墙的牢房里,戴上了手铐脚镣,剥掉衣服,被重重地鞭打,跪在地上接受审讯,见了狱吏胆战心惊,还要跪地叩头,受尽折磨和屈辱。"司马迁一口气列举了十种耻辱,第十种"最下腐刑极矣"。一个"最"字,再加一个"下"字,还要补上一个"极"字,可以说把受腐刑的耻辱写到了顶点。任何一个有正义感的人,都是不能承受的。司马迁说:"贪生怕死,割舍不下父母、妻子、儿女,这是人之常情。但那些被真理和大义激发的人,为了个人的尊严,即使是地位低下的奴仆婢妾,也会用自杀来抗争和获得解脱。"人们要问:作为史官的司马迁,没有选择自杀,难道还不如当时人们认为地位低贱的奴仆婢妾吗?当然不是。司马迁说:"我有说不出的苦衷,倒不尽的苦水啊!我不能选择去死。我之所以忍辱苟活,甚至埋在粪土之中也不逃避,'恨私心有所不尽,鄙陋没世,而文采不表于后也'。"这意思就是:我恨自己的意志还没有表达出来,遗憾《史记》缺少文采,没有感召力量,不能流传后世啊。

司马迁在极端无奈与痛苦中作出了生与死的抉择。在生与死的反复较量之中,司马迁悟出了生命的真正价值,提出了震撼千古的至理名言:"人固有一死,或重于泰山,或轻于鸿毛,用之所趋异也。"生命的价值不在长短,而在如何度过。拿悲剧英雄项羽来说,他因兵败愧对江东父老而自杀。宋代女词人李清照称颂说:"生当作人杰,死亦为鬼雄。至今思项羽,不肯过江东。"项羽自杀,是为了承担责任,他成了悲剧英雄。项羽选择死,死得其所,重于泰山。

司马迁在《史记》中写下了许多不甘屈辱,为了保持名节,实践孔孟遗教,"杀身成仁""舍生取义"的志士仁人。侯嬴为了激励信陵君窃符救赵而死,田光为了激励荆轲入秦而自杀,荆轲扶弱抗暴刺秦王而死，屈原忠君爱民沉江殉国而死，司马迁称赞他们是具有高风亮节的贤人。这些慷慨悲歌的贤人之死，重于泰山。

俗话说："尺有所短，寸有所长。"时间环境不同，处理事情的方法不应相同。司马迁推重勇于死决的人，而司马迁他自己所处的环境和背景，恰恰是不能选择死。

为什么司马迁不能选择去死？因为一个史官的责任，高于个人的生命与荣辱。史官肩负历史的重托，要为苍生大众呐喊。司马迁说："仆虽怯懦欲苟活，亦颇识去就之分矣。"我即使是胆小软弱，想要苟且偷生，到底还懂得一点点生死的界限。司马迁认为，他如果选择去死，虽然悲壮，但只是以死来解脱受辱，却没有完成《史记》，颠倒了"轻"与"重"，这样的死，轻如鸿毛，与一只蚂蚁没有两样。司马迁要让自己的死重于泰山，要让生命闪光，就一定要活下来完成《史记》，把受祸体验到的怨愤吐发在《史记》中，提高《史记》的品位，增强《史记》的文采，更是升华《史记》的主题，悟出史学的批判功能以警世，这样才能够流传万世让后人评说。

司马迁受祸以后，他要把更多的人生体验和感悟写进《史记》之中。司马迁经历了生与死的抉择，不是消极地哀叹个人的不幸，而是更深刻地认识社会。举一个例子，就拿金钱来说吧。钱并不是万能的东西，但有时一文钱就能难倒英雄汉，瓦岗英雄秦琼也囊中羞涩要去卖马呀！司马迁要有五十万钱，不就不用遭受宫刑了吗！司马迁大小也是个京官，尤其是靠近皇帝，司马迁想捞钱，还是有条件的。早知道要受宫刑，是不是该不择手段早就捞一把呢？司马迁明确地说：不可以。司马迁在《滑稽列传》中讲了一个故事。说春秋时楚庄王的丞相孙叔敖，一生清廉，死后儿子靠打柴为生。孙叔敖临死对儿子说："我身为一国宰相，两袖清风，我死后，你们没饭吃的时候，去找宫廷中戏班艺人优孟，他有办法让你们吃上饭。"过了几年，孙叔敖的儿子果真吃不上饭，他想起了父亲的话，找到了优孟。优孟说："好的，你等着听消息吧。"优孟装扮成孙叔敖，到宴会上给楚庄王敬酒。优孟一举一动，说话腔调，简直就是孙叔敖复活。楚庄王大吃一惊，立即就要优孟做国相。优孟说："我得回去与老婆商量，三天后回话。"过了三天，优孟去见楚庄王。楚庄王问："你老婆怎么说？"优孟说："我老婆的头摇得像拨浪鼓，说当楚国的宰相，万万使不得。"优孟说完，唱起了一首歌，用今天的话翻译出来的歌词大意是："耕田种地太辛苦，进城当官把钱赚，不顾廉耻，大把捞钱，一生荣华，死后儿孙还富有。一朝败露，抓进牢房蹲大狱，看来贪官不好做。想一想，还是做个清官好。奉公守法，一辈子不做亏心事。看一看，楚国宰相孙叔敖，一生清廉直到死，老婆孩子饭都吃不起，清官到底做还是不要做。"楚庄王听了这首歌，十分感动，立即赏赐孙叔敖儿子四百户人家的奉邑，子子孙孙十代也吃不完。司马迁写这个故事，表达他的酸楚，他相信好人最终有好报。

4. 司马迁拍案而起，发愤著书

司马迁用承受奇耻大辱为代价，想换取一个平静的写作空间，这要求不高吧！可是司马迁万万没有想到，出狱后，痛苦和受辱远远没有结束，更大的耻辱还在后头，司马迁还要面临第二次生与死的抉择。

司马迁蒙羞，接受宫刑，为的是写《史记》。可是事与愿违，司马迁因受宫刑，出狱后被汉武帝用为中书令。汉武帝时的中书令是皇帝身边的秘书长，由宦官充任。司马迁任职中书令，被朝官们视为尊宠任职，而司马迁的感受却是奇耻大辱，生不如死。司马迁在抉择宫刑与死刑的时候，对于宫刑后的蒙羞还只是在观念中，而今被当作宦官使用，蒙羞成为切身之痛，是以"肠一日而九回"，整天心绪不宁，愁肠翻转，司马迁的精神简直崩溃了。他在《报任安书》中说："居则忽忽若有所亡，出则不知所如往。"坐在家里恍恍惚惚若有所失，出了门迷迷糊糊不知要到哪里去，分不清东西，找不到南北。司马迁一想到蒙受的耻辱，仿佛看到了世人的冷眼，听到背后的指指戳戳，就要流下一身冷汗湿透衣衫。司马迁羞愧难当，多次想到自杀。每当这个时候，司马迁耳边就响起了两个人的声音：一个是父亲的遗言；再一个是孔子圣人的教导，"君子疾没世而名不称焉"。《史记》未完，名未立，理想没有实现，绝不能轻言去死。司马迁从历朝历代许多悲剧人物身上汲取了豪迈精神，净化了自己的人生。司马迁在《太史公自序》和《报任安书》中反复申说这样一段话：

> 昔西伯拘羑里，演《周易》；孔子厄陈蔡，作《春秋》；屈原放逐，著《离骚》；左丘失明，厥有《国语》；孙子膑脚，而论《兵法》；不韦迁蜀，世传《吕览》；韩非囚秦，《说难》《孤愤》；《诗》三百篇，大抵贤圣发愤之所为作也。（《太史公自序》）

西伯，就是周文王，他曾经被殷纣王关在羑里的监狱，推演了《周易》。还有孔子、屈原、左丘明、孙膑、吕不韦、韩非等人留下的著作，以及《诗》三百篇，大都是贤圣发泄愤懑的作品。这就是司马迁提出的"发愤著书说"。

所谓"发愤"，就是指一个人身处逆境而其志不屈，更加激扬奋发而有所作为。司马迁在极度痛苦的炼狱体悟中提升了人生境界，忍辱负重比慷慨悲歌，意志更为坚强，品格更为崇高，人格魅力更为难能可贵。勾践卧薪尝胆，坚韧顽强，发愤雪耻，终灭强吴而称霸王，司马迁不仅许之以"贤"，还称赞勾践发扬光大了大禹的精神。伍子胥弃小义，雪大耻，名重后世，司马迁称赞伍子胥为"烈丈夫"，是一个真正的男子汉，大丈夫。季布以勇猛顽强在项羽军中显扬威名，多次打败汉军，斩将夺旗，"可谓壮士"，但当他被刘邦捉拿，为人奴而不死，受辱而不羞,"终为汉名将",司马迁称赞季布为"贤者诚重其死"。最有才干的人是不会轻言去死的。勾践、伍子胥、季布,他们在困境中没有轻生,而是忍辱负重,立大名,雪大耻,更是值得敬仰的男子汉、大丈夫。司马迁敬慕这些古代的圣贤,一腔愤怨从沉默中爆发,既而发愤著书。

司马迁发愤著书,以及他提出的"发愤著书说",在中国文学史上产生了深远影响,激励了历代文人雅士奋发有为。唐宋八大家追慕司马迁,不仅学习司马迁的文章,而且效法司马迁的精神,韩愈称为"不平则鸣",欧阳修总结为"诗穷而后工"。诗人到了穷愁困难的境地写出的诗是最棒的。千古奇文,最好的文章,都是在愤怨中吐发出来的。

司马迁在两次生与死的抉择中,完成了两次人生境界的飞跃。第一次的生死抉择,体悟到人的生命价值,树立了慷慨悲歌的生死观。第二次的生死抉择,体悟到发愤著书的人生修养,树立了忍辱负重的荣辱观。《史记》全书人物,无论是慷慨悲歌的志士,还是忍辱负重的仁人,他们闪光的人格,无不照映了司马迁的影子。可以说,《史记》的字字句句,都是司马迁用血和泪写成的。

司马迁蒙受宫刑,"大质已亏",对他个人是一场悲剧,但却令他留下了千古绝唱的《史记》。司马迁的灵魂和精神,凤凰涅槃,获得了永生。

第三章 《史记》产生的历史条件

《史记》产生在西汉盛世汉武帝时代,这绝不是偶然的。它是主客观条件交叉产生的必然结果。

第一节 大一统时代的呼唤

这可从五个方面来看:

其一,如何巩固西汉王朝的统治,需要总结历史的经验,作出学术的综合。早在高帝即位之初,这位马上得天下的开国皇帝,就让陆贾总结"秦所以失天下,吾所以得之者何,及古成败之国"[1]的历史经验,寻求长治之术。文帝时,贾谊作《过秦》(学术界称《过秦论》),贾山作《至言》,总结秦亡的教训,是陆贾《新语》工作的继续,还是侧重于政治方面。到了汉武帝时代,理论的归纳,大大向前推进了一步。董仲舒倡导"罢黜百家,独尊儒术",治"春秋公羊学",宣扬大一统,已经是学术综合的工作了。与司马谈同时而与司马迁相及的淮南王刘安,他纠集学者编纂了一部"观天地之象,通古今之事"[2]的

---

[1] 《史记》卷九七《郦生陆贾列传》。
[2] 《淮南子》卷二一《要略》。

《淮南子》，更是学术综合的工作。司马谈《论六家要旨》，强调百家殊途同归，"皆务于治"，明确地阐述了学术综合与治政的关系。清代学者钱大昕说，《史记》的"微旨"有三，"一曰抑秦，二曰尊汉，三曰纪实"[1]，这正是司马迁所处时代的精神和使命。

其二，西汉的文化发展提供了修史条件。司马迁修纂《史记》，"是长期的历史研究成果的集中体现"[2]。如果没有《春秋》《尚书》《左传》《国语》《世本》《战国策》等书的积累，就不可能凭空冒出《史记》这样的历史巨著。司马迁能够运用这些典籍，是西汉的文化发展提供的条件。司马迁说："百年之间，天下遗文古事靡不毕集太史公。太史公仍父子相续纂其职。"[3]也就是司马谈、司马迁相继主持文化典籍的整理工作，得以阅读秘籍图书，成为最博学的人。太史府等于是国家给司马迁设立的书局。

其三，雄才大略的汉武帝，加强了中央集权的统治。宏阔昂扬的时代，是《史记》成书的直接背景。

其四，汉武帝的后期，社会阶级矛盾尖锐化，为司马迁"原始察终，见盛观衰"的方法论提供了现实的依据。

其五，文景之世开明政治的流风余韵，启迪了司马迁自成"一家之言"。汉文帝即位，发动了对秦王朝暴政的批判，吸取"壅蔽之伤国也"[4]的历史教训，鼓励臣民直言极谏。举贤良方正的基本条件就是"直言极谏"。汉武帝专制有别于秦始皇的根本之点，就是还能容忍臣下直言，故有晚年悔征伐之事。汲黯在廷对时说："陛下内多欲而外施

---

[1] （清）钱大昕：《与梁耀北论史记书》，《潜研堂文集》卷三四。
[2] 白寿彝：《史记新论》，求实出版社，1981年。
[3] 《史记》卷一三〇《太史公自序》。
[4] （汉）贾谊：《过秦论》。

仁义，奈何欲效唐虞之治乎！"[①] 武帝怒而不罪。所以在汉武帝时代，虽"罢黜百家"，而文网未密，臣工士庶，尚能直言议政。故司马迁述史，汉武帝未予干涉。在这一环境下，司马迁才敢直言，实录史事，虽有忌讳之辞，而能终成一家之言。

以上各点，是《史记》成书的客观条件。

第二节 司马谈发凡起例

《史记》原题《太史公书》，表示为太史公所作之书，至东汉桓、灵之际才演变成为《史记》之名。司马谈官太史令，最崇高的理想就是继孔子，效《春秋》，完成一代大典，写一部贯通古今的通史，颂扬汉家一统的威德。司马谈的写作宗旨，《太史公自序》作了明确的交代。司马谈临终遗言说：

> 夫天下称诵周公，言其能论歌文、武之德，宣周、邵之风，达太王、王季之思虑，爰及公刘，以尊后稷也。幽、厉之后，王道缺，礼乐衰，孔子修旧起废，论《诗》《书》，作《春秋》，则学者至今则之。自获麟以来四百有余岁，而诸侯相兼，史记放绝。今汉兴，海内一统，明主贤君忠臣死义之士，余为太史而弗论载，废天下之史文，余甚惧焉，汝其念哉！

上述司马谈的这段遗言，可条列其发凡起例的宗旨有三端：一曰效周公"歌文、武之德"；二曰继孔子效《春秋》"修旧起废"，为后王立法，为人伦立则；三曰颂汉兴一统，论载"明主贤君忠臣死义之士"。合此

[①] 《史记》卷一二〇《汲郑列传》。

三端，即以人物为中心，帝王将相为主干，颂一统之威德，这正是秦汉中央集权政治在学术思想上的反映。《论六家要旨》为司马谈所作述史宣言，倡导融百家思想为一体，自成一家之言。这就是《史记》的本始主题。

司马谈仕于建元、元封之间，酝酿构思早已孕育于胸中。他学天官于唐都，受《易》于杨何，习道论于黄子，就是为述史作准备。元朔七年，汉武帝获白麟，作《白麟之歌》，并改元为元狩元年（前122）。当时人们认为这是一件了不起的大事，因文成致麟，象征天下太平。司马谈激动非凡，决定述史下限止于元狩元年，示意绝笔于获麟。所以元狩元年是司马谈正式述史之始。《太史公自序》载，"于是卒述陶唐以来，至于麟止"，就是司马谈的作史计划。上限起于陶唐，则是效法孔子述《尚书》起于尧。司马谈追步孔子的意识是十分鲜明的。司马谈卒于元封元年（前110）。从元狩元年至元封元年，已历十二年，司马谈作史，应有相当的规模，或已成若干篇章。据昔贤今人的考论，司马谈作史达三十七篇，五体皆备。《孝文本纪》《天官书》《封禅书》《刺客列传》《太史公自序》等篇留有司马谈作史痕迹。司马谈发凡起例《太史公书》，这本身是一个伟大的业绩，无论怎么评价都不过分。司马谈重整了司马氏史官世家绝学，是一个自觉的历史家。但《史记》最后完成于司马迁之手，司马谈的著述被剪裁熔铸在《史记》的定稿之中，因此今本《史记》一百三十篇是不容分割的一个整体，《史记》著述代表者只能有一人焉，曰司马迁，如同《汉书》著述代表者为班固一样。《史记》与《汉书》均是父子相承之作，是两代人的共同结晶。

第三节　司马迁完成一代大典

1. 司马迁受父遗命接力潜心修史

元封元年（前110）夏初的四月，正是鲜花如锦的烂漫时节，封禅大典就要在泰山之巅举行。司马谈作为参与制定封禅礼仪的史官，该是何等激动。可惜他因病留滞周南（今河南洛阳），未能参与。这时司马迁正好从奉使西征的西南夷前线赶回来参加这稀世罕有的大典，行到洛阳，见到了生命垂危的父亲。司马谈在弥留之际，拉着司马迁的手，流着眼泪遗命司马迁，以尽忠尽孝的大义激励司马迁，要司马迁发誓继任太史令完成一代大典。太史令秩六百石，相当于今正处级，而当时司马迁以郎中将职衔奉使归来，已是秩一千石，相当于正司级，又侍从汉武帝，仕途如花似锦。司马谈发出了悲怆的叹息，他说："世传史官的司马氏之业，难道就要断送在我的手里吗？"可以体察出，司马谈这位执着的历史家，未能亲手完成修史计划是多么揪心！他慨叹命运而绝不屈服于命运，他遗命儿子司马迁来实现修史壮志。司马迁的心灵受到震动，他低着头，流泪呜咽，恳切地向父亲立下誓言。司马迁说："小子不敏，请悉论先人所次旧闻，弗敢阙。"司马谈临终的一幕，给予司马迁的刺激是太深刻了。所以他的记述是那样激情满怀。司马迁也果真牢牢记住了司马谈临终的伟大遗命，时常叨念"先人有言"。司马迁守丧三年，到了元封三年已三十八岁，无论是阅历，还是修养，均走向成熟。他遵从父亲遗言继任太史令。《太史公自序·索隐》引《博物志》云："太史令茂陵显武里大夫司马迁，年二十八，三年六月乙卯除，六百石。""年二十八"为"年三十八"之误。"三年六月乙卯除"，即元封三年六月初二日，司马迁为太史令。

太史令虽然职位卑微，但却是皇帝身边最重要的历史顾问，重大制度的兴革和典礼仪节均有太史令参加讨论。司马迁为太史令第五年，即太初元年（前104），汉武帝颁布了新历，定名《太初历》，并改年号为太初，改历是封禅活动的继续。封禅象征新王朝受命于天地，改历象征受命的完成。汉武帝完成封禅改历是划时代的壮举，意义非凡。司马迁躬逢其时，参与其事，激动不已。他想起了父亲的遗训，仿佛像洪钟一样在耳边响起："先人有言：'自周公卒五百岁而有孔子。孔子卒后至于今五百岁，有能绍明世，正《易传》，继《春秋》，本《诗》《书》《礼》《乐》之际？'意在斯乎！意在斯乎！小子何敢让焉。"[1] 于是论次其文。司马迁按历史事势的发展，修正了司马谈的作史计划，延伸上限起于黄帝，下限至太初年间。所以《太史公自序》留下了两个断限的记述。"于是卒述陶唐以来，至于麟止"，是司马谈的计划，"余述历黄帝以来，至太初而讫，百三十篇"，是司马迁定稿的实际断限。宏阔昂扬的时代精神，君臣相知的感遇，事亲、事君、立身的父教，建功扬名的男儿壮志，这些都是司马迁创作的动力。他全身心投入，潜心修史，《太史公自序》做了郑重的记载。司马迁说："卒三岁而迁为太史令，䌷史记石室金匮之书。"又说：汉兴"百年之间，天下遗文古事靡不毕集太史公。太史公仍父子相续纂其职"。这些说明了司马迁正式做了太史令后，堂皇正大地在皇室图书馆里翻阅石室金匮之书，整理一切秘籍和历史资料，接续父亲已经开创的事业，从事伟大的撰述工程，是何等心旷神怡！

---

[1] 《史记》卷一三〇《太史公自序》。

2.《史记》完稿

太始四年（前93），《史记》基本完稿。《太史公自序》云："凡百三十篇，五十二万六千五百字，为《太史公书》。"司马迁计点篇目字数寓有深意。他在《报任安书》中说："仆诚已著此书，藏之名山，传之其人，通邑大都，则仆偿前辱之责，虽万被戮，岂有悔哉！"计点篇目字数，表明自己十分圆满地在有生之年完成了雪耻的心愿，发愤之作大功告成，这是多么惬意的事啊！此其一。司马迁在《孔子世家》中说孔子著《春秋》，"笔则笔，削则削，子夏之徒不能赞一辞。弟子受《春秋》，孔子曰：'后世知丘者以《春秋》，而罪丘者亦以《春秋》'"。《史记》效《春秋》，是非裁夺出于司马迁之手，"俟后世圣人君子"评说，增一字与减一字都是不可以的，表现了司马迁的自信与超越，追步圣人毫不逊色！此其二。此外，司马迁在《太史公自序》中留下《史记》一百三十篇目录以及全书五十二万六千五百字的字数统计，可为今天研究《史记》断限与"十篇缺"的重要标尺，这或许是司马迁先知先觉的预设，也或许是非他始料所及之事。司马迁死后，两汉儒者竞相续补，或遭当路者删削，这篇目字数的统计成了《史记》一书无形的护法神。

《太史公自序》作于何年，无法考知。但司马迁却在《报任安书》中透出《史记》基本完稿的消息，考知《报任安书》的写作时间，就大体可知司马迁的写作进程。《报任安书》云：

> 仆窃不逊，近自托于无能之辞，网罗天下放失旧闻，考之行事，稽其成败兴坏之理，（上计轩辕，下至于兹，为十表，本纪十二，书八章，世家三十，列传七十），凡百三十篇，亦欲以究天人之际，通古今之变，成一家之言。

上述引文中括号内"上计轩辕"以下七句据五臣注《文选》本补入。

计，借为记。这几句总括《史记》五体篇数与《太史公自序》相符，所以它透露了《史记》已基本完成，但还没有最后定稿。试与《太史公自序》的总括文字作一对照，就可看出问题。《太史公自序》曰：

> 网罗天下放失旧闻……上记轩辕，下至于兹，著十二本纪……作十表……作八书……作三十世家……作七十列传，凡百三十篇，五十二万六千五百字，为《太史公书》。

对照两段文字有三点不同：第一，《史记》五体的编次顺序不同。《报任安书》序列为表、本纪、书、世家、列传；《太史公自序》排列为本纪、表、书、世家、列传，与今本《史记》吻合①。第二，《报任安书》未定书名；《太史公自序》定名为《太史公书》。第三，《报任安书》无字数统计，《太史公自序》总计全书为五十二万六千五百字。三点不同，说明《报任安书》作于《史记》即将完稿之时，而早于《太史公自序》。司马迁作《报任安书》之后，仍在继续修订。

《报任安书》的写作时间是学术界讨论的一个重大课题，对于了解司马迁的写作进程及推知卒年都具有重要意义，因而成为长期以来争论的问题。主要有两说。一为清人赵翼在《廿二史劄记》中提出，他认为《报任安书》作于汉武帝征和二年（前91）。另一为近人王国维在《太史公行年考》中提出，认为作于汉武帝太始四年，本书依从王说。两说时间相差两年。

3.《史记》修订

司马迁在《报任安书》中说，天汉三年他受祸之时"草创未就"，即《史记》一书尚未完成。《报任安书》又说"鄙没世而文采不表于后

---

① 《报任安书》列《史记》五体，"表"在"本纪"之前，表明写作程序，先完成十表以正史事纪年为写作指导，全书完成调整五体序列，移"表"于"本纪"之后。

也",则是对已成之篇的修订润饰。这两项工作当是交叉进行,太始四年以后则主要是最后的编定工作。由于史料无征,我们难以查考《史记》篇目的写作编年,但从篇中所透露的生平印记,特别是李陵案的影响,可以大体推测出司马迁作史阶段及修订内容,并从中领略他的发愤精神和诗人气质。先说修订内容,主要有四个方面:

(1)调整篇目与编定次序。《史记》自元狩元年起司马谈已发端述作,元封三年司马迁相继撰述,至太初元年开始定稿,大约《史记》规模已初具。天汉三年,司马迁受祸,思想立场从温和刺讥转到激烈抗争,对全书篇目以及已完成的篇目内容必有相当大的调整,用以寄发感慨。像《酷吏》《游侠》等篇,感情愤激,必是写于受祸之后。例如《酷吏列传》,集中写武帝一朝的酷吏,他们一个比一个苛暴,而"上以为能",讥刺刻骨。司马迁恨透酷吏,写他们的下场一个个不得好死,被杀头,弃市,族灭。又如《魏其武安侯列传》,为平庸外戚作传,深刻地揭露了西汉盛世下的宫廷斗争,描写了上层统治集团的互相倾轧,表现了对专制主义黑暗政治的批判和谴责。笔锋犀利,语言简洁,人物富有个性,对话宛然,声口毕肖。此篇立意与笔力,非受祸之后不能写出。

(2)抒愤寄托,鸣写不平。司马迁受祸,"鄙没世而文采不表于后",故于书中极力抒写,借他人事迹寄寓感慨,这是修订的主要内容。抒愤寄托,首推《屈原贾生列传》。清人李晚芳就说:"司马迁作《屈原传》,是自抒其一肚皮愤懑牢骚之气,满纸俱是怨辞。"[1]

其次当数《伍子胥列传》。伍子胥不听昏庸楚王之乱令,违犯君臣之"义",逃往吴国,借兵报仇,司马迁不加非难,反而高度赞扬他"弃小义,雪大耻",是真正的男子汉,"烈丈夫",表现了反传统的叛

---

[1] 《读史管见》卷二《屈原列传》。

逆精神。

赞扬忍辱负重，困厄发愤精神的还有《虞卿列传》，说虞卿非穷愁，亦不能著书，以自见于后世；《范雎蔡泽列传》，说范蔡二人不困厄不能激发智慧以取卿相；《季布列传》，说季布斩将夺旗，是一个壮士，然而被通缉却为人奴不死，受辱不羞，终为汉名将，称得上是"贤者诚重其死"。这些议论，正是司马迁忍辱负重精神的寄托。

（3）附记太初以后大事。内容涉及十六个篇目，凡二十二人，集中在李陵案、巫蛊案两件大事上，可以看出是司马迁的精心布局，各体照映符合若节。司马迁以李陵案、巫蛊案两件大事终结武帝一生行事，本是太初以前记事的延续、互见，其势不得不附载。也就是说，李陵案与巫蛊案是司马迁修订《史记》，附记太初以后事的一条明显的脉络。

（4）补载或修订太初以前史事。《史记》中有十二篇记载太初以前史事而有"武帝"字样，不似后人窜乱文字。《汉兴以来诸侯王年表》《汉兴以来将相名臣年表》表列汉武帝史事，起首皆为"孝武建元元年"。又，在诸侯王表中，元狩六年四月乙巳下书武帝三子立王，均书"武帝子"。《孝景本纪》云："太子即位，是为孝武皇帝。"《外戚世家》载卫皇后一节，称"武帝"。联系前后文字，这一节是补插文字，显然是后加的，写于陈皇后之前。而在陈皇后一节文字中，又已经写了卫皇后事迹。《卫将军骠骑列传》，附载的公孙贺等十六人，一律书作"武帝"，显然是补写。此外，《屈原贾生列传》《张释之冯唐列传》《万石张叔列传》《李将军列传》《平津侯主父列传》《汲郑列传》《酷吏列传》，均有"武帝"字样。可以说这是司马迁在昭帝之初仍在修订《史记》留下的痕迹。

第四节　父子两代人的心血结晶

司马迁作史，毕生投入，前后四十年，可分为三个阶段。元朔三年（前126），司马迁二十壮游，"网罗天下放失旧闻"，即为作史之始。到元封元年（前110）前，其间十六年，司马迁为父亲的修史助手。这一时期，司马迁在其父司马谈的指导下，二十壮游，学《公羊》于董仲舒，受古文于孔安国，习家学于司马谈，襄助修史，成长为一个渊博的学者，打下了继承父志的坚实基础。元封元年到太始四年（前93），为发愤著书阶段，其间十八年，基本完成《史记》。征和元年（前92）到武帝之末后元二年（前87）或昭帝之初，约六年时间，司马迁编定《史记》，仍在继续修订。司马谈作史，准备在建元、元光间，正式述史在元狩元年（前122）。司马谈卒于元封元年。从元狩元年到元封元年，司马谈作史草创经营了十二年。司马迁发愤著书阶段十八年。就这样，《史记》写作基本完成就经历了前后两代人共三十年，凝聚着司马谈、司马迁父子两代人的心血，方成为一部体大思精的著作。

唐刘知几论良史必须具备才、学、识三长，清章学诚又加之以德。这才、学、识、德四大要素，司马迁可谓兼备一身；司马迁聪颖勤奋，十岁诵古文，养育了他的才；得天独厚的家学渊源和师承，培植了他的学；壮游与受祸锤炼了他的识；史官世家的血统和气质，司马谈尽忠尽孝的诱导教育，临终遗言的嘱托，涵育了他的德。这些就是《史记》成书的主观条件。

在主观条件中，才、学、识、德四要素，最重要的是识。因为只有超卓的识，才能"原始察终，见盛观衰"，知其远，察其微，探其源，究其终，通古今之变。司马谈以其眼光远大，领悟了时代的要求，立下述史壮志；司马迁以其识见超卓，才能追寻历史之变，不断升华述史主题。在司马迁手中，《史记》主题随着断限的修正，做了两次飞跃式的升华①，从而使《史记》熔铸了人民性的成分。

《史记》成书的条件留给我们的启示是：一部不朽的传世名著，必须具备主客观条件的统一才能产生。西汉盛世为司马迁著述一部通史提出了时代的要求，也提供了物质条件，这是《史记》成书的历史背景。司马迁所受教育、修养及其经历是《史记》成书的著述内因。历史背景是客观条件，著述内因是主观条件。从历史背景来看，《史记》是适应秦汉大一统社会的历史使命而产生的，所以它的本始主题是颂扬帝王将相的功勋来为巩固封建统治服务。尽管《史记》注入了人民性的成分，但并未改变这一基本主题。学术界以往的论述，未能深究《史记》的成书条件，往往以后世个人的经验去看待《史记》，颠倒了两者的关系，把人民性看成是《史记》的基本主题，因而不能合理地解释纪传史产生的原因。《史记》是司马谈、司马迁二人以汉太史身份修成，在这个意义上，也可以说它是一部自成"一家之言"的官修史书。《史记》的伟大价值，并不只是它揭露现实，表现为异端，而根本性在于它全面地反映了大一统的时代精神及其盛衰。当然，司马迁受祸发愤，在《史记》中熔铸了人民性，使它更加灿烂夺目，这是不言而喻的。

---

① 司马迁两次升华《史记》主题，第一次升华为修正司马谈发凡起例的断限，上限从起于尧延伸至起于黄帝，下限从讫于元狩延伸到讫于太初。修正断限突显大一统历史观。第二次升华为受腐刑之后发愤著书，注入了史学批判功能，用司马迁的话说叫"贬天子，退诸侯，讨大夫"。

第四章 成一家之言的创作宗旨

《史记》从六经异传和诸子百家著作中吸取了许多学术观点。在这些学术观点中，如果要找出一个最重要的堪称灵魂性的观点，那就是儒家特别是春秋公羊学派所大力宣传的孔子作《春秋》说[1]。孔子作《春秋》说是《史记》创作的理论基石。继《春秋》创一代大典，就是司马谈、司马迁父子的创作动机。[2]

孔子作《春秋》说，司马迁在《史记》的《孔子世家》《十二诸侯年表》《儒林列传》《太史公自序》等篇章中均有记载。这些记载的大意是：春秋末年周室衰微，王道中断，孔子为救世而周游列国宣传王道，但各国诸侯都不能用他。晚年的孔子受获麟的激励而作《春秋》。《春秋》笔削严谨，辞约指博，字里行间蕴含了许多"义法"，孔子就是通过这些义法来评价历史和现实，以"使乱臣贼子惧"。更重要的是孔子在《春秋》中为后代圣王制定了一王之法，《春秋》的"王法"施行之日，就是王道社会的重建之时。《春秋》是礼义的"大宗"，它是

---

[1] "春秋"本是各国史书的通名，自战国儒家说孔子作《春秋》之后，《春秋》一书就专指春秋时期鲁国史书。《春秋》记事始于公元前722年，讫于公元前481年。它以简练的语言记载春秋大事，类似于后世的大事记。后人对孔子作《春秋》提出许多质疑，但战国秦汉时代人们深信它是孔子所作，特别是在汉代，《春秋》的地位相当于一部国家宪法。

[2] 中国史学肇端于孔子修《春秋》，成熟于《史记》。《史记》效《春秋》而作，因此中国史学的创作宗旨就是资治之宝典。

凝聚了孔子心血、希望、理想的力作，是知孔罪孔的唯一依据。

司马迁自己写下三句话，十五字定评："究天人之际，通古今之变，成一家之言。"这三句话就是《史记》继《春秋》具体的撰述宗旨，分叙于次。

第一节 究天人之际

"天人关系"是古代思想界最根本的哲学问题。"究天人之际"，就是司马迁针对这一哲学根本问题提出的命题。它鲜明地表达了司马迁进步的天道观。

"天"与"人"的关系，今天来看是十分简单的事情。天是大自然，人类生存的环境，天人密切相关，人类为了生存要保护生态环境，但人世间的社会活动与大自然无关。在远古时代，世界各民族，尽管生存环境各不相同，但有一个共同点，人们敬天畏天，把许多自然现象，甚至山川河流都当作神来崇拜，各民族都有沟通人神关系的巫。人类从原始社会走进文明社会大门的时候，掌管文化的就是巫。中国亦不例外，古代卜史医祝都从巫中分化而出。中国传统文化讲天人合一，认为天有意志，从而演化出天人感应的神学体系。古代因生产力低下，科学不发达，对天地对应的宇宙结构不了解，面对满天星斗不免惶惑。对天象变星、彗星、新星、陨星、日月食、行星运行，以及极光、流星雨、晕、云气等，皆视为异常，从而出现了关于天的神学体系，产生了将天象与人间吉凶祸福相联系的星占学，这是全世界的普遍现象。但是，把地上大一统的社会构架搬到天上，同时又勾画出天人感应的系统理论，则是地道的中国天官学和占星术。按照天人感应学说，天有至高无上的权威，它主宰人间的一切。帝王是受命于天来统治人民的，因此帝王言行的善恶与政治得失要上感于天，恶行者亡，善行者昌。各种天象变异及水、旱、地震等灾害，或生物变异如嘉禾、芝草等，表示机祥，是上天对人间帝王及臣民发出的警语。所以统治阶级十分重视天人感应学说。在这种背景和氛围中，司马迁又师事董仲舒，他接受了天命论和天人感应说的思想影响是可以理解的。

对天有无意志，能不能主宰人间事物，司马迁的回答是抽象肯定，具体否定，带有浓厚的二元论色彩，但基本倾向是朴素唯物主义的。

司马迁接受天命论的观点，承认天有意志，并用以解释一些重大的历史变局。他认为王朝的兴废更替有天命的作用。《律书序》说："昔黄帝有涿鹿之战，以定火灾；颛顼有共工之陈，以平水害；成汤有南巢之伐，以殄夏乱。递兴递废，胜者用事，所受命于天也。"《秦楚之际月表序》讲刘邦得天命说："此乃传之所谓大圣乎？岂非天哉，岂非天哉！非大圣孰能当此受命而帝者乎？"汉文帝入嗣大统，司马迁也认为刘恒得天命。《外戚世家》说："高后崩……禄、产等惧诛，谋作乱。大臣征之，天诱其统，卒灭吕氏。唯独置孝惠皇后居北宫，迎立代王，是为孝文帝，奉汉宗庙。此岂非天邪？非天命孰能当之？"当司马迁还不能用唯物论的阶级斗争和生产关系来解释历史变局的时候，他只能委之于天命。如秦并天下就是一个适例。《六国年表序》说："论秦之德义不如鲁卫之暴戾者，量秦之兵不如三晋之强也，然卒并天下，非必险固便形势利也，盖若天所助焉。"这里司马迁运用疑似之词"盖若"，表现了他的困惑。看来他并不满意于天命的解释，但不得已仍然相信了天命的观点。

天人相感。司马迁也记载了不少例证，集中在《天官书》中。如秦始皇之时，十五年彗星四现，其后秦以兵灭六国，外攘四夷，张楚并起，三十年间，"兵相骀藉不可胜数"，造成了"死人如乱麻"的时局。彗星四现就是一种先兆。项羽救巨鹿，"枉矢西流"，其后秦人遭屠。汉朝将要兴起，"五星聚于东井"。刘邦遭平城之围，"月晕参、毕七重"。诸吕作乱，"日蚀、昼晦"。吴楚七国叛逆，"彗星数丈"。元光、元狩，"蚩尤之旗再现，长则半天"，其后武帝外伐四夷，兵连不解数十年。越之亡，"荧惑守斗"。兵征大宛，"星茀招摇"。人间每有军国大事，则有天象示兆。司马迁做了这些历史叙述以后，又做了这样的总结：

> 此其荦荦大者。若至委曲小变，不可胜道。由是观之，未有不先形见而应随之者也。

此外，司马迁有时也讲到命运。如《傅靳蒯成列传》说傅宽、靳歙等平庸低能之将，固然是他们阿意受宠得封侯，但他们在严酷的楚汉战争中，"攻项籍，诛杀名将，破军降城以十数，未尝困辱，此亦天授也"。也就是说，傅宽等人是交了好运了。又如说李广数奇，周亚夫侯而饿死等等，都是命运天定。

但是，从总体上来看，司马迁的"究天人之际"，并不是阐释他的老师董仲舒"道之大原出于天"的神学思想，而恰好相反，是对董仲舒神学思想体系的扬弃，在当时是一种了不起的革命奋发精神。

从理论体系上看，"究天人之际"，有两个方面的意义。《说文》云："际，壁会也。"[①] 清朱骏声曰："凡两墙相合之缝曰际。"[②] 两墙相合之缝，既是会合，也是分界。天人关系如两墙相合之缝，既是交会，也各自分途，有着明显的界限。

董仲舒讲"天人之际"，主要倾向是天人交会，宣扬畏天。其原话是："臣谨案《春秋》之中，视前世已行之事，以观天人相与之际，甚

---

① 《说文》卷一四下。
② （清）朱骏声：《说文通训定声》泰部第十三。

可畏也。国家将有失道之败，而天乃先出灾害以谴告之，不知自省，又出怪异以警惧之，尚不知变，而伤败乃至。"① 这就是汉代流行的天人感应学说。"相与"，即天人会合、互相感应。董仲舒企图用"谴告"说来限制君权为所欲为，免招败亡，维护统治阶级的长治久安。但是统治者是不会用虚妄的"谴告"说来束缚自己的手脚的，而恰恰会利用天人相与及君权神授的学说来开脱自己的罪责，愚弄百姓。董仲舒宣扬"畏天"，走向了他立意的反面，成为神学目的论者，受到统治者的欢迎。故他的天人相与学说得以泛滥。这一思想也给司马迁打上了时代的烙印。但是，司马迁的主要思想倾向，不是讲天人交会，而是讲天人相分。他删去董仲舒"天人相与之际"这句话中"相与"二字，还要"究"它一番，也就是"究天人之际"这一命题突出了天人相分的思想。司马迁"究"的方法，就是"论考之行事"，在对天象的实际观测和对人事的实际考察中，对天、人两个方面都获得了唯物主义的见解，这才是司马迁天人观的主流。

第一，司马迁把自然现象与阴阳五行的迷信说法区别开来。司马迁转述其父司马谈的《论六家要旨》，对阴阳家的评论肯定了阴阳五行学说中对自然规律的概述，而批判否定了"使人拘而多畏"的迷信禁忌学说。《太史公自序》还批评了"星气之书，多杂机祥，不经"。《封禅书》对秦始皇、汉武帝的迷信活动更作了无情的揭露和揶揄讽刺。在这个意义上，司马迁"究天人之际"是与阴阳五行学说的迷信开展的一场针锋相对的斗争。

第二，司马迁通过对实录史事的具体论述，对天道提出了质疑。《伯夷列传》为七十列传之首，以议论为主，是一篇示例的论传。这篇论传的中心思想是对"惩恶佑善"的天道提出了质疑，实际上是在揭

---

① （汉）董仲舒：《天人三策》，载《汉书》卷五六《董仲舒传》。

示七十列传是讲人事活动的，支配历史发展的是人而不是天。《项羽本纪》与《高祖本纪》是两篇传记性质的本纪，相互衬映，构成了强烈的兴亡对比。楚亡汉兴的根本原因不是天，而是人心的向背决定了事业的成败。《太史公自序》明确地指出："子羽暴虐，汉行功德。"项羽一系列的杀人屠城的倒行逆施导致了他的失败。所以司马迁在《项羽本纪》的"太公史曰"中批评项羽至死不悟，怪罪"天亡我"是十分荒谬的。在《高祖本纪》中，司马迁进一步通过刘邦之口直接说出了天意不能支配人谋。刘邦说：

> 夫运筹策帷帐之中，决胜于千里之外，吾不如子房；镇国家，抚百姓，给馈饷，不绝粮道，吾不如萧何；连百万之军，战必胜，攻必取，吾不如韩信。此三者，皆人杰也，吾能用之，此吾所以取天下也。项羽有一范增而不能用，此其所以为我擒也。

这里很清楚明白地说明了刘邦得天下是他善于用人的结果。天意不能支配历史的变迁，同样不能支配个人的祸福。《伯夷列传》在叙述了颜回早逝后说："天之报施善人，其何如哉？"这是对苍天"惩恶佑善"的天道直接发出了抗争的质问。《蒙恬列传》的"太史公曰"否定了蒙恬怪罪筑断地脉而遭诛屠的观点，指出他轻百姓力，助纣为虐，死有余辜。司马迁的这些论述，是强调历史研究以人物为中心，原原本本地总结人为的历史经验，探寻治乱之源，成为古代史学的优良传统。

以上两个方面是司马迁"究天人之际"的主流和精髓，是应该肯定的。

综上所述，司马迁在天人关系上，并不否认有意志的"天"的存在，但是他主要的思想倾向不是深信，而是怀疑；不是顺从，而是违抗。反映在《史记》中，所表现的二元论，讲"天命"只是表面文章，强调人事才是重点。司马迁讲"天人感应",目的是警示国君改过自新,修德修政,对其作了积极的解释和运用,这方面可以看作是对董仲舒思想积极意义的继承。至于在具体地论述历史变迁和评价人物的时候,是看不到天命论的影子的。

还须指出,《天官书》中许多天象的记载只是观测记录,不讲感应。如司马迁记载了五残星、枉矢、司危、大贼星、蚩尤之旗等等天象,大多是"记异而说不书",意思是只对天象做记载而不作解说,也就是不与人事挂钩。他甚至说:"太史公推古天变,未有可考于今者。"这句话可以说是纡曲行文的示隐。汉文帝前元十六年(前164),哈雷彗星周期性回归,不可能不见,但司马迁不着一字。司马迁不满秦始皇的暴政和汉武帝的多欲,却大量记载这两个时期的天象示警。两相对照,可以看出,司马迁利用"天人感应"资料,有选择地提炼、附会,用以表达他的政治观点,说明他的善恶倾向。这些方面既表现了他思想的进步性,又可以看作是他对董仲舒思想的扬弃。

第二节 通古今之变

"通古今之变"这一命题与董仲舒宣扬的"天不变,道亦不变"是针锋相对的。"变"是司马迁朴素唯物主义历史观的核心。他认为宇宙间一切事物都在"变",只有用"变"的观点才能探究事物的本质和规律。为了认识历史之"变",司马迁提出了一系列研究方法和理论,如"详今略古""详变略渐""综其终始""原始察终,见盛观衰"等等。统括为一句话,就叫"通古今之变"。

"变"是历史的本质。《论六家要旨》云:"无成势,无常形,故能究万物之情。"没有一成不变的态势，没有永恒存在的形体。这种"变"的理论决定了司马迁用发展变化的眼光看待人类社会的历史，他名之曰"变"，曰"渐"，曰"终始"。《自序》云："天人之际，承敝通变"，"略协古今之变"。又云："臣弑君，子弑父，非一旦一夕之故也，其渐久矣"；《十二诸侯年表·序》云"儒者断其义，驰说者骋其词，不务综其终始"等等，不胜枚举。"变"，指社会不断地进化和发展；"渐"，指的是进化和发展的运动过程；"终始"，指的是因果关系。十表的结构和内容就鲜明地反映了司马迁"详今略古"和"详变略渐"的历史观点。"详变略渐"是突出"变"，如秦楚之际作"月表"，就是突出"变"。《秦楚之际月表·序》云："太史公读秦楚之际，曰：初作难，发于陈涉；虐戾灭秦，自项氏；拨乱诛暴，平定海内，卒践帝祚，成于汉家。五年之间，号令三嬗，自生民以来，未始有受命若斯之亟也。"这讲的是剧烈变革之世的历史应该很好总结。《六国年表·序》云："然战国之权变亦有可颇采者，何必上古。"《高祖功臣侯者年表·序》云："居今之世，志古之道，所以自镜也，未必尽同。帝王者各殊礼而异务，要以成功为统纪，岂可绲乎？观所以得尊宠及所以废辱，亦当世得失之林也，何必旧闻？"一方面讲以古为镜，一方面又讲古今不同，不可混同古今，表现了司马迁通古今之变的朴素辩证法思想。司马迁特别重视对秦朝历史的总结，就是为汉世作镜子的。

通观整部《史记》，司马迁"通古今之变"有两大亮点：一是全面记述了古今之变的内容；二是建立了通变划分历史断限的年代学。分述于次。

其一，全面记述了通古今之变的内容。主要有以下四个方面。一是时势之变。白寿彝先生在《史记新论》中做了精辟的概括。其言曰："在'通古今之变'的问题上，十表是最大限度地集中体现这一要求的。司马迁每一个表，就要写这个历史时期的特点，写它在'古今之变'的长河中变了些什么。把这十个表总起来看，确又是要写宗周晚年以来悠久的历史时期内所经历的巨大变化——由封建侯国走到郡县制度,由地方分权走到皇权专制。"白先生的论述,就是指从时势变化来"通古今之变",也就是从大处把握了历史的发展变化。二是兴亡之变。记述国家兴亡,这是司马迁"通古今之变"的重点。《史记》详细记载了夏、商、周、秦的兴亡,以及汉之兴,并从多方面揭示了兴亡的原因。《外戚世家》说:"夏之兴也以涂山,而桀之放也以末喜;殷之兴也以有娀,纣之杀也嬖妲己;周之兴也以姜原及大任,而幽王之禽也淫于褒姒。"这是从后妃是否有德关系到国家兴亡的角度来论述夏、商、周的政权更替。司马迁论秦之亡是失于政,于是"陈涉发迹,诸侯作难,风起云蒸,卒亡秦族"①。三是成败之变。《史记》记载成败之变,俯拾皆是,或由胜转败,或反败为胜,精彩纷呈。如《燕世家》与《乐毅列传》记载燕将乐毅伐齐,所向披靡,几乎灭亡了齐国,而燕惠王信谗,派骑劫代替了乐毅,燕军大败,从此燕国一蹶不振。这一变化,燕由胜而败,国运转衰;齐国由败转胜,国家重整雄风。又如秦赵长平决战,赵王用纸上谈兵的赵括代替持重的老将廉颇,招致赵军四十余万全军覆没,使赵国元气大伤。司马迁不仅详细论述成败之变的过程,而且总结成败之变的原因,就是用人是否唯贤。司马迁在《楚元王世家》中深有感慨地说:"国之将兴,必有祯祥,君子用而小人退;国之将亡,必有妖孽,贤人隐,乱臣贵……贤人乎,贤人乎,非质有其内,恶能用之哉!甚矣,'安危在出令,存亡在所任',诚哉是言也!"四是穷达之变。司马迁通过陈胜之口喊出:"王侯将相宁有种乎!"每当风云际会,必然产生沧海桑田的命运变化。陈胜只是一个庸耕者,却在农民起义的浪潮中称了王。刘邦原是一个泗水亭长,后来机缘巧合做了大汉皇帝。刀笔吏萧何做了开国丞相,饿夫韩信封王封侯。历史上的商鞅、苏秦、张仪、

---

① 《史记》卷一三〇《太史公自序》。

范雎、蔡泽、蔺相如、李斯；随汉兴起的文臣武将，张良、陈平、陆贾、刘敬、周勃、樊哙、夏侯婴、灌婴等，无不是由穷而达的典型。司马迁叙写穷达之变的人物，命运由两个因素构成，一是抓住时势机运，二是发挥个人的才能和不懈努力。司马迁立传标准就是那些"扶义俶傥，不令己失时，立功名于天下"的人。

以上四个方面，就是司马迁"通古今之变"的四大核心内容，包括了从社会到个人，从整体到个体，从一般到特殊的全部内容。由此可见，司马迁的"通变"历史观，是一种辩证的系统历史观，具有超越表象世界而直透历史本质的内在深刻性。

其二、建立了通变划分历史断限的年代学。《史记》全书一百三十篇，上下贯通三千年。司马迁洞察历史的发展过程，不仅要作贯通的研究，还要划分段落来考察，司马迁称之为"原始察终，见盛观衰"。前一段历史是后一段历史发展的原因；后一段历史是前一段历史发展的结果。十表具体地划分了司马迁所认识的历史发展阶段。《三代世表》《十二诸侯年表》，是古代史表，略推三代；《六国年表》和《秦楚之际月表》，是近代史表，着重总结秦朝兴亡的历史经验；汉兴以来诸表是现代史的专题年表，概括本朝政治的得失。这三大段历史的详略层次极为分明。五帝三代只作一个世表，用以勾勒历史的发展线索，虽然自"黄帝以来皆有年数"[①]，但那是靠不住的附会传说，司马迁不录，从共和元年起方始纪年。《十二诸侯年表》和《六国年表》的分界点是"孔子卒"[②]，司马迁以一代伟人的凋落作为时代的分界点，似乎是唯心主义的历史观，实则不然。司马迁在《十二诸侯年表·序》和《六国年表·序》中集中论述了春秋战国两个时代的巨大变化，这才是他划分时代断限的依据。古代用王公纪年。孔子卒于周敬王四十一年

---

① 《史记》卷一三《三代世表·序》。
② 《史记》卷一四《十二诸侯年表·序》。

（前479），而周敬王卒于四十四年（前476）。《十二诸侯年表》与《六国年表》的绝对年代分界点，司马迁用的是周敬王之卒与周元王之立这两个周王的交替年代，并没有用孔子的绝对卒年，这样做为的是便于史事叙述。《六国年表》下限不是断至秦始皇统一中国的公元前221年，而是断至秦二世之灭的公元前207年。这反映了司马迁划分历史断限具有一定的义例即理论，但是并不作机械的刀锯斧切，而以历史自然发展的段落划断限。《史记》全书的断限，司马迁发展了父亲的计划，延伸上限起于陶唐至黄帝始；他又延伸下限讫于麟止至太初，因为这更能"原始察终，见盛观衰"。黄帝是建立统一天下的圣王，尧是不能与之相比的；太初是西汉的极盛时期，也是由盛而衰的转折点，元狩元年是不能与之并提的。学术界主张《史记》下限断至元狩元年的人，未能很好研究司马迁"通古今之变"的理论，是绳墨之见，不可取。建立历史年代学，把贯通的历史划分断限，"原始察终，见盛观衰"，这是司马迁"通古今之变"的重要内容，具有把历史叙述引向科学化轨道的重大意义，应当认真地加以研究。司马迁的这一理论与实践，是空前的创造，是那个时代朴素唯物史观的最高水平。

司马迁"通古今之变"的方法和理论，是值得肯定的。

第三节　成一家之言

1. 司马迁"一家言"的内容

"成一家之言"可简括为"一家言"，是司马迁在历史学上的首创。这表明，司马迁作史，并不是历史资料的记录和事实的堆积，而是要阐明自己的思想。"言"就是议论、理想和主张。"成一家之言"就是要独创一个思想体系，具有划时代的意义，能启迪后人，影响社会。司马迁的"一家之言"熔铸在《史记》之中，表现为他对哲学、政治、经济、文化、社会及伦理各个领域的观点，内容极其丰富。但"稽其成败兴坏之理"则是司马迁"一家之言"的核心。《报任安书》作了最直接鲜明的表述。其言曰：

> 网罗天下放失旧闻，考之行事，稽其成败兴坏之理，……亦欲以究天人之际，通古今之变，成一家之言。

"网罗天下放失旧闻"，讲的是《史记》取材，无所不包，这决定了《史记》内容的丰富性及复杂性。这句话也是司马迁提出的史学理论。他认为历史学要概括人类社会的一切文化发展，所以要"厥协六经异传，整齐百家杂语"，融汇百家学说于一编之中。于是他创造了五体的表述形式来梳理包罗万象的人类文化历史。"考之行事"，是讲治史的观察方法，《太史公自序》阐释为"原始察终，见盛观衰""承敝通变"等具体内容。"究天人之际"，讲自然和空间，划分天人关系。"通古今之变"，讲时间流变，说明人类社会是随时间流变而演进的。司马迁所要捕捉的就是这一个"变"字。"稽其成败兴坏之理"，则是通过考察历史来把握历史演进的内容，认识治乱兴衰的规律，为西汉一统的王朝政权寻求长治久安的"治道"。可以说这就是司马迁历史思考的出发点与归宿。我们研究司马迁的哲学思想、历史观、政治思想、经济思想、军事思想、社会伦理思想等等，都要循着这一思考路线去分析，才能把握它的实质。所以我们说"稽其成败兴坏之理"是司马迁"一家之言"或"一家言"的核心。

简括地说，司马迁创作上独立成"家"，思想上自立为"言"，目标是追慕孔子，效法《春秋》，它高出于历史学，上升为代"圣"立"言"的境界，用一句现今的语言来概括，可以说司马迁"成一家之言"的主要内容就是构建一个以历史学为载体的政治伦理学思想体系。为后王立法,为人伦立则。再换一句更简洁通俗的话说:《史记》是一部历史巨著,也是一部治国宝典。具体内容可展开为三个层次:

其一,"一家言"的结构,融会贯通百家学说以建立统一的新思想体系;

其二,"一家言"的核心思想,稽其成败兴坏之理以志古自镜;

其三,"一家言"的表述形式,创立百科全书式的纪传体通史,奠定了史学的独立地位。

综上所述,司马迁定位《史记》的三句话,十五个字,"究天人之际,通古今之变,成一家之言"的创作宗旨,其核心是落实在"成一家之言"上。司马迁创立的"一家言",就是建立一个以论"治"为核心的思想体系,历史是其表现形式,即历史学是"一家言"的载体。用司马迁自己的话说,就是效《春秋》为后王立法,为人伦立则,所以要融会贯通,创立百科全书,使之成为一部治世的政治伦理学大全,供世人阅读与传承。帝王读了,懂得治国,知晓怎样为君;将相读了,懂得辅弼之任,理民之术,知晓怎样为臣;百工之民读了,懂得各司其职,各尽其力,为社会做贡献,懂得怎样做人。例如,商人读《货殖列传》,懂得怎样经商;侠义之士读《游侠列传》,懂得怎样仗义反暴;为师治学者读《儒林列传》,懂得怎样为人师表;医巫卜者读《日者》《龟策》等传,懂得怎样施用方技服务社会。如此这般,社会各色之人,均从《史记》中找到对照,找到楷模。总之,君臣、父子、夫妇、兄弟、朋友等等人伦之道,都囊括在《史记》之中了。汇综政治伦理和百科全书,正是秦汉大一统治世的需要,司马迁的《史记》应运而生。司马迁不愿空言论道,他将"一家言"托之于历史,也就是用历史学的形式表现出来。换一个说法,即前面说的,"一家言"是以历史学为载体的政治伦理学思想体系。为了普及流传,又增饰其文采,这样,《史记》就成了冶文史哲于一炉的旷世大典。史学是"一家言"的载体,文学是"一家言"的光泽,思想是"一家言"的灵魂。司马迁是集文史哲于一身的伟大历史学家、文学家、思想家的文化巨人。司马迁的本意是创作"政治伦理学",通过历史记录来表达,这样就把政治伦理与历史统一起来,或者说中国古代历史学的本质就是政治伦理学,所以《史记》是一部政治伦理学大全。由于司马迁的这一创作,治乱兴衰成为中国传统史学的主要内容,或者说史学是为政治服务的。这一传统,由孔子发其端,司马迁发扬光大,集其大成。从这个意义上看,说司马迁的"一家言"就是一个历史学体系也是完全成立的。因此,司马迁自成的一家,不属于阴、阳、儒、墨、名、法、道中的任何一家,也不应与诸子百家并立为子学中的一家,而是一个崭新思想体系"政治历史学",司马迁的本质是历史学家、社会立法学家。

2. 司马迁"一家言"的认定

在《史记》流传中,历来注家对司马迁"一家言"未作解说,因《太史公自序》明确表示司马迁追步孔子,立圣人之言,而还要自成一家,所以不敢下笔。近世涉及这一话题,人们对"成一家之言"的理解,还只是在《史记》内容与体制层面上徘徊。"言"指的是思想体系,由《史记》内容与体制所反映的思想体系。第一个触及实质的当推梁启超。梁氏在《要籍解题及其读法·史记》中说:"孔子所作《春秋》表面上像一部二百四十年的史,然其中实蕴含无数'微言大义',故后世学者不谓之史而谓之经。""故其《自序》首引董仲舒所述孔子之言曰:'我欲载之空言,不如见之于行事之深切著明也。'其意若曰:吾本有种种理想,将以觉民而救世,但凭空发议论,难以警切,不如借现在的历史上事实做个题目,使读者更为亲切有味云尔。《春秋》旨趣既如此,则窃比《春秋》之《史记》可知。""其著书最大目的,乃在发表司马氏'一家之言',与荀卿著《荀子》,董仲舒著《春秋繁露》性质正同。不过其'一家之言'乃借史的形式以发表耳。故仅以近世史的观念读《史记》,非能知《史记》者也。"所以梁启超指出:"故太史公为史界第一创作家也。"梁启超慧眼独具地看到了司马迁"一家言"的思想架构,是学术史上的一大进步,但遗憾的是他以"子书"论《史记》,把司马迁视为诸子百家之一家,未能达到,或未予认可《太史公自序》之言,司马迁应为"史圣",比肩孔子。此外,梁启超还未展开具体论述,但他提出了问题,答卷留给了后来人。笔者的论说,权作开启"一家之言"的讨论吧。

第五章 《史记》体制

《史记》是一部体大思精的著作。体大是指《史记》以宏大的五体结构为中心的体制和外在形式；思精是指《史记》内容的全面性和系统性，即思想文化内容。司马迁以前，还没有一部体例完备、囊括中外、贯通古今的历史著作。司马迁第一次汇总古今典籍，"厥协六经异传，整齐百家杂语"，创造了纪传体通史，从内容到形式都是划时代的伟大创造，用"体大思精"四个字来概括，极为贴切。本章"《史记》体制"，着重阐释"体大"；从下一章第六章起到第十二章，共七章则是从不同角度阐释"思精"。

体制即体例，它是一部典籍各部分之间联系的方式和方法，对于历史著作来说，它是非常重要的。因为体例是作者历史观、主导思想，特别是所要包含的历史内容的载体，即作者创作思想和创作内容的表现形式，体例的完善与否，直接决定作者创作的成功与失败。司马迁要"成一家之言"，也就是要创新，体例的创新是一个重要方面。《史记》体制由五体构成："本纪"十二篇，"表"十篇，"书"八篇，"世家"三十篇，"列传"七十篇。凡一百三十篇，五十二万六千五百字，原题《太史公书》，东汉桓灵之际，始专名《史记》。下分四节来谈。

第一节　宏大的五体结构

《史记》五体结构是一个伟大的创造，它载述古代从黄帝到汉武帝三千年历史，创造了纪传体通史，在史学史上建立了一座巍峨的丰碑。宋代史学家郑樵在《通志·总序》中评论说：

> （《史记》）使百代而下，史官不能易其法，学者不能舍其书，六经之后，惟有此作。

清代史学家赵翼《廿二史劄记·卷一》更进一步评论说：

> 司马迁参酌古今，发凡起例，创为全史……自此例一定，历代作史者遂不能出其范围。

郑樵和赵翼的评论，基本上是符合事实的。自班固《汉书》以下至《明史》，以及后来的《清史稿》，都承袭了《史记》的体例，创一代又一代的大典，丰富了中华民族的悠久文化。《史记》所起的开创与启后的作用是非常巨大的，无论怎么评价都不过分，"史家之绝唱"的评价当之无愧。纪传体被封建王朝定为国史正体，这是值得认真研究的一个课题。前代学者，从唐刘知几以来，对纪传体得失的探讨留下了不少的精辟论断，是我们应当继承的遗产。但是，前代学者对纪传体得失的探讨，偏重于微观的史料编纂方法，疏于从客观的载述内容与笔法义例上加以研究，这正是本章所要阐释的内容，五体结构的意义和特点下分三个子目来说。

1. 五体结构是一个完整的统一体系，它是一种编纂方法，能容纳大量的历史素材

内容决定形式。《史记》是百科全书，其分门别类加以有条不紊的记载，决定了五体形式。"本纪"以王朝的更替为体系，用编年的方法纂录历史大事；"世家"记述诸侯世系；"列传"载官僚、士大夫、名人和一般平民的活动，是注述"本纪"的；"表"用简明的表格标注错综复杂的史实，表现历史发展的线索，它是联系"纪"、"传"的桥梁；"书"分专题记述政治、经济、天文、地理、典礼等方面的制度沿革，可以看作是分门别类的文化专史。五体各部是一个独立的纵向体系，叙述从古到今的历史发展，"本纪"和"表"均上起黄帝，下迄太初。五体相互之间又有着横向的联系，司马迁创造了互见法，详此略彼，使五体构成了一个统一的体系。这样的五体结构拥有无限的容量。正如刘知几评论所说："《史记》者，纪以包举大端，传以委曲细事，表以谱列年爵，志以总括遗漏，逮于天文、地理、国典、朝章，显隐必该，洪纤靡失，此其所以为长也。"①

2.《史记》五体，各具笔法义例，呈现宝塔式结构，形象地照映了封建社会的等级秩序

特别是本纪、世家、列传三体，用不同笔法载述社会各个阶层的人群，呈现出鲜明的等级序列。裴松之《史目》云："天子称本纪，诸侯曰世家。"司马贞曰："列传者，谓叙列人臣事迹，令可传于后世，故曰列传。"张守节发挥说："本者，系其本系，故曰本；纪者，理也，统理众事，系之年月，名之曰纪。"②刘知几总论之曰："夫纪传之兴，肇于《史》《汉》。盖纪者，编年也；传者，列事也。编年者，历帝王

---

① （唐）刘知几：《史通》卷二《二体》。
② 裴骃、司马贞、张守节诸人之语，均见《史记》三家注。

之岁月，犹《春秋》之经；列事者，录人臣之行状，犹《春秋》之传。《春秋》则传以解经，《史》《汉》则传以释纪。"① 因此，纪传史是以帝王将相为中心的历史，适应了封建统治者的思想体制，这就是纪传史被封建王朝颁令为正史的内在原因。

司马迁运用五体序列的等级秩序，破例为体寓褒贬，如为项羽立本纪，为孔子、陈涉立世家，降吴王刘濞、淮南王刘长、刘安、衡山王刘赐为列传，均是寓褒贬于其中。

3. 五体结构的序列、数目，内涵天人合一与五行运行的哲理，形象地展现历史就是不断循环往复的流年

本纪十二篇，称十二本纪，写帝王，编年记事。十二这一数目象征一年有十二个月。

表十篇，称十表，为数之极。十又为两五，恰是人的一双万能的手的数目。十表划分历史断限。

书八篇，称八书，象征一年四季的两倍。八书分门别类载朝章国典和天文地理。《史记》八书为：礼、乐、律、历、天官、封禅、河渠、平准。

世家三十篇，称三十世家，载诸侯，象征一月有三旬，二十八宿环卫北辰，是中央王朝的藩篱。

列传七十篇，称七十列传，记载将相黎庶。七十之数是环周天360度的五分之一。五行环周天，其数360度，一行为72度，70举其成数。列传记载人臣黎庶等众多人物的言行。

《史记》的五体结构，是五行哲学图解宇宙运行的模型，把宇宙的书面描写从结构上变成一个可视可感知的年、月、日的时间流逝运行。《史记》五体之数，构建了一个思维模型，或称浓缩的宇宙模

---

① （唐）刘知几：《史通》卷二《列传》。

型。五体结构又是一个反映人间等级制度的宝塔模型。本纪是塔尖，列传是塔基，表、书、世家是塔身，形象地反映了封建社会的等级序列。

汉代流行的"五德终始学说"，是一种循环论的理论。司马迁的历史观包括历史进化论、循环论、二元论、大一统历史观等。五行哲学与五德终始学说是司马迁创作的理论基础之一。那么什么是五德终始呢？五德终始，又称五德之传，是战国时期齐人邹衍等人解释历史发展改朝换代的一种循环论理论。这种理论把古代朴素的自然观五行说用于人事。"五行"为金、木、水、火、土五大物类，也是构成世界万物的五大元素。五行是运动变化的，生生不息。其规律是五行相生相克。五行相生为：木生火、火生土、土生金、金生水、水生木。五行相克为木胜土、土胜水、水胜火、火胜金、金胜木。如此相生相克，永恒不灭，构成了万物变化的世界，具有朴素唯物论与朴素辩证法思想。朝代更替为五行相克，循环往复相承，故称"五德终始"。其说认为：黄帝为土德，夏为木德，商为金德，周为火德。代周者必为水德。照五行说法，水为北方，色黑，水德主阴，阴主刑杀。秦以水德王，所以秦始皇统一六国后，衣服、旄旗、节皆尚黑，施政以刑杀为主，不能讲仁慈。汉代秦，克水者为土，所以汉为土德，色尚黄。秦汉时代是五行学说盛行的时代，五德终始是当时深入人心的历史观。司马迁化五行哲学为五体结构，创造了纪传体历史编纂学的人工系统工程。

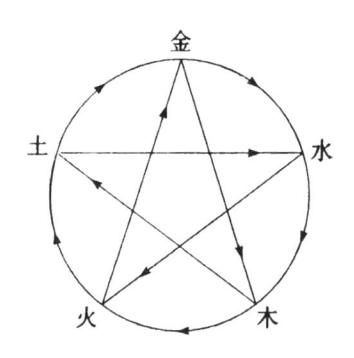

五行相生相克图示（圆上顺时针箭号为相生；五角星上箭号为相克）

第二节 《史记》经络互见法与重复累书

从编纂法角度，五体结构是一个系统工程；从史学框架角度，五体结构是一个微缩的宇宙模型，有着巨大的空间。五体结构之间怎样联系，特别是如何利用五体结构的巨大空间，司马迁创造了互见法和重复累书。离开五体结构，互见法和重复累书不见踪影，没有互见法和重复累书的创造，五体结构就是一个零散的五大部件，就构不成模型。形象地说，互见法和重复累书如同人体的经络，它带给了五体结构以生气和灵魂。这些比拟也许不恰当，下面就来具体分析。

1.《史记》互见法

（1）什么是互见法。互见法是司马迁首创的一种述史方法和表现手法，是纪传体史书所特有的。这种方法是把一个人的生平事迹，一件历史事件的来龙去脉，分散写在数篇之中，参差互见，相互补充。简言之，本传不载或略载该传主的某事件，而详见于其他传记，这就是互见法。

最早谈到《史记》使用互见法的是宋代的苏洵。他说："迁之传廉颇也，议救阏与之失不载焉，见之赵奢传；传郦食其也，谋挠楚权之缪不载焉，见之留侯传……夫颇、食其皆功十而过一者也。苟列一以疵十，后之庸人必曰：'智如廉颇，辩如郦食其……而十功不能赎一过，则将苦其难而怠矣。'是故本传晦之，而他传发之，则其与善也，不亦隐而彰乎！"[①] 在这里苏洵虽然没有明确提出"互见法"这个词，但他已揭示了"互见法"的实质："本传晦之，而他传发之。"近人李

---

① 《苏老泉先生全集》卷九。

笠在其《史记订补》中给互见法一个定义式的说明："史臣叙事，有缺于本传而详于他传者，是曰互见。"靳德峻则称这种方法为"互文相足"。他说："一事所系数人，一人有关数事，若为详载，则繁复不堪，详此略彼，详彼略此，则互文相足尚焉。"[①]

（2）互见法的两种表述。其一，书明互见。在行文中司马迁作了提示：事见某某篇，语在某某篇中。由于作者作了明白交代，一目了然。如在《项羽本纪》中司马迁用了一千多字的篇幅极力渲染了鸿门宴场面，而在《留侯世家》中则一笔带过："及见项羽后解，语在项羽事中。"《留侯世家》中有下面一个情节："汉四年，韩信破齐而欲自立为齐王，汉王怒。张良说汉王，汉王使良授齐王信印，语在淮阴事中。"韩信欲为王，汉王发怒，张良是如何劝说刘邦的呢？《淮阴侯列传》中有详细的交代："张良、陈平蹑汉王足，因附耳语曰：'汉方不利，宁能禁信之王乎？不如因而立，善遇之，使自为守。不然，变生。'"《萧相国世家》中有"语在淮阴侯事中""语在淮阴事中"等交代的话；《绛侯周勃世家》中有"其语在'吕后'、'孝文'事中"交代的话；《秦本纪》说："其事在商君语中"；《秦始皇本纪》说："其赐死语，具在李斯传中"；如此等等，不可尽举。这些都清楚地告诉我们，一些有关传主的事件还见于其他传记，如想知道详细情节，可查阅这些传记的相关部分。

其二，未书明互见。《史记》中互见法在绝大多数情况下是没有交代的。在《项羽本纪》中，太史公热情歌颂了项羽在灭秦斗争中所建立的伟大功绩，虽也写了他的缺点，但轻描淡写，一笔带过，而在其他篇中予以补叙。如《高祖本纪》中刘邦数落项羽十大罪状，与群臣讨论项羽失败的原因，怀王诸老将批评项羽的暴虐政治："项羽为人僄

---

① 《史记释例》。

悍猾贼。项羽尝攻襄城，襄城无遗类，皆坑之，诸所过无不残灭。"

又如关于刘邦，《项羽本纪》中有这样两段记载："汉王道逢得孝惠、鲁元，乃载行。楚骑追汉王，汉王急，推堕孝惠、鲁元车下，滕公常下收载之。如是者三。曰：'虽急不可以驱，奈何弃之？'于是遂得脱。""当此时，彭越数反梁地，绝楚粮食，项王患之。为高俎，置太公其上，告汉王曰：'今不急下，吾烹太公。'汉王曰：'吾与项羽俱北面受命怀王，曰：约为兄弟，吾翁即若翁，必欲烹而翁，则幸分我一杯羹。'"刘邦为了逃命，竟然忍心将自己的亲骨肉推下车；面临父亲被杀头的危险，竟然说出那样的无赖话。由此我们可以想象刘邦其人，而这两件事本传均未载。《郦生陆贾列传》载："骑士曰：'沛公不好儒，诸客冠儒冠来者，沛公辄解其冠，溲溺其中。与人言，常大骂。未可以儒生说也。'"总之，司马迁掌握了许多足以表现刘邦流氓成性的材料，但没有把它们集中写在《高祖本纪》里，而是分散写到其他传记里。

未书明互见者尤其要引起我们的注意，我们在评价历史人物时，不能仅限于本传提供的材料，必要时还要联系其他篇章所提供的资料，否则，我们得到的结论就不够准确。

（3）司马迁为什么要采用互见法。主要有三：其一，组织材料的需要。《史记》虽由五个部分组成，但它是一个整体，各部分之间互相配合，彼此补充，这为采用互见法提供了可能。由于同一历史事件同时涉及很多人，在每个人的传记里都详加描述，便会造成冗赘，而且也没有必要。如长达五年的楚汉战争，涉及的人物成百上千，其中的主要人物也有几十个，即以鸿门宴为例，就涉及项羽、刘邦、范增、张良、项伯、樊哙等许多人物。如果在这些人的传记里都详细叙述，便会造成文章的冗赘；但如果只在一篇中叙述，而其他篇中忽略不提，则不能真实全面地反映历史，而且也无法体现传主的全貌。为解决这一矛盾，司马迁便采取互见法，在《项羽本纪》中详细叙述，而其他人物传记里略写，或以"语在项羽事中"作提示。又如诛诸吕事在《吕太后本纪》中详细叙述，而在孝文、陈平、周勃等传中也予以提及。吴楚七国之乱事在《吴王濞列传》中记载最完整，在周亚夫、袁盎、晁错等传中也有略述。历史纷繁复杂，牵涉的面广，牵连的人物多，采用互见法组织材料，将事情系于一人，而在有关人物的传记里略说，或以"语在某某事中"作为交代，力求用极少的笔墨写出纷繁复杂的历史事实，这是一种十分经济的笔法。

其二，塑造形象的需要。《史记》中那些写得成功的人物传记都有一个中心主题，为此作者便有意识地把那些与主题无关或关系不甚密切，甚至与主题相抵触的材料写在别的传记里。这样做既不会歪曲历史事实，又保证了人物形象的鲜明突出。如《项羽本纪》歌颂了项羽在反秦斗争中所建立的伟大功绩，揭示了他失败的原因，司马迁重点写了巨鹿之战、鸿门宴、垓下之围三件大事。巨鹿之战，项羽破釜沉舟，奠定了灭秦的伟大功勋，威震诸侯。鸿门宴拉开了楚汉相争的序幕。在剑拔弩张的形势下，刘邦一番花言巧语表示臣服，使项羽放松了警惕。项羽也居功自傲，缺乏政治头脑，轻信奉承。鸿门宴已预示着项羽开始走向失败。垓下之围，项羽已走到了穷途末路。悲歌别姬，使项羽形象更丰满。东城决战，让我们再次目睹了举世无双的英雄风采。最后自刎而亡，令读者悲叹惋惜。至此，一个顶天立地的盖世英雄形象跃然纸上。综上简析，我们说《项羽本纪》的中心主题是揭示项羽盖世的英雄性格和悲剧结局，因此项羽的许多个人缺点和军事上的错误，没有写在本传里。上文已提到《高祖本纪》中借他人之口批评项羽。另外同篇中论述了高祖与列侯诸将讨论他何以得天下，项羽何以失天下的一段对话："高起、王陵对曰：'……项羽妒贤嫉能，有功者害之，贤者疑之，战胜而不予人功，得地而不予人利，此所以失天下也。'高祖曰：'……此三者，皆人杰也，吾能用之，此吾所以取天下也。项羽有一范增而不能用，此其所以为我擒也。'"《淮阴侯列传》中韩信评价项羽："项王喑噁叱咤，千人皆废，然不能任属贤将，此特匹夫之勇耳。项王见人恭敬慈爱，言语呕呕，人有疾病，涕泣分食饮，至使人有功当封爵者，印刓敝，忍不能予，此所谓妇人之仁也。……"刘邦、韩信等人指出了项羽不善用人、嫉贤妒能、封赏吝啬等缺点，而这些没有写在本传中，这样有利于在本传中突出项羽的英雄气概。再如《魏公子列传》的中心主题是写信陵君礼贤下士。只读本传，信陵君是一个极贤明的人物，但他也有自私、懦弱的一面。《范睢蔡泽列传》载，魏相魏齐与秦相范睢结下了仇怨，弄得无处容身，往投信陵君，但他却"畏秦，犹豫不肯见"。后因侯嬴言，虽"驾如野迎之"，而"魏齐闻信陵君之初难见之"，已经"怒而自刭"。此事与信陵君的礼贤下士是矛盾的，属于他性格的另一个侧面，但没有写在本传里。这样做既保持了信陵君这个形象的完整性，又不失历史之真。

其三，正名实，于回护之中不失历史之真。所谓回护，指古礼中的避讳。《春秋》笔法有为尊者讳、为亲者讳、为贤者讳之例，这是孔子所开的隐晦历史的恶例，理应受到批判。但从历史观点来看，又不能完全责怪孔子。封建时代的礼制，要求子为父隐，父为子隐，则"直"在其中矣！所以皇帝颁行的诏令制诰，臣下进呈的章表疏奏，无不充满回护溢美之词。司马迁引据这些档案，即便是一字不差地照抄，也将陷入回护的旋涡之中。如果司马迁根据事实改造史料，则又不能做到忠实于历史档案。换句话说，名分与事实之间往往发生矛盾。既要忠于历史，又不能违犯名分改造档案，这确是一个难题。司马迁用互见法来补救，互文相足，正名实，而又于回护之中不失历史之真。这种事例，往往未书明互见，不易觉察，反而错觉为记述矛盾。这种事例《史记》中很多，略举数例以明之。

关于秦始皇的出身。《秦始皇本纪》载，始皇之父庄襄王子楚为秦质子于赵，"见吕不韦姬，悦而取之，生始皇"；而《吕不韦列传》云，"吕不韦取邯郸诸姬绝好善舞者，与居，已有身，子楚从不韦饮，见而悦之，因起为寿，请之""吕不韦怒，念业已破家为子楚，欲以钓奇，乃遂献其姬；姬自匿有身，至大期时生子政"。两传对照，许多人认为秦始皇实为吕不韦子，而名为秦庄襄王子，故不韦传记其实，始皇本纪书其名，回护之也。

张良刺杀秦始皇。据《秦始皇本纪》载："二十九年，始皇东游，至阳武博浪沙中，为盗所惊。"而《留侯世家》云："秦皇帝东游，良与客阻击秦始皇博浪沙中，误中副车，秦皇帝大怒，大索天下，求贼甚急，为张良故也。"《秦始皇本纪》称盗是正其名，《留侯世家》云张良之所为是记其实，此亦回护之法。

秦楚之际楚齐交恶事。《项羽本纪》载，项梁约齐王田荣发兵共击秦。田荣曰："楚杀田假，赵杀田角、田间，乃发兵。"项梁曰："田假为与国之王，穷来从我，不忍杀之。"田荣不助楚。而《田儋列传》则云："项梁使使告赵、齐，发兵共击章邯。田荣曰：'使楚杀田假，赵杀田角、田间，乃肯出兵。'楚怀王曰：'田假与国之王，穷而归我，杀之不义。'"两传不同，项梁为怀王之臣，而实操全权，故《项羽本纪》记其实，《田儋列传》书其名。

楚将项燕之死。《秦始皇本纪》载，秦王二十四年王翦、蒙武攻荆，破荆军……"项燕遂自杀"。《王翦传》云："王翦果代李信击荆。……大破荆军。至蕲南，杀其将军项燕。"《项羽本纪》载："梁父即楚将项燕，为秦将王翦所戮者也。"三传记载不同，司马贞《索隐》云："此云为王翦所杀，与《楚汉春秋》同，而《秦始皇本纪》云项燕自杀，不同者，盖燕为王翦所围逼而自杀，故不同耳。"司马贞虽然解释了事实真相，但还没有解释司马迁如此写法的原因。《王翦传》据秦方记载，王翦报战功杀楚将项燕以增其功。《项羽本纪》突出项燕为秦将所杀，旨在描写项羽怨秦之因。但这两传记载都淹没了项燕自杀的史实，故于《秦始皇本纪》中记其实，互见乃明真相。

此外，互见法还具有两传存疑，寓褒贬，调节历史真实与感情抒发之间的矛盾等多种功能。互见法运用于心，可使史笔记事神采飞扬，而又不违背历史真实的原则。总之，互见法不仅解决了史书编写过程中重复冗杂的问题，而且还解决了历史的真实性与文学的典型性之间的矛盾，是司马迁一个别具匠心的创造。

2.《史记》重复累书

本题研讨"重复累书"，特指司马迁行文风格累迭反复，利用《史记》五体和互见法联络，同一史事，在书中多次叙及，即重复记载。"书"，作动词用，记载，书写；"累书"，即重复记载。"重复累书"与"重复繁琐"不是一回事，两者有天壤之别。"重复累书"是司马迁写史法的一大创造，特意为之；"重复繁琐"，即啰啰唆唆，不精言辞，或逻辑紊乱留下的语病，即毫无章法的杂乱叙事。下文以实例证之。

《齐太公世家》载："封师尚父于齐营丘""齐为大国"，而段后又载："为大国，都营丘。"李人鉴《太史公校读记》批评认为："再言'为大国'，重复无理。复云'都营丘'，亦赘余之词也。"牛运震《史记评注》则曰："齐为大国，齐由此得征伐，为大国，此亦以复句遥应作收，篇中往往以复应为文法。"

按：李人鉴的说法，当是从行文的简洁角度看问题，牛运震则是从文章气势、语言情态立论。司马迁为了加重说明某些问题，增强语言气势，突出情感色彩，就需要用重复累书的方法来表现。李人鉴抽象谈论行文的繁简，牛运震从行文风格立论，显然李氏之说不成立。司马迁善用累迭反复叙事，通过一而再，再而三地反复，形成语言的呼应，感情的回荡，增强文章的气势，或抒情的淋漓尽致。如《项羽本纪》写巨鹿之战："及楚出秦，诸将皆从壁上观。楚战士无不一以当十，楚兵呼声动天，诸侯军无不人人惴恐。于是已破秦军，项羽召见诸侯将，入辕门，无不膝行，莫敢仰视。"重复三个"无不"，楚军声势，项羽气概，活灵活现。所以陈仁锡评论说："迭用三'无不'字，有精神。《汉书》去其二，遂无气魄。"

《袁盎晁错列传》记错父曰："刘氏安矣，晁氏危矣！吾去公矣！"在对话中迭用三"矣"字，表示无限伤感，无可奈何的感情，跃然纸上。

《张释之冯唐列传》："太史公曰：张季之言长者，守法不阿意，冯公之论将率，有味哉！有味哉！"这是评论中迭用"有味哉"三字，表达司马迁对张释之、冯唐二人正直无私的热情称颂。

《苏秦列传》载苏秦说赵王曰："安民之本，在于择交，择交而得则民安，择交不得则民终身不安。请言外患：齐秦为两敌而民不得安，倚秦攻齐而民不得安，倚齐攻秦而民不得安。故夫谋人之生，伐人之国，常苦出辞断绝人之交也。"这段话，迭用三个"择交"、三个"民不得安"，以及相似语"断绝人之交""民安""民终身不安"。迭用字句回环往复，强化"择交"关系国之安危、民之安危，耸动心智。

《鲁周公世家》载"周公既卒""周公卒后""周公卒"，重复书写三次"周公卒"，李人鉴曰："此《世家》上文云'周公既卒'，此复云'周公卒后'，下文复云'周公卒'，文不宜重复繁琐如此。"其实《鲁周公世家》三书"周公卒"，乃是从不同角度表现周公，看似重复，实乃一次别有一次的意蕴。

《鲁周公世家》又载：季友将生，"父鲁桓公使人卜之"。张文虎《札记》谓"'父鲁'二字衍"。泷川《考证》曰："《左传》无。"从文字简洁角度，二字可省，从文义周全角度，"父鲁"二字与"桓公"为累书，其义更显明。依文法，后续语句主语往往承前省，《史记》书法多不省，在司马迁的行文风格中文字显现不是烦琐，而更显畅通。牛运震《史记评注》曰："他史之妙，妙在能简；《史记》之妙，妙在能复。"又曰："古来史家文字以繁与复为长者，独太史公一人耳。"也就是说，"重复累书"是司马迁独一无二的创作，是《史记》书法的一大亮点。

司马迁运用《史记》五体结构和互见法联络，重复累书突显重大历史事件，更是司马迁的独创。略举数例以明之。

《十二诸侯年表序》"于是谱十二诸侯，自共和讫孔子，表见《春秋》《国语》学者所讥盛衰大指著于篇，为成学治古文者要删焉"。这里明确地把"孔子卒"作为春秋与战国两个时代的临界点。春秋之世，"政由五伯"，尽管是诸侯恣行，但形式上还在讲德义，而战国之世，"务在强兵并敌，谋诈用而纵衡短长之说起"，"矫称蜂出，誓盟不信，虽置质剖符犹不能约束也"，只讲拳头，不讲德义。也就是孔子之死，标志德义时代的结束，划分历史断限，所以是重大事件。司马迁在《孔子世家》本传书"孔子卒"外，还在《周本纪》《秦本纪》《十二诸侯年表》《鲁世家》《燕世家》《陈杞世家》《卫世家》《郑世家》，共九次书"孔子卒"。

周平王东迁，秦襄公护驾有功，始列为诸侯，此为秦之兴起，是一件大事，《秦本纪》《十二诸侯年表》《齐世家》《鲁世家》《燕世家》《管蔡世家》《陈杞世家》《宋世家》《晋世家》共九次书"秦始列为诸侯"。秦襄公始为诸侯，关中地尚在犬戎手中，《周本纪》即已书："平王之时，周室衰微，诸侯强并弱，齐、楚、秦、晋始大，政由方伯。"此为秦之兴伏笔。

鲁庄公与齐桓公柯之盟，重复累书，一见于《齐世家》，再见于《鲁世家》，三见于《鲁仲连传》，四见于《刺客列传》。齐桓公守信，是春秋时代第一个霸主，予以凸显。司马迁重复累书皆有义例。

《史记》行文看似繁复，而韩愈、柳宗元评论《史记》文章语言雄健、峻洁，删一字都不可能。[①]司马迁作文，极讲究遣字造句，不肯多写一字。明人茅坤《史记钞》说，对《史记》文章，"于中欲损益一句一字处，便如于匹练中抽一缕，自难下手"。柳宗元评《史记》峻洁，不在细处斤斤于遣词造句，而是在大处选材与剪裁。如李广身经七十余战，而《李将军列传》只写他三次战斗。《项羽本纪》集中写项羽巨鹿之战、鸿门宴、垓下溃围三件大事，其他行迹则略写。此等事例甚多，不一一具引。

综上所说，司马迁行文，总是从大处着眼，小处落墨，善于抓住主要的关节而作刻意的描绘。那些可有可无，不关紧要的东西一个字都不滥施，重复累书处，恰恰是精意为之，文字特别干净，特别精练，增一字或减一字都不可能。司马迁把"重复累书"与"简洁明快"高度统一起来，如是高妙的作文高手，除了司马迁没有第二人。

第三节　《史记》史论"太史公曰"

《史记》中的"太史公曰"，即习惯所称的序、赞、论，为司马迁首创的史论形式，简称为"史记论赞"。司马迁并没有把他的史论命名曰序曰赞。《史通》卷四《论赞》和《序例》论列"太史公曰"为序为赞后，相沿而成习惯。故"史记论赞"系指"太史公曰"。习惯称篇前之"太史公曰"为序，称篇末之"太史公曰"为赞。

"太史公曰"，内容丰博，涉及政治、经济、军事、思想、文化、

[①] 详后第十一章，《史记的语言成就》第六节"雄健、峻洁、婉曲的语言风格"。

天文、地理、历史、伦理、世俗、形势、人事等等，往往补篇中所未备。"太史公曰"，议论宏阔，笔势纵横，言辞精练，旨义深微，或考证古史，或叙游历所得，或揭示取材义例，或明述作之旨，或褒贬人物，或纵论史事，或隐微讥刺，皆直抒胸臆，观点鲜明，构成了系统的历史学理论。司马迁将所引典籍及君子之言，如《诗》《书》《论语》，孔子、诸子之言等，皆化为自己的语言，还大量引用诗赋歌谣及俚语俗谚来加强评论的生动性和通俗性。

"太史公曰"的形式既整齐而又灵活。所谓整齐，是指"太史公曰"体例完备，分为系统的篇前序论、篇后赞论、夹叙夹议为论传三种形式。大段的恢宏议论置于篇首为序论，集中于十表、八书及类传，计23篇。十表、八书及类传，都是贯通古今的，序论即作贯通性的概括，最具理论色彩。本纪、世家、列传皆篇末置赞论，计106篇。本纪、世家、列传皆序列人物，故赞论重点褒贬人物，具有强烈的感情色彩。论传揭示义例，有《伯夷列传》《日者列传》《龟策列传》《太史公自序》及《天官书》赞，凡5篇。《自序》集中明述作之旨，为全书之总纲。序、赞、论三种形式整齐而集中，显系匠心布局。所谓灵活，即形式并不刻板，在整齐之中有变通。如十表中《将相表》有倒书无序，即创无字之序以衬托倒书，示例更为鲜明。八书中，《礼》《乐》《律》《历》有序无赞，《河渠》《平准》有赞无序，《封禅》有序有赞，《天官》夹叙夹议。十类传中，《刺客》无序有赞，《儒林》《货殖》无赞有序，《循吏》《酷吏》《游侠》《佞幸》《滑稽》有序有赞，《日者》《龟策》借题发挥，以序事为论。综观史记论赞，内容也不全都是评论，有的补充或考证史事，有的叙游历，有的抒愤寄托。变通的形式，灵活的内容，表现了司马迁的宏阔气度和无限的创造活力。变体即破例，是为了切合内容的需要而做的变通。如《外戚世家》及《孟子荀卿列传》两篇实质为类传，故作序以明其类。前已论及，破例为体是《史记》的一大特色，全书五体均有破例。历史本身是丰富多彩而又变化万端的，怎么能用死板的格式来做形象的反映呢。但质的规定性又必须通过格式来反映。既有格式，又有变通，才能妙尽其理。立例又破例，正是司马迁卓越史识的一大表现，所以"太史公曰"呈现出丰富多姿的形态。

"太史公曰"形式上是仿自《左传》的"君子曰"，但在《史记》中发展成为系统的史论，却是司马迁的首创。先秦典籍《国语》《战国策》及诸子著作间或已有"君子曰"，表示当时有德者之言。粗略统计，《左传》有一百三十四条评论，直接引仲虺、周任、史佚、孔子等人的话约五十条，有"君子曰"或"君子谓""君子以为"之称的评论八十四条。这样多的评论，已具系统史论的雏形，所以我们说"太史公曰"系仿《左传》的"君子曰"而作。但《左传》的"君子曰"是就事论事，还不是具有理论色彩的史论，未能形成一种体系。隋代著名史家魏澹云："丘明亚圣之才，发扬圣旨，言'君子曰'者，无非甚泰，其间寻常，直书而已。"[①] 就是说，左丘明的史论，只限于对具体事实的褒贬，可以说是一种直书。评论方式，主要是博采君子之言，亦断以己意。如文公二年《传》鲁僖公之"君子以为失礼"云云，《国语·鲁语·夏父弗忌改昭穆之常》条作宗人有司之言；襄公三年《传》之"君子谓祁奚于是能举善矣"，二十一年《传》作晋叔向之言，曰"祁大夫外举不弃仇，内举不失亲"。所以宋人林尧叟曰："《左传》称君子曰，多是取当时君子之言，或断以己意。"[②] 而《史记》的"太史公曰"，全书浑然一体，每序每赞，无论长短，自为一体，具有浓厚的

---

① 《隋书》卷五八《魏澹传》。
② 《左传》隐公元年林尧叟注。

理论色彩，并不只是就事论事的评论，而是《史记》内容的需要。例如，司马迁为项羽作"本纪"，通过对项羽力拔山、气盖世的英雄业绩的叙述，勾画出秦汉之际风起云涌的大变革形势，表彰他的灭秦之功。论赞称颂项羽为"近古以来未尝有也"的英雄人物，同时分析他失败的原因，历述五条：第一，分裂天下，引起争斗；第二，背关怀楚，失去地利；第三，放逐义帝，诸侯叛乱；第四，自矜功伐，不行仁政；第五，专恃武力，失去民心。《太史公自序》又云："子羽暴虐，汉行功德。"司马迁的这些直接评论，思想深刻，褒贬得体，能引导读者对项羽有一个全面的认识，这是《春秋》笔法的一字褒贬无法完成的。"史以道义"，没有褒贬，就没有思想。司马迁借孔子之言说过，"我欲载之空言，不如见之于行事之深切著明也"的话①，这表明司马迁对历史人物的爱憎和对历史事件的褒贬，主要是通过叙事的方法来完成的。顾炎武指出："古人作史，有不待论断而于序事之中即见其指者，惟太史公能之。"②但是仅靠"寓论断于序事"这种形式是不够的。尤其是阐明"史记义例"，例如五体构思，取材义例，书法义例，年表的划分时代断限义例，这都是实践经验的升华和理论阐述，它必然要突破"寓论断于序事"的局限，直接表述思想。"史记论赞"就是司马迁直接表达思想的形式。

对司马迁用"太史公曰"所创造的史论形式，清人章学诚作了很高的评价。他说："太史叙例之作，其自注之权舆乎！明述作之本旨，见去取之从来，已似恐后人不知其所云而特笔以标之，所谓'不离古文'及'考信六艺'云云者，皆百三十篇之宗旨，或殿卷末，或冠篇端，未尝不反复自明也。"③但是像章氏这样的赏音者并不多见。唐刘

---

① 《史记》卷一三〇《太史公自序》。
② 《日知录》卷二六。
③ 《文史通义》内篇五《史注》。

知几就扬班抑马，推重班固之赞有"典诰之风"，而认为《史记》为例不纯，甚至批评《史记》论赞"淡泊无味"，是"苟炫文采"的画蛇添足。实际上，班固是模仿"太史公曰"而作，只是在辞章和形式上比"太史公曰"庄重、典雅而已，但史识义例却是无法和"太史公曰"比拟的。可以说，中国传统史学，由于司马迁创造了史论体系，才使得历史编纂成为真正的史学论著，《史记》提供了典范。其后"班固曰赞，荀悦曰论，东观曰序，谢承曰诠，陈寿曰评，王隐曰议，何法盛曰述，扬雄曰撰，刘昞曰奏，袁宏、裴子野自显姓名，皇甫谧、葛洪列其所号"①，名称虽殊，但都是效法司马迁作史论。

第四节 《史记》一百三十篇标题

1.《史记》标题类例

《史记》标题，司马迁灵活处理，不做刻板划一标题，这里只作相同标题归类，主要可分为以下八种类型。

一曰约记其数。本纪称五帝，世家称五宗、三王，表称三代、十二诸侯、六国是也。二曰别其朝代。夏、殷、周、秦诸本纪是也。三曰明其国别。管蔡、陈杞、晋、楚、郑、赵、魏、韩、荆燕、淮南衡山、匈奴、南越、东越、朝鲜、西南夷、大宛是也。吴太伯、齐太公、鲁周公、燕召公、卫康叔、宋微子、越王勾践、楚元王、齐悼惠王、梁孝王、吴王濞等，国名后或加封爵谥号，或姓名兼标，或单称名，或列封爵复加姓名，或封爵后加名字，或标明始封及排行。四曰

---

① 《史通》卷四《论赞》。

记其官爵。萧相国、曹相国、陈丞相、留侯、商君、穰侯、孟尝君、春申君、淮阴侯、张丞相、魏其武安侯、李将军、卫将军骠骑是也。绛侯周勃,则既称封爵,又书姓名。五曰列其名姓。这一类型数量最多,计有二十余篇:司马穰苴、苏秦、张仪、白起王翦、乐毅、廉颇蔺相如、田单、鲁仲连邹阳、吕不韦、李斯、蒙恬、张耳陈馀、魏豹彭越、韩信卢绾、田儋、刘敬叔孙通、季布栾布、袁盎晁错、张释之冯唐、田叔、司马相如。田敬仲完,则既书姓名,又称其谥。六曰称其姓氏。管晏、汲郑是也。项羽、陈涉、伍子胥、韩长孺诸篇,则姓与字并称。七曰称举其号。秦有始皇帝,是为自号,高祖为庙号,吕太后为尊号,孝文、孝景为谥号,今上为当时之称,孔子、老子、孙子称子,郦生、贾生称生,荀卿、虞卿称卿,樗里子、仓公、滕公、万石,或以地,或以爵禄,名号各不相同。八曰列其类名。仲尼弟子、刺客、循吏、儒林、酷吏、游侠、佞幸、滑稽、日者、龟策、货殖是也。[①]

从以上粗略的列举中,已可见出《史记》标题的错杂多样,如细加区别,则可分出若干种不同的类型。《史记》标题中最引人注目也最令人费解的,有以下两种情况。

一是同类人物标题方法互异。如,孟尝、平原、春申、信陵,号为战国四公子,《史记》于四人传记,唯信陵君称"魏公子",其余三人则举其封号。又如,韩信、英布、魏豹、彭越、卢绾诸人,韩信传以"淮阴侯"命名,英布传以"黥布"为题,其余则以姓名标目。再如,萧何、曹参、张良、陈平、周勃诸人,萧、曹标"相国",陈平标"丞相",张良标"留侯",周勃则称"绛侯周勃"。

二是一篇之中称谓各别。如,樊哙、郦商、夏侯婴、灌婴四人,

---

① 《史记》全书一百三十篇,这里不一一提及。

唯夏侯婴标其号，其他三人则称举姓氏。《傅靳蒯成列传》《平津侯主父列传》两篇，一传之中，分标姓氏封号，也不一致。又如，《老子韩非列传》《孙子吴起列传》，篇题或称"子"，或标名；《孟子荀卿列传》或称"子"，或标号；《屈原贾生列传》《郦生陆贾列传》，一篇之中，称"生"与举字、号，也不划一。《平原君虞卿列传》《樗里子甘茂列传》两篇，封号与名姓并列，《万石张叔列传》号与字并称，《扁鹊仓公列传》则化名与称号并存。

2. 示褒贬与随意标题

《史记》标题五花八门，指称方法多不齐一（篇中行文也有与之相类者），种种不同的解说也就因此生出。下面主要列举两种。

一曰标题寓褒贬说。何乔新曰："陈平而曰陈丞相，卫青而曰卫将军，岂非有得于纪官之意乎？周勃而曰绛侯，韩信而曰淮阴侯，岂非有得于纪爵之意乎？大梁王而曰彭越，九江王而曰黥布，岂非有得于称名之意乎？张叔、田叔之称叔，其与书字也同一辙，贾生、郦生之称生，其与书子也均一义。吁！继《春秋》之后而存《春秋》之例，舍《迁史》吾谁与归！"[1]

任国诠著《史记世家列传或名或字或官爵例说》一文，认为"《史记》一书，创立体例，观其《自序》，隐然比之《春秋》。《春秋》闻见异辞，笔削寄意，迁意宗之，故世家列传，名字官爵，例不一也"[2]。他还列举了许多例子，论证《史记》标题称谓寓有褒贬之义，此不俱录。

应该说，《史记》自比《春秋》，用意至为明显。他们对《史记》标题称谓做此联想，是很自然的。他们所举的例子，若按他们的结论来理解，也大多可以说得通。但是，如果将《史记》作为一个系统的

---

[1] （明）何乔新：《何文肃公文集》卷二。
[2] （清）王闿运辑：《尊经书院初集》卷十。

整体来看，却很难解释圆满，而且各篇之间也很难平衡。如李将军与卫将军、骠骑并称官，乐毅、廉颇、蔺相如、吕不韦、李斯、刘敬、叔孙通、张释之、冯唐同称名，商君、留侯、淮阴侯、平津侯、魏其、武安侯俱称爵，作者是不是将他们彼此等同？如果说留侯、淮阴侯称爵体现了作者对他们的褒扬或肯定，那么，管蔡、淮南、衡山王也称爵，又当如何理解？魏其、武安二人合传，如果说窦婴称爵表现了作者对他的同情，那么，田蚡称爵又是什么用意？樊哙、郦商、夏侯婴、灌婴四人，为什么唯独夏侯婴称滕公，其他人都标姓氏？周勃既纪其爵，又列其名，其义何在？扁鹊、商君、樗里子、黥布、万石等称名，又是何用意？这些问题，通用褒贬说来解释，恐怕比较困难。或许正是这个原因，才产生了其他不同的说法。

二曰随意标题说。章学诚曰："史迁创列传之体。列之为言，排列诸人为首尾，所以标异编年之传也。然而列人名目亦有不齐者，或爵，或官，或直书名，虽非《左氏》之错出，究为义例不纯也。或曰：迁有微意焉。夫据事直书，善恶自见，《春秋》之义也。必标目以示褒贬，何怪沈约、魏收诸书，直以标题为戏哉！况七十列传，称官爵者，偶一见之，余并直书姓名，而又非例之所当贬。则史迁创始之初，不能无失云尔。必从而为之辞，则害于道矣。"①

袁枚亦云："（《史记》）有随意标题而心无成见者，如萧、曹称相国，而留侯、绛侯称封爵，郦食其称生，而石奋称万石君，魏公子称信陵君，而平原君称赵公子胜是也。盖作史之初，体例未备。《北齐书》仿之，或称高敖曹，或称高昂，或称邢邵，或称邢子才，或称杨愔，或称杨遵彦，亦随便书之。"②

章学诚认为《史记》体例有失，袁枚认为史公随意标题，较《史

---

① （清）章学诚：《文史通义·繁称》。
② （清）袁枚：《随园随笔》卷二。

记》标题寓褒贬之说稍觉圆通，但仍未能揭示《史记》题目不取一律的原因。《史记》是一部有严格义例的著作，随意标题之说肯定不能成立，说它有严格的义例也不客观，说它体例有失，亦是以后世作者的创作去绳墨司马迁。笔者认为，不必刻意去过度解读，当是司马迁随其自然的一种称谓，多样性的称谓恰恰反映社会芸芸众生的多样称谓，可自由解读为之。详说见下文。

3.《史记》标题义例

义例，此指司马迁按什么原则标题。刘知几《史通》批评司马迁《史记》为例不纯，赞扬《汉书》开启规范的义例。

《史记》记事实录，因此《史记》各篇所取的题目，应是司马迁根据当时较为通行的名号来命篇的，多数篇目的标题未必别有深意，当然不能排除部分篇目的标题寓有特别的含义。《汉书》及其后史书题目或兼标名姓，或单列姓氏，形式较为整齐。《史记》标目不取一律，则参差错落，不拘一格，有其客观原因，并非作者有意标新立异。

古代称举人物，或标名姓，或列字号，或称伯仲，或举封爵，或以职官，或取尊号，或纪其谥，或载其号，随时变化，因人而异，并无定例。同一个人往往有若干不同的指称方法。如：吕尚有姜尚、姜牙、子牙、姜子牙、太公、太公望、师尚父等称号，其他人物也多如此。历史人物以何种称号流行，也是因人而异。太公、周公、召公、卫康叔、微子、越王勾践、孔子、老子、孙子、孟子、虞卿、荀卿、樗里子、扁鹊、魏公子、伍子胥、屈原、项羽、陈涉、淮阴侯、留侯、黥布、郦生、贾生、滕公、仓公、万石等称谓，姓名字谥官爵称号应有尽有。这些名称，或载于经典，或见于诸子百家之书，或以俗语流为丹青，都已为人们所普遍接受。史家记事，文献是最主要的依据，对于这些约定俗成的东西，作者很难任意改动。吕思勉曰："盖古之称人，多以其号。

所谓号者，乃众所习称之名。或名、或字、或官、或爵、或谥、或生地、或里居、或封邑，皆可为之。又或舍此而别有称谓，无定例，亦不能强使一律也。小时见父老曾经太平天国革命者，其谈湘军诸将，称谓即不一，大抵于曾国藩多称其谥曰文正，于国荃则以次第呼之曰曾九，于左宗棠则多斥其名。问其何以如此，不能言也。此即所谓号也。《史记》之称项籍为项王，盖亦如此，非尊之也。不然，汉初诸将，夏侯婴未必独贤，何以文中多称为滕公，而韩信、彭越等顾不然乎？号既为众所习称，举之自为众所易晓。古人之文，原近口语，举笔时即从众所习称者书之，固其宜耳。此正刘氏所谓'取协随时'者也。"[1] 史家叙事既不能改变人物称号，标题也不能不受其影响。

　　《史记》标题的参差多样，与其本身为通史的特殊性也大有关系。《汉书》以后各史，多断代成书，标题统一相对来说容易做到。《史记》上记轩辕，下迄太初，驰骋数千年。历代人物通行之称谓不一，且由来已久，若强为统一，不免显得别扭，故作者顺其自然，从众随俗，采用通行之名号。这样处理，缺点是不够统一（以后人的观点来看），但要统一，又谈何容易！班固《汉书》，记西汉一朝，人物传记一般都以姓名标题，而滕公、万石之号，赫然在目。至《古今人表》记历代人物，姓名、字、谥、官爵、封邑、尊号、里居等无所不包。盖由习惯相沿，彼此认同，如贸然改称，反生歧义。因此知《史记》标题不取一律，有不得已者。以通行称号命名，还有一个意外的好处，即标题本身也成了史料的一部分，后人以《史记》篇名可考见汉初一些历史人物的习惯称呼。《史记》各篇行文，这种情况也很普遍，对此也可作同样的理解。

　　《史记》为纪传之祖，太史公创作《史记》之时，并无成例可循。

---

[1] 吕思勉：《史学四种》，上海人民出版社，1981年版。

作者以当时流行的名号作为纪传标题，确实比较特别，然而并非随心所欲，漫无章法地随手起标题，也不是"为例不纯"。从后来的史学实践看，班固《汉书》以后统一标举姓名，形式更为整齐划一，后世遂成定例。但若用后代史书来"规范"《史记》，显然不成立。

第六章　史家之绝唱

本章的正题亦可标为"创立纪传体通史",是全书重要的一章,也是全书的核心论题。"史家之绝唱",是借用鲁迅的评价为题。

司马迁创作的《史记》,最核心的定位,它是一部历史巨著,从内容到形式都是划时代的创新。内容,系指贯通三千年的通史;形式,则指五体结构。"纪传体通史"这一术语就准确地定位了司马迁创新的总特点。说它是划时代的创新,因为它不仅是空前的,而且创新内容极其丰富。如果把司马迁的创新加以具体罗列,至少可以列举以下十个主要的方面:

（一）首创纪传体,形象地照映了封建社会的等级序列。

（二）首创贯通古今的通史,建立了历史发展断限理论的年代学。

（三）首创"太史公曰"的史论形式,提出了系统的史学理论。

（四）首创经济史传,发展了古代朴素的唯物史观,意识到经济发展状况对社会历史起决定性的作用。

（五）首创军事史传,系统地总结了古代的战争理论和叙述了战史内容。

（六）首创学术史传,辨章学术源流。

（七）首创民族史传,提出了民族一统的思想。

（八）首创各色人物的类传,全面地反映社会生活。

（九）首创语译古文,使艰深古奥的语言通俗化。

（十）首创历史文学，把历史人物的实录塑造为典型形象。

其他还可以罗列一些，例如首创礼、乐、历、星等各种专题的文化史传，扩大了历史记叙的范围；首创《大宛列传》，载述外国史事，等等。

上述创新，总结成一句话，就是司马迁创造了"纪传体通史"，从此奠定了史学的独立地位。在司马迁以前，史学只是经学的附庸，从来没有一个人贯通式地描述过，特别是多方面、多角度地整理文献。本章从"纪传体通史"的角度切入，探讨纪传体的特点、《史记》书法、司马迁的历史观及《史记》对中国史学的贡献，下面依次分四个节目来谈。

第一节　纪传体的特点

纪传体史有两大特点。其一，以人物为中心述史；其二，五体结构，包容百科知识。本书第五章《〈史记〉体制》，已专题论述了五体结构的这一特点，兹从略。这里只集中论述以人物为中心带给纪传史的特质，主要有三个方面。

1. 以人为中心，引发了历史哲学的思维变革

《史记》五体，一百三十篇，《本纪》《世家》《列传》三体共一百一十二篇，直接载人物，《十表》过半数也是谱列人物。二十四史，有的缺表，有的缺书志，而纪传必备。因此，"纪传体"之名中"纪传"二字鲜明地标示了以人物为中心述史的特点。以人物为中心，历史记载从神的历史到人的历史。恩格斯说："有了人，我们就开始有了

历史。"[1] 但是，在一个相当长的时间里，人们并不知道人类是创造历史的主人，而把世界的创造归结为神的创造，甚至人类本身也是上帝创造的，"天生烝民"就明确地表达了这一观点。中国古代传说时代的历史就是神的历史，到了商代，最早的历史记录甲骨卜辞，主要内容就是占卜吉凶，人间大事要由神来主宰，刻甲骨文的"贞人"，既是历史家，又是沟通神与人的宗教巫师。

随着生产力的发展和社会的进步，西周以后，王权衰落，贵族专政及其统治思想宗教神学受到很大冲击。春秋战国的动乱，更加显示出人的创造作用。孔子修《春秋》，基本上是从人事的角度记载历史，并在人事的记载中寄寓一字褒贬，以当一王之法。《太史公自序》通过同壶遂的对话说明《春秋》记事以人为本位的意义。司马迁说："夫《春秋》，上明三王之道，下辨人事之纪，别嫌疑，明是非，定犹豫，善善恶恶，贤贤贱不肖，存亡国，继绝世，补敝起废，王道之大者也。"又云："《春秋》辨是非，故长于治人。""《春秋》以道义""拨乱世反之正，莫近于《春秋》""万物之散聚皆在《春秋》""有国者不可以不知《春秋》""为人臣者不可以不知《春秋》""《春秋》者，礼义之大宗也"，等等。司马迁推重《春秋》，把它说成是一部政治伦理道德全书，其作用在于给人们提供是非善恶的标准。司马迁以《春秋》喻《史记》，表明他的创作宗旨就是要继《春秋》，写出一部政治伦理道德全书，用以"辨是非""善善恶恶"，给人们提供榜样和借鉴。

2. 以人为中心，带来历史观的转变，必然引发历史记载内容的全新变革

司马迁摒弃了《春秋》的一字褒贬，而全方位地记载社会各阶级、阶层及各种类型人物，全方位反映社会生活，惩恶劝善，贤贤贱不

---

[1] 恩格斯：《自然辩证法》，见《马克思恩格斯选集》第3卷，第457页。

肖，为后王立法，为人伦立准则。所以司马迁说："故有国者不可以不知《春秋》，前有谗而弗见，后有贼而不知。为人臣者不可以不知《春秋》，守经事而不知其宜，遭变事而不知其权。为人君父而不通于《春秋》之义者，必蒙首恶之名。为人臣子而不通于《春秋》之义者，必陷篡弑之诛，死罪之名。"[①]这里所说的《春秋》就是《史记》的代名词，也是纪传史的代名词。司马迁塑造各色人物为社会各方面的人物立表率，立标准，树榜样。因此司马迁断言，不通《春秋》，不学历史，社会将出现君不君、臣不臣、父不父、子不子的局面，秦王朝短命覆亡，为司马迁的理论提供了生动的历史依据。

3. 以人为中心，产生写人艺术，创造了纪传文学

历史记述以事为中心，纪传史以人为中心述史，熔文史于一炉，创造了传记文学，产生了写人的艺术。这将在第七章"无韵之《离骚》"的第三节立专题详说，兹从略。

此外，纪传史适应载述封建社会王朝制度，还有以下几个特点——也可以说是纪传史的缺点。其一，记述人物活动以帝王为中心，宣扬英雄史观。人民群众的活动被抹杀，农民起义被诬为"盗贼"，科学、文化、技术的进步和重大发明都归于少数英雄人物身上。阶级斗争的历史被歪曲或完全被颠倒。其二，纪传史"虚美隐恶"，宣扬君权神授的历史观，为封建王朝制造合法的理论根据。其三，纪传史制造所谓"正统"的理论，以巩固封建王朝的统治。其四，纪传史因事立目，褒贬人物，以维护封建统治的等级秩序。如《晋书》创立"叛逆传"来贬斥农民起义领袖和凌上的大臣。为了转移阶级斗争的视线，封建史家创立《酷吏》《循吏》两种人物的类传，又立《儒林传》以尊经学，立《独行传》褒扬守义成仁之士，等等。班固在《汉书》中创

[①]《史记》卷一三〇《太史公自序》。

《古今人物表》，用来品评人物，区分等第，宣扬上智下愚。

综上所述，纪传史的结构，能够把以帝王为中心的英雄史观和天命论完美地结合起来，歌功颂德，隐恶扬善。这就是正史的"正"字的真实含义。因此，历代封建王朝都把修撰纪传史列为国家大典，由王朝中央设馆修史。唐初大臣令狐德棻在唐高祖武德五年（622）首创设馆修史之议，上奏说："陛下既受禅于隋，复承周氏历数，国家二祖功业，并在周时。如文史不存，何以贻鉴今古？如臣愚见，并请修之。"① 于是《隋书》极力宣扬隋亡唐兴"斯乃非止人谋，抑亦天之所赞也"② 的天命历史观，为李唐政权争正统。显然其他史书体制是不能取代纪传史的这种地位的。

第二节 《史记》书法——记事实录

书法，有广狭二义。广义的书法，即一书的凡例。对于《史记》来说，内容广泛，五体结构、取材原则、表述方法等等，皆有书法。狭义的书法，专指文本的语言记载书法。本节只谈《史记》狭义的书法，记事实录。班固在《汉书·司马迁传》的赞语中引刘向、扬雄之言对《史记》书法给予了崇高的评价。其言曰：

> 自刘向、扬雄博极群书，皆称迁有良史之才，服其善序事理，辨而不华，质而不俚，其文直，其事核，不虚美，不隐恶，故谓之实录。

---

① （后晋）刘昫：《旧唐书·令狐德棻传》。
② （唐）魏徵：《隋书·帝纪·高祖下》。

这段话是对司马迁《史记》史学价值最公允的评价，也是两汉刘向、扬雄、班氏父子四位大学者一致的定评，至今仍具有权威。下分三个细目评说。

1. 善序事理

两汉学者评价司马迁"善序事理"，表现为"辨而不华，质而不俚"。这是从《史记》的文采方面立论。"辨而不华"，指《史记》叙事，翔实而不空疏；"质而不俚"，指叙事有文采，质朴而不粗俗。这两个特点，明何乔新作了具体阐释，他说："如叙游侠之谈，而论六国之势，则土地甲兵，以至车骑积粟之差，可谓辨矣，而莫不各当其实，是辨而不华也；叙货殖之资，而比封侯之家，则枣栗漆竹，以至籍藁鲐鮆之数，可谓质矣，而莫不各饰以文，是质而不俚也。"[①]何氏的评述和所举例证，都极为精当。如《货殖列传》，记叙各地都市、地理、气候、物产、风俗、人情，样样皆为实录而文采斐然，内容翔实而不浮华，行文质朴而不粗俚，全篇布局精妙，就是一篇善叙事理的奇文。

文采是"叙事"的表现形式，而内容实质，就是一个"叙"字。司马迁"序帝王""记侯国""系时事""详制度""志人物"，全都是叙事，目的是"通古今之变"，要在历史实录中把握社会事势之变，阐明历史演变因果，表明自己的看法和分析，这就是理。叙事说理，不华不俚，生动形象与事理交融，天衣无缝，这是历史书法。例如《五帝本纪》，熔铸剪裁古史文献，司马迁都在叙事中贯注黄帝开创一统和尧、舜明德的历史观点。清人吴见思评论说："尧、舜二纪，纯用《尚书》《孟子》，略改字面，便是太史公之文，不是《尚书》《孟子》之文。且既

---

① （明）何乔新：《何文肃公文集》卷二。

经删改，而运用插和，绝无痕迹，岂非神手。"①

《史记》中蕴含了司马迁整套的叙事述史的书法，如大场面描写，细节构思，对比映衬，虚实详略，氛围渲染等文学手法。《史记》行文，谋篇布局，结构巧妙，是善叙事理的一大特色，一大关节。此外，司马迁在一篇之中的段落层次，以至一句之中的字法变化，也十分讲究叙事笔法。如清人李晚芳评《伯夷列传》说："一篇之中，忽序忽断，如论如赞，若吊古，若伤今，令读者迷离，莫名其妙。"吴见思评《汲黯列传》说："忽序事，忽行文，忽而简质，忽而铺排，逐段变换，又有山回谷转、云破月来之妙。"这说的是叙事段落笔法的变化。牛运震评《廉颇蔺相如列传》中"完璧归赵"一节说："一璧耳，变出易璧、奉璧、完璧、授璧、得璧、求璧、取璧、持璧、破璧、送璧、归璧、留璧，字虽非经意，却有多少生情处！"②这是说字法变化。一个"璧"字，随着情节发展，用一系列不同的动词变化，描写场景的转换，表现人物心态的变化，酣畅淋漓地刻画了蔺相如大智大勇的形象。由此可见，司马迁叙事段落起伏，以及文字变化，完全是为了写好人物或者增强说理服务的，非大手笔不能为此。

2. 记事实录

记事实录，又称实录精神，或直笔精神，它是我国古代史学的一个优良传统。两汉大儒都评价《史记》实录精神着重表现在以下三个方面。

（1）其文直，其事核。文直事核是实录的最基本精神，也是历史著述最基本的方法。它要求史家作史有据，要全面地占有材料，承认客观事实的存在，全面而系统地直书史事，不做任何曲笔或漏略。司

---

① （清）吴见思：《史记论文·五帝本纪》。
② （清）牛运震：《史记评注》卷八十一。

马迁写历史，全方位地展现社会生活，他写了各色人物的传记，反映了历史的本质，这是实录精神的一种反映。忠于实录，从更高的标准来看，它不是记流水账，而是捕捉事件和人物的典型性，它将一个史家高远的识见，反映在史例史体中。司马迁为项羽、吕太后作纪，为孔子、陈涉、后妃立世家，就是实录精神升华为卓越史识的一种表现。

实录精神要求对具体史实的载述，要符合事实的本来面貌，不能随从流俗和习惯，对讹传的史事要作细致的调查和考证。这些方面，司马迁做得很出色。他在许多篇章作出交代，说明所引据的史籍或其他根据。如《五帝本纪》："予观《春秋》《国语》"；《殷本纪》："自成汤以来，采于《书》《诗》"；《高祖功臣侯者年表》："余读高祖侯功臣，察其首封"；等等。又如司马迁在五帝、夏、殷、周各篇的"太史公曰"中，对古史的考证作出了说明。写五帝事迹，是综合各种材料"择其言尤雅者"；对夏、殷两代的姓氏，夏禹之崩于会稽，殷人之习俗，周室何时迁居洛邑，都作了认真的考证，可见司马迁作史的谨严态度。

（2）不虚美，不隐恶。这是在"文直事核"的基础上的进一步发展，它要求史家具有求是存真的高尚史德，不仅要善恶必书，具有两点论；而且要"明是非""采善贬恶"，自觉地表明对史事人物的褒贬爱恨，而且要做到恰如其分。司马迁明确反对"誉者或过其实，毁者或过其真"的主观臆断。[①] 所以司马迁论载史事人物，一般不作全盘肯定或全盘否定，而是原原本本地讲清楚人物行事和客观事物的变化和发展，依据事实给予恰如其分的评价，不虚美，不隐恶。例如，司马迁反对秦朝的暴政，却肯定秦朝的统一之功和制度体系；司马迁颂扬汉家一统，却又深刻微妙地揭露和刺讥汉家帝王的一些隐私和时弊；

---

① 《史记》卷六七《仲尼弟子列传》。

司马迁肯定项羽灭秦之功,把他塑造成一个叱咤风云的英雄人物,但也揭露和批判了他的残暴不仁;司马迁同情李广,形象生动地描写了他的英勇善战和爱国主义情怀,并给予了高度评价,但并不饰过;司马迁极其憎恶酷吏,却也肯定了廉洁不枉法的酷吏;如此等等,力求做到尊重客观的历史实际。因为只有实录的历史,才能提供真正有益的教训,使历史起到镜子的作用。

(3)书法不隐,写当代汉史赋予了深刻的批判精神。刘知几称赞古代的直笔史家说:"董狐之书法不隐""齐史之书崔弑,马迁之述汉非,韦昭仗正于吴朝,崔浩犯讳于魏国"[1]。这些直笔史家,以司马迁成绩为最大。刘知几着重指出,史家直笔,贵在对现实生活不合理部分的批判,特别肯定了司马迁的"述汉非"。如果一个史家没有批判现实的勇气,没有爱憎分明的立场,没有直言不讳的精神,那么史家就丧失了史德,也就没有史家的地位和历史的价值。司马迁"述汉非"被东汉王允斥为"谤书"[2]。章怀太子李贤注云:"凡史官记事,善恶必书。谓迁所著《史记》,但是汉家不善之事,皆为谤也,非独指武帝之身。"[3]这说明司马迁"述汉非"的内容,不只是刺讥汉武帝,它涉及了百年汉史的整个纵横面。司马迁对汉朝最高统治者刘邦到汉武帝,对汉代文质彬彬而竞荣逐利的儒生,对汉武帝时代的社会矛盾,都作了深刻的"微文刺讥"。例如"受命而帝"的"大圣"刘邦,他的自私、刻薄、猜忌、冷酷,在司马迁笔下,得到淋漓尽致的反映。清人王鸣盛从《史记》描写中总结刘邦品格,说他唯利是图,顽钝无耻,"有急则使纪信代死,不顾子女,推堕车下;鸿沟既画,旋即背之;屡

---

[1] (唐)刘知几:《史通》卷七《直书》。
[2] 王允语见《三国志·董卓传》裴注引谢承《后汉书》,又见(南朝宋)范晔:《后汉书·蔡邕传》。
[3] 注文见《后汉书·蔡邕传》注。

败穷蹙，不以为辱；失信废义，不以为愧也"①。汉儒的代表为叔孙通、公孙弘、董仲舒。叔孙通草具汉仪法，公孙弘倡导儒学，董仲舒治"公羊春秋"宣扬大一统。司马迁对这三个赫赫有名的人物，均在平实的记述中肯定了他们的业绩，同时也对他们各自的个性弱点予以意味深长的讽刺。将叔孙通之"谀"，公孙弘之"诈"，董仲舒之"迂"，都描绘得十分形象而生动。

3. 寓论断于序事

作者把自己的论点贯注在叙事中，不言而评论自见，称寓论断于序事，唯司马迁能之。清人顾炎武首发此论，他在《日知录》卷二十六中说："古人作史，有不待论断而于序事之中即见其指者，惟太史公能之。《平准书》末载卜式语，《王翦传》末载客语，《荆轲传》末载鲁句践语，《晁错传》末载邓公与景帝语，《武安侯田蚡传》末载武帝语，皆史家于序事中寓论断法也。"今人白寿彝先生指出：司马迁的这种方法，在"历史写作上，给我们开创了一个很好的范例"②。

顾炎武揭示的寓论断于序事，借他人语只是形式之一，而最基本的形式是在历史叙述过程中就表达了作者的爱恨和褒贬，如《淮阴侯列传》用重笔叙写韩信拒武涉、蒯通之说，就是司马迁用事实为韩信辩诬，寓论断于序事的妙笔。寓论断于序事的本质就是坚持实录精神，司马迁把自己的感悟大量地融会在写人叙事之中，为中国史书的叙述模式开创了一个新体式。通观《史记》全书，司马迁借以表述自己的思想感情的叙述模式，主要有五种：

（1）自由取舍。明人陈仁锡说："子长作传，必有一主宰。"③清

---

① （清）王鸣盛：《十七史商榷》卷二。
② 白寿彝：《司马迁寓论断于序事》，《北京师范大学学报》1961年第4期。
③ （明）凌稚隆：《史记评林》引。

人吴见思也说:"史公之文,每篇各有一机轴,各有一主意。"① 这是说,司马迁写人物有时并不追求面面俱到、全面完整,而是每篇都有一个"主意",然后围绕这个"主意"来取材,来描写,从而强化了作者的某一方面的思想。晏子的事迹非常丰富,仅《晏子春秋》所记就有二百几十个故事,但司马迁为了突出晏子尊贤任贤的美德,只写了他推荐越石父和车夫两件事;为了表现蔺相如的大智大勇、先公后私的精神品质,司马迁于其处理军国事务的一般才干一概舍弃,而只浓墨重彩地写了完璧归赵、渑池会、将相和三件大事。又如《魏公子列传》的中心是突出魏公子的"礼贤下士"、待客以诚和宾客对魏公子的以死相报,所以有关表现魏公子个人才能的事情,诸如魏公子曾有一大段很精彩的反对魏王亲秦伐韩的议论,司马迁就把它写到《魏世家》中去了。至于魏公子在接待逃亡的魏相魏齐时表现犹豫,以致造成魏齐自杀的事,司马迁干脆把它写进了《范雎传》中。这种叙述方法,我们在项羽、李广等纪传中,都可以见到,是司马迁运用最广的方法之一。

(2)微言大义。以意取舍材料,虽然能够体现作者的主观意图,但是历史人物和历史事件本身是无法曲改的,为了进一步寄寓作者的主观评价,司马迁又承之以《春秋》"寓褒贬,别善恶"的传统,在事件、人物的叙述中让读者体味其中的"微言大义"。在《绛侯周勃世家》的结尾处,司马迁有意无意地加了这样一笔:"条侯果饿死。死后,景帝乃封王信为盖侯。"王信封侯,看似闲笔,其实暗寓褒贬。按:周亚夫正是因为反对废栗太子,反对封王信等人,才得罪景帝,最后被以莫须有的罪名陷害致死的。条侯一死,障碍没有了,景帝就迫不及待地封王信为侯了。司马迁这么轻轻一点,周亚夫得罪之由便

---

① (清)吴见思:《史记论文》。

不言而喻了。在这里，我们分明看到了统治者的专横跋扈，感受到了作者对周亚夫的同情和对汉景帝的批评。类似这种叙事方法，《史记》中是触目可见，不胜枚举的。

（3）对话立论。"微言大义"虽然能够做到含而不露地达到褒贬人物、评说事件的作用，但是毕竟太隐蔽、太含蓄了，无法充分表达司马迁的满腔热情和深刻的历史见解，于是他又采用了借他人的对话来为自己立论的方法。对于项羽失天下、刘邦得天下的原因，司马迁除了在历史叙述中加以阐释外，还让刘邦在与王陵等人的对话中发表了如下议论："夫运筹策帷帐之中，决胜于千里之外，吾不如子房；镇国家，抚百姓，给馈饷，不绝粮道，吾不如萧何；连百万之军，战必胜，攻必取，吾不如韩信。此三者，皆人杰也，吾能用之，此吾所以取天下也。项羽有一范增而不能用，此其所以为我擒也。"[①] 在这里，刘邦把胜败最后归结于识人用人和优化领导集团的问题，是借历史人物对话立论的最典型的一例，而这种做法，在一部《史记》中也是比比皆是的。

（4）夹叙夹议。借历史人物对话立论，毕竟要通过历史人物之口，不能任意更改，随便添加，因而对于评说人物与事件而言还是有不少局限性的。为此，司马迁又进一步将自己介入历史人物和事件之中，采取夹叙夹议的方法以表明自己的见解。最有代表性的是《屈原列传》，司马迁用叙事与议论相结合的方法写屈原，议论的成分约占全文的一半，所以明人茅坤说此篇是"以议论行叙事体"。比如司马迁以"王怒而疏屈平"的"疏"字为出发点，用了一大段文字论述了屈原由疏而生怨，由怨而作《离骚》的创作动机，提出了"信而见疑，忠而被谤，能无怨乎"的鲜明观点。这段议论《离骚》的文字，不仅有助

[①]《史记》卷八《高祖本纪》。

于屈原形象的塑造，也展示了司马迁本人的内心世界。近代李景星说：《屈原贾生列传》"通篇多用虚笔，以抑郁难遏之气，写怀才不遇之感，岂独屈、贾二人合传，直作屈、贾、司马三人合传独可也"[1]。这话很好地点出了司马迁作此传的良苦用心。

（5）直接评说。当以上方法都被运用之后，司马迁依然感到言犹未尽，不吐不快，于是就进一步创立了"太史公曰"的形式，予以直接评说，这是对传统史书的一个重大突破，与子书最为相通。在先秦史书中，像《左传》也曾用"君子曰"的方式发表评论，但它不仅零散不成体系，而且用这种"代言体"的形式发表评论，史家自己的观点还是被隐藏在后面的，修史者的思想感情还是使人不甚了了。司马迁一方面继承了先秦史传用"君子曰"发表评论的传统，另一方面也吸收了先秦诸子直接议论社会现实的传统，将两者结合起来，从而创立了"太史公曰"的论评形式，将自己对历史人、事的看法不加掩饰地表露了出来。如在《伍子胥列传》的"太史公曰"中，司马迁说假如伍子胥不能"弃小义"，又何能"雪大耻"？假如受辱即死，又同蝼蚁何异！所以他对伍子胥隐忍就功名的精神倍加颂扬，说"非烈丈夫孰能致此哉"！《史记》百三十篇，几乎篇篇都有"太史公曰"，也就等于篇篇都有作者自己的"直接评说""直抒胸臆"，这在司马迁之前何曾有过！

此外，韩兆琦先生在《史记书法释例》一文中[2]，总括了十例，可以说都是寓论断于序事的文理构思。具体内容为：其一，明知史实不确，亦必记入，以见作者的观点、理想。如《赵世家》载程婴、公孙杵臼义存赵孤之事，《滑稽列传》载优孟之效孙叔敖之事，不过是借事以道义，至于事实的有无，则不重要。其二，基本事实或有，而夸

---

[1] 李景星：《史记评议·屈原贾生列传》。
[2] 韩兆琦：《史记评议赏析》，内蒙古人民出版社1985年版。

张虚构细节，以求故事生动感人。其三，书写神灵怪异，若有介事，实乃厌恶其妖言惑众。其四，记载"阴谋阳祸"，似信天命，实乃借以抒发愤世不平。其五，著录荒诞传闻，以表个人之爱憎。其六，故露矛盾破绽，以见大事之隐情。其七，口赞其是，实则正鄙其非。其八，口斥其非，实则正叹其是。其九，引入大段言论，以翻历史冤案。其十，细节饱含感情，以发难言苦衷。我们还可以列举一系列史笔与文笔的书法创例，如叙事安排的次序颠倒、对比衬托等，都可泛含在寓论断于序事的大题之中。在《史记》一书中，寓论断于序事最精彩的笔触，也总是体现在最典型的人物传记中。例如秦始皇、汉高祖、项羽、陈涉、萧何、曹参、张良、陈平、周勃、吴起、商鞅、战国四公子、屈原、贾生、李斯、蒙恬、张耳、陈馀、淮阴侯、叔孙通、万石君、魏其武安侯、李将军、刺客、游侠等人物传记，都是运用各种笔法实写历史事迹来说明、论断历史问题，有关文学细节构思也是从属于史实的。总之，"寓论断于序事"，是立足于史论结合，冶文史于一炉的有效方法之一。历史功能是自然妥帖的"摆事实""讲道理"的方法。白寿彝先生指出："应该学习司马迁，让历史事实说话，作者不要站在前面大声吆喝"，不要"强加于人"，肯定了这一方法在今天仍有借鉴意义。"寓论断于序事"的文学功能，就是不发空论，通过事实把道理说透，把人物写活，表达了飞扬的神韵，引导读者自然而然地对人物评价得出结论。总括这两个方面，可以说"寓论断于序事"是太史公创作的文史交融的叙事笔法，也是《史记》散文叙事的一大特点。

第三节　司马迁的历史观

司马迁把他对社会历史的研究，即所谓历史观，概括为"通古今之变"。主要内容有以下三个方面。

1. 大一统历史观

何为大一统历史观？其实质就是国家发展观。主要的理论支点有三个方面：其一，家国一体，天下一家亲。中华民族的形成和发展，以农耕的华夏族为中心，包容四方各民族，日益走向融合，天下各族均为兄弟，是一个大家庭。国，就是全社会共有的一个大家；家，是个人的小家。所以司马迁塑造的黄帝是全民族共有的一个祖先，全民族都是黄帝子孙。其二，国家建设与发展："非兵不强，非德不昌。"其三，"天无二日，人无二王"，全国民众与各民族共认一个帝王，也就是一个国家只承认一个中央政府。《史记》记事三千年，从黄帝到秦皇、汉武，帝王的德业，即民族、国家，日益昌盛，日益走向大一统。

司马迁所处的时代，是中国封建社会中央集权制确立和巩固的时代。中央集权制度加强了国家的统一，结束了长期的分裂战乱，是当时最先进的制度。所谓大一统历史观，就是对这一先进制度的赞颂，并为其提供理论基础。中国走向大一统，是历史长期发展的必然结果。邹衍的五德终始说，董仲舒演化的春秋公羊学，都是应运而生的大一统理论。汉武帝封禅、制历、改制，罢黜百家定儒学于一尊，正是在贯彻五德终始和天人合一的政治哲学。因此，尽管邹衍和董仲舒对大一统历史的发展做了唯心主义的解释,提出了历史循环论的理论,但其旨归是宣扬大一统,在当时来说,仅是进步的历史观,而且为强化大一统的中央集权制度提供了合法的理论,在政治上产生了直接的影响。司马迁继承了前代思想家大一统的理论,用以作为考察历史发展的指导思想,从而又系统地发展了这一理论,形成了《史记》所独具的大一统历史观,对后世产生了深远的影响。

邹衍和董仲舒是哲学家,他们构思的大一统理论是思辨哲学,空言论道,直接服务于当时的政治。司马迁是历史家,他构思的大一统理论是对历史发展过程的升华,目的是从历史经验教训中探寻治乱规律,所以具有丰富的历史内容。前述三章,均已触及了司马迁的历史观。《论六家要旨》强调儒、名、法各家序君臣之礼,正上下之分,殊途同归,百家之学皆务为治世,就是大一统理论的反映。《史记》五体的体制结构,形象地照映了大一统的封建等级秩序。司马迁修正断限,起于黄帝,讫于太初,更明显地表达了大一统历史观。这里,我们再综括起来,说一说司马迁的大一统历史观在中国历史上究竟产生了什么样的影响,就可以了解它的进步意义了。

司马迁贯通叙述历史,从黄帝的统一到汉武帝的大一统,象征着历史的发展方向,象征着帝王德业的日益兴盛。中华民族不断壮大,各民族互相融合,远方殊俗日益统一,这样一条叙史红线,贯穿在《史记》全书中。夏、商、周三代之君,春秋以来列国诸侯,秦汉帝王,四方民族,无不为黄帝子孙。匈奴是夏桀之后,勾吴与中国之虞为兄弟,越王勾践乃禹之后,楚是颛顼之后,其苗裔为滇王。中华民族皆黄帝子孙,这一民族一统观念就奠基于《史记》。司马迁的这一伟大思想成为历代以来进行爱国主义传统教育的宝贵历史资料,数千年来激励了无数的仁人志士为中华民族的生存、繁荣和进步而斗争。"黄帝子孙",至今仍是一个神圣的名词,具有无限的号召力。被黄帝战败的炎帝，其先祖教民稼穑，号"神农氏"，也是一个企图统一天下的历史人物，常与黄帝并称。所以"黄帝子孙"也称"炎黄子孙"。以今日观点来看，五帝三王是一家，都是黄帝子孙，这完全是一个人造的历史系统，它是以基于父权制代替母权制这一历史背景的传说史影为依据，为满足旨在消除各种氏族的畛域的大一统要求而产生的，其进步意义显而易见。司马迁还把周边民族匈奴、西域、西南夷等都纳入黄帝子孙的范围，用以表达他的民族一统思想，更属难能可贵。北齐魏收作《魏书》亦云："黄帝以土德王，北俗谓土为托，谓后为跋，故以为氏。"[①]附会拓跋为黄帝子孙，为胡人入主中原制造正统的舆论。由此可见，司马迁的大一统历史观，在中华民族大融合的历史上起了巨大的进步作用。本书第十章"司马迁的国家观"，对司马迁大一统历史观的巨大进步作用，还将进一步展开详说。

2. 发展、进化、变革的历史观

历史是周而复始地循环，还是在变化、发展？历史是因循守旧，回顾往古，还是在随俗进化，不断革新？这些是司马迁在《史记》中所要探索和回答的问题。司马迁是怎样回答的呢？

首先，司马迁对董仲舒的"三统循环论"做了扬弃和改造，认为历史是不断发展和变化的。不容否认，司马迁的历史观仍带有循环论的色彩。《历书序》云："夏正以正月，殷正以十二月，周正以十一月，盖三王之正若循环，穷则反本。"这是讲天道循环。《高祖本纪赞》云："夏之政忠。忠之敝，小人以野，故殷人承之以敬。敬之敝，小人以鬼，故周人承之以文。文之敝，小人以僿，故救僿莫若以忠。三王之道若循环，终而复始。"这是讲人道循环。于是有人认为司马迁的历史观就是"古今社会按照'忠'—'敬'—'文'这套公式周而复始地

[①] （北齐）魏收：《魏书》卷一《序纪》。

'变'",因而也称司马迁的历史观是"三统循环论"。其实这是极大的误解。董仲舒《天人三策》讲"夏上忠,殷上敬,周上文",是"百王之用,以此三者",又云"三圣相受而守一道",结论是"今汉继大乱之后,若宜少损周之文致,用夏之忠者"。显然,董仲舒所讲的"变",才是"忠—敬—文"的循环往复,强调"道"是不变的。司马迁只是借用循环的语言,着意讲"变"。司马迁的用语是"三王之正若循环",言"若"者,像也,似也,好像是循环,这和我们现今用语"螺旋式"上升有些相似。"若循环"与董仲舒的"百王之用,以此三者"是大相径庭的。

此外,我们还须指出,在秦汉之际,循环论历史观是当时人们认识历史发展所能达到的认识论的制高点,起初是一种进步的历史观。在先秦诸子百家争鸣时代,老子法太古,主张小国寡民的社会为至治之极。儒家法尧舜,也是向后看。道儒两家历史观的理论基础,都认为世风日坏,人心益恶,历史向着衰败的方向演变。主张法后王的法家,赤裸裸地以人性恶为其理论基础,政治方针刚毅刻深。而邹衍倡导的五德终始循环论和董仲舒构思的三统循环论,却是宣扬大一统,是适应秦汉大一统政治需要而出现的。循环论摒弃了人心益恶而讲天道惩恶佑善,本来的意愿是劝诫人君重视历史变化,施行仁政,争取民心,争取天命,获得五德之属。"循环"二字包含着发展和变化的思想,只不过是转圆圈。转圆圈也是一种运动。邹衍对历史的阐述是,"先序今以上至黄帝,学者所共术,大并世盛衰,因载其禨祥度制,推而远之,至天地未生,窈冥不可考而原也"。从开天辟地讲到当今社会的大一统,不就是一部生动的历史发展进化史吗?"大并世盛衰",《索隐》云:"言其大体随代盛衰,观时而说事。""随代盛衰",不就是讲变化吗?不过邹衍阿世取容,妄说禨祥,其语闳大不经,受到了司马迁的批判。董仲舒维护道统,把循环论引向随顺人主的意志,成了官方哲学，扼杀变化，宣扬神意史观，日益走向反动。司马迁接过循环论，把它发展为变革的历史观。《天官书》云："夫天运，三十岁一小变，百年中变，五百载大变；三大变一纪；三纪而大备，此其大数也。为国者必贵三五。上下各千岁，然后天人之际续备。""三五往复"仍带循环论的框架，但重点是讲"变"，称"三五之变"。"三"即三十年，是一代人。司马迁认为每一代人都有变化。"五"即五百年，是一个大的周期变化。司马迁"究天人之际"，得出"三五之变"符合天道人事，为讲历史之"变"提供理论根据。这就是司马迁对循环论的扬弃和改造。

其次，司马迁"通古今之变"，从人事和历史思考中突破了循环论的框架，认为历史发展的本质就是"变"，而且是不断进行的。"通古今之变"是司马迁三大创作宗旨之一，详前文第四章第二节"通古今之变"。这里从历史观的角度，重复概述其宗旨之实质，就是发展、进化、变革的历史观。"变"是司马迁唯物主义的历史观的核心。他认为宇宙间一切事物都在"变"，只有用"变"的观点才能探究事物的规律。他说："无成势，无常形，故能究万物之情。"①没有一成不变的态势，没有永恒存在的形体，所以才能洞悉万物的真情。从"变"的理论观点出发，决定了司马迁用发展变化的眼光看待人类社会的历史，他名之曰"变"，曰"渐"，曰"终始"。他说："天人之际，承敝通变""略协古今之变""臣弑君，子弑父，非一旦一夕之故也，其渐久矣"②"物盛而衰，固其变也""是以物盛而衰，时极而转，一质一文，终始之变也"③。司马迁在这方面的言论是很多的。"儒者断其义，驰说

---

① 《史记》卷一三〇《太史公自序》。
② 《史记》卷一三〇《太史公自序》。
③ 《史记》卷三〇《平准书》。

者骋其词，不务综其终始"①，等等，不胜枚举。"变"，指社会不断地进化和发展；"渐"，指的是进行、运行，即进化和发展的过程；"终始"，指的是因果关系，人类社会发展的一个个里程是有因果相连的关系，即有规律可以认识的。总括为一句话，"通古今之变"的目的就是"稽其成败兴坏之理"②，探寻社会治乱的规律。

要认识历史之"变"，就要做贯通的思考，即"略协古今之变"。"略协"就是综核、考察而把握大纲的意思。"厥协六经异传，整齐百家杂语"，这是整部《史记》的写作要领。"略协""厥协""整齐"都有综合、总结之意。司马迁综核历史，鲜明地表现了历史是不断发展、进化和变革的观点，而且愈向前发展，变革愈烈。司马迁的这一思想，在《秦楚之际月表·序》中用史实做了高度的理论概括。司马迁说：

> 昔虞、夏之兴，积善累功数十年，德洽百姓，摄行政事，考之于天，然后在位。汤、武之王，乃由契、后稷修行仁义十余世，不期而会孟津八百诸侯，犹以为未可，其后乃放弑。秦起襄公，章于文、缪、献、孝之后，稍以蚕食六国，百有余载，至始皇乃能并冠带之伦。以德若彼，用力如此，盖一统若斯之难也。

这段议论，十分简括地勾画了中国历史从虞、夏至秦汉大一统发展变化的轮廓。社会走向一统，这是两千多年来历史发展的方向，经历了漫长的历程，所以司马迁慨叹"盖一统若斯之难也"。这里一丝一毫循环论的影子也没有。对秦楚之际的巨变，司马迁更是惊叹万分。他说："五年之间，号令三嬗，自生民以来，未始有受命若斯之亟也。"陈涉、项羽、刘邦，都"起于闾巷"，与虞、夏之兴和秦王朝之兴又是一番新气象。对于这种巨变，司马迁也是从历史的原因加以探索。他得出结

---

① 《史记》卷一四《十二诸侯年表·序》。
② 《报任安书》。

论是"向秦之禁,适足以资贤者为驱除难耳"。秦朝禁忌太苛,它所施行的暴政引起了人民的反抗,于是"王迹之兴,起于闾巷"。这就是司马迁探索历史之变所取得的辉煌成就,发现了人的活动是历史的主体,从而写出了以人为中心的历史,排除了神意史观。

司马迁发展、进化、变革的历史观,不仅表现在议论中,而且更加鲜明地表现在《史记》的具体内容中。朝代更替,制度建立,对民施政等各个方面都表现了这些进步的历史观点。《史记》卷首《五帝本纪》就是一个集中表现进化观点的鲜明例证。黄帝之世,部落互相攻战,生产落后,黄帝"修德振兵",统一了天下。他举风后、力牧、常先、大鸿以治民,按时播百谷,草创制度。黄帝本人"披山通道,未尝宁居"。颛顼、帝喾相继,大体仿黄帝之治。当尧之世,历法、生产、治政都有了很大的发展。尧用羲氏、和氏为历官,有了专门的推历机构。尧年老,举舜摄政,经过了长期的考验,证明舜很贤能而授之以政。尧举贤、禅让,很重视人民的态度。当舜之时,礼仪制度都建立起来。舜举用了二十二个贤人治理国家,各种事业都兴办起来。司马迁说,"天下明德皆自虞帝始"。这句话就是《五帝本纪》的主题。历史经历了从黄帝到虞舜的不断发展,国家建制才粗具规模。可以说《五帝本纪》的思想脉络对于读《史记》全书是一个示例。本篇仅三千余字,具体生动地描绘了五帝相承的发展变化,鲜明地表达了司马迁进化论的历史观。

如上所述,司马迁扬弃和改造了循环论,借用循环论的语言来表述历史之"变",发展出了进化论的历史观,这是他对历史学的一大贡献。

3. 带二元论色彩的朴素唯物论历史观

历史是怎样向前发展、变化的?是谁在创造历史?司马迁的回答具有浓厚的二元论色彩，但基本倾向是朴素唯物论历史观。具体说，司马迁的天人观是二元论，他认为天人相感，天能支配人事，却又不受星占术荒诞迷信的束缚，对惩恶佑善的天道提出了质疑。这里着重评述司马迁在人事论述上的二元论，即他认为圣君贤相可以治平天下，但又承认人心向背起最后的决定作用。

《史记》以人物为中心，主体是帝王将相。司马迁不遗余力地歌颂"明主贤君忠臣死义之士"，强调英雄的创世作用。但司马迁英雄史观的内核中有两个显著进步的历史观点，符合唯物主义的认识论，为当世乃至后世史家所不能望其项背。分述于下。

第一个观点，司马迁认为，任何个人不能专有一切智慧，英雄个人不能创世。五帝三代之主，圣明的表现就是举贤授能。他说："尧虽贤，兴事业不成，得禹而九州宁。"① 刘邦得天下，文臣如雨，猛将如云，但对强大的匈奴束手无策，国家定都不能决。陇西戍卒娄敬，脱挽辂，衣羊裘见高帝，建言定都关中，与匈奴和亲，国家赖其便。司马迁感慨地说："语曰'千金之裘，非一狐之腋也；台榭之榱，非一木之枝也；三代之际，非一士之智也'。信哉！夫高祖起微细，定海内，谋计用兵，可谓尽之矣。然而刘敬（娄敬赐姓刘）脱挽辂一说，建万世之安，智岂可专邪！"② 两千多年前的司马迁从一个下层士兵的建言中看到了人民的智慧，不仅特为之作传，还上升为哲理，"智岂可专邪"，从而否定了"最最最"的超人，几百年出一个天才的呓语，实在了不起。为此，司马迁为侠客、医卜、商贾、俳优、博徒、妇女等等下层人物作传，创立类传，使《史记》反映了广阔的社会生活。

第二个观点，国家兴亡，民心向背起最后的决定作用。"民惟邦本"，这本是儒家宣扬仁政的基本观点。孟子进一步发挥为"得民心者

---

① 《史记》卷一一○《匈奴列传·赞》。
② 《史记》卷九九《刘敬叔孙通列传·赞》。

得天下,失民心者失天下"的著名理论①。司马迁的贡献在于,他第一个真正用这一观点考察了历史的变迁,生动地描绘了人民群众的创造力量,从正反两个方面贯穿全书。正面描写,三代之王都是祖上积德累善赢得了百姓拥戴。"子羽暴虐,汉行功德"而得天下。孝文帝"专务以德化民,是以海内殷富,兴于礼义"②。这是得人心者得天下。反面描写,武王伐纣,"纣师皆倒兵以战,以开武王""武王至商国,商国百姓咸待于郊"③。秦之亡,是因为"天下同心而苦秦久矣"④,故陈涉发难,"风起云蒸,卒亡秦族"⑤。"风起云蒸"四个字形容了人民群众具有铺天盖地的力量。韩信亡楚归汉,论项羽必败,其言曰:"项王所过无不残灭者,天下多怨,百姓不亲附,特劫于威强耳。名虽为霸,实失天下心,故曰其强易弱。"⑥后来形势一步步按照韩信的预言演进,楚亡汉兴,失民心者失天下。

更能表现司马迁朴素唯物论历史观的是,他在《货殖列传》中提出的欲望动力说,也就是人类对社会物质生活的依赖和追求是历史必然向前发展的"势",是任何力量也不能使之倒转的。

综上所述,司马迁大一统历史观是对西汉王朝政治制度的肯定,《史记》的主题是尊汉。司马迁朴素唯物论历史观呈现二元论的色彩,不仅反映了那个时代人们认识的历史局限性,而且更主要地反映了司马迁走向进步的足迹。司马迁独特历史观的形成受多种因素影响,思想的继承是一个重要方面,但就在这一个方面司马迁也不是墨守一家。

---

① 《孟子·离娄上》载孟子之言曰:"桀纣之失天下也,失其民也;失其民者,失其心也。得天下有道:得其民,斯得天下矣;得其民有道:得其心,斯得民矣。"
② 《史记》卷一〇《孝文本纪》。
③ 《史记》卷四《周本纪》。
④ 《史记》卷八九《张耳陈馀列传》。
⑤ 《史记》卷一三〇《太史公自序》。
⑥ 《史记》卷九二《淮阴侯列传》。

他广泛地吸取先秦诸子以来百家学说中的进步观点和合理内核，形成自己朴素的唯物论历史观。如儒家的"民惟邦本"思想，法家的"法后王"思想，阴阳家的"循环论"变化思想，公羊家的"大一统"思想等，司马迁都加以吸收、扬弃和改造。更重要的是司马迁具有广博的知识和实录史事的科学精神，使他不断突破信仰的束缚，走向进步。正因为他精通天文、历法，加之具有求实的科学精神和大无畏的探索勇气，他才能运用观测资料批判星气之书的"机祥不经"。此外，司马迁的生活经历也是形成他进步历史观的重要因素。例如升华了朴素唯物论历史观的《货殖列传》就是司马迁二十壮游的成果之一。知识的扩展和生活的体验，使司马迁不断走向进步，终于突破帝王中心论而面向广阔的社会，熔铸了一定成分的人民的历史，从而表现了二元论的色彩。所谓二元论，是我们今天用马克思主义观点回顾前人的思想体系所发现的矛盾，这是人类认识论的进步。在司马迁时代，他并不认为二元论是一个矛盾，而是很和谐的思想体系。所以司马迁自豪地宣称自成"一家之言"。

第四节　《史记》对中国史学的贡献

《苏联大百科全书》称司马迁为"中国史学之父"。《史记》的问世，对中国史学产生了巨大、深远的影响，最主要的贡献有以下四个方面。

1. 奠定了中国史学的独立地位

中国史学的产生有悠久的历史。早在殷商时代就有史官，但这些史官只是记载商王的言行，并负责占卜工作，类似宗教职员。周代继承这一传统，到春秋、战国时代，史籍产生，有所谓"左史记言，言为《尚书》；右史记事，事为《春秋》"的说法。即《尚书》是"左史记言"的典范著作，《春秋》是"右史记事"的典范著作。列国史官形成的著作有晋之《乘》、郑之《志》、楚之《梼杌》、鲁之《春秋》等，均属记言、记事的性质，很少有历史过程的记述与研究。《逸周书》《左传》《国语》《周礼》《仪礼》《世本》《竹书纪年》《战国策》等，也属史籍，其特点多为资料汇编，内容庞杂，文字疏简，记事粗略，史实中杂有神话、传说、寓言，又多有后人的增饰，真伪并存，而且先秦史籍没有系统、全面地记载人类的社会活动，只是反映了片段历史，没有独立成为史书，也没有独立的史家概念。殷商是中国史学的萌芽时期，春秋、战国、秦是中国史学的童年，史籍只是经部的附属。

《史记》的问世，改变了这一状况。司马迁以"究天人之际，通古今之变，成一家之言"为宗旨，创作了上起黄帝、下迄汉武三千多年的通史，不仅把历史撰述从一个狭小的天地引向了广阔无垠的大千世界，而且以人为主体，建立了崭新的历史观认识体系，这是前无古人的。

《史记》与先秦史籍比较，它是由量变发生了质变，《史记》是一部真正的历史学著作，它结束了中国史学的童年而走向成熟。由于《史记》的影响和带动，司马迁之后，史籍蓬勃发展，两汉以后，史籍独立成部，蔚为大观。东晋李充著《四部书目》，史籍已在四部目录中部居第二。

2. 规范了史学研究的对象和范围

《史记》把国家大政、社会生活、学术学问，即古今万物作为史学研究的对象，开创了百科全书式通史的模式，这种模式、格局遂成为后世史学研究的正宗，使两千年的中国封建史学向着文化史、百科全书的模式发展。虽然《汉书》以降，均断代为史，与《史记》通史有所不同，然而研究对象、范围基本上沿袭《史记》，而且根据社会生活的变化发展，不断发展史学研究的对象、范围。

《史记》在史学研究对象上作出的最大贡献，是确立了以人为本位，以人为中心。《史记》的本纪、世家、列传，基本上是人传；表是人谱；书是人事、人传。此后历代修史便都遵循人本位的"祖制"。历代正史中的本纪、列传、表基本上都是大端。正史之外的书志体、地方志，也都是以人为本位。学案、《畴人传》等，更是人本位的体现。又如魏晋时谱学兴起，"人尚谱系之学，家藏谱系之书"，修家谱、姓氏谱成风。这是当时门阀制度产生发展的反映，而其史学渊源，实亦与《史记》中的诸表及某些世家相承。表、谱实同类。其对象，仍是人本位。从此以后，中国各地修家谱、族谱长盛不衰，其规模为世界绝无仅有。到清代，谱学之中，年谱修纂异军突起。年谱以人为本位，是人物传的发展，而编年之法又类本纪、表、谱，可见不脱《史记》规范。

3. 创立了史学研究的基本方法

司马迁怎样写历史，即司马迁编纂史学成书的基本方法，主要有三个方面：其一，原始察终，见盛观衰；其二，详变略渐；其三，熔铸改写。

"原始察终，见盛观衰"，这八个字是不可分割的一个整体，一个方法论。司马迁用这八个字来考察人类社会历史的发展，整个历史长河是一个不断兴衰发展的连续过程。"原始察终"，就是追原其始，察究其终。一个历史事件，从哪里开始，到哪里结束，把握历史大势，从历史的全过程来看它的原因、经过、发展和结果。"见盛观衰",是把握与观察的一个方法,就是在兴旺的时候,要看到它转化的起点。这一方法的理论基础,就是承认历史是在不断地变化、发展。变,是历史的永恒主题。所以司马迁写历史,最高原则与目的就是"通古今之变"。

"详变略渐",是把握古今的一个原则,又是"详今略古"的一个特例。司马迁对古今关系的处理,基本原则是详今略古,在详今略古的前提下,又"详变略渐",即详变革之世而略升平之世。《史记》述史三千年,共一百三十篇,百年汉史篇幅过半,有六十二个专篇,兼及其他十三篇,共七十五篇。而五帝三代近两千年,只有五帝、夏、殷、周四篇本纪,三代、十二诸侯两篇年表,共六篇。详今略古还贯穿在每一个历史时期中。为何详今略古?主要有两大原因:一是愈古史料愈少,巧妇难为无米之炊;二是"近己而俗变相类,议卑而易行",即离今世愈近的历史愈有借鉴价值,这也是详今略古最主要的原因。推广这一原则,愈是变革的历史,愈有借鉴的价值,所以"详变略渐",成为处理古今关系最重要的原则。

综观《史记》全书,特详四个段落的历史。一为西周建国史;二为战国之世的变革历史;三为秦汉之际的剧变历史;四为武帝建元、元封之间的变革历史。这四段变革历史加起来只有三百多年,只占三千年历史的十分之一,而叙述的内容,占全书五十二万字的百分之八十,即四十余万字。秦汉之际八年,建元、元封之间三十年,合计不到四十年,而叙述的篇目涉及四十四篇,占三分之一,篇幅字数亦约三分之一。

熔铸改写,司马迁称为"厥协六经异传,整齐百家杂语",即现今文学上称的再创作。尤其是写古代史,资料贫乏,司马迁不得不点滴搜求,零散积累。司马迁写黄帝、颛顼、帝喾、唐尧、虞舜五帝,全篇只有三千多字，今可按核的资料来自十余种书，有《尚书》《五帝德》《帝系姓》《国语》《左传》《世本》《庄子》《孟子》《韩非子》《战国策》《吕氏春秋》《礼记》《淮南子》。材料不仅零散，而且风格不统一，各种资料有很大的时间跨度，语言不一，甚或事实抵牾。司马迁把杂乱无章的历史资料，熔铸改写成了可资阅读的历史学著作，其创造精神和方法为后世树立了楷模。

4. 树立了中国史学进步的历史观

司马迁进步的历史观，主体内容前文第三节概括为三方面：其一，大一统历史观。其二，发展、进化、变革的历史观。其三，朴素的唯物历史观。这里列举两个例证，以见其进步性。第一，《史记》开篇《五帝本纪》塑造了人文始祖黄帝，说中华民族皆黄帝子孙。《史记》全书所写列国世家、周边民族、人物列传，追本溯源，都是黄帝子孙。中华民族自称龙的传人、黄帝子孙或炎黄子孙，其中黄帝子孙这一口号最响亮，毫无疑义，应归功于司马迁的创造。中华民族共认一个祖先，血液里流淌着家国情怀的爱国主义基因，就得益于黄帝始祖的塑造，大一统历史观的确立。第二，司马迁述史虽以帝王将相为中心，但有两个显著的进步观点，符合唯物主义的认识论，后世史家不能望其项背。其一，司马迁认为任何一个成功的统治者都不能自以为是，而是必须广泛集中百官群臣的智慧。他说："尧虽贤，兴事业不成，得禹而九州宁。"其二，司马迁认为，民心向背，对一个国家的兴亡起决定性作用。"民为邦本"，是儒家宣扬的观点；而司马迁的贡献，是生动地描绘了人民群众的创造力量。秦朝之亡，是由于陈涉发难，"风起云蒸，卒亡秦族""子羽暴虐，汉行功德"，这是楚亡汉兴的根本原因。孝文帝"专务以德化民，是以海内殷富，兴于礼义"①。汉武帝专事残酷,郡县相聚而叛,"甚者数千人",阻山川,抗朝命,"无可奈何"②。汉武帝晚年悔征伐之事,下轮台罪己之诏,封田千秋为富民侯,改弦更张,西汉才转危为安,出现了昭宣中兴。这是东汉班固在《汉书》中替司马迁续写的一章。《史记》中的许多进步观点也影响了班固。

---

① 《史记》卷一〇《孝文本纪》。
② 《史记》卷一二二《酷吏列传》。

第七章　无韵之《离骚》

《史记》的文学成就和贡献是多方面的，语言运用、散文成就、小说创构、传记文学，无论从哪一个方面去看，司马迁都堪称大家。《史记》文学的最高成就应该是在实录史事的基础上，刻画了典型形象的传记文学。因此，本章正题亦可标为"创立传记文学"，这也是借用鲁迅的评价为题，彰显《史记》文学性的影响力。

从形式比较，屈赋与《史记》两者文体不同，内容迥异，一个是抒情诗，一个是史传散文，似有天壤之别。但学术界一致认为二者精神一脉相承，把《史记》与《离骚》相提并论，有许多评论。明杨慎说："太史公作《屈原传》，其文便似《离骚》。其论作《骚》一节，婉雅凄怆，真得《骚》之旨趣也。"[1] 清刘熙载说："太史公文，兼括六艺百家之旨。第论其恻怛之情，抑扬之致，则得于《诗》三百篇及《离骚》居多。"又说："学《离骚》得其情者为太史公，得其辞者为司马长卿。"[2] 刘鹗说："《离骚》为屈大夫之哭泣……《史记》为太史公之哭泣。"[3] 近人李长之说："司马迁的先驱实在是屈原。"[4] 鲁迅的评价，"无韵之《离骚》"，短短五个字，蕴含深厚的内容，不仅是指二者思想

---

[1] （清）牛运震：《史记评林》引明代杨慎语。
[2] （清）刘熙载：《艺概·文概》。
[3] （清）刘鹗：《老残游记·序》。
[4] 李长之：《司马迁之人格与风格》，生活·读书·新知三联书店1984年版。

相通,还包含了《史记》获得了无与伦比的文学艺术成就,如同《离骚》那样永垂不朽。下面就从这两个方面加以阐释,掘发《史记》的文学思想与艺术成就。

第一节 司马迁发愤著书,其思想与屈原相通

屈原是楚文化的杰出代表,司马迁读屈原赋,敬佩他的为人,同情他的遭遇,从思想到精神,从精神到文章,都深深受到了屈原的影响和鼓舞。

屈原是对司马迁影响最大的近代诗人。两人有着相同的坎坷遭遇,命运相通;又有着相同的品格情趣,思想相通。司马迁受李陵之祸发愤著书,并提炼出发愤著书说,此说直接受到屈原的影响。

1.《史记》愤怨,深得《离骚》情韵

抒情性与叙事性是相对概念。《史记》主要是一部叙事作品,但由于司马迁与屈原有共通的人生坎坷际遇,深受屈原的影响,效其为人,运笔于心,《史记》辞章情采,有浓郁的抒情性与悲剧性,颇似屈赋。《史记》《离骚》,都是作家呕心沥血之作,倾注了鲜明的爱憎感情,因而《史记》行文,深得《离骚》情韵。具体分析,主要有以下三种形式。

其一,《史记》行文夹叙夹议,或以叙代议或以议代叙,叙议结合,使整个作品像一首抒情诗。《伯夷列传》的论赞,就是另一首《天问》。而《屈原列传》则"其文便似《离骚》。其论作《骚》一节,婉雅凄怆,真得《骚》之旨趣也"。又有部分段落颇具抒情意味。大部分篇末

的"太史公曰"都有此特征。如《孔子世家》的论赞:"《诗》有之:'高山仰止,景行行止。'虽不能至,然心向往之。余读孔氏书,想见其为人。适鲁,观仲尼庙堂车服礼器,诸生以时习礼其家,余祇回留之不能去云。天下君王至于贤人众矣,当时则荣,没则已焉。孔子布衣,传十余世,学者宗之。自天子王侯,中国言《六艺》者折中于夫子,可谓至圣矣!"句句感叹,句句传情。

其二,个别段落如诗般押韵,行文则长短句交错运用,形成参差错落之美,又以重沓、虚字传神等手法,增强语言的节奏感。更有直接以诗歌的韵文形式,构成一唱三叹的抒情效果。如《滑稽列传》淳于髡论酒一节,其文如行云流水,唱叹有致:

> 赐酒大王之前,执法在傍,御史在后,髡恐惧俯伏而饮,不过一斗径醉矣。若亲有严客,髡帣韝鞠䐜,侍酒于前,时赐余沥,奉觞上寿,数起,饮不过二斗径醉矣。若朋友交游,久不相见,卒然相睹,欢然道故,私情相语,饮可五六斗径醉矣。若乃州闾之会,男女杂坐,行酒稽留,六博投壶,相引为曹,握手无罚,目眙不禁,前有堕珥,后有遗簪,髡窃乐此,饮可八斗而醉二参。日暮酒阑,合尊促坐,男女同席,履舄交错,杯盘狼藉,堂上烛灭,主人留髡而送客,罗襦襟解,微闻芗泽,当此之时,髡心最欢,能饮一石。故曰酒极则乱,乐极则悲;万事尽然……

其三,大量诗赋和民间谚语歌谣的引入,尤其是作品中人物的即景作歌,更增强了文章的抒情色彩。《大风歌》对国家未来的隐忧,"四顾寂寥,有伤心者"的心境及深沉的反思;《鸿鹄歌》的无奈与凄惶;《易水歌》的慷慨悲壮……都成为千古绝唱。至于《垓下歌》更是"一腔怒愤,万种低回,地厚天高,托身无所,写英雄失路之悲,至此极矣"。而这类诗赋,正像清代周亮工所指出的那样:"垓下是何等时?

虞姬死而子弟散，匹马逃亡，身迷大泽，亦何暇更作歌诗？即有作，亦谁闻之，而谁记之欤？吾谓此数语者，无论事之有无，应是太史公笔补造化，代为传神。"① 显然，在表现某种特殊情景时，作品的主人公慷慨悲歌，用诗句和歌声道出内心的各种感受，已成为文学创作的一个重要抒情模式。

2. 司马迁尚奇，继承了《离骚》浪漫主义的精神

司马迁尚奇，西汉扬雄首发此论。唐司马贞附其议。清章学诚在《文史通义·史德》篇说司马迁是"贤者好奇"。近人李长之认为，司马迁好奇是继承了屈原《离骚》的浪漫主义精神的"最露骨的表现"②。屈原好奇，在《离骚》中有着充分的表现。他以鸷鸟自比，以精玉为粮，驱策龙凤，役使风云雷神上天下地，真可以令人叹为观止了。所以刘勰称《离骚》为奇文。

司马迁的好奇审美观又是从"发愤"精神中引申出来的，所以好奇的内容又是现实的，与屈原的好奇有所区别。屈原好奇，充满幻想，他以香草美女自喻，通过神游往古、访圣求贤、餐菊饮露等的描写来抒发自己的奇情奇趣和高尚胸怀。司马迁好奇，是好奇人奇事，李长之径直解释为"爱才"，就是爱好奇人奇事。用司马迁的话来说，就是爱那些"忠臣死义之士""辅拂股肱之臣""扶义俶傥，不令己失时，立功名于天下"的人。司马迁在忠于史实的前提下，描写"奇伟俶傥"之人的奇行、奇言、奇策、奇计、奇伟功业或奇伟德行。例如，写项羽，他是一个"力拔山兮气盖世"的奇人，身长八尺，力能扛鼎，长有重瞳；他有奇行，巨鹿之战惊天动地，鸿门宴上仁如妇人，垓下突围悲歌别姬，乌江自刎以头赠人。写荆轲，易水送

---

① 钱锺书：《管锥编》，中华书局1979年版。
② 李长之：《司马迁之人格与风格》，生活·读书·新知三联书店1984年版。

别风云变色，秦廷行刺鬼泣神惊。写妇女，卓文君夜奔，太史敫女自择婿，聂荣赴死扬弟之名，缇萦上书救父，她们是奇女。写游侠，一诺千金，不爱其躯。写重义，程婴、公孙杵臼为救赵孤而献身。写知遇，豫让漆而为厉、吞炭变哑为知己报仇。写发愤，范雎入秦，孙膑走齐，吴起干将，越王勾践卧薪，无不充满传奇色彩。总之，司马迁好奇，是"传畸人于千秋"，他要塑造一系列人灵之精的奇节异行，讴歌英雄主义。

司马迁与屈原两人具有共通的傲世精神，一是基于进步的政治主张，一是共同蒙受了不平的遭遇。他们都是才不世出、学问渊博的学者，有理想、有抱负，又刚直不阿，"正道直行，竭忠尽智，以事其君"，但却"信而见疑，忠而被谤"，一个遭放逐，一个受腐刑，正由于此，司马迁对屈原的思想感情、生平志趣、政治遭遇，以及作品的抒情，产生了强烈的共鸣。屈原的作品具有强烈的批判性，锋芒所指，上至楚君，下至党人，卖国贼、专权者、嫉妒者、造谣者，统统成了他笔下鞭挞的对象。司马迁以屈原为榜样，无所畏惧地批判了汉代帝王的种种劣迹，剥去皇帝头上的神圣光环，把刘邦的无赖，汉景帝的寡恩，汉武帝的残酷、迷信和好大喜功，一一暴露在光天化日之下。至于那些厚颜无耻的小人如田蚡，阿谀逢迎的市侩如叔孙通，外宽内深的伪君子如公孙弘，尸位素餐的平庸官僚，如狼似虎的贪吏、酷吏，司马迁有区别地作了有力的揭露和鞭挞。他这种不畏权势、不媚权贵的刚正性格，正是对屈原精神的真正继承。至于他们积极的政治热情，刺讥时政的锋芒，并不是为了个人利益的得失，而是源自一种深沉的思考和深重的忧患意识，他们忧国，忧民，忧社会。忧患意识促使敢于坚持真理的思想家大胆揭露社会矛盾，奋力与污浊的社会现实抗争。司马迁与屈原正是这样的诗人、哲人。他们的精神也对后代进步文人产生了积极的影响。

第二节 《史记》的抒情性与悲剧性

从情感意义上说,抒情性和悲剧性是两个互相叠合的概念。从具体的审美取向看,二者又各具特色。本节叙述侧重于后者,同时兼顾前者。

1.《史记》的抒情性

《史记》的抒情性,体现在以下两个方面。

首先,饱含激情及宣泄是《史记》抒情性的内在核心。

抒情性与叙事性是相对概念,《史记》主要是一部叙事作品,那么如何理解《史记》的抒情性,如何界定《史记》的抒情性,则成为首要问题。从词义上看,"抒"即"泄"也。所以古人认为抒情也就是情感的宣泄。李贽在《焚书·杂说》中精妙地指出:"且夫世之真能文者,比其初皆非有意于为文也。其胸中有如许无状可怪之事,其喉间有如许欲吐而不敢吐之物,其口头又时时有许多欲语而莫可所以告语之处,蓄极积久,势不能遏。一旦见景生情,触目兴叹;夺他人之酒杯,浇自己之垒块,诉心中之不平,感数奇于千载。既已喷玉唾珠,昭回云汉,为章于天矣,遂亦自负,发狂大叫,流涕恸哭,不能自止。"形象化地将抒情与内心情感的释放画了一个等号。从这个角度看,司马迁"发愤著书""成一家之言"又何尝不是一次情感的释放。

司马迁的早期生命体验即幼年家庭环境、读书生活和青年漫游培养了他充沛的激情,激发了他的慷慨豪气,形成了他的远大人生志向。而他的情感气质又最接近于战国士林,其以慷慨士林自许,以及时立功名为人生目标。也就是说，在司马迁的主体意识中，早已蕴含了无比的激情，这激情成为他创作《史记》的原动力之一。而李陵之祸犹如巨大的冰川，冰藏了这份激情，使之转化成一份地下的暗火，它汩汩地流动着，流到哪儿，哪儿就映照着司马迁的心灵创造和生命激情。一部《史记》就是司马迁心灵的折射与情感生命的灌注，正所谓"大抵贤圣发愤之所为作也。此人皆意有所郁结，不得通其道也，故述往事，思来者"①。

其次，《史记》抒情性的结构和语言是《史记》抒情性的外在形式，即前一节论说，"《史记》愤怨，深得《离骚》情韵"，所体现在语言中的三种形式：一是行文夹叙夹议，叙议结合；二是个别段落如诗般押韵，行文长短句交错形成参差错落之美；三是大量引入诗赋和民间歌谣谚语，增强文章抒情色彩，兹不赘述。

2.《史记》的悲剧性

关于悲剧，亚里士多德认为是"一个人遭遇不应遭遇的厄运"，而引起人们的"怜悯和恐惧之情"。恩格斯说，悲剧冲突是指"历史的必然要求和这个要求的实际上不可能实现"。伏尔盖特则概括为："第一，强烈的、异乎寻常的苦难，使它的牺牲者通过身体的毁灭或精神的崩溃，甚或两者同时并至，而走向最后的灾难；第二，英雄或女英雄身上真正人性的伟大，表现在意志的力量上、感情的力量上或思想与想象的深刻上，都肯定地优越于普通的人；最后，整个情节是这样展开的，使得个人和悲剧命运成为他所属的那一类人中典型的有代表性的命运。"② 以此观之，《史记》一书充满着悲剧精神。

---

① 《史记》卷一三〇《太史公自序》。
② 〔德〕伏尔盖特：《论悲剧的美剧》转引自李斯托威尔著，蒋孔阳译《近代美学史评述》，安徽教育出版社 2007 年版，第 228 页。

首先，司马迁的悲剧一生就使他成为伏尔盖特所谓的悲剧英雄。他承受了身体的伤残和精神的一度崩溃，但是他以极强的意志力创作了体大思精的《史记》。而"屈平疾王听之不聪也，谗谄之蔽明也，邪曲之害公也，方正之不容也，故忧愁幽思而作《离骚》"[1]的创作动机也呈现出极大的悲剧色彩。当然作为悲剧英雄，司马迁的伟大之处更在于超越一己的悲剧意识而达到对普遍人类命运的体认。他以人生忧患的深切体验而更执着于善与美的理想追求。他用饱含深情的笔墨记述了历史上一个个艰苦卓绝、可歌可泣的故事，他为正义复仇呐喊，替重义轻生的侠士讴歌，为失败的英雄流泪。他对社会、对人民、对历史的发展怀有深深的关切，对人类面临的某些共同问题有深入的体察与领悟，总是把自我与进步的或健康的社会意识形态统一起来，使个人命运和追求同人民群众的命运和追求融为一体。他的悲剧抒情既是十分独特的自我表现，又是为时代和人民发出呼声；既是个性情感的自然流露，又同时表现了人类情感的本质。因此，刘熙载说："太史公文，悲世之意多，愤世之意少，是以立身常在高处。"[2]

其次，《史记》记叙的时代洋溢着英雄和悲情气概。上古三代记叙虽然简单，但从茹毛饮血向农耕文明发展的进程中仍不时透露出英雄的豪气和悲壮。而从春秋后期到刘邦建汉的五百年间，社会、政治、经济、军事、文化，一切都在发生着急剧的变化，这是一个多灾多难、战乱不休的时代，同时也是一个英雄辈出、风云变幻的豪迈时代。中原称霸的齐桓公，流浪十九年终成霸业的晋文公，卧薪尝胆的勾践，好客养士的四君子，巧舌如簧的张仪、苏秦，足智多谋的孙武、孙膑，英勇剽悍的乐毅、李牧、白起、王翦，更有"力拔山兮气盖世"的项羽、集豁达大度与阴诈猜忌于一身的刘邦和逐鹿中原的各类英雄：勇

---

[1] 《史记》卷八四《屈原贾生列传》。
[2] （清）刘熙载：《艺概·文概》。

者如樊哙，智者如张良，善经营者如萧何，善将兵者如韩信……他们前仆后继，演出了一幕又一幕的悲壮之剧。时代造就了他们，他们也推动了时势的迅猛变化。尤其是战国以来，新兴地主阶级登上历史舞台，在当时这是一个奋发有为的阶级，在那个重才情，讲实效，重功利的时代，这些人的品德虽有美恶之分，但奋发上进、百折不挠却是他们的共同性。司马迁被这个时代的壮烈气氛所濡染，被这些英雄的气质风节所吸引，因而激情满怀地以悲壮的笔触来述说自战国以来的这些极具个性色彩的人。

3. 司马迁悲壮抒情，感动读者两千年

明人茅坤评价《史记》说，"读《游侠传》即欲轻生，读《屈原贾谊传》即欲流涕，读《庄周》《鲁仲连传》即欲遗世"[1]，形象地描绘了《史记》的抒情性给予读者的感染力。抒情的实质是内心感情的宣泄，激昂慷慨，是文学范畴。记事是冷静的叙事，理性思维，是史学范畴。中国古代正统史学理论家如唐人刘知几，是反对将二者混淆的。悲剧抒情是最激昂的抒情。韩兆琦先生说：《史记》是一道悲剧人物的画廊，全书悲剧人物达一百二十人。[2]《史记》人物充满悲剧色彩，而悲剧的形成有主观和客观两大原因。客观原因，正如前文"《史记》的悲剧性"所指出：从春秋战国到秦汉之际，五百多年间，社会、政治、经济、军事、文化，一切都发生着急剧的变化，这是一个多灾多难、战乱不休的时代，人间悲剧时时上演，同时也是一个英雄辈出、风云变幻的豪迈时代。两者合一，造就那个时代充满悲剧英雄。主观原因，司马迁所受腐刑的悲剧，使他承受了身体的伤残与精神的一度崩溃，痛不欲生。但司马迁最终以极强的意志力挺了过来，化悲痛为力量，

---

[1] （明）茅坤：《史记钞》。
[2] 韩兆琦：《史记通论》，广西师范大学出版社1996年版，第179页。

并从悲剧人物身上汲取豪迈气质，净化自己的人生。因此，司马迁与所写传主的悲剧心灵相通，化于笔端，往往借他人酒杯，浇自己之块垒，情不自禁地宣泄悲壮情感，使《史记》人物充满浓郁的抒情性与悲剧性，强烈地感染一代又一代的读者，至今两千多年，仍然鲜活生动，跃然纸上。

如上所述，司马迁打破史笔禁区，把浓郁的抒情与冷静的叙事融合在一起，从而创造了既是史学，又是文学的史传文学。史传文学不是纯文学，它根植于记事实录，所写历史人物是真人真事，即史传文学首先是史学，其次才是文学。抒情的文学成分并不只是感情的宣泄，更多的成分是鲜明的爱恨感情和人情味的描写。司马迁二十壮游，广泛地接触了下层社会，了解社会底层众多小人物的思想感情。司马迁受祸后，更加同情被压迫的民众，反对暴力统治，颂扬正义，诅咒邪恶，与古代的黎民大众同声相应，同气相求。因而在司马迁的笔下，刺客、游侠、俳优、工商、医卜等等中下层人物，他们的优秀品德、卓越见识与一技之长，被发掘出来，受到了热情的讴歌和肯定。还有一些正传中的附传人物，如《平原君虞卿列传》中的食客毛遂、邯郸传舍吏子李同，《魏公子列传》中的夷门监者侯嬴、市井鼓刀屠者朱亥以及邯郸博徒毛公、卖浆者薛公，这些人物具有傲视权贵的高尚情操，强烈的爱国主义感情，尤其有助人于危难的牺牲精神，司马迁以饱满的热情刻画了他们的光彩形象。司马迁对重义的公孙杵臼，对先国家后私仇的蔺相如，对勇于改过的廉颇，对义不帝秦的鲁仲连，对铮铮硬骨的田横，对发难灭秦的陈涉、项羽，对死心眼打仗的李广等等英杰人物，倾注了全部热情，音容笑貌写得有声有色，强烈地贯穿着歌颂正义、歌颂抗暴的精神。反之，对暴君污吏则尽情地鞭挞和揭露。《酷吏列传》刻画酷吏们枉法害众的残虐形象，面目可憎。总之，司马迁对美好事物、崇高形象无比热爱，无比赞赏；对腐朽事物、邪恶形象无比愤怒、无比痛恨。"正因为他爱得深，所以他也恨得切。在他的笔端纸上，字里行间不期而然地就翻滚激荡着感情的波涛，给读者的心灵以强烈的震撼，这就是《史记》抒情性的根本来源"[1]，这也是《史记》人物能感动人震撼人的根本原因。

其次，司马迁对所写人物赋予深沉的人情味，也是感染读者的一个原因。垓下之围，项羽悲歌别姬，江边赠马与亭长、赠头与故人，情调悲凉，表现一个倔强英雄在穷途末路时对于人生的眷恋，寄托了作者无限的惋惜之情。司马迁写刘邦好酒及色、无赖、大言、斤斤计较、豁达大度与小肚鸡肠，都极富生活情趣。刘邦晚年还乡纵酒，与父老击筑而歌，即席赋诗，唱《大风歌》，令一百二十小儿和习歌唱，描绘的是胜利者的风光无限，一生戎马征尘，刘邦难得有这样的人生欢乐。司马迁这样描写，具有多方面的艺术效果。君王与百姓同乐，正是为了表达天下安定后人民对于高祖的深切感念。另一方面，《大风歌》也透露了刘邦屠灭功臣后的悲哀之意，大好河山，谁来辅佐？曲折表达了集权专制君王的复杂心态。至于《魏公子列传》，司马迁不仅以公子名篇，而且一篇之中，凡称公子 147 次，许多段落句句有公子，这不像在叙事，而是在娓娓讲故事，叙感情，可以说每一个字都倾注了作者满腔热情的歌颂，魏公子的形象自然光彩照人。

人情味的另一种表现形式是司马迁坚持了评价人物的客观性。司马迁对正面和反面人物都不作绝对化的评论。他歌颂正面人物，同时也批判他们身上的缺点。例如批判项羽"天之亡我"为谬，李广无辜杀降和杀霸陵尉的狭小胸怀。反之，对酷吏中廉者亦加以肯定。客观性的评价，拉近了与读者的距离，读来更加亲切。

---

[1] 韩兆琦：《史记赏析集·前言》，巴蜀书社 1968 年版。

第三节 司马迁的写人艺术

《史记》取得了令人瞩目的文学成就，表现之一就是塑造出了一系列家喻户晓的人物形象：秦皇汉武、刘邦、项羽、张良、韩信、李斯、张汤等，不可胜数。历史著作塑造人物形象受到许多限制，为什么司马迁却能取得这样的成就？这就是我们在这里要探讨的问题。具体说，就是司马迁怎样在实录史事的基础上刻画了具有典型性的人物形象，用通俗的话说，就是司马迁的写人艺术。

其一，选择人物，剪接材料。《史记》全书载述四千多个人物，绝大多数是帝王贵戚、列侯显宦，司马迁用本纪、年表、世家、列传分别记载，用以勾勒从黄帝到汉武帝三千年的历史发展，而司马迁着力刻画的典型人物，只占一小部分，即在本纪、世家、列传中首尾完备的立传人物。这些对历史作出重大贡献的英杰人物，本身富有传奇色彩，鲁迅称之为"传畸人于千秋"。传主既定，一生行迹不做流水账式的记载，而是依照一定的主旨，以及人物个性特点，选择材料，剪裁熔铸。例如商鞅刻薄、李斯贪利、项羽勇猛、刘邦狡诈、韩信多智、萧何稳重、李广善射等等古今人物各有各的性格特点和才干。司马迁总是抓住人物各自最主要的特点去筛选材料，进行集中和概括，以此塑造人物形象，突显个性，获得了很大的成功。

其二，运用"互见法"，冶文史于一炉。选材剪辑，若把人物传记写成人物特写，它就不能全面地反映这个人物的精神面貌和品德，也就失去了具体人物的历史真实。既要选择和集中材料创造出丰满的人物形象，又要不失历史之真，司马迁巧妙地运用"互见法"来融汇二者的关系，两全其美，冶文史于一炉，表现了他卓越的创造和艺术才华。

互见法是将一人事迹，或一件历史事件分散开来写，参错互见，彼此相补，互文相足。例如"鸿门宴"这一历史事件，《项羽本纪》《高祖本纪》《留侯世家》《樊郦滕灌列传》等篇同时记载，但详略不同，互相补充。各传详略不同都是为了有利于凸显本传人物，一人事迹的分散更利于塑造人物形象。例如《项羽本纪》，集中笔墨叙述巨鹿之战、鸿门宴、垓下之战三个关键的历史事件，铺叙故事，塑造了项羽的英雄形象，写得有声有色，流传后世，家喻户晓。而项羽的缺点，尤其是他个性中凶残的一面，在本传中只是轻描淡写，一笔带过，或略而不载，却分散在《高祖本纪》《陈丞相世家》《淮阴侯列传》《黥布列传》等篇中补叙出来。又如《魏公子列传》，司马迁满怀深情塑造了一个礼贤下士坚持正义的政治家形象，魏公子急人之难，形象高大，可以说是一个完人。但是，在《范雎列传》中却补述了魏公子畏秦不纳魏齐的虚饰情态，受到了侯嬴的批评，而这些在本传中却只字未提。

其三，两两对照，烘托人物。两两对照记叙人物是司马迁常用的一种写作方法，它对比见义，形象鲜明。在篇目排列上，司马迁有意识地在时代顺序中进行穿插，连类相及[①]。在本纪中，刘、项两纪对照。在世家中，赵、魏、韩、田齐四篇对照，因三家分晋与田氏篡齐为同一类型的诸侯。在列传中，苏秦与张仪两传，战国四公子四传，张释之冯唐与万石张叔两传，李将军与卫霍两传均构成对照，以上是相邻篇传的对照。因体例不同而编目悬远的也构成对照，例如卷三十《平准书》与卷一百二十九《货殖列传》对照，卷五十三《萧相国世家》与卷九十二《淮阴侯列传》对照。合传、类传人物更明显地在一传之

[①] 《史记》七十列传的排序，可用八个字概括："时代为序，以类相从。"

中构成强烈对照。如《管晏列传》，管仲与晏婴，一奢一俭相对照，又是知人与不知人相对比。《平津侯主父列传》，廉吏与贪吏之对比：公孙弘廉，善终；主父偃贪，族灭。《循吏》与《酷吏》两类传对比，突出抚民与虐民两种治民态度的对照。正传人物与附传人物对比，有如红花衬以绿叶。如《李将军列传》，李广和程不识对比，李广对士宽，程不识治军严；李广与李蔡对比，李广怀才不遇时，立功不得封，李蔡平庸却得封侯，任宰相。各人个性，才能大小，品格高低，对比叙写，节省笔墨而又相得益彰，作者感情倾向，在对比见义中自显。以上各种类型的对照，构成了司马迁塑造历史人物独具的互相映衬的特色。

两两对照，刘邦与项羽是相邻之传，容易看出。不相邻之传的对照则要细心体会。李广和卫霍两传之间隔插《匈奴列传》，这是司马迁有意编排的，用以表现征伐匈奴的专题人物。司马迁将李广与卫青、霍去病两个贵族将军，从出身、治军、出征、结果各个方面进行对比。李广出身寒微，全靠善射和英勇征战而升为将军。他爱惜士卒，才气无双，只因廉正不阿，落得个悲剧的下场。卫、霍靠裙带关系青云直上，出征匈奴虽打胜仗却不恤爱士卒，尤其是霍骠骑，"重车余弃粱肉，而士有饥者"。李广的将才因得卫、霍这两个声势显赫的贵族衬映而更显超群。再如萧何与韩信均为汉初大功臣，但有两种不同的下场。萧何小心谨慎，又依日月之光，靠走吕后的门子，虽不免高帝之忌，曾被囚禁，但他终于保住了自己的爵禄，颇带喜剧色彩；韩信功高震主却不识时务，明知"汉王畏恶其能"，偏又"日夜怨望，居常鞅鞅"，最终成了刀下亡人。这两传构成悲喜剧的强烈对照，增强了淮阴侯韩信的悲剧性，激发读者思绪回荡，使淮阴侯的形象让人可敬可惜，从而也揭露了专制政治的恐怖与黑暗。为了让读者体味这一对比的气氛，司马迁在《萧相国世家》的"太史公曰"中意味深长地说："淮阴、黥布等皆以诛灭，而何之勋烂焉。位冠群臣，声施后世，与闳夭、散宜生等争烈矣。"

在一传之中构成强烈对照当以《魏其武安侯列传》最典型。该传写了三个主要人物：魏其侯窦婴、武安侯田蚡、将军灌夫。标题只称"魏其武安侯列传"是为了突出矛盾主线。灌夫是窦婴死党，斗争中与之同归于尽，故附入；御史大夫韩安国虽是党同田蚡，但非死党，而且尚能荐贤喜士，有长者之称，故司马迁另立一传以示有别于田蚡。班固抄录《史记》将四人合传，标题"窦田灌韩传"，只是平铺直叙了历史过程，没能把生动曲折的主线委曲尽致，人物形象不如原传生动，由此可见司马迁结构布局之妙。窦田两人都是平庸人物，靠裙带关系飞黄腾达。司马迁借两人的斗争来表现西汉盛世的宫廷斗争，揭示专制政体下统治阶级的尔虞我诈。品德愈是卑鄙无耻，愈能占上风，而正直的人总是要遭殃，这就是君子败而小人胜。正所谓"卑鄙是卑鄙者的通行证，高尚是高尚者的墓志铭"。所以该传主要篇幅写田蚡，也正是用主要篇幅在揭露专制政体的黑暗面。作为历史人物，田蚡微不足道，但他很典型，集中了小人的丑行。该传还写了一些陪衬人物，两个不可一世的皇太后，两个至高无上的君主，一班保官自全的朝臣，一群蝇营狗苟的宾客，纷纷登场表演。一篇三千多字的传记，活画了二十七个人物，其情节可展开为多幕电视剧。司马迁将各色人物纳入窦田矛盾这一主线中，用犀利的笔触展示他们的内心世界，勾画了一幅绝妙的群丑图，各色人物在对照衬映中形象异常鲜明。

其四，人物事迹情节故事化，引人入胜。《史记》重要人物的传记，大都按时间顺序，包举一生行事。开篇写姓名、乡里、家世、生辰，结尾述其死，人物一生言行，构成首尾完备的故事。《项羽本纪》写一个盖世英雄如暴风骤雨般兴灭的故事，《高祖本纪》写一个布衣平民登基的故事，《李将军列传》写李广怀才不遇的故事，《魏其武安侯列传》写窦婴、田蚡等人互相倾轧的故事，等等。而且人物一生言行的情节发展也故事化。如《李将军列传》重点记述李广追杀匈奴射雕者、佯死脱险、斩霸陵尉、右北平射虎没镞、破左贤王之围、不对簿自刎等六个故事，展现他一生"数奇"、怀才不遇的悲剧故事。《廉颇蔺相如列传》重点有三大故事，即完璧归赵、渑池之会、负荆请罪。中间穿插赵奢、赵括、李牧事迹，也可分解为若干故事。司马迁写人物言行的一个细节，一个场面都可构成故事。如《陈丞相世家》写陈平为宰分社肉的故事，由36字对话构成。其文曰：

里中社，平为宰，分肉食甚均。父老曰："善，陈孺子之为宰！"平曰："嗟乎！使平得宰天下，亦如是肉矣！"

这一简短对话，描写了陈平的抱负和怀才不遇的慨叹，在对话中父老的赞语也反映了陈平的为人。对话具有故事性，使读者仿佛身临其境，看到了说话人的神情。

《史记》中人物传记最精彩的篇章，也是故事性最强的名篇。《刺客列传》《游侠列传》每一人物传记都是一个完整的故事。《魏公子列传》主要写信陵君虚左迎侯生、窃符救赵、从博徒卖浆者游等故事，特别是他救赵抗秦的大事件，也化成窃符救赵的故事。历史人物的事实不能虚构，但是可以通过选择、剪裁、集中、布局等各种手法，进行故事化的构思，也就是人物典型化的过程。可以说，情节故事化是司马迁创作人物典型化的一个最基本的方法。中国明清小说人物带史传色彩，中国人喜欢听故事，可以说都是受《史记》的影响。

其五，场面描写，制造氛围；逸事传神，以小喻大。司马迁擅长大场面的描写，夸张渲染，制造氛围，凸显人物个性，同时又精于细事点染，借逸事传人物之神，以小喻大。试分别言之。

《项羽本纪》载鸿门宴就是一个大场面。司马迁把楚汉君臣聚合在一起斗智，刻画人物形象。刘邦狡诈、项羽坦荡、张良机智、范增阴险、樊哙憨猛、项伯笃厚，各个人物个性鲜明。鸿门宴经过司马迁的重笔夸张和渲染,情节如戏剧般的紧凑、集中。例如樊哙闯宴,《项羽本纪》作了如下描写:"哙即带剑拥盾入军门。交戟之卫士欲止不内,樊哙侧其盾以撞,卫士仆地,哙遂入,披帷西向立,瞋目视项王,头发上指,目眦尽裂。"显然,"卫士仆地""头发上指,目眦尽裂"等,皆夸张之词。樊哙数落项王,喻之为虎狼之秦,也不无渲染成分。司马迁立意用樊哙的勇猛憨直来衬托项羽的仁爱和坦荡胸怀,故作夸张,但有违史实,于是在樊哙本传中用互见法陈述事实来补正。樊哙本传云:"樊哙在营外,闻事急,乃持铁盾入到营。营卫止哙,哙直撞入,立帐下。"对比两传,显然樊哙本传的记载更切合历史实际。

与大场面相映照,司马迁又擅长于文学的细节描写,用以揭示人物的思想面貌,着墨不多,却能表现出人物特有的个性。所以,司马迁在选择材料和谋篇布局中,常常穿插生活小故事。如《淮阴侯列传》开篇写韩信少时穷困受辱,极具匠心地组织了三个小故事展现人物的思想情志。其一,写韩信怒绝南昌亭长,表现了他对世态炎凉的憎恶,对势利小人的唾弃。其二,写韩信受漂母施饭之恩,谓之必报,表现了他以德报恩的忠义思想。其三,写韩信遇恶少而"孰视之,俯出袴下",表现了他的忍耐性格。这三个小故事表现的精神气质,照应了韩信的一生。韩信怒绝南昌亭长,为他后来背离项羽埋下伏笔。韩信报答漂母和俯出袴下,正是他不背德汉王,即使被夺兵、徙封、诈捕、降爵,都能逆来顺受的思想基础。又如《酷吏列传》写酷吏张汤,用他审讯老鼠盗肉的故事开头:

张汤者,杜人也。其父为长安丞,出,汤为儿守舍。还而鼠盗肉,其父怒,笞汤。汤掘窟得盗鼠及余肉,劾鼠掠治,传爰书,讯鞫论报,并取鼠与肉,具狱磔堂下。其父见之,视其文辞如老狱吏,大惊,遂使书狱。

这个小故事活脱脱刻画出张汤酷烈毒辣的性格，为以后治狱刻深作了铺垫，给读者留下深刻印象。《李斯列传》，司马迁用四个叹息的细节描写做眼，展示李斯人物个性的发展，写活了李斯。李斯见厕鼠、仓鼠的不同处境一叹，贵为丞相一叹，篡改遗诏一叹，具五刑一叹。这四叹深刻地揭露了李斯利己主义的人生观，从而刻画出一个既极端自私又抱负不凡的具有双重性格的人物形象。司马迁描写这些小故事与"言天下事"的取材原则并不矛盾，这是为着刻画人物、突出其个性特点和展示其思想境界的，是对典型材料的运用。像《管晏列传》和《张释之冯唐列传》，司马迁只描写了几个生活片断和小故事，就把大政治家管仲、晏婴和汉初名臣张释之、冯唐等人的神态写活了，这是司马迁塑造人物的一大特色。

其六，遥情想象，补充细节。"实录"是司马迁写历史人物传记的一项最根本的原则，得到扬雄、刘向、班氏父子的肯定，称之为："其文直，其事核，不虚美，不隐恶，故谓之实录"[1]。但"司马迁的实录并不是无动于衷地、完全被动地直录事实，而是和他的著述理想有密切联系的"[2]。司马迁继承父志，记载"贤君忠臣死义之士"，为的是传之久远，深恐"文采不表于后也"，所以要着意刻画人物形象，"面目活现"，故在他所写的史事中添加某些细节的补充和想象，这是符合历史真实的。事实的真实，只是说明发生了什么事，历史的真实是要揭示为什么发生这件事，所以合情入理的想象与评析补充是合乎逻辑的。例如《五帝本纪》写象谋害舜，让舜打井，象落石填井，以为舜必死，于是匆匆忙忙赶回舜宫去调戏两位嫂嫂。舜亦知象要谋害自己，于是打井时留了一手，在井壁上穿了一个支洞，史载"匿空旁出"。《孟

---

[1] 见（汉）扬雄：《法言·重黎篇》及（汉）班固：《汉书·司马迁传》赞语。
[2] 季镇淮：《司马迁是怎样写历史人物的传记的——从"实录"到典型化》，载《语文学习》1956 年 8 月号。

子》等书的记载是，当象奔入舜宫时，舜早已回到宫中。孟子主张男女授受不亲，他不能允许象去玷污两位嫂嫂，只不过用象来陪衬舜的高尚伟大、仁慈友爱，记事符合孟子的义理。司马迁引用，改动了细节，写舜从支井逃出，回到宫中时，象已经坐在自己的床上调戏二嫂了。这一改动不仅加强了戏剧冲突，也更符合事实的发展，若真有其事，象肯定要先于舜赶回宫中。又如鸿门宴惊心动魄的细节描写，显然有作者的添枝加叶。但这些细节的补充，是对真实事件的回顾，是合理想象的补充，与子虚乌有的虚构有本质的不同。这一点时贤往哲有着许多中肯的评论。明代黄省曾说：司马迁、班固之史"每传一人，则不特功德言语了了无遗，模写如画，又且并其形态之状，以铺张之"①。凌约言评论《吕太后本纪》时说："欲侯诸吕，则有先封，而以'乃'字转之；欲王诸吕，则有先应，而以'风'字转之，皆太史公揣摩吕后本意欲假公义济私也。"② 今人钱锺书在《管锥编》中作出理论概括说："史家追叙真人真事，每须遥体人情，悬想事势，设身局中，潜心腔内，忖之度之，以揣以摩，庶几入情合理，盖与小说、院本之臆造人物、虚构境地，不尽同而可相通。"上述昔贤今人所用"铺张""模写""忖之度之""悬想"等等，用词不同，其实都是指以"入情合理"的想象补充细节，这是作家在实录史事过程中，必然要包含的作者对事实的认知、想象与体会，可以说这也就是小说因素，虽非小说而与小说相通。两者的区别就在于尺度的把握，是"入情合理"还是"天马行空"，创作者与读者都是心知肚明的。

其七，司马迁塑造历史人物的理想。司马迁将历史人物典型化，这是他有意识地创造以符合述史理想的需要，其用意是以史为鉴，"善善恶恶，贤贤贱不肖"，使社会各色人物都能够照照镜子。因此，司马

---

① 《史记评林》引。
② 《史记评林》引。

迁写历史人物进行全面褒贬，目的是警醒世人，"别嫌疑，明是非"，若无形象性是达不到目的的。这一点，司马迁有着明确的认识和交代。他在《报任安书》中说："所以隐忍苟活，函粪土之中而不辞者，恨私心有所不尽，鄙没世而文采不表于后也。"这里所说的文采，不单单是指文章辞采的练达，作为历史传记的文采，更重要的是指人物形象的塑造。司马迁冶文史于一炉，并不是偶然的音韵天成，而是刻意的匠心独运，有意识地突出历史人物的典型性，用以表现他"一家之言"的理想。当然，客观环境和文化传统也是重要因素。秦汉之际是我国历史上一个剧烈变化着的时代，也是英雄辈出的时代。西汉前期的鼎盛孕育了司马迁的博大胸怀。中国古代的文化传统是文史并重，文学和史学没有截然的区分。著述家无论写史学、哲学都讲究文采辞章和表达技巧，而文学作品也充满着典故和史实。例如《左传》《战国策》等书都是文史兼包的著作。司马迁继承了这一传统，并创造性地使二者达到了高度的统一。

综上所述，我们可以清楚地看出，司马迁塑造历史人物的成功，不只是因为他有厚重的文学素养，而更重要的是他有进步的历史观，有崇高的理想，敢于创新。司马迁塑造历史人物的创新精神和取得的成就，达到了传记文学的高峰，对后世影响深远，值得我们借鉴和思考。

第四节　司马迁的文学观

人称"文章西汉两司马"，"两司马"就是指司马相如和司马迁。司马迁既是汉代最伟大的历史家，也是汉代最伟大的文学家，他不仅写出了不朽巨著《史记》，丰富了中国文学宝库，同时也是汉代重要辞赋家之一，《汉书·艺文志》载录他有赋八篇，流传至今的有《悲士不遇赋》。尤其是在《史记》和其他著作中表现出了他领先于时代的一些文学思想，对后世文学和文艺思潮产生了重大的影响。

1. 开始注意文学的特点，区分"文学"与"学术"的界限

先秦时代，文、史、哲是紧密结合在一起的，春秋战国诸子百家中却没有文学这一家，当时所称的"文学"，实际上是指学术或儒学。在孔子那里，"文学"是与"德行""政治""语言"相并列的学问。《论语·先进》说："德行：颜渊、闵子骞、冉伯牛、仲弓；言语：宰我、子贡；政事：冉有、季路；文学：子游、子夏。"子游、子夏都是继孔子之后的著名儒家学者。从战国中后期起，辞赋作为一种纯文学，悄然兴起，至西汉武帝时候出现高潮，蔚为大观。屈宋的作品被人们广泛传诵、模仿，上自帝王贵戚，下至臣僚文士，对这一新兴文学样式喜之若狂、争相效仿。在这种情势下，人们开始意识到了文学与学术之间的区别，而最先表现这种意识的正是司马迁的《史记》。

在《史记》中，司马迁仍多以"文学"一词来指称学术和经学，《孝武本纪》云："上乡儒术，招贤良，赵绾、王臧等以文学为公卿。"《袁盎晁错列传》又云："晁错以文学为太常掌故。"《儒林列传》则云："及今上即位，赵绾、王臧之属，明儒学而上亦乡之，于是招方正贤良文学之士。"又"郡国县道邑有好文学，敬长上，肃政教，顺乡里，出入不悖所闻者，令相长丞上属所二千石"。又"及窦太后崩，武安侯田蚡为丞相，绌黄老、刑名百家之言，延文学儒者数百人，……天下之学士靡然乡风矣"。《太史公自序》亦云："汉兴，萧何次律令，韩信申军法，张苍为章程，叔孙通定礼仪，则文学彬彬稍进。"而对于有文学色彩和艺术性较强的作品，司马迁大都以"文章"或"文辞"称之。《曹相国世家》说："（曹参）择郡国吏木讷于文辞，重厚长者，即召除为丞相史。吏之言文刻深，欲务声名者，辄斥去之。"这里的"文辞"指的是有文采的语言，而"言文"则主要是指公文简牍。《三王世家》云："太史公曰：……燕齐之事无足采者，然封立三王，天子恭让，群臣守义，文辞烂然，甚可观也。"《儒林列传》又云："臣谨案诏书律令下者，明天人分际，通古今之义；文章尔雅，训辞深厚，恩施甚美；小吏浅闻，不能究宣。"又"天子问治乱之事，申公时已八十余，老。对曰：'为治者不在多言，顾力行何如耳。'时天子方好文辞，见申公对，默然。"对于文学作品，有时干脆以"辞"称之，如《屈原贾生列传》说："屈原既死之后，楚有宋玉、唐勒、景差之徒者，皆好辞而以赋称。"

司马迁有意识地将"文学（艺术）"与"文章"相区别，当然是文学艺术在汉代长足发展的结果，它表明文学正在朝着独立的方向迈进，同时也表明司马迁对文学艺术的特质有了明确的认识。他对文学与非文学的这种区分，对当时和以后人们的文学观念和文学实践是具有重大推动作用的，到班固修《汉书·艺文志》，就把诗赋别为一略了。

2. 重视文学创作和文章家

汉代辞赋盛行，文学创作蒸蒸日上，但作为文学创作的主体，像屈原、宋玉等并不受人尊敬和重视，汉武帝时的司马相如、东方朔等也被统治者当作弄臣、倡优而蓄之，直到司马迁写《史记》，才开始确定他们的地位。司马迁不仅为他们立传，记载他们的事迹和文学活动，还全文录载和评价他们的作品。在《屈原贾生列传》中，司马迁不仅详细记载了屈原忠君爱国的事迹，而且把他当作自己意志信念的化身，把他刻画成一个忠贞高洁却遭遇不幸的悲剧英雄，并且对他的《离骚》做了高度的评价和热情的赞美，还全文录载了他的绝命之作——《怀沙》。贾谊本是西汉前期著名的政治家和思想家，《汉书》本传全文录载了他的《陈政事疏》。而司马迁却把他刻画成一个悲剧人物，录载了他的充满悲戚情感、文采灿然的《吊屈原赋》和《鵩鸟赋》。司马相如是一位纯文学家，在当时并不被人看好，司马迁却把他当成"扶义俶傥，不令己失时，立功名于天下"一类的人物，为他立传，记载他的文学活动，还以极大的篇幅全文转载他的《子虚赋》《上林赋》《大人赋》《哀秦二世赋》等重要作品，从而使辞赋这一文学体式和辞赋家在历史上和文学史上的地位得以确立。

除此以外，凡是有情感、有文采的文章、诗辞，司马迁都要设法采入，在《李斯列传》中录载了李斯的《谏逐客书》《论督责书》《狱中上二世书》等；《秦始皇本纪》则录载了大量碑石刻文；《鲁仲连邹阳列传》又录载了鲁仲连的《遗燕将书》、邹阳的《狱中上梁王书》等，还说："邹阳辞虽不逊，然其比物连类，有足悲者，亦可谓抗直不桡矣，吾是以附之列传焉。"是所谓人以文传。《三王世家》本应记齐王刘闳、燕王刘旦、广陵王刘胥的事，但这些诸侯王又乏事可陈，因而完全可以不立传。可是司马迁认为这三个诸侯王拜封时的奏章"文辞烂然"，于是仅采集了这些奏章而充当此世家的内容。此外，司马迁对战国时代一些策士们如苏秦、苏代、张仪、陈轸等的充满文学色彩的说辞也尽可能收入各自的传中，以显示他们的文采风仪。

司马迁这种重视文学家、重视文学作品的思想倾向，对文学的发展，对推动文学走向独立影响甚大。班固作《汉书》基本继承了司马迁的做法，凡《史记》录载的一些有文采的文章，基本都予以录载，并尽可能保持原样，同时还增录了不少这类文章，如东方朔的《答客难》《非有先生论》，扬雄的《甘泉赋》《羽猎赋》《河东赋》《长杨赋》《解嘲》《解难》，司马迁的《报任安书》，杨恽的《报孙会宗书》等，从而使汉代许多重要作家得以名世，许多文学作品得以保存和流传，为文学走向独立、为魏晋文学自觉时代的到来打下了基础。

3. 强调文学作品的"讽谏"作用，提出了"发愤著书"说

在我国古代文学发展史上，讽刺是现实主义文学创作的一个优良传统。先秦儒家就十分重视文学作品的社会功用，《诗经·崧高》云："吉甫作诵，其诗孔硕，其风肆好，以赠申伯"，《节南山》又云："家父作诵，以究王讻。"孔子也说："诗可以兴，可以观，可以群，可以怨。迩之事父，远之事君，多识于鸟兽草木之名。"[①]认为文学作品可以怨刺上政。《诗大序》则进一步说："风，风也，教也，风以动之，教以化之。"要求文学作品发挥其感人化人，移风易俗的社会职能。司马迁继承了先秦儒家要求文学艺术发挥美刺教化作用的原则，他认为文学作品应该起到讽喻政治得失的作用，要能促进政治的进步。他在《屈原贾生列传》中称赞《离骚》"上称帝喾，下道齐桓，中述汤武，以刺世事。明道德之广崇，治乱之条贯，靡不毕见"。《太史公自序》也说："作辞以讽谏，连类以争义，《离骚》有之。"他在《司马相如列传》中评司马相如的辞赋说："《春秋》推见至隐，《易》本隐之以显，《大雅》言王公大人而德逮黎庶，《小雅》讥小己之得失，其流及上，所以言虽外殊，其合德一也。相如虽多虚辞滥说，然其要归引之节俭，此与《诗》之讽谏何异？"还说宋玉、唐勒、景差等人"皆祖屈原之从容辞令，终莫敢直谏"，从而对他们表现出一种不屑的态度。司马迁如此重视讽喻的社会功能，他身体力行，在《史记》中把讽刺艺术发展到了一个新的高峰，详见本书第十二章第五节"讽刺艺术"，兹不赘述。

讽喻的目的是教化。所以司马迁十分重视文学艺术的教化作用，《乐书》说："凡作乐者，所以节乐。君子以谦退为礼，以损减为乐，乐其如此也。以为州异国殊，情习不同，故博采风俗，协比声律，以补短移化，助流政教"，使得"万民咸荡涤邪秽，斟酌饱满，以饰厥性"。

---

① 《论语》第十七《阳货》。

先秦儒家虽然提出了"美刺"原则，认为文学作品可以"讽刺上政"，但儒家诗论还提出了"中和"的要求，认为"怨刺"必须"中和"，须是"温柔敦厚"的，要"止乎礼"，不能逾越。同时，他们对文学的社会功用，提得还是比较宽的，包括了对伦理道德的作用，甚至还有了解认识事物的作用。而司马迁则不同，首先，他强调一个"怨"字，强调文学作品抒发个人的怨愤，他评屈原作《离骚》说："屈平疾王听之不聪也，谗谄之蔽明也，邪曲之害公也，方正之不容也，故忧愁幽思而作《离骚》。《离骚》者，犹离忧也。"认为屈原作《离骚》的动机就是抒发其忧愤。又说："屈平正道直行，竭忠尽智以事其君，谗人间之，可谓穷矣。信而见疑，忠而被谤，能无怨乎？屈平之作《离骚》，盖自怨生也。"其《报任安书》也说："《诗》三百篇，大抵贤圣发愤之所为作也。此人皆意有所郁结，不得通其道，故述往事、思来者。"认为忠介之士处黑暗之中，受谗毁，遭迫害，走投无路，只好用著书述志来发泄其愤懑。

司马迁的"发愤著书"说，强调的是作家写作的目的有时并非有意去规劝或批评统治者，而主要是宣泄内心的"郁结"之情，写作的动机就是"发愤"，这在史学和文学两个方面都有着重大的意义。在史学上，升华了对历史往事的思考与理性思维，升华了《史记》主题，详前文本书第二章第三节；在文学上，则是继承和发展了屈原《离骚》"发愤以抒情"的文学观念，详前文本章第一节，兹不赘述。

第五节 《史记》对中国文学的贡献

《史记》对中国文学的贡献，即是司马迁的文学成就，主要有四个方面：其一，语言巨匠；其二，散文大家；其三，创立传记文学；其四，中国文学理论的先驱者。

1. 语言巨匠

语言与情节是文学创作的最基本元素。语言巨匠，就是文学大家。《史记》语言之优美，不仅独步当时，而且为后人所不可企及。《史记》中，短句一个字，长句四五十字，当代汉语中的各种复杂句型，《史记》全有。《史记》语言生动、流畅，而又雄健峻洁，婉曲细微，形成独特的风格。在司马迁生活的时代，汉赋是最流行的标准的文学语言。汉赋在句式上喜用骈句、偶句、排比，音韵上讲究抑扬谐妙。这种贵族化、形式主义化，并与口语分家的语言，是不能胜任记叙复杂的历史事件的，更不能用以描写人物，刻画形象。司马迁为了实现"究天人之际，通古今之变，成一家之言"的理想，在全面继承古代书面语言与学习民间语言的基础上，大胆创新，在《史记》中创造了用以叙事的通俗化散文语言。这种语言的特点用八个字概括："长短相间，参差错落。"司马迁遣词造句，句式灵活而多变，长长短短，组成文章错落有致，增强了语言的表现力。具体说，司马迁创造的通俗语言增强的表现力有三个方面。其一，引用先秦文献资料，对晦涩难懂的古文进行了汉代通行语的翻译；其二，大量采用和提炼民歌谣谚及方言俚语叙事，丰富了语言的内容；其三，司马迁精意锤炼用于刻画人物的语言，使之口语化、个性化。例如《张丞相列传》中写周昌口吃，模拟周昌神态说："臣口不能言，然臣期期知其不可。陛下虽欲废太子，臣期期不奉诏。"其中"期期"是周昌急于表态而又口吃说不出话时发出的声音，描摹周昌又急又怒的神情，活灵活现。又如《李将军列传》写霸陵尉醉酒，呵斥李广不得夜行，说："今将军尚不得夜行，何乃故也！"这是模拟装腔作势的醉汉语言，表现醉汉神态，十分精妙。再如《魏其武安侯列传》在东朝廷辩一节中，司马迁通过切合各人身份、品格个性的语言，把窦婴之怒，田蚡之奸，韩安国之圆滑，王太后之愚泼，汉武帝之难言，惟妙惟肖地再现出来，使各个人物的情态历历如在眼前。最精妙的语言模拟，出口便知说话人的身份。如《张耳陈馀列传》写蒯通说范阳令曰："窃闻公之将死，故吊。虽然，贺公得通而生。"出口就是说客口吻。

总之，司马迁运用语言的成功，是他精意学习和锤炼语言，使之口语化、通俗化、个性化的结果。司马迁还运用各种修辞手段，如夸张、素描、对话、重沓、加倍形容、场景捕捉、心理独白，以及用虚字传神等来加强语言的文学性，打破平铺叙述的史笔，所以《史记》文章极富文采，这和班固的严谨形成了截然不同的风格。司马迁正是用他独创的具有魅力的语言，塑造出了一个个形神俱备，栩栩如生，个性鲜明的人物形象。《史记》的语言成就，详后第十二章所设立专章评说。

2. 散文大家

汉代文章两司马，是指司马迁与司马相如，这是文史大家班固的评论。班固在《汉书·公孙弘卜式兒宽传》赞语中评论说："文章则司马迁、相如。"班固推崇《史记》散文之优美，与辞赋大家司马相如比肩，足见司马迁是一代散文大家。唐宋八大家掀起的古文运动，就是以司马迁为旗帜，把《史记》树为追慕学习的典范。韩愈论《史记》雄健，柳宗元论《史记》峻洁，韩柳并师法《史记》作文。《史记》文章为汉代散文典范，从此确立。明清人评点《史记》，对其文章艺术美的研究，挖掘更深，尤以清桐城派的评点，成绩最大。方苞用"义法"论《史记》，已经明确地触及内容与形式统一的认识。方苞说的"义"就是"言有物"，即文章的内容；"法"就是"言有序"，即文章的表现形式。"义以为经而法纬之，然后为成体之文"，也就是内容与形式的高度统一，才是富有文学价值的好文章。桐城派另一大家刘大櫆，在方苞义法说的基础上，进一步探索《史记》散文的艺术美，指出《史记》文法有"大""远""疏""变"四大特点。桐城派最后一位代表人物林纾，他对《史记》散文艺术美的研究卓有成绩。他撰写的《春觉斋论文》，对《史记》文章情韵之美，以及运用虚字和结尾艺术做了不少具体分析，发前人所未发。

3. 创立传记文学

刘勰《文心雕龙》标立"史传"专题，明确地把《史记》人物传记包括在文学范围之内。后人进一步从人物形象塑造的角度评价《史记》的文学性，文章结构转折波澜，细节描写具有小说因素。最早把《史记》与小说相提并论的是明人李开先。他在《词谑》一书中说："《水浒传》委曲详尽，血脉贯通，《史记》而下，便是此书。"李开先把《水浒传》的情节安排与文章技巧同《史记》的文章技巧联系起来。到明末清初，金圣叹径直把《史记》《庄子》《离骚》、杜诗、《水浒传》《西厢记》并称为"六才子书"。金圣叹在《水浒传》和《西厢记》的评点中多次赞扬司马迁的文笔。尤其是对《史记》与小说的关系，金圣叹有深刻的认识。他在《读第五才子书法》中说："《水浒传》方法，都从《史记》出来。"这些评论指出：中国文学的写人艺术，就是从司马迁创立史传文学开始的。所以中国传统小说，人物塑造带有史传特点，以故事情节取胜，其实就是师法司马迁。创立传纪文学的核心是在实录基础上的写人艺术，本章第三节已立专题评说，兹从略。

第八章　国学之根柢

《史记》是一部国学根柢书。根,是树木之本。树根有直根和横生的须根。俗话说"根深叶茂",只有根深扎于土壤之中,才能使树木茁壮生长。直根稳固树木,须根吸取营养。柢,《说文》曰:"木根也。"柢指树木的直根。根柢两字叠用,加强树之本的意义。中华文化有五千年历史,比作一棵参天大树,《史记》就是这棵大树之根之柢,即中华文化之本之源。本章从三个方面阐释《史记》是国学之根之柢的价值。

第一节　《史记》是中国古代三千年民族文化之浓缩

《史记》沉淀中国古代三千年文明历史,其文化之根深深扎入社会历史中,用今天通俗的话来说叫作"接地气",这是《史记》成为国学根柢书最基本的要义。下分四个层次来说。

其一,《史记》是我国第一部通史。中国史籍,在《史记》之前已有《尚书》《春秋》《左传》《国语》《战国策》《世本》《竹书纪年》《楚汉春秋》等史书，但所记载的历史史事范围狭窄，内容简单，历史被看成统治者个人的活动，因而缺乏广泛的社会意义，且诸史均只记叙相应时代的史事，没有一部是贯通古今的历史内容。随着社会的发展，时代的需要，司马迁以"究天人之际，通古今之变，成一家之言"为宗旨，创作了上起黄帝、下迄汉武三千年的通史，把历史撰述从一个狭小的天地引向了广阔无垠的大千世界；而且以人为主体，展现人生百态，建立了崭新的历史观认知体系，这是前无古人的。

其二，《史记》是我国历史上第一次系统的大规模文献整理。《史记》取材广泛，"厥协六经异传，整齐百家杂语"，融会百家学说、各种知识于一编，这正是奠定了《史记》作为"百科全书"的基础。从文献整理角度，将各种文化典籍整理编撰为一部历史著作，是文献运用的最高形式，也必然是发挥历史文献功能的最好手段，非通才大家不能为。司马迁很好地做到了这一点，成为后代史家的典范，所以《史记》成为人人学习的根柢书。

其三，司马迁第一次记叙周边各民族，主张华夏各民族是一家。自古以来，中国就是一个由多民族组成的国家，中华民族的历史，是汉族和各少数民族共同创造的历史。但是儒家的正统思想却一再宣扬"夷夏之辨"，以中原华夏民族为冠带之国，贬称周边各民族为夷狄之邦，以区分种族贵贱。与司马迁同时代的西汉大儒董仲舒提出的纲常伦理学说，也被推广到民族关系上来。董仲舒认为，诸侯不能与天子平等，大夷小夷不能与华夏族平等，甚至各民族之间小夷也不能与大夷平等，说"大小不逾等，贵贱如其伦，义之正也"。而司马迁却在"罢黜百家，独尊儒术"的汉武帝时代，不仅在《史记》中为百家学说留一地位，而且首创各民族史传，计有《匈奴列传》《南越列传》《东越列传》《朝鲜列传》《西南夷列传》等五篇。司马迁将东西南北各民族均视为天子臣民，说中国境内的各民族都是黄帝子孙。其实就是主张华夏各民族是一家。司马迁说匈奴是夏桀之后，勾吴与中国之虞为兄弟，越王勾践为禹之后，楚是颛顼之后，其苗裔为滇王。这些话表示，把记述各民族的列传与各人物列传等列并编，表现了他民族平等的思想，表达了各民族的历史发展走向统一的主题。东越反秦佐汉，参与中原改朝换代的政治斗争，司马迁特别加以记载，表现了他承认周边各民族有同等"革命"的权利，参与中原事务的权利。这一思想在当时是独步史坛的。

其四，民族共同心理的历史哲学。中华民族认同大一统。中华民族历经夏商周到秦汉已基本形成，并突破中原的界限而实现了大一统局面。这一历史过程为古代思想家所捕捉，经过孔子、董仲舒等人，到司马迁首次作了完整的构建。司马迁所写的《史记》，上起黄帝，下迄汉武帝，象征历史从统一到统一的发展，就是突出大一统的历史观。在司马迁笔下，从黄帝到秦始皇、汉武帝的大一统，象征着历史发展的方向，象征着帝王德业的日益兴盛。中华民族不断壮大，各民族互相融合，远方殊俗日益统一，这就是司马迁大一统历史观的内容。"天无二日，人无二王"是大一统历史观的核心，这一传统文化观念，已然融入了中华文明的血液，流淌在黄帝子孙的血管里。

第二节　继往开来的百科全书

司马迁创作《史记》，洪细兼收，包罗万象，称之为"网罗天下放失旧闻"，把天、地、人，以及古今历史的发展变化，纳入一书，使《史记》成为一部继往开来的百科全书，天文、地理、人事、物事，无所不包。用今天的话讲，《史记》把自然科学、社会科学统括于一书。

《史记》的百科全书内容,包括的时间之长和记载的内容之广,都是前无古人的。从时间说,它上起黄帝,下迄汉武帝,记录了我国立家建国和文字文明出现以来近三千年的历史;从记载的地理范围说,它延伸到了今天我国的版图之外,西至中亚,北至大漠,南至越南,把历史编纂的时空经界,第一次扩大到了时人所知的实际范围;从记载的人物说,它几乎涉及整个社会各阶层中不同类型的典型人物,举凡历代的帝王、贵族、大小官僚、政治家、军事家、文学家、思想家、经学家、说客、策士、刺客、游侠、隐士、土豪、商贾、医生、卜者、农民、俳优、妇女等等,无所不有,无所不包;从记载的人类生活的各个方面说,如政治、经济、文化、法律、科技、建筑、军事、道德、宗教、民族、民俗、交通、地理、姓氏、文学、艺术等,也无所不包。《史记》的内容如此丰富多彩,说明它已经不是一般意义的历史,而是一部具有百科全书性质的巨著,被誉为浓缩的宇宙模型。由于《史记》内容的宏富深广,它成了我们今天研究古代各种各类专史的取之不尽、用之不竭的宝藏,下面从历史学角度看《史记》的百科全书内容,大要有五个方面。

1. 备载天地万物

天地是人生之根本,人类社会活动的舞台。司马迁"究天人之际",把天文、地理、水利等自然环境纳入史学范畴,考察人与自然的依存关系。司马迁十分形象地指出:"夫天者,人之始也;父母者,人之本也。"[1] 父母为个体人的根本,天地为人类的根本。研究人,必须研究天,研究地。就这样,天文学、地理学在《史记》中得到了反映,即特立了《天官书》《历书》《河渠书》等专篇。此外,《夏本纪》三分

---

[1] 《史记》卷八四《屈原贾生列传》。

之二的篇幅也是与地理有关。

2. 囊括国家大政

在古代，国家大政被归纳为八政：一曰食，二曰货，三曰祀，四曰司空，五曰司徒，六曰司寇，七曰宾，八曰师。这是先秦时代儒家的八政观念，载于《尚书·洪范》，《史记》采入《宋微子世家》。民以食为天，故食、货居八政的第一、第二位。《史记》八书为：礼、乐、律、历、天官、封禅、河渠、平准。司马迁认为礼是维系等级秩序的制度，为治国之头等大事，所以列礼为八书之首。礼乐相辅为治，故《乐书》与《礼书》蝉联。《洪范》八政内容在八书中的反映，"食""货"对应"平准"，"祀"对应"封禅"，"司空"对应"河渠"，"宾"对应"礼""乐"，"师"对应"兵"（即《律书》）。《洪范》八政的司徒、司寇在八书中没有对应之篇，但在列传中有对应之篇，"司徒"对应"儒林"，"司寇"对应"循吏""酷吏"。同时，《史记·货殖列传》亦为食货之事。对应只是一种近似的比较，并不等同。总之，《洪范》八政，在《史记》中均有所体现，表明司马迁把国家大政纳入了历史学研究范围，专列八书系列开后世政书之先河。内容和序列的调整，表现了司马迁的史学观点和国家大政的轻重序列。班固《汉书》十志，序列为律历、礼乐、刑法、食货、郊祀、天文、五行、地理、沟洫、艺文，内容更丰富，结构更严密，发展了司马迁史学，这是应当揭明的。班固还把职官纳入了史学范围，创《百官公卿表》以载其制。

3. 展现古今社会

国家大政只是社会生活的一部分，而更丰富、更广阔的内容，应是社会基层大众的物质及精神文化生活。历史家的责任，就是要全面地反映以往历史的社会生活，摆事实，讲道理，还原历史本来面目，知往鉴今，使读者受到启迪。司马迁很好地尽到了他的责任，以人物为中心贯通古今，全面地展现了古今社会实况。他不只是研究帝王将相等上层人物，同时也研究社会下层各阶级、各阶层的人物，全方位反映社会生活，而且对古代社会的风俗习惯、精神风貌等，都进行了认真的研究与总结，达到了"备天地万物"于一书的境界。

4. 辨章一切学术

《太史公自序》论列六家要旨，又立"老庄申韩""孟子荀卿"等列传，辨章学术，把学术、学派纳入了史学研究范围。班固在《汉书》中立《艺文志》，对学术学派进行分类，使其更加条理化和严密，这是弘扬司马迁之学。司马迁的视野是极其广阔的。有些学术、学问，在当时还不甚发达，或未引起史家足够的重视，无论《史记》《汉书》都没有专列论载，但司马迁将其纳入了研究范围。如金石、简牍、甲骨，作为专门学术是后代的事，金石学形成于宋代，简牍学、甲骨学奠基于近代，但这些学问早在先秦就已经发源。三代已经开始了铸鼎彝[①]，秦代已经重刻石，甲骨盛行于殷周，秦汉是简牍为主的时代。这些在司马迁时代是习见的东西，《史记》已纳入了研究范围。《史记》对金石、简牍、甲骨都有不同程度的载述。《周本纪》记武王克殷后"封诸侯，班赐宗彝，作《分殷之器物》"。《秦始皇本纪》多次记载"刻石颂秦德"。《封禅书》记载得宝鼎，李少君鉴赏齐桓公器。这说明司马迁已将金石作为史学研究对象。《周本纪》记"尹佚策祝曰"，《齐太公世家》记"史佚策祝"，《鲁周公世家》记"史策祝曰"，《孔子世家》记"(孔子)读《易》，韦编三绝"，《匈奴列传》记汉遗单于书，牍以尺一寸，单于遗汉书以尺二寸牍，及印封皆令广大长，反映了简牍的形制、使用情况。可以说简牍已纳入了史学研究对象。至于甲骨，有《龟策列传》，此外记载卜筮卦象的篇章是很多的，如《周本纪》《晋世家》

---

① 鼎彝：泛指古代祭祀用的鼎、尊等礼器。

《田敬仲完世家》等篇，不一一具引。

5. 遗事旧闻纳入史学研究范围

拾遗事，网旧闻，司马迁将之作为史学理论贯彻。这在《太史公自序》中作了明确的交代。一则曰"拾遗补艺"，《索隐》注："补六艺之阙也。"再则曰"网罗天下放失旧闻"，《索隐》注："旧闻有遗失放逸者，网罗而考论之也。"拾遗补缺，《左传》注《春秋》开其端，司马迁条释为理论，成为中国史学的传统。裴松之《三国志注》，发展成为一种史书体裁，可以说是司马迁拾遗补缺、网罗旧闻理论在实践中的发扬光大。

拾遗补缺，贯彻在其创作过程中，使《史记》内容更加全面。如孔子高足七十子，《仲尼弟子列传》实载七十七人。《史记正义》："公伯寮、秦冉、鄡单，《家语》不载。"说明也补了《孔子家语》之缺。《日者列传》说："古者卜人所以不载者，多不见于篇。及至司马季主，余志而著之。"古代日者社会地位低贱，史书不载，司马迁特补前人之失而作《日者列传》。列传中有许多人物附传，亦是补无传之缺，如《卫将军骠骑列传》补公孙贺、李息等十六人无传之缺。《史记》十表，特别是汉代诸表，不仅补纪、传人物之缺，也补行政大政之缺。如《将相表》记高祖六年"立大市""更命咸阳曰长安"，以及太尉之废置，都是本纪中没有记载的。

以上条列了司马迁创立百科全书式通史的五个主要方面，均属历史学的范畴，所以《史记》最本质的定位，是一部历史学著作。由于以人为中心，司马迁写人，创造了传记文学。《史记》既是史学，又是文学，所以一般称《史记》是一部文史名著。

第三节 《史记》为人伦立则，是一部道德伦理教科书

司马迁定位《史记》为《春秋》，并说："故《春秋》者，礼义之大宗也。"换句话说，《史记》是一部人伦道德教科书，是全社会君臣父子人人必读的书，它"别嫌疑，明是非，定犹豫，善善恶恶，贤贤贱不肖"①，意思是读了《史记》，能够提高你的道德修养，懂得判别嫌疑，辨明是非，决断疑惑，赞美善良，贬抑丑恶，颂扬贤人，谴责坏人，成为一个高尚的人。人人如此，全社会就和谐了。果真如此吗？让我们看看司马迁是怎样为全社会人伦立准则的，下面从道德理念与"传奇人于千秋"以树立榜样两个方面来谈。

1. 司马迁进步的道德理念

所谓道德就是人生立世适宜的言与行，以及人际关系的行为准则。儒家主张"道德至上"，它比生命还重要，孔子说"杀身成仁"，孟子说"舍生取义"就是其核心。司马迁认为道德的意义应当存在于生命意义之中，强调道德与生命是一体的，无生命的道德与无道德的生命都是无意义的。《史记·礼书》云：

> 礼由人起。人生有欲，欲而不得则不能无忿，忿而无度量则争，争则乱。先王恶其乱，故制礼义以养人之欲，给人之求，使欲不穷于物，物不屈于欲，二者相待而长，是礼之所起也。故礼

---

① 《史记》卷一三〇《太史公自序》。

者养也。

礼是道德的规范形式，是人制定的，但它的基础是人的生命需求和物质条件的平衡。道德的意义和作用就是反映这种平衡和维持这种平衡。人的生命需求，即"欲求"是一个无限膨胀的变量，而物质条件却是一个有限不断发展的变量。两者不同步的发展，平衡一旦被打破，人间社会就要发生争斗纷乱。"礼"的制定就是用来平衡两者同步发展，既满足人的"欲求"，使之有一个限度，与物质变量的发展同步。所以，随着物质生活条件的发展，"礼"也是不断发展的，由此夏商周三代之礼才有不断的"损益"。孔子对此是有所认识的，但后来的儒家，包括孟子，对此认识不足。例如义与利，儒家把两者对立起来，君子言义不言利。司马迁认为义与利是统一的。"礼生于有而废于无"，"有"就是衣食住行。管子说："仓廪实而知礼节，衣食足而知荣辱。"人要生存就要有物质需求，需求就是欲望，欲是生命的需要，所以是天生的，叫"人生而有欲"。但"欲而不得则不能无忿，忿而无度量则争，争则乱"。为了避免争和乱，人的欲就要有一个限度，规定这个限度的就叫礼。它是人的生存、延续、发展的一种需求，所以说"礼由人起"。

司马迁把"礼"，人的道德规范放到社会实际生活中、实际的人际关系中、人的生命过程中来考察，提出了许多先进的思想，不与圣人同是非。最大的区别之处，就是对生命所呈现出来的"欲望"的态度。圣人视人欲为洪水猛兽，讲道德重义轻利，成为空洞的大道理。司马迁承认人欲，重视人欲，认为人欲是人性、人情的本能，是创造的动力。道德和人欲是统一的，讲道德义与利并重，社会不同地位的人对义与利的取舍应当不同。大体说来，在上位的人，尤其是最高统治者要重义轻利，对老百姓轻徭薄赋；在下位的人，尤其是黎民百姓，要重利轻义，有为创造，物质才能丰富，社会才能发展。上位下位的人，各司其能，各尽其责，社会就和谐了。司马迁有一句至理名言："人固有一死，死有重于泰山，或轻于鸿毛，用之所趋异也。"① 重视生命，不是不要奉献，不讲牺牲，要看用在什么地方。战国时赵国蔺相如出使秦国，为了捍卫赵国的国家利益，敢与暴秦作斗争，表现出的大智大勇，置生死于度外，就值得点赞。《史记》为人伦立准则，表现在司马迁的笔端，就是他褒贬和评价历史人物的尺度，接地气，反映大众心声，与社会时势习俗相符。

2. 展现人生百态，"传畸人于千秋"

《太史公自序》曰："扶义俶傥，不令己失时，立功名于天下，作七十列传。"司马迁倡导人生积极有为、立德、立功、立言，让生命闪光，留名后世。《史记》不只是记载明君忠臣死义之士，而且第一次记载了全社会全方位的历史，社会各阶层各色人物、百工技艺、黎民大众都载入《史记》，展现人生百态，给予各色人物以历史地位。反过来，《史记》流传后世，全社会的人都可以在《史记》中找到自己的位置，在司马迁惩恶劝善的褒贬中吸取借鉴。《史记》就成为全社会人人必读的人伦道德教科书，君臣父子各安其位。

《史记》中的主流人物，当然是"扶义俶傥"的英雄豪杰，明君贤臣，即帝王将相是主体，他们大都有专传、合传，彰显个性。而百工技艺，黎民大众，却是社会人群的主体，他们中的杰出人物，其特立卓行，也应当进入"扶义俶傥"的"畸人"榜中，司马迁创立类传，以及在专传、合传的附传中加以记载，表现了卓越的史识。"畸人"即"奇人"，他们的人生充满传奇色彩，鲁迅称为"畸人"，说《史记》"传畸人于千秋"。畸，有侧重和特出的意思，畸人者，奇人也，是人中的

---

① 《报任安书》，载《汉书·司马迁传》。

稀有金属。

本章不研讨专传、合传的人物，重点评说百工技艺、黎民大众中的"畸人"，集中研讨讲礼让、述货殖、序游侠、说雪耻、写妇女几个方面。

（1）讲礼让，一是为公，二是让贤。此指治国者人主而言。《史记》五体的始篇，突出"让"德精神，但不是儒家"道德至上"的中庸精神，而是与时势进程相融合的社会精神。儒家《尚书》称颂尧舜，在于天下为公，在于选贤任能，在于宽仁的"让"德，司马迁在《五帝本纪》中也引用过来了，但在此之前，司马迁强调黄帝"修德振兵，治五气，艺五种，抚万民，度四方"，强调在政治、经济、军事诸方面达到自强，然后伸张正义，以德临天下，丰富了"帝德"的内涵。黄帝"修德振兵"，强调了正义暴力也包含在"让"德中，即当仁不让。因为，没有暴力，黄帝不能统一天下。黄帝统一乱世，这是本篇居于全书之首的又一意义。《吴太伯世家》是歌颂"让"德的，太伯让位季历，传承文王姬昌，西周随即崛起，太伯居吴，吴亦得到发展。太伯之让是让贤，社会得益。而后来季札的谦让，只是个人名节修养，后果却令人感叹，不但没有出现贤君，振兴吴国，反而刺激了乱臣贼子的野心，以至国灭家亡。所以司马迁在《太史公自序》中，没有提到季札之让，只是谴责阖庐、夫差横霸作风，论赞中感叹季札"慕义无穷""闳览博物"却不能避免国家的灭亡，实在意味深长。《伯夷列传》从表面看也是赞扬"让"德，实际上寓有更深的感叹。孔子说，伯夷"求仁得仁，又何怨乎？"司马迁从伯夷叔齐的歌词听出了怨愤之意；有人说，"天道无亲，常与善人"。司马迁根据伯夷叔齐的遭遇发出了对天道的质疑。由上所述，司马迁笔下的"让"德内涵，显然超越了儒家思想的规范。

（2）述货殖，为商人立传。秦商鞅变法，重本抑末，政治上压制工商末业。秦朝征发兵役，商人与赘婿首当其冲，本人不是商人要追查三代，父亲、祖父曾经经商的也要打入另册。西汉建立，不准商人做官，不准衣丝乘车，人头税加倍征收。司马迁却为商人立传，说："布衣匹夫之人，不害于政，不妨百姓，取与以时而息财富，智者有采焉。"孔子称赞君子完人为"智、仁、勇"，司马迁说：商人是最聪明的人，为"智、仁、勇、强"，借用白圭的话说："吾治生产，犹伊尹、吕尚之谋，孙吴用兵，商鞅行法是也。是故其智不足与权变，勇不足以决断，仁不能以取予，强不能有所守，虽欲学吾术，终不告之矣。"①

司马迁述货殖，为商人立传，是肯定商人促进生产发展，对社会经济繁荣所作的贡献。牧人乌氏倮、采丹砂的巴寡妇清、田农秦扬、行贾雍乐成、卖浆者张氏、贩脂雍伯等小人物都堂而皇之载入了史册。司马迁宣扬的是七十二行，行行出状元。但它违背了传统的义利之辨，班固批评为"述货殖则崇势利而羞贫贱"，金代王若虚甚至发出"迁之罪不容诛矣"的感叹。

（3）序游侠，高扬仗义勇为、扶危济困的精神。班固批评司马迁"序游侠则退处士而进奸雄"。司马迁说："今游侠，其行虽不轨于正义，然其言必信，其行必果，已诺必诚，不爱其躯，赴士之厄困，既已存亡死生矣，而不矜其能，羞伐其德，盖亦有足多者焉。"②司马迁认为，游侠的行为虽然和礼法的正统观念不和，然而他们说话守信用，行事果敢决断，牺牲自己的生命，去救济别人的艰难困苦，而又不夸耀自己的才能，耻于表彰自己的德义，是值得赞颂的。司马迁特别认为人的缓急是人生所难免的，所谓"天有不测风云，人有旦夕祸福"。古代圣贤如虞舜、伊尹、傅说、吕尚、管仲、百里奚、孔子都遭受过厄难，何况一般的人呢！国家政府机构，是道德法律的代表，如果政

---

① 《史记》卷一二九《货殖列传》。
② 《史记》卷一二四《游侠列传》。

府不能替人民伸张正义，人间又多有不平事，他们到哪里去呼喊呢？其实游侠在今天来看有的带有一定的黑社会性质，司马迁注意到了这种情况，所以他对游侠进行了区分，把有恶霸行为的游侠称为"盗跖居民间耳"，说明欺压人民的黑社会分子是强盗，不是真正的游侠。真正的游侠是助民、爱民的。政府法制瓦解，是游侠生存的基础。司马迁颂游侠是站在人民的立场，对开明政治的一种向往与呼唤。

（4）说雪耻。雪耻，就是洗掉耻辱。一般是指受害方采用报复手段讨回公道，平复伤害。在法制社会，正当的方法是通过诉讼讨回公道。如果无法通过诉讼，或者通过诉讼达不到讨回公道的目的，受害方采用非法手段，报仇雪恨，这就是常见的雪耻方式。如果是暴君压迫臣民，或者是政治迫害，国与国之间的斗争，受害方雪耻，往往要经过多年的蓄聚力量，甚至几代人的努力才能达到雪耻的目的。这样的雪耻行为，基本是暴力对暴力。一个真正的男子汉，大丈夫，他顶天立地立于人世间，既能伟岸特立，又能委曲求全，留得青山在不怕没柴烧。俗话说，君子报仇，十年不晚，讲的是韬晦忍辱。一个人在受到伤害的时候经受得起，能够放下身份忍辱负重蓄聚力量，此特称为屈；当有了足够的力量，看准时机，敢于果断地爆发，一举击败敌人，报复成功，此特称为伸。能屈能伸才是大丈夫。只屈不能伸是奴才，只伸不能屈是匹夫之勇。这两种人都没有出息，是凡庸之辈。只有既能屈又能伸的人才是大丈夫。其实雪耻的完成，就是一个能屈能伸的过程。因此，能雪耻的人，必然是大丈夫。《史记》中雪耻的故事，就是在歌颂能屈能伸的大丈夫。赵氏孤儿赵武，兴家灭仇；越王勾践，卧薪尝胆报国仇；范雎雪耻，须贾马食；伍子胥破楚，掘墓鞭尸。一个个都是备尝艰苦、能屈能伸的非常之人。特别是伍子胥报国君之仇，无论是传统观念，还是当时的人都认为是一种倒行逆施的行为，因为是以臣犯君。司马迁打破世俗观念，不仅给伍子胥立专传，而且特别称赞伍子胥是真正的男子汉大丈夫。伍子胥的行为对不对呢？司马迁有一个理论，他在《太史公自序》中说："贬天子，退诸侯，讨大夫。"班固写《司马迁传》改为"贬诸侯，讨大夫"。班固认为天子是不可贬的。司马迁继承了儒家孟子的开明思想。孟子曾说："民为贵，社稷次之，君为轻。"齐宣王说"汤放桀，武王伐纣"，是"臣弑君"。孟子批驳说："贼仁者谓之'贼'，贼义者谓之'残'。残贼之人谓之'一夫'。闻诛一夫纣矣，未闻弑君也。"① 意思是说："破坏仁爱的人叫作'贼'，破坏道义的人叫作'残'。残贼这样的人应叫作'独夫'，我只听说周武王诛了一个独夫殷纣，没听说什么以臣弑君。"司马迁称汤武的行为是"革命"，即革天命，不合理的天命是可以改变的。所以司马迁把陈涉起义与汤武并提。伍子胥所逆的是乱天命的楚平王，体现了反暴精神的极致，带有民主意识与人权抗争的精神。司马迁还写了豫让因智伯待以国士之恩而誓死为之报仇，所捍卫的包含了自尊精神的发扬。司马迁所写的雪耻故事，不是颂扬以暴易暴，而是颂扬人权尊严的精神，得到人们的认可。

（5）写妇女半边天。女性是占总人口半数的群体，她们在人类文明的创造中发挥了重要作用，现代文明，妇女解放男女平等，女性被称为"半边天"。古代妇女依附男性，没有地位。中国古代文明，以父系宗法制度为核心，男女有别、男尊女卑的原则在夏商周三代就确立了。圣人孔子就说过："唯女子与小人难养也，近之则不孙（逊），远之则怨。"② 周武王说，他有十个治国能臣，孔子说："有妇人焉，九人而已。"③ 儒家的纲常伦理，不允许女性与男性平起平坐。西汉正是推行董仲舒三纲五常伦理的时代，司马迁又师事董仲舒，对圣人孔子

---

① 《孟子》卷二《梁惠王下》第八章。
② 《论语》第十七《阳货》。
③ 《论语》第八《泰伯》。

十分敬仰，在《孔子世家》中称其为"至圣"，又说"自天子王侯，中国言《六艺》者折中于夫子"。但司马迁并不盲从，在许多方面不与圣人同是非，特别是对于妇女的识见，更是奏出了时代的异响。司马迁写妇女，在《史记》中全方位描述了半边天的妇女群像，《史记》全书写到的妇女有172人，上至后妃公主，下及庶民女性，她们的情采英姿，不减须眉。司马迁描写妇女，往往只需三言两语，或一个片断，就能描绘出生动的形象，表现了司马迁对妇女的重视和用力。白寿彝先生在《史记新论》中指出："在写妇女历史方面，司马迁的贡献是不能抹杀的。"[1]

司马迁写妇女的社会活动，主要写了四个方面。其一，写妇女参政，《史记》所载重要女性人物，过半数是参政妇女，皇后、皇太后是最高代表。优秀女性政治家，她们的智慧才干与权谋手腕，一点也不减须眉。西汉时期的两个皇太后，即汉高祖皇后吕氏、汉文帝皇后窦氏，她们在汉高祖和汉文帝死后，分别为吕太后、窦太后。两位太后临朝称制，在掌控国家方面展示的政治才能，为妇女半边天的作用提供了典型的范例。吕太后佐高祖定天下，扮演白脸协助刘邦屠杀功臣，显示了她的铁腕手段。吕太后还打破了刘邦异姓不封王的规矩，封诸吕为王，诛杀刘氏子弟，表现出果断与残忍的一面，哪一方面都不让须眉。惠帝即位，只是个傀儡，而吕太后又在惠帝死后实际执政八年，坚持了无为政治，维护了全国的政治稳定。所以司马迁为吕太后立本纪，认为"惠帝垂拱，高后女主称制，政不出房户，天下晏然"。窦太后，汉景帝之母，汉文帝皇后窦氏，出身平民，史失其名，入宫后称为窦姬。文帝即位，立为皇后。景帝即位，尊为太后。汉武帝即位，尊为太皇太后。汉景帝并非平庸之君，汉武帝更是一位雄主。但窦太

---

[1] 白寿彝：《史记新论》，求实出版社1981年版。

后在世时，掌控朝政，把握政治方向，是西汉一朝第二个强势太后，可与吕太后相提并论的政治人物。其二，司马迁写识大体明大义的女性。她们品德高尚，无论地位高低，司马迁都给予了热情的讴歌和高度的赞美。像忠君爱国不护犊子的赵括母，深明大义的王陵母，顾全大局的陈婴母，施恩不图报的漂母，勇于救父的缇萦等等杰出女性[①]，她们的鲜活形象，闪耀着思想的光芒。其三，司马迁颂扬才智出众与性格刚烈的女性。颂扬妇女的才智，是肯定妇女的创造活动；褒扬刚烈的女性，是肯定女性维护自尊的权利。晏平仲御妻，慧眼识陈平的张负，是有才智的妇女[②]。特别是晏平仲御妻，连名字都没有留下来，但她的品德、思想、聪慧，通过帮助丈夫的进步而流传下来，值得后人学习、敬仰。聂荣以死扬弟之名，赵襄子姐摩笄自杀，这是两个刚烈的妇女[③]。聂荣重义，为了扬弟之名不畏死。赵襄子姐不能容忍亲弟弟赵襄子的卑鄙残忍，但她没有力量为夫报仇，于是以身殉夫，以身殉国，用生命表达了愤怒，表达了抗争。其四，司马迁讴歌爱情，表彰婚姻自主的女性，塑造了光彩照人的妇女形象。太史敫女自择婿，张耳妻再嫁得贤夫，卓文君夜奔[④]，三位女性为了纯真爱情，冲破世俗的罗网，放下身段，下嫁贤夫，有违世俗和礼教。司马迁独具慧眼，特地记载，才流传下来。

司马迁进步的女性观，可概括为三个方面。其一，司马迁为女性

[①] 上述识大体明大义的四位女性，赵括母，见《史记》卷八一《廉颇蔺相如列传》；王陵母，见《史记》卷五六《陈丞相世家》；漂母，见《史记》卷九二《淮阴侯列传》；缇萦，见《史记》卷一〇五《扁鹊仓公列传》。

[②] 以上两位有才智的女性，晏平仲妻，见《史记》卷六二《管晏列传》；张负，见《史记》卷五六《陈丞相世家》。

[③] 两位刚烈的女性，聂荣姐，见《史记》卷八六《刺客列传》；赵襄子姐，见《史记》卷四三《赵世家》。

[④] 太史敫女，见《史记》卷四六《田敬仲完世家》；张耳妻，见《史记》卷八九《张耳列传》；卓文君，见《史记》卷一一七《司马相如列传》。

政治家立本纪，立世家，视杰出女性为帝为王，展示了男女平等权利的思想。其二，司马迁写妇女，与写男性一样，按历史的本来面目记事论人，惩恶扬善。女性的才智、聪明、善良、仁慈与勇于开拓的美德，被热情歌颂，树立为榜样。司马迁不以成败论英雄，他对妇女的描写也不以地位高低论善恶，一些身居高位、灵魂龌龊的贵妇人，他予以深刻的揭露和无情的嘲讽。如秦始皇母庄襄王后，不保名节而导致嫪毐乱政，楚怀王宠妃郑袖因嫉妒而乱楚外交，晋献公宠妃郦姬施毒计害太子，导致晋国政局动乱，司马迁对她们的鞭挞不遗余力。对于地位低下而品德高尚的中下层女性，司马迁给予热情的讴歌和高度的赞美，点点滴滴都加以记载，本章摘载的故事就是生动的例证。其三，司马迁颂扬忠贞的爱情，主张情爱是婚姻的基础，赞扬女性有自由追求幸福的权利，这不仅是反潮流的进步思想，而且是超前的意识，即使在今天，仍然闪耀着思想的光芒。

第九章　资治之宝典

《史记》为后王立法，是一部治国宝典，下分四个节目来谈。

第一节　国家建构要与时俱进，不断更化革新

《史记》的形制五体结构象征礼制国家的等级序列。如果把国家建制比作一个宝塔结构，以帝王为中心的十二本纪，用编年笔法记载国家大事，为全书纲要，是塔尖。八书阐释国家大政，三十世家载侯王，如同二十八宿环卫北辰，是塔身。七十列传载述臣僚及黎民大众，是塔基。十表贯通三千年，划分历史断限，如同人体经络。《史记》从形制到内容鲜明地展现出是一部治国宝典。

《史记》开篇《五帝本纪》阐释国家草创，司马迁展示的是历史不断进化和完善的历程，表现其发展、进化、变革的历史观。详前文第六章第三节"司马迁的历史观"相关评述，兹从略。《五帝本纪》的思想脉络对于读《史记》全书是一个示例。本篇仅三千余字，具体生动地描绘了五帝相承的发展变化，鲜明地表达了司马迁进化论的历史观。《太史公自序》云："略推三代，录秦汉，上记轩辕，下至于兹。""推"是追述的意思，含有理性推度的意义。"录"是记载、实录。"略推三代，

录秦汉",即是详今略古、详变略渐的原则。《五帝本纪》也是详近略远,是全书写作原则的一个缩影。司马迁的这一写作原则是符合历史发展进程的。正因为历史是不断发展和变化的,所以才要详今略古,取法后王。司马迁法后王的思想是十分彻底的,具体内容就是法秦汉。《六国年表序》和《高祖功臣侯者年表序》都有明确论述。"居今之世,志古之道,所以自镜也,未必尽同。"司马迁述史为鉴,并非循古。所以战国的权变可以借鉴,汉代百年治政的经验更值得借鉴。

国家稳固,要长治久安,执政的帝王要与时俱进,如同五帝相承,要不断更化革新,赢得民心,赢得天命。如若因循守旧,甚至倒行逆施,就要失去天命,发生改朝换代的"革命"。司马迁所称的"革命",是指变革天命,不同于今天的革命观念,但其结果是一样的,即改朝换代,社会发生大动乱。"革命"这一词源出自《逸周书·克殷解》,《周本纪》作了摘引。司马迁说:"膺更大命,革殷,受天明命。"革命就是推翻失去天命的暴君,拥戴获得天命的仁德君主登基。汤伐桀、武王伐纣,陈涉首难,司马迁都称之为"革命"。《太史公自序》说:"桀、纣失其道而汤、武作,周失其道而《春秋》作。秦失其政,而陈涉发迹,诸侯作难,风起云蒸,卒亡秦族。"

为避免"革命"的发生,施政者要自觉地革故鼎新,自上而下推行更化变革,自强不息。司马迁"通古今之变",就是要用不断发展变化的眼光看待人类社会的历史。司马迁认为"变"是历史进步的永恒法则,"物盛而衰,固其变也"。国家施政要不断地变革调整,所以,《史记》写了许多变革事例,供后世人君采择。

战国时代,七雄争战,拼的是实力,富国强兵是当务之急。七国都先后实施改革,强国强兵,兵法两家占了主导地位。魏文侯在魏国率先实施改革,主政大臣李悝是法家,嗣后魏武侯时有兵法家吴起。吴起后来又到楚国实施改革。魏文侯兼用儒家,师事卜子夏、田子方、段干木，此三人皆儒者。继之者，赵武灵王胡服骑射改革，主政大臣肥义，有儒者风度。最成功的是秦孝公任用商鞅变法，秦国迅速崛起。申不害主持韩国改革。商鞅、申不害两人均是法家。乐毅在燕，兵家。邹衍在齐，阴阳家。田单复齐，田单亦兵家。先秦诸子百家都致力于改革，所以司马谈《论六家要旨》说："夫阴阳、儒、墨、名、法、道德，此务为治者也。"

改革是激烈政治斗争的一种形式，实质是新旧两种势力的斗争，也是社会利益的再分配。当统治者还能掌握局面，新旧两种势力达成妥协，改革成功。新旧两种势力不能妥协，水火不容，或旧势力过于顽固，或新势力过于急进，其结果，不是旧政权分崩离析，就是一场革命爆发，都是社会的大动乱。战国时赵武灵王的胡服骑射和秦国商鞅变法，是两种改革成功的范例。赵武灵王胡服骑射，移风易俗，赵国近于称霸，耗时二十年。商鞅变法，革除了秦国旧制度，使落后的秦国一跃而成为超级强国，十年大见功效，但改革者商鞅却落得家破人亡。这说明，一场社会改革步履多么艰难，阻力之大，付出的代价之高。改革成功，十分不易，只有非常之人才能行非常之事。改革家是引领时代的英雄。

赵武灵王和商鞅两人的改革，是不同的两种模式。赵武灵王渐进，商鞅急进。司马迁用大篇幅记叙两场改革双方的辩论，赵武灵王与公子成、赵文、赵造、赵俊等人的辩论和商鞅与甘龙、杜挚等人的辩论，仿佛是同一场辩论，两个版本，场景、用语，似曾相识，十分雷同。司马迁刻意用此提示人们，改革方式不同，付出代价的成本不一样，历史后果也不一样。赵武灵王改革具有人性化特征，带儒家色彩，时间要长，是渐进式改革，可以做到不流血。商鞅用兵法手段改革，是急进的改革，如同暴风骤雨，板起面孔不近人情。因为法家主张人性本恶，迷信暴力推行，把百姓当作愚民。法家的取信，是以诈欺人，以势压人，压制舆论，甚至烧诗书。改革成功快，见效大，但负面影响也大。秦国政治自商鞅变法起，严厉再严厉，以至于秦国统一，二世而亡，留给人们深刻反思。渐进，就是由浅入深，条件成熟，再进入深水区。赵武灵王的渐进改革，长期蓄势，细致工作，以理服人，最终让反对者也支持改革，虽然时间长，见效慢，但付出的成本低，没有负面影响。毫无疑义，赵武灵王创立了渐进改革的成功模式，效果最好。

第二节 司马迁笔下的明君

塑造明君的正面形象，给社会以正能量，这是《史记》为后王立法的主旨。

1. 帝王无私，要天下为公

《五帝本纪》写尧舜禹禅让，揭示上古帝王无私的伟大精神。尧年老，他的儿子丹朱不成才，尧要找一个人接班，众臣推荐了舜。舜继承帝位，天下的人得利，而丹朱一人不得利；丹朱继承帝位，丹朱一人得利，天下的人都要受害。两相权衡，尧说："不以天下之病而利一人"，即"不能让全天下的人受害而使一人得利"。这个人即使是自己的儿子也不行。《礼记·礼运》提倡的"天下为公"，尧舜禅让，付诸了实践。

2. 帝王成事，要任贤使能

能否任用贤才决定事业成败。《匈奴列传·赞》说："尧虽贤，兴事业不成，得禹而九州宁。且欲兴圣统，唯在择任将相哉！唯在择任将相哉！"《高祖本纪》载刘邦以弱胜强，他自己总结楚亡汉兴的原因说："夫运筹策帷帐之中，决胜于千里之外，吾不如子房。镇国家，抚百姓，给馈饷，不绝粮道，吾不如萧何。连百万之军，战必胜，攻必取，吾不如韩信。此三者，皆人杰也，吾能用之，此吾所以取天下也。项羽有一范增而不能用，此其所以为我擒也。"治平天下需要众多的贤才。《刘敬叔孙通列传·赞》引谚语说："千金之裘，非一狐之腋也；台榭之榱，非一木之枝也；三代之际，非一士之智也。"周文王、武王之有天下，因为有太颠、闳夭、散宜生、鬻子、辛甲之徒佐文王，有周公、召公、毕公、尚父之伦辅武王。秦并天下，楚灭汉兴，都是因为有一大批贤相良将在建功。贤才如此重要，大道理人人都懂，凝聚人才的办法也很多，如重金招聘、伯乐推荐、毛遂自荐、积资升迁，等等，但都不是要害。帝王任贤，最核心的是要有容人之量，也就是帝王气度。刘邦以一介布衣登天子之堂，成功的秘诀就是他有帝王气度，能够役使高于自己的命世大才，所以他取得了成功。刘邦的过人之处，就是他能识人、用人。刘邦有一句口头禅，叫"为之奈何"，这件事怎么办？降下身份，不耻下问，承认山外有山，这就是刘邦识人的秘诀。识人之后就要用人。刘邦拜将，任用从敌人营垒中逃过来的韩信。用人不疑，让韩信独当一面，人尽其才，施知遇之恩，必得死力回报。再是帝王知错能改，更能服贤者之心。三国时袁曹官渡之战，袁绍失败，杀了曾提出正确意见的田丰，可见袁氏的灭亡是必然的。刘邦平城受困，杀了阿谀奉承说匈奴可击的佞人，赦免忠诚直言反对贸然攻击匈奴的娄敬，封为列侯，赐姓刘，于是娄敬成了与帝王同姓的刘敬。袁绍与刘邦，两相对照，刘邦用人的帝王气度，远非袁绍所能及。

3. 帝王善断，要有御人之术

帝王办事果决，乾纲独断，这是驾御能人的基本素质。御人之术，分寸把握得好，以德服人，就是明主、雄主；把握不好，只能以力服人，以诈欺人，就是奸雄。曹操有奸雄之称，刘邦有贤能之名。刘邦的御人之术，我们举两例以观其能。一是收降黥布，二是驾驭韩信，刘邦采用了不同的策略。黥布一介武夫，能征惯战，做到了项羽的九江王。刘邦派说客挖项羽的墙角，说降了黥布。当黥布来投，刘邦接见时先杀其气，故意冷落黥布在客馆，派人对黥布说："汉王今夜有事不见，九江王一定要见，只能到汉王卧室里去见。"黥布到了汉王卧室，见刘邦在洗脚，左右各一个美人在伺候刘邦。刘邦抱住两个美人亲亲耍耍，这对客人是非常不礼貌的。如此场面，让黥布十分难堪，恨不得有一条地缝钻进去。黥布告辞刘邦出来后想自杀。等到黥布到达他休息的地方，一看卧室的布置与汉王刘邦一模一样，也有两个美人在等候，是王者的规格，这一下黥布又高兴起来。[①]黥布心想，汉王是真心待我，给我王者的礼遇，只是做事有点流氓习气，是不与我见外，不计较小节，我黥布要死心塌地跟随汉王。

韩信足智多谋，有盖世奇才，但投奔刘邦时只是一个无名之辈。刘邦在很大程度上是看萧何的面子才拜韩信为大将的。韩信拜将后一席话让刘邦心服。刘邦便放手让韩信独当一面，开辟北方战场，但派了三个人监视韩信。一个监军张耳，一个步兵头领曹参，一个骑兵头领灌婴，三人分了韩信之权。当韩信灭齐要称假王之时，刘邦受此要挟大骂韩信说："老子受困，你小子按兵不动，还想称王。"在韩信使者面前这样说，刘邦感到失言，随即改口骂道："大丈夫在世要堂堂正正地做真王，你小子怎么要假王。"[②]刘邦派出高规格使者张良到齐国去立韩信为齐王，但却没有正式的委任状和划界地图。韩信自然也不满意，消极怠工，按兵不动。这事拖了一年，刘邦才正式下委任状和封疆地图给韩信，韩信这才发兵会围项王于垓下。项王被灭，刘邦立即改封韩信为

---

① 《史记》卷九一《黥布列传》，原文曰："布又大喜过望。"
② 《史记》卷九二《淮阴侯列传》。此为语译。

楚王，美其名曰"衣锦还乡"。其实是夺韩信之军权，让他赤手空拳回家乡去做楚王。后来韩信被擒，心有不甘，对刘邦说："陛下带兵不过十万，臣带兵多多益善。"刘邦笑着说："多多益善，何为为我禽？"韩信无奈地说："陛下不能将兵，而善将将，此乃信之所以为陛下禽也。且陛下所谓天授，非人力也。"① 善将将的御人之术，当然不是天生，是政治成熟的最高境界，只有非常之人，才能在后天的实践中修成正果。

4. 帝王兼听，要察纳雅言

圣明君主亲信贤人，远离奸佞，能够倾听不同意见择善而从。如果择非而从，那就不叫纳谏，不是圣明之君；喜欢阿谀奉承，那就是昏暴之君。司马迁批评殷纣王拒谏，"智足以拒谏"，纣王的小聪明只用在拒谏上，甚至剖心杀了忠臣比干，最后的结果是破家亡国。司马迁称许汉文帝为仁君，他真诚纳谏，有两个举措为后世君主树立了榜样。一是下诏求言，创立了举贤良制度。二是明确宣布言者无罪，言事者无论对与错都不承担责任。汉文帝认为，纳谏的后果由君主承担，"国之大患"是"择者不明"②。汉文帝开明的流风余韵，一直影响到昭宣中兴。

5. 帝王勤政，要关爱民生

凡雄略之主，都有勤政的精神。秦始皇办公，课以日程，批阅公文，每天定量批阅简牍一百二十斤，不完不休息。司马迁批评秦始皇"贪于权势至如此"③。司马迁所讲的勤政，指勤于关心民生，而不是具体的政务。恰恰相反，帝王不要去干预臣工的政务。明君之明，是明于国家大体，把握方向，创建制度，要了解民情，要像黄帝、尧舜那

---

① 《史记》卷九二《淮阴侯列传》。
② 《汉书》卷四九《晁错传》。
③ 《史记》卷七《秦始皇本纪》。

样，一年四季巡视百姓，"未尝宁居"，没有睡过一天安身觉。舜死于苍梧之野，大禹崩于会稽山上，他们死在关爱民生的工作岗位上。如此勤政的帝王，似乎只能是一个理想。

6. 帝王节俭，要珍惜民财

汉文帝没有惊天动地的伟业，但他十分珍惜民财，非常节俭。他所宠幸的慎夫人，只穿短裙，帷帐不准绣花。汉文帝要修一个观景台，一说是观天文的高台，需要花费一百金，相当于十户中产人家一年的收入，便作罢。汉文帝临终下诏，臣下守灵，只在早晚各哭十五声，臣民要节哀。十五天解除丧期，全天下的吏民，只需服丧三天，按礼要守三年之丧。下葬器具不用金银，只用瓦器。汉文帝心中装有一个"民"字，司马迁许之为"仁"。文景时代，人民安居乐业，六七十岁的老翁，整天与小儿嬉戏，都返老还童了。

第三节　司马迁笔下的贤臣

1. 居官理民，要为民办事

西汉萧何"因民之疾秦法，顺流与之更始"，想民之所想，急民之所急，司马迁称许说"何之勋烂焉"。万石君一门贵盛，碌碌无为，一生谨慎，只仰承天子鼻息，但能"为百姓言"[①]。与民办事，是贤臣的最高标准，这在当时是了不起的先进思想。查遍二十四史，只有《史记》写有"为百姓言"几个字。

---

① 《史记》卷一〇三《万石张叔列传》，写万石君石奋少子石庆"为齐相，举齐国皆慕其家行，不言而齐国大治"，石庆为丞相，"然无他大略，为百姓言"。

2. 张释之为廷尉，依法断案，天下无冤民

在古代断狱判案是国家施政的重中之重。刑措不用，是太平盛世的标牌。在古代行政干预司法，尤其是君主干预司法，往往使国家陷于深重灾难。张释之，字季，南阳堵阳（在今河南方城东）人。西汉著名贤臣，汉文帝时廷尉，执法公正，认为法律是天下人的法律，不是皇帝个人的意志。张释之劝谏汉文帝带头按法律办事为天下人表率。

3. 为官要清廉，不与民争利

公仪休是春秋时鲁国国相，他为官清廉，公私分明，一尘不染，高风亮节，给为官的人树立了一面高悬的明镜。公仪休喜欢吃鱼，有人投其所好，专程送来了几条鱼，公仪休坚辞不受。他对送鱼的人说："我正因为喜欢吃鱼，所以才不能收你的鱼。现在我做国相，靠着微薄的俸禄还吃得起鱼。如果我收了你的鱼，丢了俸禄，那时谁来送鱼呢？"[①] 一席话说得送鱼人哑然失笑，公仪休的话既拒腐，又委婉，一针见血地揭穿了送鱼人请托的目的。公仪休的夫人勤劳贤淑，亲自种菜织布，公仪休劝说不听，就休了夫人，说她争夺了士农工商的口食。公仪休防微杜渐，制止当官的亲属与民争利，这种精神无比崇高，但休妻之举，未免过分和迂腐。

4. 救民水火，甘冒斧钺

汉武帝时，河内郡发生火灾，烧了一千多家。汉武帝派汲黯去巡察。汲黯路过河南，那里发生了大旱灾，接着是水灾，颗粒不收，地方对此瞒报。汲黯见此，自作主张打开粮仓救灾，这是要冒杀头危险的。汲黯的行为，急民之所急，不顾个人安危，汉武帝赦免了他的罪过，还称赞汲黯是"社稷之臣"[②]。

---

① 《史记》卷一一九《循吏列传》。
② 《史记》卷一二〇《汲黯列传》。

5. 当官要自律，职位是责任

春秋晋文公时，晋国最高司法长官李离，办案五年没有出过差错。李离的部属错判了一件死刑案，李离自责，向晋文公请求死刑。李离说："我是最高司法长官，俸禄最多，职位高，就要担负最高责任。臣不能平时享受高位厚禄，有了过错推给下属。"[①] 李离不接受晋文公的赦免，自杀而死，承担责任。

6. 治理积弊，要有智慧，启迪民智

作为一个手握权力的长官，如何处理尖锐复杂的矛盾、积重难返的社会问题？是用暴力推行善政，还是用智慧让恶人现身说法，教育人民群众觉醒？两种办法，两种效果。褚少孙所补战国时西门豹治邺，提供了一个以人为本，运用智慧办事的典型。西门豹也用暴力，但一是有限度，二是只用于惩办首恶。

邺城是魏国的领地，在今天河北临漳县一带，经常闹水灾。那里的官绅与巫婆结成一伙坑害民众。他们每年要为河伯（即河神）娶媳妇。家家都要出钱，搜刮上百万，官绅与巫婆把大部分钱财瓜分，只用少量的钱娶妇。民间长得漂亮的小姑娘及其家庭为避免遭受侵害，有钱的出钱免灾，无钱的就要倒霉，只好带着女儿逃匿流浪。但每年总有一个家庭，一个女孩遭殃。西门豹到任，了解情况后，决心革除陋俗，动员民众兴修水利。但在强大黑暗社会势力笼罩下，民众尚未觉醒，强力推行很难奏效。西门豹不动声色，他也声称要参加为河伯娶妇的典礼，并以县令之尊做主持人。西门豹以虔敬的心情顺民之俗。当娶妇典礼正式开始时，西门豹声称揭掉女子盖头，要察看是否漂亮。然后要巫婆去向河伯报信，问河伯是否满意。说时迟，那时快，没等西门豹话音落地，上来两个吏卒，不容分说把巫婆投入河中。西门豹

[①] 《史记》卷一一九《循吏列传》。此为语译。

装出一副严肃认真的样子，纹丝不动，等待回音。成千上万的群众鸦雀无声。过了一阵，西门豹说，巫婆为何久久不回，再派她的弟子去催促她。于是投一女弟子于河中。过了一阵，又投一个弟子，一连投了三个弟子，她们都没有回来。西门豹说：巫婆和她的弟子都是女子，不会办事，现在要男子去向河伯汇报，于是把地方官三老都投到河中。地方豪绅和县里官吏个个惊恐。这时西门豹又发话了，说："三老官职小，也回不来，现在请地方豪绅长老、县衙高官去见河伯吧。"西门豹想把这群恶棍一个一个都投入河中。这些人连忙叩头，真是叩头如捣蒜，自己出来拆穿西洋镜，揭穿骗局，退出赃款。西门豹饶他们不死，全体百姓也受了教育。西门豹趁热打铁，组织全县百姓挖沟修渠，共修通了十二条渠，彻底免除了水害。西门豹的智慧和工作方法，不是很值得借鉴吗？

西门豹治邺，虽是西汉褚少孙所补，符合司马迁的思想，与商鞅变法用暴力和诡诈之术相较，形成鲜明对比。司马迁自己所写赵武灵王胡服骑射，也与商鞅变法形成鲜明对比。那些治申商刑名之学的能臣，高高在上，视人民群众为愚民，只可共享其成，不可与之虑始，往往主观蛮干，与民对立。司马迁称商鞅"天资刻薄"，不赞成对人民施暴力。由此可见，司马迁所称许的贤臣，不仅能办事，更要有一颗赤子之心，与民共休戚。

第四节　司马迁开明的政治理想

在古代皇帝制度下，"朕即国家"，尚无民主、自由的观念。人民期盼的，史家颂扬的，是君明臣贤，国家实施开明政治。何谓开明？

那就是执政的国君要明，臣子要贤。君"明"的标志是"纳谏"与"兼听"，倾听臣民意见；臣"贤"的标志是"清廉"与"尽职"，为民办事。君与臣，都不能以意为法，施政要顺民之俗，心里装有老百姓。司马迁在高祖、吕太后、孝文帝诸本纪赞，以及律书序，萧、曹世家赞等篇都鲜明地表达了主张顺民之俗，颂扬无为政治的思想。汉高祖刘邦，起自匹夫而得"天统"，是因为他顺民之俗，"承敝易变，使人不倦"。吕太后无为，"民务稼穑，衣食滋殖"。汉文帝"能不扰乱，故百姓遂安"，司马迁称之为"德至圣"的"仁"君。治国的最高原则是"顺民之俗"，又称"顺流与之更始"[①]，要办老百姓希望办的事。习近平总书记说："人民对美好生活的向往，就是我们的奋斗目标。"[②] 这是共产党人的心胸和追求。我们不能苛求两千多年前的汉文帝有这样的思想境界，但他"顺民之俗"的作为应当肯定。司马迁以帝王亲民为仁德的最高准则，这一先进思想也是值得肯定的。

怎样才能做到"顺流与之更始"，办老百姓希望办的事？西汉初的无为政治就是顺民之俗。当时民无盖藏，亟须休养生息，国家施政以休养生息为要务，无为就是顺民之俗。因为无为不是不做事，而是量力而行。具体说，有两条最基本的国策：第一，君臣无为，不举措暴众，不搞政治折腾，不滥用民力。该办的事，能办则办，不能办等到条件成熟再办。第二，民众则是有为，士农工商全面发展。"无为"是道家的语言，老子主张"绝圣弃智"，灭去人欲。司马迁恰恰相反，主张一个人要积极用世，提倡立德、立功、立言的三立精神，人生的追求是"不令己失时，立功名于天下"。司马迁不认为人欲是洪水猛兽，而视之为发展生产力的动力，鼓励人人发财致富。国家施政，不是阻

[①] 《史记》卷五三《萧相国世家·赞》。

[②] 2012年11月15日，习近平在十八届中共中央政治局常委同中外记者见面会上的讲话。

遏人欲，而是"善者因之"，即最好的办法是因势利导，让人民富裕，构建和谐社会。国家怎样施政才能达到这一境界呢？那就是君明、臣贤。明君的榜样是汉文帝，带头执法不干预臣职。贤臣的榜样是张释之和冯唐。张释之依法审案，冯唐直言切谏。《孝文本纪》与《张释之冯唐列传》，两篇合起来读，能鲜明地展现行政、司法、监察三者平衡互补，显然，这就是司马迁构建的一幅开明施政蓝图。

综上所述，司马迁塑造明君贤臣的榜样，用以构建他理想的开明政治蓝图，核心思想是两个方面：第一，贤者在位；第二，言路畅通。落实在帝王身上就是"用贤"与"纳谏"。无论是汉唐的"文景之治""贞观之治"，还是清代的"康乾盛世"，历史学家总结经验，不出这两条，比如范文澜的《中国通史简编》，也大体如此。"用贤"与"纳谏"放之四海而皆准，大道理不难懂，关键是国家施政怎样才能落实"用贤"与"纳谏"，司马迁升华为"贤者在位"与"言路畅通"，构思制度建设，不仅是超越了前人，而且是超前以至于今，司马迁的开明政治思想在今天仍然光芒四射。再申说之如次。

其一，贤者在位。司马迁讲的"贤者在位"，有三个突破：第一，"贤者在位"，不是单纯的用贤，而是包括君主在位，也要贤者，明君、贤臣，缺一不可；第二，治平天下，需要众多贤才，"三代之际，非一士之智也"；第三，智不可专，民间有贤才。

其二，言路畅通。司马迁讲的"言路畅通"，也不是单纯的"纳谏"与"兼听"，而提出"言者无罪"，帝王要像汉文帝那样下诏求言，听取民众心声。司马迁不只是在思想境界层面进行突破，他进一步提出怎样才能保证"贤者在位"与"言路畅通"的方法。贤者在位，要集体推荐，试用考察，民心拥护，然后授以实政。尧禅位舜的过程就是这样，时间长达二十八年。君臣在位，都要遵守制度约束；司法要独立，要公正；监察要进言，要敢言。这些先进思想，至今仍有借鉴价值。

第十章　司马迁的国家观（上）

国家，如何建构与发展，对这一问题的回答就是国家观。政治家是国家的缔造者，他们的回答就是怎样创造了国家。《史记》的十二本纪，展现的古代三千年王朝更替，就是古代政治家的回答。思考如何完善国家建构，并作出展望与评说的是思想家。对已然创造和不断发展的国家作出记载和解读的就是历史家。司马迁读万卷书，行万里路，他踏遍了他所处西汉极盛时期全国的山川地理，考察了由古及今的历史；司马迁中年奉使西征，还长期扈从汉武帝巡游四方，又进入了汉武帝的决策中枢，可以说司马迁是政治活动家、思想家、历史家兼备一身。司马迁所写《史记》，全书主线就是载述和解读中国古代的国家建构与发展，宣扬大一统历史观。国家建构，包括的内容很多，国家建构的理念、国家体制、国家的经济、军事、文化、民族，这些都是国家观的要素，本书浓缩为两章各三个节目来阐释司马迁的国家观。评说如次。

第一节　三千年的王朝更替，走向大一统的国家建构

《史记》全书由十二本纪、十表、八书、三十世家、七十列传五

体构成，凡一百三十篇。太史公曰："余述历黄帝以来，至太初而讫，百三十篇。"①《史记》全书一百三十篇的内容讲的就是中华民族大家庭从黄帝开端立家建国到汉武帝完成大一统德业鼎盛的太初年间，共三千年的历史发展，就是从统一到大一统的全过程，可以浓缩为一个历史年表来呈现，故名之曰"史记大一统历史观简表"②。十二本纪是全书之纲，载述三千年的王朝更替，展现国家建构日益完善，怎样走向大一统的生动历程，以下分三个发展时期评说：一、五帝承传；二、夏商周三代承传；三、秦汉大一统承传。

1.《史记》开篇，五帝承传，家与国一体产生

《史记》开篇《五帝本纪》所写五帝为：黄帝、颛顼、帝喾、唐尧、虞舜。五帝承传，开国立家，是中华文明起源的象征。五帝是一家，但不是父子五代人的承传，而是家与国草创时期的一个历史过程，几百年或上千年，没有绝对年代，是司马迁改造父系氏族部落时代的传说历史，将其上升为中华民族人文始祖诞生立家建国的人文历史，是一种信仰，是中华民族家国情怀的信仰。五帝承传，分为两个层面：一是黄帝创始，立家建国；二是四圣遵序，完成国家建制。

（1）黄帝创始，立家建国。《五帝本纪》的黄帝纪，不足五百字，内容极其丰富，写出了中华民族进入文明时期，立家建国的历史。《史记》开篇第一句："黄帝者，少典之子，姓公孙，名曰轩辕。"黄帝为人之子，有父亲，有名有姓，父子相承，就是有家。司马谈发凡起例《太史公书》，所定断限是"起于陶唐，讫于麟止"。司马迁修正断限，"述历黄帝以来，至太初而讫"。《太史公自序》保存了两个断限，是

---

① 《史记》卷一三〇《太史公自序》。
② 《史记大一统历史观简表》，载笔者《史记研究》论文集，甘肃人民出版社1985年版，第364—365页。

存真《史记》两代人的创作痕迹与历程。孔子编定《尚书》，起于《尧典》，突显让德。司马谈效《春秋》，就是效法孔子。让德，作为个人修养是正能量，但如果是对社会、对国家不利的谦让，则是不负责任、不担当、不作为。司马迁修正《太史公书》的断限，起于黄帝，突显的是黄帝一统天下的担当，是当仁不让，此乃不与圣人同是非，是司马迁独具的历史观和伟大识见。唐人司马贞不明此旨，他批评司马迁写《史记》起于黄帝，没有源头，补写了《三皇本纪》。黄帝之前的三皇传说，是母系社会，作为家庭没有承传，也就没有家。没有家，也就没有国。所以司马迁起于黄帝，是因为黄帝立家建国，家与国一体产生。家是个人小家，国是社会大家。父系氏族产生了家，起于黄帝就是文明起于父系氏族，这是符合历史进程的。

黄帝建国，他用兵征伐，经过两场战争，得了天下。阪泉之战败炎帝[①]，是平乱；涿鹿之战杀蚩尤，是诛暴。两战之后，诸侯咸推轩辕为天子，代神农氏，是为黄帝。黄帝以暴力取天下，还有不顺的要征讨，于是建立了常备兵，往来迁徙，"以兵师为营卫"。黄帝巡行四方，关注民生，"治五气，艺五种，抚万民，度四方"。建国都，"邑于涿鹿之阿"。黄帝的活动范围：东到海边，登上丸山，直到泰山封禅；西到空桐山，登上鸡头山；南到长江，登上熊耳山、湘山；北逐荤粥，在釜山合符诸侯，这是国家的疆域。黄帝设官治民，举用风后、力牧、常先、大鸿等贤人。黄帝整治交通，这是便民的国家工程，他"披山通道，未尝宁居"，死在工作岗位上。黄帝死后，葬于桥山。桥山上有黄帝陵，在今陕西省延安市黄陵城北。

黄帝立家建国，家国一体产生，成为中华民族的人文始祖，是司马迁的伟大创造。司马迁的创造积淀成为中华民族家国情怀的信仰，

---

① 这里的炎帝当是神农氏炎帝的后裔，史称"神农氏世衰"，即是炎帝的后裔，诸侯互相攻伐，侵暴百姓，黄帝练兵平乱。

这一信仰是爱国主义的源泉。

（2）四圣遵序，完成国家建制。四圣，指五帝中黄帝之后相承的四帝：颛顼、帝喾、唐尧、虞舜。他们承传黄帝之业，不断进取，到虞舜手里，家庭伦理有则，国家建制完成。

颛顼、帝喾的活动范围。颛顼，黄帝之孙，继承黄帝，其活动范围，北到幽陵，南到交趾，西到流沙，东到蟠木。颛顼死后，他的族子，黄帝曾孙帝辛继立，是为帝喾。帝喾普施利物，知民之意，执中而治天下，日月所照，风雨所至，莫不从服。

帝尧的活动范围。帝尧名放勋，帝喾之次子。帝尧继帝喾为帝，号陶唐，定都平阳。帝尧任命四贤管理国家。羲仲，居守东方旸谷；羲叔，居守南交；和仲，居守西方昧谷；和叔，居守北方幽都。四贤助尧管理四方民众，按时播种耕作。惩治四凶：流放共工到幽陵，改变北狄习俗；流放驩兜到崇山，改变南蛮习俗；迁徙三苗到三危山，改变西戎习俗；流放鲧到羽山，改变东夷习俗。帝尧任用四贤，放逐四凶，天下民众对尧心悦诚服。帝尧年老，让四岳推荐贤人，把帝位让给虞舜。

帝舜的活动范围。帝舜，史称虞舜，名重华，冀州人，曾在历山耕种，在雷泽捕鱼，在黄河边制作陶器，在寿丘制作器物。知民疾苦，所到之处，风气淳朴。舜以大孝名闻天下，三十岁时被四岳举荐为尧的继承人，经过二十八年的代理行政考验，正式接班。帝舜巡行四方，东边到达泰山，南边到达衡山，西边到达华山，北边到达恒山。帝舜在位的第三十九年，到南方巡视，死在苍梧之野，葬在零陵九嶷山。帝舜和黄帝一样，死在工作岗位上。帝舜任用二十二个贤人治国，国家机构完善，各个部门都建立起来了，司马迁动情地评论说："天下明德皆自虞舜始。"意思是：黄帝草创国家，到虞舜手里，国家机构完善了，国法家规都有了章法，虞舜治家治国都作出了表率。

2. 夏商周三代承传，天子与诸侯共治天下

夏商周三代，天命转移，开国之王虽以力取，而力只是辅助因素，祖上积德累善，以德服人才是主要因素。民为邦本，本固邦宁。得人心者得天命，失人心者失天下。国家疆土日益扩大，民众繁衍人数日益增多。封土建藩，一国之王与分封的诸侯共治天下，西周的封土建藩制度完善，达到鼎盛。

（1）夏王朝的承传。大禹治水得天下。大禹，又称夏禹，名叫文命，是黄帝第四代孙子，鲧的儿子。帝尧命鲧治水，鲧用堵塞办法治水，九年后更是洪水滔滔，尧流放鲧到羽山，让禹接着治水。禹用疏导办法治水，十三年中三过家门而不入，全年奔跑在山林川泽。禹整治全国土地，划分九州，丈量田地，分出九个等级，缴纳租赋，可以说是整治了全国水土川泽，立下万世大功。全国九州为：冀、兖、青、徐、扬、荆、豫、梁、雍。

禹治水从冀州开始。疏理壶口、梁山、岐山、太原、太岳山，疏通衡水、漳水。导引黄河由碣石入海。冀州之田为第五等。

禹治水兖州。济水、黄河之间是兖州。九条河道已疏通，导引雷夏成湖泊，雍、沮两水汇入，移民众从山上下到平地，种桑养蚕。兖州之田为第六等。

禹治水青州。大海、泰山之间是青州。堣夷之地得到治理，潍水、淄水被疏通。青州盛产竹器、丝麻。田土为第三等。

禹治水徐州。大海、泰山与淮水之间是徐州。淮水、沂水疏导完毕，大野泽治水成湖。田土为第二等。

禹治水扬州。淮河、大海之间是扬州。禹整治彭蠡，即今之鄱阳湖，整治震泽，导引松江、钱塘江、浦阳江三江入海。田土为第九等。

禹治水荆州。荆山到衡山以南是荆州。长江、汉水经荆州东向入海。禹治理沱水、涔水第九条支流，整治云土泽、梦泽。田土为第八等。

禹治水豫州。荆山、黄河之间是豫州。黄河支流有伊水、雒水、瀍水、涧水。疏导了荥播泽、菏泽、明都泽。田土是第四等。

禹治水梁州。华山南面与黑水之间是梁州。境内汶山、嶓冢山、沱水、涔水、蔡山、蒙山得到治理。田土为第七等。

禹治水雍州。黑水、西河之间是雍州。境内弱水向西疏通入流沙；治泾水、漆水、沮水、沣水入渭河。田土为第一等。

治水、修路，是历代王朝的国家工程，直到当代仍然如此。天旱、水灾、山崩、地震是不时发生的自然大灾害。治水防涝抗旱，减缓自然灾害。修路便民商旅，加固国防。尧命禹治水，就是国家工程。大禹治水，划定九州，制定贡赋，是中国历史上第一次的国土整治与户籍建立，功绩卓著，赢得民心。舜禅让于禹。禹登帝位，第十年东巡到达会稽山，大会诸侯，死葬于会稽山，是又一个死在工作岗位上的古代帝王。

禹死，禅位伯益，但天下之民不朝拜伯益，而朝拜禹之子启，于是启继位，开启了家天下传子的王朝，这就是夏朝。夏朝从大禹到夏桀国亡，王位承传，父死子继，或兄终弟及，共传十四代十七王，历经471年，当公元前21世纪至前17世纪之间。

（2）商王朝的承传。商汤之德，惠及鸟兽，灭夏桀而有天下。商的始祖叫契，舜封契于商，汤有天下故称商，后裔盘庚迁殷，所以商朝又称殷，合称为殷商。

契十四传至汤，汤始居亳，即商邑，在今陕西商县。汤建立商朝，迁于南亳，在今河南商丘市。汤到野外捕鸟，网开三面，祷告说：左、右、前，三面都可逃命，只有不怕死的进入一面。后世成语"网开一面",反用其意。当时诸侯称赞说:"汤德至矣,及禽鸟兽。"

夏桀推行暴政,汤兴兵讨伐,在有娀氏故都(在今山西永济东)打败夏桀,桀逃至鸣条(在今山西运城安邑镇北),汤又在鸣条打败夏桀,夏桀死在鸣条。汤又打败三㚇(在今山东定陶),于是践天子位,平定海内,建立商朝。

商朝由汤至殷纣王历十七世三十一王,据《殷历》记载为458年,《竹书纪年》记载为471年,《三统历》记载为600年,当公元前17世纪到11世纪之间。

(3)周王朝的承传。周之始祖后稷。后稷,名弃,帝喾之子,母曰姜嫄,出外见巨人迹,心里高兴,践巨人迹而生弃,以为不祥,弃之于小巷,牛马路过,都避开婴孩不践踏;又弃之于山林,被山林中人拾到路上;又弃之于水渠之上,一群飞鸟落下用羽翼覆盖婴孩取暖。婴孩多次遇险不死,姜嫄以为有神灵保护,抱回养大,取名为弃。弃成人后,喜欢种庄稼,帝尧任命为农师,天下之人得其利。帝舜封弃于邰,号后稷,别姓姬,是为周之先祖。

周武王灭殷建周。后稷十五传至西伯姬昌。姬昌之子周武王灭殷建周后,尊其父姬昌为周文王。文王仁爱、敬老、慈少、礼下贤者,天下归心,建都丰邑,今属陕西西安。文王死后,其子姬发继位,是为武王。武王以太公望为师,以其弟周公旦为辅,召公、毕公之徒为左、右臂膀。武王继位的第九年在盟津(又作孟津)大会诸侯,进行一场伐纣的军演,两年后,即武王十一年,公元前1046年正式兴师伐纣。二月五日黎明时,武王在殷都朝歌(今河南安阳市)近郊牧野誓师,有战车三百五十乘,士兵二万六千多人,敢死勇士三千人,纣王动员十七万军人抵抗。纣王之师阵前倒戈,纣王兵败,自焚而死。武王一战灭纣,建立周朝,定都镐京,在丰邑不远的渭水岸上。又营建洛邑,即今河南洛阳市为陪都。武王把战马放在南山的南面,把耕牛放在桃林之地，放弃干戈，解散军队，昭示天下太平，不再有战争。

周公辅成王，治礼作乐。武王灭殷后两年，即周武王十三年病逝，太子姬诵即位，是为成王。成王年少，周公辅政。管叔、蔡叔不服，联合武庚叛周，淮夷、徐戎也在东方起兵呼应。原来周武王灭殷后，把殷都王畿分为邶、墉、卫三国。邶为纣王之子武庚封国，墉为管叔姬鲜封国，卫为蔡叔姬度封国。邶、墉、卫三国，史称三监，管理殷遗民。三监中，墉、卫二国又是监视邶国，即管、蔡监视武庚。管叔，文王第三子；蔡叔，文王第五子；周公姬旦是文王第四子。因此管叔是周公之兄，他不服其弟周公辅政，竟然策动蔡叔、武庚一起叛周。于是，周公东征，三年才平定了叛乱。周公诛武庚、杀管叔，而流放蔡叔。周公分殷遗民为二：其一，封微子启（殷纣王庶兄）于宋，以续殷祀；其二，封康叔姬封于卫，是为卫康叔。康叔是文王第九子。叛乱的殷遗民，集中安置在洛邑。周公旦驻重兵在洛邑管理殷遗民及东方诸侯，护卫镐京。

周公辅政，大封诸侯分治四方之民，又制礼作乐，进行制度及文化建设，是中国历史上第一个圣人。

周王朝承传，从周武王到周赧王东周之灭，历经三十一世，三十七王。周朝分为两段：西周、东周。西周承传十一世，十二王；东周承传二十世，二十五王。西周为武王灭殷至周幽王，凡276年；东周为周平王至周赧王，凡522年。合计周王朝历年798年，当公元前1046年到公元前249年。

上述夏商周三代承传，历经近两千年，三个朝代，天命转移更替两次，史称汤、武革命，即"革膺天命，更授明命"。夏朝得天下以德，商、周两朝既以积德累善而有天下，更伴随暴力取天下。愈往后的朝代，暴力成分加重，战争愈益扩大，国家疆域增大，建制也日益复杂。西周文武两代经营得天下，历经道路更曲折，孟津军演，牧野战斗才灭了殷朝。建国后还历经叛乱、平叛，再分封建藩，周天子与众诸侯共治天下，史称西周成康之治，刑措不用。《诗经·小雅·北山》称颂曰："普天之下，莫非王土；率土之滨，莫非王臣。"天无二日、人无二王的观念，牢固树立。

3. 秦汉大一统王朝，皇帝集权

秦汉大一统是千年历史大变局。秦始皇统一六国，建立中央集权，皇帝至尊，奠定了大一统的基础，被称为千古一帝秦始皇。汉武帝巩固了中央集权制度，内政用推恩制和平化解了分封残余诸侯王的问题，推行刺史六条问责制加强了对地方的控制，独尊儒术确立了先进文化的主流地位；对外打败匈奴，开拓河西走廊，凿空西域，奠定了中国今日之疆域，于是中国人被称为汉人。汉武帝雄才大略，与千古一帝秦始皇并称，于是中国历史有秦皇汉武，他们是大一统的象征。

（1）秦朝建立与秦始皇巡游。秦朝的兴起，从秦襄公护送周平王东迁，始受封为诸侯到秦统一六国，历经近六百年的发展，从公元前771年到公元前221年。秦王朝的兴起，整个历史过程就是一部血腥的征服史，史称"秦取天下多暴"。秦孝公时商鞅变法，用军事编制整顿户籍，其实质就是实施全民皆兵的政治。大战役全国总动员。长平之战，秦民年十五都被征发上战场。秦用爵位奖赏军功，晋爵凭杀敌斩首的数量论功。秦军一上战场，热血沸腾，刀尖所指，取人首级。《史记》记载，秦军征战六国杀俘一百六十七万人，单白起一人就杀俘九十万人，史称秦为虎狼之国。虽然"秦取天下多暴"，但统一六国，结束战乱，符合人民的心愿，最终强大的秦国取得了胜利。《史记》用了两个本纪，即以《秦本纪》《秦始皇本纪》记述秦王朝的历史。

公元前221年，秦王嬴政统一六国，建立中央集权政治，废除分封制，中央最高统治者称为皇帝，废除西周谥法制度，皇帝死后不立谥号，每一任皇帝继承以序号数字计算，嬴政自称"始皇帝"，故史称"秦始皇"。以后皇帝按继承序号称二世皇帝、三世皇帝，传之万世，以至无穷。皇权机构，皇帝之下设立三公九卿制度。丞相管理行政，太尉掌兵事，御史大夫为副丞相，司监察，称为三公。下设九个部门，长官称为卿，共九卿，为：奉常、郎中令、卫尉、太仆、廷尉、典容、宗正、治粟内史（汉改为大司农）、少府。地方分为郡县两级。全国划为三十六郡，后拓地达四十四郡。这是秦王朝建立的大一统政治新型国家。

秦始皇在全国范围修驰道，供皇帝巡行便利。秦始皇自统一全国的第二年起，十年之间持续不断巡视全国，也就是从公元前220年到前210年。皇帝巡行是巩固政权的重大举措。秦始皇一路刻石颂功，宣示威德和政治措施；刻石文字，就是发布中央政令的一种形式。秦始皇二十七年，巡视西北地区，陇西、北地；二十八年，巡视东方以及东南、南方等地区，东上邹峄山、泰山，转彭城，经泗水，渡淮水，到衡山、南郡、长江、湘山祠；二十九年，东巡至阳武、之罘（今山东烟台）、琅邪（今山东高密、诸城），转上党而归；三十一年，微服咸阳；三十二年，巡视到碣石、北边、上郡；三十七年，南巡云梦、九嶷山、之罘、海西，返程至平原津而病，死于沙丘宫。

秦始皇巡行，深入社会广泛观察，为其各项改革、颁布新政提供决策依据。《史记·秦始皇本纪》记载秦始皇先后立石、刻石九块，收载了七块刻石的内容，保存了秦王朝中央文件第一手的原始资料，有极高的文献价值，从中可以梳理出秦始皇施政纲领和施政思想，以及具体措施。大要有六个方面：

其一，皇帝独尊。经廷议奏请，改"王"为"皇帝"，命为"制"，令为"诏"，自称曰"朕"。

其二，黔首自实田。保障社会底层黔首拥有安定生活的生产资料。

碑文明确规定:"黔首自实田""惠被诸产,久并来田,莫不安所"。

其三,全国归一统。碑文曰:"存定四极""平宇海内""六合之内,被泽无疆"。实施办法有四:一是废分封,行郡县;二是统一名物制度,即统一文字,统一度量衡,统一钱币,史称车同轨,书同文;三是淳化风俗,加强道德伦理教化;四是销毁兵器,停止战争。

其四,发展经济。碑文曰:"治道运行,诸户得宜""上农除末,黔首是富""节事以时,诸产繁殖""男学其畴,女修其业"。

其五,实施法治。碑文曰:"秦圣临国,始定刑名""普施明法,经纬天下,永为仪则""欢欣奉教,尽知法式""初平法式,审判职任,以立恒常"。

其六,政治思想,以儒为主,兼容百家。秦始皇二十八年东巡齐鲁儒文化地区,"与鲁诸儒生议"。碑文曰:"圣智仁义,显白道理""光施文惠,明以义理""皇帝明德,经理宇内"等。秦始皇并不排斥儒学及诸子百家,具体表现在吕不韦编《吕氏春秋》,就是熔百家思想于一炉的论著。到了秦始皇三十四年,廷议分封,引发政争,李斯主张焚书坑儒,秦政走上极端暴虐的歧路,导致秦朝二世而亡。

(2)西汉建立与汉武帝巡游。秦王朝建立的大一统皇帝制度,二世而灭,人们产生了惶惑,国家建制如何走向,提上议事日程。项羽分封十八王,自称霸王,效仿春秋五霸政治。春秋五霸上有共主周王室。五霸打着尊王攘夷旗号,尚能维持列国短暂的和平。项羽分封,灭了义帝,没有共主,项羽宰天下不平,诸侯各就国,立即进入了"新战国"时代。楚汉相争,汉王刘邦坚持大一统皇帝制度,以弱抗强,战胜了项羽,西汉建立,沿袭秦朝国家制度,去除秦朝苛法,实施黄老无为政治,与民休息。经过高、惠、文、景四代皇帝约七十年的发展,国富兵强。汉武帝继位,雄才大略,外伐四夷,开疆拓土,内兴功作,封禅制历,把西汉推向极盛,巩固了秦王朝建立的大一统皇帝集权制度。汉武帝伐匈奴，意义重大。

汉武帝巡幸，据《汉书·武帝纪》记载，汉武极为频繁地巡幸四方。离京师近距离的巡幸，西幸雍、祠五畤，东幸河东祠后土。汉武帝远离京师的巡幸，主要在他在位的下半程。汉武帝在位54年，前半程27年忙于征匈奴，只作近距离的巡幸。后半程27年，即从元鼎四年到后元元年，公元前113年到前88年，其间26年，汉武帝远离京师巡幸四方达22次之多，差不多年年都在巡幸。此时漠南已无匈奴王庭，全国安定，汉武帝大规模巡幸四方，时间长的达半年之久。汉武巡幸重点有三：一是巡幸北方，总计十次，两次北出长城，威震匈奴；二是封禅泰山十次，向上天祈福，称成功；三是东临大海八次[①]，冀遇仙人，求长生不老。帝王巡幸向臣民昭示天子威严风采，沿途采风民情习俗，发布政教仁惠，宣示国家主权，是凝聚民心的纽带。司马迁从黄帝草创国家以来，极为重视帝王的巡幸记载，这是大一统的象征。从黄帝的四至到秦皇汉武的四至，这个变化就是从一统到大一统的发展，象征国家的发展，社会的进步。《五帝本纪》对五帝承传帝王巡察四方，关爱民生，反复描写，其实是昭示社会在不断的变革、进化发展中，三千年历史，就是通古今之变，稽成败兴废之纪，找到国家发展的规律，避免改朝换代。社会走向大一统是必然的规律。

帝王巡幸，动静太大，劳民伤财，也有负面影响。汉文帝谦让，不巡幸，不封禅，得到司马迁的高度评价。这并不是司马迁反对巡幸，反对封禅，而是有多大能力办多大的事，条件不成熟，不冒进，这才是本旨。文景时代不伐匈奴，是因为没有胜算。文景二帝积极备战，大规模养马，储粮于边，为汉武帝伐匈奴创造了条件。

[①] 东临大海八次，其中六次兼封禅。即封禅泰山与东临大海总计为十二次。

第二节 非德不昌，施政之本要关爱民生

孔子说："臣闻有文事者必有武备，有武事者必有文备。"[①] 文、武两手是立国之根本。在国家观中，武事指兵备，文事指施政。武备是立国之柱石，施政爱民是立国之本。武备将在下一章专题详说，这里先说文事。《尚书·五子之歌》曰："民惟邦本，本固邦宁。"施政以德，就是关爱民生。黄帝统一诸侯，司马迁用四个字："修德振兵"来叙说，就是文武两手。黄帝修德的具体措施，就是"艺五种，抚万民，度四方"，一句话概括："关爱民生"，作出了榜样。秦施暴政，二世而亡。西汉建立，崇尚无为，施政方针："顺流与之更始"[②]。国家施政要按黎民大众想要得到的方向施行。本书第九章"资治之宝典"讲的就是"施政以德"，是从评价"太史公书"的角度做的理论阐释，本节，从国家观施政角度做进一步阐释，两者互为补充，为表里之文。

1. 崇尚德治，反对暴政

在司马迁笔下，"德治"与"暴政"两相对立，作者的褒贬倾向极为鲜明。《太史公自序》将古圣先贤禹、汤、文、武称颂为德治之君，说夏禹"德流苗裔"，周文王"德盛西伯"；将夏桀、殷纣、周幽王、周厉王，以及秦始皇、秦二世这些暴君，贬抑为"暴"。司马迁用这一政治观念模式总结历史经验。在《夏本纪》中，他说"帝桀之

[①] 《史记》卷四七《孔子世家》孔子对鲁定公之言。
[②] 《史记》卷五三《萧相国世家》"太史公曰"评说萧何施政说："何谨守管籥，因民之疾秦法，顺流与之更始。"

时，自孔甲以来而诸侯多叛夏，桀不务德而武伤百姓，百姓弗堪……汤修德，诸侯皆归汤，汤遂率兵以伐夏桀"。在《殷本纪》中说：纣王"好酒淫乐，嬖于妇人……百姓怨望而诸侯有叛者，于是纣乃重刑辟，有炮格之法"。而周文王"修德行善，诸侯多叛纣而往归西伯"。古代"虞夏之兴""汤武之王"，因修仁行义，"德洽百姓"[1]，而桀、纣之亡，则是因暴虐不仁。中古春秋时期，"弑君三十六，亡国五十二，诸侯奔走不得保其社稷者不可胜数"，而"察其所以，皆失其本已"。[2]这里所说的本，就是仁义之本。近世楚亡汉兴，也因"子羽暴虐，汉行功德"[3]。汉兴百年之间，"诸侯或骄奢，忕邪臣计谋为淫乱，大者叛逆，小者不轨于法，以危其命，殒身亡国"[4]。所以司马迁更明确地宣称，他写作《汉兴以来诸侯王年表》的目的，就是："臣迁谨记高祖以来至太初诸侯，谱其下益损之时，令后世得览。形势虽强，要之以仁义为本。"[5]

司马迁崇尚德治，反对暴政，但并不排斥"法治"，而只是认为"刑法"不是治政的根本，不能带来太平，更不应酷烈。循吏、酷吏两传序论对照极为鲜明。《循吏列传序》云："法令所以导民也，刑罚所以禁奸也。文武不备，良民惧然身修者，官未曾乱也。奉职循理，亦可以为治，何必威严哉？"《酷吏列传序》云："法令者治之具，而非制治清浊之源也。"十分明显，司马迁认为暴力和法，是治政之"具"，不可缺少。但"具"只是手段，不是治政的目的。"汉兴，孝文施大德，天下怀安"，这才是目的。为政之道，是以"德治"导致天下太平。

"德治"是儒家政治的根本。"德治"即"仁政"，出发点虽然是为了巩固封建统治，具体内容却是轻徭薄赋，主张节制对人民的剥削，

---

[1] 《史记》卷一六《秦楚之际月表序》。
[2][3] 《史记》卷一三〇《太史公自序》。
[4][5] 《史记》卷一七《汉兴以来诸侯王年表序》。

缓和阶级矛盾。这一政治的理论基础是"民惟邦本，本固邦宁"。司马迁用古今的历史事实来说明"得民心者得天下，失民心者失天下"这一民本思想，可以说此思想贯穿《史记》全书。但司马迁并没有到此止步。他不仅认识到了人民力量对历史的演进起决定作用，而且肯定人民的反暴斗争，大声赞美革命行动。

所谓"革命"，即变革天命，有道伐无道。"革命"词源有两个：一是《逸周书·克殷解》，记载武王克商的告天之词，曰："膺受大命，革殷，受天明命。"；一是《周易》卷五孔子所述《革卦·彖辞》曰："天地革而四时成，汤武革命，顺乎天而应乎人，革之时义大矣哉。"战国时孟子更发展成为民贵君轻说，盛赞武王革命诛"一夫纣"[1]。汉代景帝时还发生了儒学博士辕固生与道家博士黄生展开的一场汤伐桀，武王伐纣是不是革命的辩论。黄生认为汤、武之举是"臣弑君"，大逆不道。辕固生认为汤、武革命是"汤、武与天下之心而诛桀纣"[2]。可见"革命"是先秦至汉初儒家的一个进步观点。但是，到汉武帝时，罢黜百家，独尊儒术，加强了大一统的思想控制，这时的儒家学说是以董仲舒的三纲五常为基准，原始儒家的民贵君轻说，已被束之高阁。在这样的背景下，司马迁不仅继承了原始儒家民主性的精华，并发扬汤、武革命的观点，又向前推进了一步，提出了反暴政的思想。司马迁为陈涉作《世家》，把他与汤、武并论："桀、纣失其道而汤、武作，周失其道而《春秋》作。秦失其政而陈涉发迹，诸侯作难，风起云蒸，卒亡秦族。天下之端，自涉发难。"[3] 项羽灭秦，司马迁热情地歌颂了他，为之立本纪；而项羽暴虐，同样受到司马迁无情的批判。《刺客列传》和《游侠列传》，大旨都是颂扬反暴的精神。

---

[1] 《孟子》卷二《梁惠王下》第八章。
[2] 《史记》卷一二一《儒林列传》。
[3] 《史记》卷一三〇《太史公自序》。

所不同的是，《刺客列传》反映的是政治斗争，宣扬扶弱锄强的正义精神。至于游侠，可以说是颂扬绿林义气，宣扬下层人民扶弱救困的"仁义"道德。游侠的出现，是封建社会法制瓦解，匹夫抗愤的一种形式。游侠为受压迫、受冤屈的下层人民伸张正义，而不惜牺牲性命，司马迁歌颂他们，表现了他同情广大人民的反暴愿望，这已经超出了传统的儒家思想，受到正统史家的非难。但这正是司马迁思想闪光的精华之一。

2. 主张顺民之俗，颂扬无为政治

无为政治在理论上是"因循为用"，与"多欲滋事"正相反对。纵观《史记》，司马迁所歌颂的圣君贤相，皆"因循为用"；所抨击的暴君污吏皆"多欲滋事"。五帝三王与汉初君臣都是"因循为用"的；三代末主与秦皇、汉武都是"多欲滋事"的。前者兴盛，无为而无不为；后者衰败，为所欲为而国破家亡。

司马迁所讲的"因循为用"，采自道家的思想，但却与老庄之道有本质的区别。老子的"无为"，主张绝圣弃智，灭去人欲，要把历史拉回到古朴的原始社会中去[①]。司马迁所讲的"因循"却是顺民之俗，给人之欲。他在《货殖列传》里明确地提出了欲望是历史发展的动力的观点，主张施政要随从民俗。他说："故善者因之，其次利导之，其次教诲之，其次整齐之，最下者与之争。"因此，《货殖列传》一开篇就把老子的小国寡民主张作为批判的靶子引用。其实《老子》五千言中连一个"因"字也没有。司马迁从"无为"学说中引出"因循"是一种创新和发展。"因循"不是消极的率由旧章，无所作为；恰恰相反，

---

① 《老子》第三章："不尚贤，使民不争……常使民无知无欲，使夫智者不敢为也，为无为，则无不治。"第十九章："绝圣弃智，民利百倍。"第十八章："小国寡民，使民有什伯之器而不用，使民重死而不远徙……鸡犬之声相闻，民至老死不相往来。"老子的这些政治主张，均受到司马迁的批判。详见《货殖列传》。

而是"因势利导"之"因",积极地与时迁移。《论六家要旨》说:"与时迁移,应物变化,立俗施事,无所不宜",是用道家的语言,表达了法家的进化论思想。司马迁把老庄申韩合传,是发人深思的。韩非说:"是以圣人不期修古,不法常可,论世之事,因为之备。"又说:"世异则事异""事异则备变"[1]。司马迁还说:"秦取天下多暴,然世异变,成功大。传曰'法后王',何也?以其近己而俗变相类,议卑而易行也。"[2] "法后王"出自《荀子·非相篇》。司马迁所讲的"因循",其治政内容与韩非的随俗施事和荀子的法后王是一脉相承的。

"因循为用"的政治实践是汉初的无为政治,受到司马迁的称赞;"多欲滋事"的政治是武帝的文治武功,因其过度使用民力而受到司马迁的批判。汉初无为在指导思想上是"国家无事""君臣无言";具体措施,则是约法省禁,与民休息。无为治国的原则,高帝在世时已经贯彻,如除秦苛法,开关梁,弛山泽之禁,十五税一,等等。汉高祖起自匹夫而得"天统",原因就是他顺民之俗,"承敝易变,使人不倦"。吕太后无为,"民务稼穑,衣食滋殖"。汉文帝"能不扰乱,故百姓遂安",司马迁许之为"德至圣"的仁君。萧何为相,"因民之疾秦法,顺流与之更始"。曹参因循,"天下俱称其美"。文景之世的社会,在司马迁笔下,被描绘成理想的社会。《律书》云:"太史公曰:文帝时,会天下新去汤火,人民乐业,因其欲然,能不扰乱,故百姓遂安。自年六七十翁亦未尝至市井,游敖嬉戏如小儿状。孔子所称有德君子者邪!"

司马迁在《平准书》中明确地指出,汉兴七十年之"盛"的原因,是"国家无事"。所谓"国家无事",并不是没有事和不做事;这乃是与汉武帝时国家多事相对而言。查《汉书》各帝纪,惠帝有城长安之

---
[1] 《韩非子·五蠹》。
[2] 《史记》卷一五《六国年表序》。

事，高后元年有置孝弟力田官劝农之事，二年有改行八铢钱之事，文帝有平济北王刘兴居叛乱之事，景帝有平吴楚七国之乱之事。这些事是必须办的，它不是君臣们人为制造出来的，而且在办事时又有所节制，所以说"无事"。例如惠帝几次城长安，都在农闲之时进行，三十日而罢。"国家无事"的前提是"君臣无言"。曹参为相，日饮醇酒，"卿大夫已下及宾客见参不事事，来者皆欲有言。至者，参辄饮以醇酒，间之，欲有所言，复饮之，醉而后去，终莫得开说，以为常"。曹参对惠帝说："高帝与萧何定天下，法令既明，今陛下垂拱，参等守职，遵而勿失，不亦可乎？"惠帝曰："善。"① 可见无事、无言就是垂拱无为，守职尽责，依法办事，不滋事扰民。武帝即位则不然。他大事兴为，臣下争言利害，一事未就，一事又起，这就是西汉由盛转衰的原因。《平准书》也有具体描述，"武力进用，法严令具"，加之"兴利之臣自此始也"，超过了整个国家和人民所能负担的极限，给社会带来了灾难。到了武帝晚年，国家呈现"海内虚耗，户口减半"的残破景象，大类亡秦之迹。汉武帝后期的衰败，司马迁早在元封年间兴隆景象之时就觉察了。所以《平准书》"赞语"的结尾意味深长地以秦喻汉，用历史的教训来向汉武帝敲警钟。请看司马迁的批评：

  及至秦，中一国之币为二等，黄金以镒名，为上币；铜钱识曰半两，重如其文，为下币。而珠玉、龟贝、银锡之属为器饰宝藏，不为币。然各随时而轻重无常。于是外攘夷狄，内兴功业，海内之士力耕不足粮饷，女子纺绩不足衣服。古者尝竭天下之资财以奉其上，犹自以为不足也。无异故云，事势之流，相激使然。曷足怪焉。

---

① 《史记》卷五四《曹相国世家》。

这里所说的秦统一币制,"然各随时而轻重无常",乃是隐喻汉武帝垄断盐铁财货,随意变革币制搜刮民财的写照。集天下之财,用于"外攘夷狄,内兴功业",以至于"海内之士力耕不足粮饷,女子纺绩不足衣服"的境地,而专制者"犹自以为不足"。司马迁批评武帝的多欲,讥刺他的迷信荒诞,就在这"犹自以为不足"上,而并不是对他整个事业的否定。西汉政治从无为转向多欲,乃"事势之流,相激使然",是历史大势和必然发展。雄才大略的汉武帝外征内作,把西汉推向极盛。封禅、改制、正历、四夷归服,一派博大气象。《太史公自序》云:"汉兴以来,至明天子,获符瑞,封禅,改正朔,易服色,受命于穆清,泽流罔极,海外殊俗,重译款塞,请来献见者,不可胜道。"这是前所未有的大一统鼎盛局面,司马迁怎能不歌颂呢?由此可见,司马迁对汉武多欲滋事的批判,是指他好大喜功,过度使用民力而言,并用以表现自己提倡德治,顺从民望的政治观点,以及对文景之世无为政治的依恋和向往。

总之,司马迁赞颂汉初无为,但并不认为无为是不应变化的;他批评武帝多欲,也并不认为武帝的功业一无是处。司马迁的赞颂与批评,均是从顺民之欲的立场出发,总结历史的经验,警告为政者要顺应历史事势办事,以德为治,建立稳固的统治。这反映了西汉新兴地主阶级奋发向上的精神,是应该肯定的。

3. 反对分裂割据,主张大一统

秦朝是中国封建社会的第一个统一国家,但很快走向灭亡。对此,汉代诸儒完全否定秦朝的存在。司马迁批评秦取天下多暴,但肯定秦统一之功,在《六国年表序》中有鲜明论述。韩兆琦在评《六国年表序》时说:"汉代学者拘于偏鄙之见,诋毁秦朝是'余朝闰位',说什么汉是'上继周统',这种不顾事实的狂悖之言,深为太史公所不取。

司马迁厌恶秦朝的严刑酷法，深责其焚书杀士的倒行逆施；而对其'法后王'，对其通权达变的规模方略，有其心悦诚服处。故而在此序中力排众议，揭出而表彰之。"① 司马迁说"秦取天下多暴，然世异变，成功大"，大胆地肯定了秦在中国历史上的功绩。由此，我们也不难看出司马迁主张大一统的进步的政治思想。同时，司马迁为汉承秦制造舆论的用意也是十分鲜明的。

政治上，司马迁表现出对削藩的歌颂。他在《太史公自序》中阐明了给晁错立传的缘由："敢犯颜色以达主义，不顾其身，为国家树长画。"在司马迁眼中，"峭直刻深"的晁错数上书孝文"言削诸侯事"，又上书景帝"请诸侯之罪过，削其地，收其枝郡"，目的是为了避免"天子不尊，宗庙不安"的事件发生。晁错是一个替国家谋划长远的忠臣。但晁错这样做，却引起了诸侯的痛恨，以及丞相申屠嘉和袁盎等诸大臣的不满，必欲将晁错置之死地而后快。丞相申屠嘉因未能如愿，竟至于"怒"而"发病死"。然而吴楚七国最后还是以诛错为名反，又有窦婴、袁盎"进说"，错终被"衣朝衣斩东市"。在纷繁的政治斗争中，司马迁使晁错的政治品格和理念在嘉、错、盎三人的矛盾中脱颖而出，继而借邓公和景帝的对话来为晁错平反。《袁盎晁错列传》记载了这段对话如下：

上问曰："道军所来，闻晁错死，吴楚罢不？"邓公曰："吴王为反数十年矣，发怒削地，以诛错为名，其意非在错也。且臣恐天下之士禁口，不敢复言矣！"上曰"何哉？"邓公曰："夫晁错患诸侯强大不可制，故请削地以尊京师，万世之利也。计画始行，卒受大戮，内杜忠臣之口，外为诸侯报仇，臣窃为陛下不取也。"于是景帝默然良久，曰："公善言，吾亦恨之。"

---

① 韩兆琦：《史记选注汇评》。

这里，可以说司马迁是在运用"寓论于序事中"的手法，借邓公之口颂扬了晁错"削藩"的政治远见，又借景帝之悔意为晁错昭雪。

司马迁反对分裂割据，颂扬大一统的政治观是符合历史的发展进程的。司马迁在《货殖列传》中说："汉兴，海内为一，开关梁，弛山泽之禁，是以富商大贾周流天下，交易之物莫不通，得其所欲。"国家的统一，政治的稳定，这是社会经济文化发展的前提。所以司马迁对汉政权的统一和强盛，是备加赞颂的。《史记》以昂扬的情调反映西汉盛世，颂扬伟大的时代，历史观和政治观都是进步的。

4. 富国利民的经济思想

在中国古代史上，司马迁第一个系统地考察了商品经济的特征，还考察了经济与政治、经济与道德民俗的关系，提出了一整套发展生产，扩大交换、富国富家的经济理论，闪耀着朴素唯物史观的思想光辉，达到了划时代的最高水平。司马迁的新思想、新观点发表在汉武帝独尊儒术强化对思想控制的时候，实在难能可贵，是值得认真梳理的一笔宝贵的文化遗产。

（1）首创经济史传，并重农工商虞。司马迁的经济思想集中表述在《货殖列传》和《平准书》中。《史记》编目，《货殖列传》卷一二九，七十列传之一；《平准书》卷三〇，八书之一。篇目悬远，是因体例不同，而内容上却是互文相补、不可分割的"表里之文"。《货殖列传》以文景时期繁荣的商品经济为背景，描述了汉初经济的上升运动，肯定商人的历史作用，鼓励发财致富；《平准书》概述了汉武帝时期经济的下降运动，讽刺当世的经济政策。两种背景，相反相成，形成鲜明对照，生动地描绘了汉初至武帝时代西汉经济的事势变化，在翔实的序事之中表达了司马迁进步的经济史观。①

---

① 本节凡引《货殖列传》及《平准书》均不加注。

司马迁首创经济史传，奠基于他卓越的史识。从战国以来，我国封建统治者就一直推行"重农抑商"的经济政策。到了汉武帝时期，为了加强中央集权的统治，"重农抑商"政策得到全面的推行和发展。盐铁官营，平准均输，算缗告缗，"于是商贾中家以上大率破"。在这样的历史背景中，司马迁研究了商人的活动，认识到商业的兴起是历史发展的必然之"势"，真是了不起。《货殖列传》开篇就讲经济发展之势，人俗变迁之理。他引用老子小国寡民的主张作为批判的靶子，指出自《诗》《书》所述虞夏以来，"耳目欲极声色之好，口欲穷刍豢之味。身安逸乐，而心夸矜势能之荣使"这一人俗是随着经济的发展而渐染形成的。小国寡民的无知无欲是生产不发达时代原始氏族社会的人俗；最大限度地追求欲望的满足是生产不断发展所逐渐形成的文明社会的人俗。这种变化是不可阻挡的"势"，司马迁称之为"俗之渐民久矣"。谁要想把历史车轮拉向倒转，使人回到"小国寡民"的蒙昧中去，即使把人的耳目都涂塞起来，挨家挨户进行教化，无论说得多么动听，也是办不到的。司马迁这一形象的假设譬喻，深刻地表明了他用进化的观点看待社会的变化，这是符合唯物主义的认识规律的。

接着，司马迁从经济人欲发展之"势"的观点出发，认识到社会出现农工商虞的分工是不以人们的意志为转移的客观规律。他认为，中国地大物博，人们奉生送死的物质生活资料分布在各个不同的地区。"山西饶材、竹、榖、纑、旄、玉石；山东多鱼、盐、漆、丝、声色；江南出楠、梓、姜、桂、金、锡、连、丹沙、犀、玳瑁、珠玑、齿革；龙门、碣石北多马、牛、羊、旃裘、筋角；铜、铁则千里往往山出棋置。"大自然所提供的这些物质财富分散于各地，不可能每一个人都去从事所需的直接生产，因此必须分工协作，互相依存，"故待农而食之，虞而出之，工而成之，商而通之"。司马迁还强调指出："此四者，民所衣食之原也。原大则饶，原小则鲜。上则富国，下则富家。"人们要满足自己的衣食之需，国家要富强，就必须扩大农业、手工业生产，还要开发山泽，发展商业。司马迁引用《周书》的话说："农不出则乏其食，工不出则乏其事，商不出则三宝绝，虞不出则财匮少。"这里，司马迁不仅突破了重农抑商的传统观念，而且强调了四业并重，缺一不可。他把商业作为人民的衣食之源放到国民生产总体结构中来考察其作用，并引证齐国的发展历史来说明农工商虞四业早就是古代社会经济的基本结构，国家的盛衰强弱决定于经济基础的厚薄。四业兴旺，国家富强；四业不齐，国家贫弱。司马迁对"重农抑商"这一传统的抑商政策作了彻底的否定。

（2）宣扬欲望动力说，批判了"最下者与之争"的政策。欲望是指人体感官对于物质利益的追求，这是一个活生生的存在。司马迁的前辈，先秦诸子发起的人性之争，都把欲望归之为人性，作出了各自的论述。道家主张绝圣弃智，即灭欲，老子说："罪莫大于可欲。"[1]法家主张用刑赏制欲。儒家主张用礼节欲。孔子教育学生的口头禅就是"君子喻于义，小人喻于利"[2]。孟子倡导养心节欲，他说："养心莫善于寡欲。"[3]总之，诸子百家莫不承认人人有欲，但都主张遏制欲望。统治阶级要维护其剥削利益，从而视人的欲望为洪水猛兽。西汉统治阶级鉴于秦末农民战争的风暴，更是不遗余力地大造舆论，挞伐人欲。例如贾谊就说："其慈子嗜利，不同禽兽者亡几耳。"[4]司马迁的老师董仲舒替统治阶级完成了一套防范人欲的理论，提出用三纲五常的道德礼教来陶冶人欲。他说：

　　夫万民之从利也，如水之走下，不以教化提防之，不能止

---

[1]《老子》第四十六章。
[2]《论语》第四《里仁》第十六章。
[3]《孟子》卷一四《尽心下》第三十五章。
[4]《汉书》卷四八《贾谊传》。

> 也。是故教化立而奸邪皆止者，其提防完也；教化废而奸邪并出，刑罚不能胜者，其提防坏也。古之王者明于此，是故南面而治天下，莫不以教化为大务。①

司马迁在统治阶级提倡礼义提防以遏制人欲的时代，不同凡俗地自成一格，奏出了透视人欲的异响。司马迁认为逐利求富是所有人的共性，并不是什么邪念。他引用俗谚说："天下熙熙，皆为利来；天下攘攘，皆为利往。"他以犀利的笔锋，饱蘸浓墨，淋漓酣畅地描绘了一幅社会的逐利图。"深谋于廊庙，论议朝廷"的达官显贵，"守信死节，隐居岩穴"的清雅之士，都为的是"归于富厚"。具有讽刺意味的是"廉吏久，久更富"。至于"陷阵却敌"的军士，"攻剽椎埋"的少年，"走死地如骛"的侠士，"不择老少"的歌伎，"饰冠剑，连车骑"的游闲公子，"不避猛兽"的猎者，"博戏驰逐"的赌徒，"舞文弄法"的吏士，以及医农工商等等百工之人，无不是为了追求财富而忙忙碌碌。在司马迁笔下，凡社会之人，不分贵贱，无论千乘之王，万家之侯，百室之君，还是匹夫编户之民，统统纳入了求利的轨道，彻底打破了儒家宣扬的纲常名分和君子小人的界限，追求财富就是人的共性。"此有知尽能索耳，终不余力而让财矣。"所以司马迁用"富者人之情性，所不学而俱欲者也"这句话对人性作了总括。

如果司马迁到此为止，仅仅指出人性欲财，算不上是一种经济理论，也没有超出先秦诸子学说的水平。司马迁的杰出贡献，正在于他跨出了人性论之争的思辨哲学范畴，进入了生产领域做实地考察，不仅生动地描绘了一幅社会人群的逐利图，而且洞察到"人各任其能，竭其力，以得所欲"是自然之理，是合理的行为。司马迁的前辈思想家只看到人欲争利的一面，而没有看到人欲是动力这一更本质的东西。

---

① 《汉书》卷五六《董仲舒传》。

司马迁第一个提出了人欲动力说。他说:

> 故待农而食之,虞而出之,工而成之,商而通之。此宁有政教发征期会哉?人各任其能,竭其力,以得所欲。故物贱之征贵,贵之征贱,各劝其业,乐其事,若水之趋下,日夜无休时,不召而自来,不求而民出之。岂非道之所符,而自然之验邪?

生产领域中农虞工商的社会分工,流通领域中的物价波动,都不是人为的政教期会设置的,而是在人欲的推动下自然形成,符合于"道"的规律而运动。恩格斯说:"自从阶级对立产生以来,正是人的恶劣的情欲——贪欲和权势欲成了历史发展的杠杆,关于这方面,例如封建制度的和资产阶级的历史就是一个独一无二的持续不断的证明。"[①]我们不能苛求两千多年前的司马迁去发现人欲背后的阶级斗争,但他提出人欲动力说本身已经接近了真理的边缘,这是那个时代最卓越最有价值的认识。司马迁比他的任何一个前辈思想家都站得高,看得远。

从人欲动力的观点出发,司马迁提出了"善者因之"的主张,批判了"最下者与之争"的政策。他说:

> 故善者因之,其次利导之,其次教诲之,其次整齐之,最下者与之争。

司马迁所说的"因之""利导之""教诲之""整齐之""与之争"都是针对统治者的理财政策而说的。这五种政策方针的具体内容,司马迁没有明确论述。这是因为"其切当世之文而罔褒,忌讳之辞也"[②]。由于忌讳,司马迁用寓论断于序事的手法,把五种政策的具体内容分

---

① 《马克思恩格斯选集》第四卷,第233页。
② 《史记》卷一一〇《匈奴列传·赞》。

散在《货殖列传》和《平准书》中，两相对照可以看出，司马迁鲜明地批判了汉武帝"最下者与之争"的政策，用以衬托出"因之"的"善"。

"因之"的政策就是遵循经济发展的自然规律，放手商人活动，听凭人们追逐财富，发展生产，国家可以得到用不完的财富。司马迁说："汉兴，海内为一，开关梁，弛山泽之禁，是以富商大贾周流天下，交易之物莫不通，得其所欲，而徙豪杰诸侯强族于京师。"这就是汉初实行的"因之"政策，它带来了经济的繁荣。《平准书》说，汉兴七十年间，"民则人给家足，都鄙廪庾皆满，而府库余货财"。国家储备的钱财以亿计。"贯朽而不可校"，太仓的粮食多得"陈陈相因"，以"至腐败不可食"。"因之"带来了民殷国富，所以司马迁许之以"善"，认为是最好的政策。

反之，"与之争"则"最下"，那就是汉武帝所实行的盐铁平准。《平准书》详尽地揭露了"与之争"的每一项政策所带来的弊端，终于导致了经济的衰败。《平准书》从秦亡汉兴的经济凋敝开始述起，经过七十年的休养生息，到汉武帝即位之初，西汉经济发展到了它的高峰，紧接着笔锋一转详细记载汉武帝与民争利的竭财政治，至元封元年止，用卜式语"烹弘羊，天乃雨"作结，意味深长地示意"见盛观衰"。然后在"太史公曰"的评论中简略地追溯殷周以来的经济变革至秦统一为止。这一精心布局的内容安排，便于把汉武帝的事业与秦始皇的功业相对照，引人深思。司马迁明责始皇，暗喻武帝，指出他"无限度"地耗费民力，违背了经济发展的规律，造成了对生产的破坏，应引为借鉴。《平准书》是一篇全面地揭露和批判汉武帝"最下者与之争"的经济政策的战斗文献。

"因之"是放任商品经济的发展；"与之争"是国家粗暴地干预经济，全面地抑制商品经济，是两个极端。"利导之""教诲之""整齐之"

是这两个极端之间的层次,在西汉的现实政策中都不同程度地实行过。"利导之"是指"平粜齐物"一类的经济调整政策,保护农工得到均衡的利益,贾谊论"积贮",晁错论"贵粟"等措施,都是"利导之"。"教诲之"则是儒家主张的以礼节欲的政策。丞相公孙弘以汉相之尊,"布被,食不重味,为天下先";武帝尊显卜式"以风百姓",劝民输费佐国家之急等,这些是教诲的内容。但公孙弘的俭约"无益于俗",尊显卜式亦未见效果,"百姓终莫分钱佐县官"。"整齐之"即是传统的重农抑商,它的强化就是"与之争"了。

单纯从经济的发展来看,"因之"是最"善"的政策,但它也带来了新的问题。《平准书》在叙述汉初经济繁荣的同时,指出了"物盛而衰"的道理。司马迁说:

> 当此之时,网疏而民富,役财骄溢,或至兼并豪党之徒,以武断于乡曲。宗室有土公卿大夫以下,争于奢侈,室庐舆服僭于上,无限度。物盛而衰,固其变也。

司马迁看到了在经济繁荣的背后,潜伏着新的社会矛盾。一是社会财富的两极分化,"兼并豪党之徒,以武断于乡曲";二是统治阶级骄奢淫逸,"无限度"。因此,司马迁赞美"因之",并不等于主张放任政策。为了避免"物盛而衰"的发展趋势和国家的整体利益,司马迁也是赞成适当的"利导之""教诲之"的。但是,司马迁反对违反经济规律的"最下者与之争"的政策,批判它阻遏了人欲动力,也就是阻遏了生产的发展。由此可见,司马迁宣扬人欲动力说是有利于人民,有利于经济生产发展的理论,是应该肯定的。

(3)为商人立传,总结治生之术。从生产发展的历史来看,商人的出现是以农业、手工业的分工为前提的。虽然商人不从事直接生产,但他们沟通各地的物产交流,大大推动了生产的发展。《太史公自序》

说:"布衣匹夫之人,不害于政,不妨百姓,取与以时而息财富,知者有采焉。作《货殖列传》第六十九。"司马迁为古今三十个商人树碑立传,取名"货殖",耐人寻味。《索隐》引《尚书》孔传云:"殖,生也,生资货财利。"本书前已述及,司马迁并重农工商虞,他是把商业作为人民的衣食之源放到国民生产总体结构中来考察其作用的。司马迁充分肯定了商人的活动对于富国富家的意义,为他们遭受贱视的政治地位鸣不平。他通过白圭之口,把商人与历史上最伟大的政治家、军事家相提并论,许以智、勇、仁、强的品德,作了高度的赞扬。白圭说:"吾治生产,犹伊尹、吕尚之谋,孙吴用兵,商鞅行法是也。是故其智不足与权变,勇不足以决断,仁不能以取予,强不能有所守,虽欲学吾术,终不告之矣。"一个人若没有智、勇、仁、强的品德是不能成为富商大贾的。司马迁把商人看作人类的精华,因为他们对社会的发展作出了贡献。所以《货殖列传》不着眼于典型人物形象的塑造,而是把古今货殖之人作为一个整体来叙述,总结他们的治生之术供"智者"吸取借鉴,用意在于提倡发展生产。

司马迁总结治生之术有两个方面。一是考察商品的流通,总结财货增殖的经验;二是考察自然地理经济和民俗,总结商业活动推动生产发展的作用。这两个方面都是司马迁的首创,并且取得了卓越的成就。

司马迁通过对商品流通的考察,获得了一系列符合价值规律的珍贵见解,主要之点有四。其一,知时。计然"旱则资舟,水则资车";范蠡"与时逐";白圭"乐观时变"。这都说的是掌握商业行情,调查市场需要,"逐时而居货",利用供求规律,牟取大利。其二,知物。"积著之理,务完物""腐败而食之货勿留,无敢居贵"。这是说要研究商品学,提高商品的竞争能力。其三,无息币。即加速资金流转,使"财币其行如流水"。为此,必须研究物价涨落规律,懂得"贵上极则反贱，贱下极则反贵"，而敢于"趋时若猛兽挚鸟之发""贵出如粪土，贱取如珠玉"。其四，择地择人。范蠡居陶，因陶为天下之中，"诸侯四通，货物所交易也"。范蠡治产积居，"十九年之中三致千金"。刁间善用"桀黠奴"，使他们"逐渔盐商贾之利"，"终得其力，起富数千万"。

司马迁通过对自然地理经济和民俗的考察，总结了商业活动生产发展的作用。司马迁分中国为四大经济区。长江以南谓之江南；长江以北分为山东、山西两区，中以华山为界；龙门、碣石一线以北为北方区。在每一个大区下面又分为若干小的经济区。山西区分为关中区、巴蜀区和陇西区。山东区分为三河区、燕赵区、齐鲁区、梁宋区。江南区分为东楚区、西楚区、南楚区、岭南区。北方区基本上是以牧畜业为主的经济区，比较单一。各区域的经济中心是都市。恩格斯指出，商人的使命"现在已经不仅仅从一个人手中转到另一个人手中，并且从一个市场转到另一个市场上去"①。司马迁充分认识到历史赋予商人的这一使命，描述了全国各地的物产、交通、民俗和都市经济。司马迁认为各地的物产提供了人民衣食之源，但要把这些资源变成财富，必须发展生产以求流通。江南地势饶富，无饥饿之患，但生产落后，人民"无积聚而多贫"。齐鲁区，本来地瘠民贫。由于太公望鼓励人民极技巧，通渔盐，则人物归之，齐国竟成为"冠带衣履天下"的富庶之邦。三河区地狭民稠，习俗纤俭习事，从事经商，足迹遍天下。农工商虞四业兴旺，关键靠商人来流通。但商业最终依赖于农业、手工业生产，所以司马迁又说："本富为上，末富次之，奸富为下。"本富指农、林、畜、牧的生产。司马迁列举了一长串本富生产的项目，遍及全国各地的物产。末富指经营商业，周流天下。奸富指劫人作奸，

---

① 《马克思恩格斯选集》第四卷，第 171 页。

掘冢铸币，舞文弄法，刻章伪书等。经营本富的人，"不窥市井，不行异邑，坐而待收，身有处士之义而取给焉"。不但声誉好，而且收入稳当，故为上。末富资金周转快，"夫用贫求富，农不如工，工不如商"。但经商要资本，又担风险，只有能者巧者才能经营，所以说次之。奸富危身取给，用生命冒险，所以说最下。论者多认为司马迁有重本抑末的思想，这是断章取义的失察。司马迁所说的上、次、下是总结治生之术供后人观择，这和统治者推行的重本抑末政策毫不相干。司马迁分区考察全国各地自然地理经济，着重物产、交通、民俗这些要素，也是总结的治生之术。富商大贾在全国范围内经商，必须掌握各地的物产、交通、民俗，才能知时逐利，用奇制胜。司马迁的总结正是给他们提供的"周流指南"。

以上所述两个方面的治生经验，都只适用于有雄厚资本的"智者""巧者"。一般的"拙者"又该怎样治生呢？司马迁提出了由穷致富的普遍原则和分阶段渐进的理论。他说：

> 夫纤啬筋力，治生之正道也，而富者必用奇胜。田农，掘业，而秦扬以盖一州。掘冢，奸事也，而田叔以起。博戏，恶业也，而桓发用富。行贾，丈夫贱行也，而雍乐成以饶。贩脂，辱处也，而雍伯千金。卖浆，小业也，而张氏千万。洒削，薄技也，而郅氏鼎食。胃脯，简微耳，浊氏连骑。马医，浅方，张里击钟。此皆诚壹之所致。

其结论是：

> 是以无财作力，少有斗智，既饶争时，此其大经也。

上引两段话的内容具有辩证的统一。"力"是"力作"，人人都具有，所以说勤俭力作是治生的正道。"智"是"计谋"，需要有资本。"时"

是"机运"，需要大资本，大识力。力作不能致富，但只要"诚壹"力作，必有积蓄；运用智巧，投入市场，这就完成了从"无财作力"到"少有斗智"的过渡。等到财力充裕，就要用"奇"，创造机运，这就是"既饶争时"。"力作"和"诚壹"是治生的普遍原则，"斗智"与"争时"是创造渐进致富的条件。一个人只要"诚壹"，无论从事什么职业都务实和专精，再用智巧求奇，就没有不富裕的。司马迁列举了一系列贱业的事例来证明。秦扬田农，田叔掘冢，桓发博戏，雍乐成行贾，雍伯贩脂，张氏卖浆，郅氏洒削，浊氏胃脯，张里马医，等等，这些从事卑贱职业的人，都能致富千金，成了击钟鼎食之家。至此，司马迁的治生理论体系已经完成，可用八个字来概括，即：人人有欲，人人致富。换句话说，财富面前，人人平等。每一个人都有追求财富的权利，但由于个人的智力、资本等各种条件的限制，每一个人拥有的财富是不等的，无财者要受有财者的支配。财多者，达到巨万财产的富人可与王者同乐，大商人就是无冕之王，司马迁称之为"素封"，这简直是离经叛道。两汉时重农抑商，商人不得衣丝乘车，不得做官，司马迁却称之为"素王"，这与陈胜、吴广起义时发出的口号"王侯将相宁有种乎！"具有异曲同工之妙，都是战斗的朴素唯物主义认识论。

　　在中国思想史上，司马迁进步的经济思想就像一束火花一样，只在天空一闪即逝，这也有深刻的历史原因。首先，商品经济的发展为以自然经济为基础的封建社会所不容。汉武帝加强中央集权，用"与之争"的政策取代了"因之"的政策，把重农抑商推向极端化，商贾遭摧残，"中家以上大率破"。中国古代自由竞争的商品经济从此衰落了。皮之不存，毛将焉附。此后，再也没有人去研究价值规律了。其次，司马迁的异端思想未能产生在百家争鸣的战国时代，没有形成一个学派。他是一花独放在漫长的寒夜，很快凋落，这是必然之理。此外，司马迁的经济思想是从直观中得来的经验。这种直观经验，一方面它本能地符合唯物主义的认识路线,并具有朴素的辩证法思想;另一方面,它不能形成科学的体系,最终的结论又退回到了唯心主义的立场上来,不能解释客观存在的现实社会。司马迁的最终结论是人人可以致富。但是,客观的现实是成千上万的人民受少数人压迫、剥削,永远不能改变他们悲惨的命运。司马迁不但未能认识阶级斗争,而且把"千则仆,万则役"看成是天经地义的规律,这就掩盖了阶级斗争。"能者辐凑,不肖者瓦解",在现实生活中是个别现象,司马迁上升为一般规律,因而用"巧"与"拙"来解释阶级压迫,这当然是唯心主义的认识论。虽然我们不能苛责司马迁的历史局限性,但这造成了他的理论不能具有实践性,也就是他总结的治生之术不能引导人人致富,应该说这也是司马迁的先进经济思想在中国封建社会得不到发展的一个原因。

第三节　四海皆兄弟,华夏各族是一家

自古以来,中国就是一个由多民族组成的国家。周初分封时就有许多内附的"夷狄"之国。例如吴太伯之勾吴、楚子荆蛮都不是华夏民族。周襄王后是翟人之女,三家分晋的赵襄子之母也是翟人之女。中华民族发展的历史,是汉族和各个少数民族共同创造的历史。在多民族组成的国家中,如何对待少数民族,也是国家观中的一个重要组成部分。儒家的正统思想一再宣扬"夷夏之辨",以中原华夏民族为冠带之国,贬称周边各少数民族为夷狄之邦,用以区分种族贵贱。因此,我国周边民族被贬称为东夷、西戎、南蛮、北狄,其地被视为荒服之地。司马迁的民族观,四海皆兄弟,华夏各族是一家,都是黄帝子孙,

颠覆了狭隘的"夷夏之辨"民族观，独步史坛。本节分为三个专题来阐释。

1. 司马迁首创民族史传

孔子修《春秋》，内诸夏而外夷狄。孟子在辩论中，直斥楚人许行说话像鸟叫，称之为"南蛮𫛛舌之人"①。《诗经》上说："戎狄是膺，荆舒是惩。"②"膺"同"惩"，都是打击的意思。这两句诗，经孟子的断章取义，变为后世历代统治者压迫周边各族的理论根据。西汉大儒董仲舒提出的纲常伦理学说，也推广到民族关系上来。董仲舒说：

> 《春秋》慎辞，谨于名伦等物者也。是故小夷言伐而不得言战，大夷言战而不得言获，中国言获而不得言执，各有辞也。有小夷避大夷而不得言战，大夷避中国而不得言获，中国避天子而不得言执，名伦弗予，嫌于相臣之辞也。是故大小不逾等，贵贱如其伦，义之正也。③

这里"中国"，即华夏诸侯。按照董仲舒的上述说法，诸侯不能与天子平等，大夷、小夷不能与华夏诸侯平等，甚至小夷与大夷也不能平等。各民族的大小被董仲舒说成是天然的等级序列，在民族关系的用语中都要表现出等级次序来。随着儒家思想取得独尊的地位，"大小不逾等"的大汉族主义逐渐形成了。因此，民族史在中国正史中也就不可能得到应有的地位。

但是，司马迁却在"罢黜百家，独尊儒术"的汉武帝时代，独步史坛，在他的《史记》中首创民族史传。从《匈奴列传》到《西南夷

---

① 《孟子》卷五《滕文公上》。
② 《鲁颂·閟宫》。
③ 《春秋繁露·精华》。

列传》,司马迁一共写了五篇少数民族史传。各篇史传独立成篇,详今略古,着重叙述汉武帝时期各周边民族与中原王朝融汇的历史过程。

司马迁笔下的民族史传有一个共同的主题,或者说是司马迁立下的定义、分界,也可以说是司马迁在载述历史发展过程中升华的理论,即东西南北各个少数民族均为天子臣民,他们的历史发展是走向融合,与中原王朝走向统一。《太史公自序》对此作了明确的表述,其辞曰:

　　汉既平中国,而佗能集杨越以保南藩,纳贡职,作《南越列传》第五十三。

　　吴之叛逆,瓯人斩濞,葆守封禺为臣,作《东越列传》第五十四。

　　唐蒙使略通夜郎,而邛笮之君请为内臣受吏,作《西南夷列传》第五十六。

"集杨越以保南藩""葆守封禺为臣""请为内臣受吏"等,鲜明地表现了民族一统思想。两越、西南夷等等周边民族,都愿在天子治下,并入中国版图。因此,司马迁打破了董仲舒的所谓"小夷避大夷""大夷避中国"等的"名伦秩序",把民族史传与名臣将相的列传交错等列。《匈奴列传》列于李广和卫青、霍去病的列传之间,《西南夷列传》下连司马相如列传,这是因事相连。因为李广和卫青、霍去病是征匈奴的名将,司马相如力主通西南夷。司马迁用这种因事相连的编列方法,表现了他的民族一统和等列天子臣民的思想。司马迁的这种布局,反映了他那匠心独运的史识义例。

对比见义,司马迁对《大宛列传》的处理十分引人注目。《大宛列传》记叙外国史事远至中亚,故特别分出,编于类传之中。司马迁也作了明确的交代。《太史公自序》说:

汉既通使大夏，而西极远蛮，引领内向，欲观中国，作《大宛列传》第六十三。

我们将"通使大夏……欲观中国"与前面所引"纳贡职""葆守封禺为臣""请为内臣受吏"等作一对照，不难看出，司马迁对中外界限的区分是显然的。《史记》中的《大宛列传》，在《汉书》里被更名为《西域传》。值得注意的是，司马迁为什么不用"西域"命篇呢？推其义有两点。其一，汉武帝通西域是以征大宛为其标识的。该传内容，首尾皆叙大宛，而中亚、西亚各国的情况穿插其间，是以附见形式记载的。其二，以大宛为分界，大宛以东、敦煌以西，司马迁视为匈奴右地，是国内民族，故在《大宛列传》中略而不叙。大宛以西，即葱岭以西之中亚、西亚列国及乌孙、康居、奄蔡、大月氏、安息、条枝、大夏等国，是外国民族，故附入《大宛列传》中。班固作《西域传》时不分内外，把葱岭以东以西广大地域统统纳入一传之中。颜师古作注时，把《西域传》分为上下两卷，也是以葱岭为界，当是颜氏参照《史记》的结果。

班固的《汉书》，不仅写《西域传》不分内外，而且还把几个国内周边民族史传也视为外纪，排在列传之末与《西域传》并列，说什么"西南外夷，种别域殊"，批评司马迁把民族史传与名臣将相列传交错等列为非，这是进步民族史观的倒退。正是班固的批评，更加彰显了司马迁进步的民族思想的难能可贵。

2. 司马迁民族一统思想的基本内容

司马迁首创民族史传是基于他进步的民族一统思想。这一思想的基本内容，主要包括三个方面：民族等列思想；中国境内各民族皆黄帝子孙；承认周边各民族有同等的"革命"权利。

（1）民族等列思想。所谓民族等列思想，并非今日的民族平等观念。《史记》是"天子称本纪，诸侯曰世家"[1]，"叙列人臣事迹曰列传"[2]的。这说明司马迁不可能打破封建的伦常秩序而产生民主的平等思想。司马迁的进步思想在于打破"种别域殊"的内外之别，把民族区域纳入统一的封建帝国版图之内来叙述，视各民族皆为天子臣民，并从直观中觉察了各个民族实体的客观存在，而记叙他们的历史。

各个民族实体有着各自独特的标识而互相区别开来。现代民族实体的科学定义是斯大林概括的。他说："民族是人们在历史上形成的一个有共同语言、共同地域、共同经济生活以及表现在共同文化上的共同心理素质的稳定的共同体。"[3] 共同的语言、地域、经济生活、文化习俗四大要素是区别各个民族的标志。当然，我们不能以斯大林的这个定义去衡量我国古代史学家，这样做是一种不切实际的苛求。司马迁也没有从理论上来阐述区别各民族的四大要素。但是司马迁实录历史，他从直观中觉察了不同民族之间的区别，分别立了五个民族史传，这不能不说是司马迁民族实体思想的反映。这里仅以《西南夷列传》为例作一分析，从中可以得到一些启示。

元鼎六年（前111）冬十月，司马迁奉使西征，以郎中将为钦差大臣，进入西南夷地区，设郡置吏，系统地考察了这一地区的民族风情，这是形成司马迁进步民族史观的生活经历。由于西南夷地理形势比较复杂、交通闭塞，所以西南夷不是一个稳定的共同体，内部各部落民族有着独自的特点。司马迁注意到了这一复杂的民族成分，用简括的语言极有条理地叙述了出来。他说：

> 西南夷君长以什数，夜郎最大；其西，靡莫之属以什数，滇

---

[1] 刘宋裴松之语，见《史记》卷一《五帝本纪》之《正义》引《史目》。
[2] 唐司马贞语，见《史记》卷六一《伯夷列传·索隐》。
[3] 《斯大林选集》上卷，人民出版社1979年版，第64页。

最大；自滇以北君长以什数，邛都最大：此皆魋结，耕田，有邑聚。其外西自同师以东，北至楪榆，名为嶲、昆明，皆编发，随畜迁徙，毋常处，毋君长，地方可数千里。自嶲以东北，君长以什数，徙、筰都最大；自筰以东北，君长以什数，冄駹最大。其俗或土著，或移徙，在蜀之西。自冄駹以东北，君长以什数，白马最大，皆氐类也。此皆巴蜀西南外蛮夷也。

这段记载说明西南夷是一个总括的概念，它是以汉王朝的西部边郡巴、蜀为中心，以南为南夷，以西以北为西夷。西南夷并不是作为一个整体与汉王朝发生关系的。西南夷各民族的社会文化发展很不平衡。南夷分为东部的僰人居住区和西部的嶲、昆明族居住区。西夷主要是氐人。司马迁连用四个"皆"字，极有层次地勾勒了各民族的经济生活和文化习俗。僰人君长以什数，大国有三：东为夜郎，西为滇国，北为邛都。僰人文化较高，"此皆魋结，耕田，有邑聚"，是以农耕为主的民族。故僰人早在春秋时代就建立了城邑邦国。夜郎邑，春秋时为古牂柯国都邑，战国时兴起为夜郎国。战国末期，楚国势力深入夜郎、滇国。秦统一中国，开五尺道，由四川僰中（今宜宾），往南达曲靖，东通夜郎，西至滇，置县邑。汉初，滇、夜郎复兴。建元六年（前135），郎中将唐蒙始通夜郎，与夜郎侯多同商约置吏设郡，于是在延水以北僰中地置犍为郡。元鼎六年（前111），驰义侯遗率巴蜀兵平西南夷，汉又在延水以南置牂柯郡，邛都置越嶲郡。滇国直到元封二年（前109）才内属，置益州郡。西部的嶲、昆明族，居同师、楪榆一带，当今云南保山、洱海地区。这里的民族，"皆编发，随畜迁徙"，是游牧民族，"毋常处，毋君长"。说明嶲、昆明各族不相统属，文化比较落后。元封二年，王然宇率领破南越兵入滇，同师、楪榆之地亦内附，汉置益州郡。西夷分布在徙、笮都、冄駹、白马等地，"皆氐类也"。其俗"或土著，或移徙"，是半农半牧相杂的民族。西夷南部的徙、筰都与僰人交错，北部的冉駹、白马与青海高原的羌人犬牙交错。所以范晔说冉駹有"六夷、七羌、九氐，各有部落"①。但西夷以氐人为主，故司马迁说，"皆氐类也"，元鼎六年西夷内附置汶山郡和武都郡。

如上所述，司马迁能用极其简练的文字，井井有条地叙述了西南夷各民族的历史，表明了他注意到了各民族有共同的地域、共同的经济生活以及共同的文化习俗。这些民族不断地走向进步，走向与中原华夏民族建立的王朝日益加强联系和一统的道路。《南越列传》和《东越列传》也是循着这一原则来叙述的。所以司马迁在《太史公自序》中点题说"佗能集杨越以保南藩"，作《南越列传》；瓯人"葆守封禺为臣"，作《东越列传》；夜郎、邛筰之君"请为内臣受吏"，作《西南夷列传》。

（2）中国境内各民族皆黄帝子孙。这是司马迁从传说和历史中提炼出的民族一统理论。《史记》在许多篇章中都有所阐发。

    勾吴与中国之虞为兄弟——"太史公曰：余读《春秋》古文，乃知中国之虞与荆蛮勾吴兄弟也。"②

    楚之先祖出自帝颛顼——"楚之先祖出自帝颛顼高阳。高阳者，黄帝之孙，昌意之子也。"③

    越王勾践禹之苗裔——"越王勾践，其先禹之苗裔，而夏后帝少康之庶子也。"④

---

① 见《后汉书》卷八六《南蛮西南夷列传》"冉駹条"。
② 《史记》卷三一《吴太伯世家》。
③ 《史记》卷四〇《楚世家》。
④ 《史记》卷四一《越王勾践世家》。

东越王勾践之后——"闽越王无诸及越东海王摇者,其先皆越王勾践之后也,姓驺氏。"①

匈奴夏后氏之苗裔——"匈奴,其先祖夏后氏之苗裔也,曰淳维。唐虞以上有山戎、猃狁、荤粥,居于北蛮,随畜牧而转移。"②

司马迁的这些叙述是有意识地采自传说,用以表述他的民族一统思想的历史依据和理论。例如,勾吴始祖吴太伯,本是周太王古公亶父的长子。周太王欲传位少子季历,以便季历传子姬昌。因为太王认为姬昌是一个贤人,于是太伯与弟仲雍避位逃奔到荆蛮,太伯被荆蛮拥立为主,自号勾吴。太伯死后无子,弟仲雍继立,三传至周章,时值武王灭殷,求太伯、仲雍之后,因周章已为吴王,于是封周章弟虞仲于虞。虞国在夏故墟,当今山西平陆东北,中原国家。这就是中国之虞与荆蛮勾吴的兄弟关系,其世系表列如下:

周太王古公亶父 { 吴太伯:奔荆蛮,自号勾吴 / 仲雍—季简—叔达—周章:武王封于吴 / 虞仲:武王封于虞 } 不同民族 兄弟之国 / 季历—文王姬昌—武王姬发:灭殷建周

《史记》叙三代天子及列国世家,皆归本于黄帝子孙,这显然是宣扬大一统和民族一统观念。从唯物史观来看,司马迁的这种理论是不科学的。我们也绝不会像三国时的谯周那样,以书呆子气去一一考实。要知道,司马迁撰史以"成一家之言",他寓论断于序事之中。他的民族一统思想也是在序事中带出。如果不了解这一史例,我们就会苛责前人,也无法理解司马迁的思想。

---

① 《史记》卷一一四《东越列传》。
② 《史记》卷一一〇《匈奴列传》。

（3）承认周边各民族有同等的"革命"权利。这里所谓"革命"，是指革故鼎新，变革天命，不同于今天的革命观念但实质都是改朝换代。革命，就是推翻失去天命的暴君，拥戴获得天命的仁德之君主登基，改朝换代。武王伐纣、陈涉首难，司马迁都称之为"革命"。秦亡后，楚汉相争，项羽暴虐，汉王仁德，结果楚灭汉兴。南方越族参加了秦汉之际人民反暴政的斗争，司马迁作了肯定的记载。《东越列传》说：

> 诸侯叛秦，无诸（闽越王）、摇（越东海王）率越归鄱阳令吴芮，所谓鄱君者也，以诸侯灭秦。当是之时，项籍主命，弗王，以故不附楚。汉击项籍，无诸、摇率越人佐汉。

东越反秦佐汉，参与中原的政治斗争，司马迁特别加以记载，表现了他承认周边各民族有同等的"革命"权利的思想，这是值得肯定的。

3. 民族治理：故俗治，毋赋税

司马迁所处时代是汉武帝大有作为的西汉盛世，也是中华民族走向融合统一的盛世，由两个条件促成。其一，各民族人民之间的经济、文化交流走向民族一统；其二，汉武帝向周边民族地区推广郡县制度，造成了促进民族一统的政治形势。司马迁躬逢其时，参与其事，元鼎六年，司马迁奉使西南夷设郡置吏，对民族历史积累了实地的考察经验。因此，司马迁民族一统思想的形成有着当时的历史背景，绝不是偶然的音韵天成。汉武帝施行的民族治理，"故俗治，毋赋税"，应当是司马迁在西南夷地区首先施行的，表现了司马迁不凡的思想，以及杰出的政治活动家的形象。下面详说。

（1）各民族人民之间的经济、文化交流促进民族一统。建元六年，唐蒙通使夜郎，拉开了汉武帝经略西南夷的序幕。唐蒙此行契机，是他在出使南越时，得食蜀枸酱。唐蒙回到长安，从蜀人商贾中得知，蜀枸酱是通过夜郎辗转到南越。巴、蜀与夜郎、滇等地的联系更为紧密。《西南夷列传》追溯了西南各族人民与内地交往的历史。战国时楚的势力就达于滇国，秦统一在南夷地置县邑，汉初弃置西南夷，但民间往来十分活跃。筰马、牦牛及其他土特产品源源不断地输入巴、蜀，然后向内地扩散。蜀中大商贾很多就是这样致富的。《货殖列传》云：

> 蜀卓氏之先，赵人也，用铁冶富。秦破赵，迁卓氏。……致之临邛，大喜，即铁山鼓铸，运筹策，倾滇蜀之民，富至僮千人。田池射猎之乐，拟于人君。
>
> 程郑，山东迁虏也，亦冶铸，贾椎髻之民，富埒卓氏，俱居临邛。

秦始皇统一六国，迁山东贵族豪强于边邑。卓氏、程郑从中原带来先进的冶铁技术，在临邛冶铸铁器，运销椎髻之民，有力地推动了西南各民族地区的经济开发，促进了政治上的统一。自唐蒙、司马相如通西南夷后，汉朝大规模筑路，"凿山通道千余里"[①]，用以沟通与内地的联系。《货殖列传》还对全国各地的经济文化交流作了生动的记载。汉人生产的卮、姜、丹砂、铜、铁、竹、木等产品，很受各族人民的欢迎。反之，汉人也需要民族地区人民生产的特产、畜产。例如从南夷僰、昆明族输入的木棉榻布就是一种畅销货。"文采千匹、榻布皮革千石……此亦比千乘之家。"[②] 这里把榻布与文采、皮革相提并论，以千石计量，可见输入量之大。各民族之间密切的经济文化交流，其必然的趋势是走向民族一统。元光六年（前129），司马相如略定西

[①] 《史记》卷三〇《平准书》。
[②] 《史记》卷一二九《货殖列传》。

夷，邛、筰、冉駹、斯榆之君皆请为内臣。"除边关，关益斥"①。总之，客观的历史发展形势，是司马迁形成民族一统思想最重要的历史条件。

（2）汉武帝向周边民族地区推行郡县制度，造成了促进民族一统的政治形势。汉武帝为了巩固大一统的封建帝国，对侵扰内地的匈奴采取了坚决的反击措施，将其逐出漠南，派张骞通使西域，开拓河西，"断匈奴右臂"。汉武帝不仅在河西设立郡县，移民屯垦，而且在西南夷和两越地区推广郡县制度。汉武帝的这一政治措施顺应了历史的发展趋势，受到了各族人民的拥戴。在推行郡县过程中，汉武帝不是采取简单的武力征服，而是注意加强经济文化的影响，促进民族一统。《史记·平准书》记载说：

> 汉连兵三岁，诛羌，灭南越，番禺以西至蜀南者置初郡十七，且以其故俗治，毋赋税。

"且以其故俗治，毋赋税"，这一政策体现了对各民族人民习惯的尊重，还给内附各族人民带来了经济上的好处。汉武帝的主观意图是宣扬大汉威德，但客观上符合人民的愿望，大大促进了民族间感情的融合。汉武帝又对各民族的上层人物实行笼络政策，给他们封侯、做官。金日磾是匈奴人，后来成了汉武帝的辅佐大臣之一。京师长安置有胡越羌骑，这也是一种政治恩遇，即各民族组成的部队都有权利参与保卫京师，示四海臣民为一统。内迁的羌、胡、氐、匈奴等降民"皆衣食县官"，置典属国妥为安置。汉武帝的这一系列措施，巩固了汉家的大一统天下，也促进了民族一统的政治形势，这对于司马迁形成民族一统思想也是一个重要的历史条件。

---

① 《史记》卷一一七《司马相如列传》。

（3）司马迁奉使西征，在西南夷置郡设吏，对民族历史积累了实地考察经验。司马迁"奉使西征巴、蜀以南，南略邛、筰、昆明，还报命"①。司马迁这次奉使以监军身份征略西南夷，并完成了设郡置吏的重大使命，是值得大书一笔的。班固给予了很高的评价，他把司马迁与丞相公孙弘并论，称之为"英俊"。班固说：

> 武帝既招英俊，程其器能，用之如不及。时方外事胡越，内兴制度，国家多事，自公孙弘以下至司马迁皆奉使方外。②

治汉史者都知道，汉武帝经营西南夷曾受到多方面的阻力干扰。朝廷大臣以公孙弘为首的儒臣极力反对，他们认为开通西南夷是"罢（疲）敝中国以奉无用之地"③。其次是西南夷君长中有一部分反对内附，留恋割据称王，时叛时服。由于西南夷道路险阻，唐蒙通夜郎，征发数万军民治道，数岁不通，加重了巴、蜀人民的负担，引起了很大的骚动。由此种种，所以汉武帝经营西南夷，时断时续，从建元六年唐蒙通使起到元封二年王然于抚定滇国止，前后经营了二十七年（前135至前109），才告成功。唐蒙、司马相如、公孙弘、司马迁、王然于等人都参与了抚定工作。司马相如于元光元年（前134）、元光五年（前130）两次出使西南夷，告喻巴、蜀父老，抚定邛、筰、冉駹、斯榆之君，"皆请为内臣"，取得了很大的成功。司马迁有意识地将《司马相如列传》蝉联在《西南夷列传》之后，使两传互文相补，表现了他颂扬民族一统的思想倾向。元鼎六年（前111），汉武帝大规模地开通西南夷，全面地推行郡县制度于边邑，并将这一重大使命交给了司马迁，绝不是偶然的。司马迁不负此行，获得了巨大的成功，"还报命"，特

---

① 《史记》卷一三〇《太史公自序》。
② 《汉书》卷六五《东方朔传》。
③ 《史记》卷一一二《平津侯主父列传》。

地书载于《太公自序》中,这是我们研究司马迁民族一统思想时不容忽视的一个重大事件。

司马迁奉使在元鼎六年(前111)冬十月,还报命见父于河洛在元鼎七年,即元封元年(前110)的春三月,前后历时一年半,共十八个月。据祁庆在《司马迁奉使西南设郡考》[①]中推算,奉使西南夷的往返需经半年之久,则司马迁在西南夷活动的时间整整一年之久。司马迁奉使的使命是设郡置吏。《太史公自序》说:"奉使西征巴、蜀以南,南略邛、笮、昆明"。这里一"征"一"略"两个字清楚地点出了司马迁出使的背景。元鼎五年秋九月,汉武帝遣五路大军征讨南越,其中一路是驰义侯遗率巴、蜀兵南下,"咸会番禺"。遣征调夜郎兵,而夜郎与南越通,故且兰君反汉,阻滞巴、蜀兵南下。元鼎六年冬十月,武帝东巡,将幸缑氏,至左邑桐乡,得报闻南越破,巴、蜀兵受阻,"春……上便令征西南夷,平之。……以为武都、牂柯、越巂、沈黎、汶山郡"[②]。司马迁从巡武帝,这一使命就落在了他的肩上。也就是说,司马迁奉使巴、蜀是在汉武帝东巡路上于元鼎六年冬十月奉命去传达"征""略"西南夷的命令的。"春",即元鼎六年正月。执行这一任务的是驰义侯遗所率的巴、蜀兵。春进军西南夷,正好司马迁的单程路线走了三个月。司马迁以朝廷使者去监军,随军征略,并颁行置郡书,新郡甫定,乃"还报命",已是第二年春末了。因《太史公自序》明确记载见父于河洛,时在元封元年。考《汉书·武帝纪》,元封元年春正月,行幸缑氏,"遂东巡海上"。夏四月癸卯,"上还,登封泰山"。司马谈从巡武帝,春正月东出京师,因病留滞周南。司马迁还报命,因武帝东巡,故追寻至行在所,遇父于河、洛。司马迁见父亲后,东行从封泰山,故《封禅书》曰:"余从巡祭天地、诸神、名山

---

① 祁文载《中央民族学院学报》1981年第3期。
② 《汉书》卷六《武帝纪》。

川而封禅焉。"据此推算，司马迁还报命上泰山参与封禅典礼在元封元年四月，则见父于河洛在二三月间。汉武帝封禅泰山在四月癸卯，即四月十八日，司马迁从洛阳赶到泰山略需时半月，则见父于河洛准确地说在春三月。汉承秦制，以十月为岁首，即元鼎六年十月到元鼎七年春三月，实际就是元鼎六年跨前一年的岁末冬季三个月到跨下一年的春季三个月，总计十八个月，减去路途六个月，司马迁在西南夷地区设郡置吏活动整整一年，司马迁亲手设置六个郡，为：牂柯、越巂、益州、武都、沈黎、汶山，连同先前所置犍为，共七个郡。治理方针"故俗治，毋赋税"，当是司马迁提出的，即使放在当代也是十分先进的民族思想。"故俗治"，就是高度自治，尊重民族习惯，民族风情。"毋赋税"，不收少数民族地区的赋税，实际是发展民族地区的经济，让民族地区富起来，民族兄弟过上好生活。司马迁呈现在《史记》中的民族观，可以说在古代社会是前无古人的伟大思想。

第十一章　司马迁的国家观（下）

武备是国家建构的支柱，战争观是国家观的内容之一。本章专题研讨司马迁的战争观，也就是国家武备与暴力使用在国家建构与发展中的地位。司马迁在《史记·律书》中把国家武备比作猛兽的爪牙，也就是立国的柱石。从战争的视角看，国家发展的历史，就是一部战争史。黄帝草创国家，靠战争起家；国家的发展、壮大，依靠战争护航。所以司马迁论述三千年历史，通古今之变，记载战争具有鲜明的系统性，以反映历史之变，使《史记》具有战争史的规模体制，旨在揭示历史演变轨迹，颂扬秦汉大一统。历史变局的拐点，必有大战役发生。司马迁在实录史事、记载中国古代战争史的叙述过程中，形成了系列的战争理论，我们称之为司马迁的战争观。司马迁在撰述《史记》的过程中是如何记载古代中国三千年历史发展中的战争，以及总结历史形成一家之言的呢？下分三个节目来评说。

第一节　非兵不强，武备是立国之柱石

司马迁的国家观，极为重视国家"武备"，把它视为立国的柱石。下分两个层次来谈。

1. 武备是立国的柱石

《史记》八书中原有《兵书》第三，亡逸。今本《史记》八书第三为《律书》，是后人分八书第四的《律历书》为《律书》《历书》以补《兵书》之缺。原《兵书》残文保留在《律书》中，当是开首的"太史公曰"，故称之为"律书序"，其实应称之为"兵书序"。故今本《太史公自序》所载"律书序目"，应为"兵书序目"，其言曰：

> 非兵不强，非德不昌，黄帝、汤、武以兴，桀、纣、二世以崩，可不慎欤？《司马法》所从来尚矣，太公、孙、吴、王子能绍而明之，切近世，极人变，作《兵书》第三。

语译表述，就是说：没有武力不强盛，没有仁德不繁昌。黄帝、商汤、周武王得天下，夏桀、殷纣、秦二世遭灭亡，难道还不慎重地引为借鉴吗？《司马法》形成的历史很久了，吕尚、孙子、吴起、王子成甫等人继承并发展了兵法理论，切合近代情况，穷究了人事变化，作《兵书》第三。可见司马迁是何等地重视国家"武备"，首创军事史传，集中表述了司马迁武备的观点。综合《史记》全书司马迁对战争的描写，总括司马迁战争观的要点有三个方面。

（1）认为战争是诛暴救危的自强工具，它既可以兴邦，也可以丧邦，应当慎重使用。《太史公自序》云："非兵不强，非德不昌。黄帝、汤、武以兴，桀、纣、二世以崩，可不慎欤！"武备是立国的柱石，政权的核心。秦末，是沛公刘邦攻破咸阳，象征灭秦。但司马迁未许刘邦灭秦，而称项羽灭秦，因巨鹿之战，是项羽灭了秦军主力，生动地体现了武备是政权核心的思想，换用今语就是枪杆子出政权。

（2）认为战争"行之有顺逆"，颂扬顺天而行的正义战争，反对逆理而动的非正义的战争。"行之有顺逆"，顺者指顺天而行的正义战争，逆者为反天而行的非正义战争。司马迁给战争下了一个定义，他说:"兵者,圣人所以讨强暴、平乱世、夷险阻、救危殆。"也就是平乱、诛暴、御外、救危是正义战争。既不能笼统地反对一切战争,也不要盲目地支持一切战争,而要支持正义战争,反对非正义战争。司马迁对战争的这种认识,是进步的,超越了前人。

(3)认为战争"用之有巧拙",要兴建功业必须详参彼己,慎择将相,认真研究用兵作战的方略。详参彼己,就是知彼知己。两国对立,是战是和,掌握主动要详参彼己。慎择将相,只有智勇双全的良将才能打胜仗,而良将还需良相支持与配合,保障后勤,在外交上取得主动。至于两军对阵,良将用兵,极为认真地研究用兵方略,即战争的艺术,战之能胜。军队打胜仗,用八个字概括,就是:"兵锐将勇,出奇用智。"兵锐,就要有严格的训练,赏罚必信,官兵一体,成为一支有素养的军队。廉颇用赵卒则胜,带楚兵则无功,就是生动的例证。《孙子吴起列传》《司马穰苴列传》,载述练兵,吴起爱士,穰苴立信,这都是良将的治兵方略。他们带领的军队,官兵一体,纪律严明,就没有不打胜仗的。将勇,不是逞匹夫之勇,而是智勇兼备,所以慎择良将,由良将带兵是取胜的关键。俗话说:千军易得,一将难求。司马迁给古今众多的兵家战将作传,高度评价司马穰苴、太公、孙子、吴起等人的兵法学,"切近世,极人变"[1],既切合近世社会的实际,又是人类最高智慧的结晶。《田单列传》记载田单奇计破燕,司马迁在《赞》里评论说:"兵以正合,以奇胜。善之者出奇无穷。奇正还相生,如环之无端。"所谓"正",是堂堂的攻守之战,攻则无坚不摧,守则坚如磐石,这拼的既是"兵锐将勇",又是良将用兵的"出奇用智"。所谓"奇",就是不依正轨,不行常道,用奇谋智计取胜,斗的是兵略权谋。百战百胜的将军,总是智勇兼备,用兵置阵,正奇相依,

---

[1] 《史记》卷一三〇《太史公自序》。

变化无穷,如"环之无端",无懈可击。

从上述三个方面来看,司马迁十分精通兵略,娴于权谋,故载述兵事战阵有声有色。他虽然没有带兵打仗,但对兵学理论作了深入的研究,尤其注重当世战争的经验总结。所以司马迁的战争观带有浓厚的政治色彩,在当时具有切中时弊的现实意义,为西汉统治者敲了警钟;在今天来看具有很高的史料价值,反映了中国封建社会走向大一统时代人们的战争观念,是研究古代战争史的重要资料。

2. 司马迁战争观形成的历史条件

形成司马迁战争观的历史条件,有以下三个方面。

(1)春秋战国以来兵法学的发展,已经形成了系统的理论。伴随着春秋战国及秦楚之际的战争,产生了无数杰出的军事家和常胜将军,兵法学因而大兴。《司马兵法》《孙子兵法》《孙膑兵法》《吴起兵法》等名著都是出自带兵打仗的常胜将军之手,是实战的总结,是经验的升华,所以具有朴素唯物论观点和辩证法思想。在秦汉之际,兵法学十分普及,广为流传。司马迁反复申言之。《司马穰苴列传赞》云:"太史公曰:余读《司马兵法》,闳廓深远,虽三代征伐,未能竟其义……世既多《司马兵法》,以故不论,著穰苴之列传焉。"《孙子吴起列传赞》云:"太史公曰:世俗所称师旅,皆道《孙子》十三篇,《吴起兵法》,世多有,故弗论,论其行事所施设者。"《魏公子列传》云:"诸侯闻公子将,各遣将将兵救魏。……秦兵不敢出。当是时,公子威震天下,诸侯之客进兵法,公子皆名之,故世俗称《魏公子兵法》。"

在春秋战国之世,不仅军谋家和带兵打仗的将军们要研究战争,而且政治家、外交家和历史家也要研究战争。例如《管子》书中就有《兵法》《参患》《制分》等篇。《荀子》书中有《议兵》篇。《艺文志》兵权谋类有《公孙鞅》二十七篇,有《范蠡》二篇,有《大夫种》

二篇。管仲、荀子、商鞅、范蠡、大夫种等人都是政治家，荀子主要是学问家，苏秦、张仪等策士是外交家，他们的谈兵言论载于《战国策》。左丘明在《左传》中详载兵事。这些书籍不仅陶冶了司马迁的兵学，而且为其写作《史记》所取资。司马迁的战争观综合熔铸了前人的成果，这是不言而喻的。

（2）深厚家学渊源的影响。《太史公自序》追述了司马氏祖先源远流长，有着两大光荣的祖德传统，即或为文臣世典周史，或为武将建立功名。本书第二章第二节"司马迁多彩的人生"已作了论述，这里对司马迁祖上最重要的也最有影响的两位将军作一些补充论述。一是周宣王时的程伯休甫，他是一位著名的将军，垂名于多种典籍之中。《诗·大雅·常武》赞颂了他的事迹："王谓尹氏，命程伯休甫，左右阵行，戒我师旅。率彼淮浦，省此徐土。"《国语·楚语下》观射父论绝地天通条亦述载此事。据韦昭注，程是国名，伯是爵级，休父是人名，他以伯爵诸侯任职为司马。西周有大司马，是执掌兵事的最高武职。西汉史游著《急就篇》，在"司马褒"下注云："程伯休甫，周宣王时有平徐方之功，赐以官族，为司马氏。"从此，休甫之后裔以司马氏为姓。二是司马迁的八世祖司马错，秦国著名大将，与秦国另一名将白起同时，年齿稍长。在秦国发展史上，司马错和白起是两个显赫人物，一前一后建立了不朽的功业。司马错历事秦惠王、武王、昭王三朝，前后三十六年。白起事秦昭王三十七年。两人友谊深厚，曾并肩作战。秦昭王十八年（前289），司马错与白起共攻魏，取垣、轵等大小六十一城。据《秦本纪》《六国年表》《张仪传》《白起传》等篇记载，司马错七次出征，为秦西取巴蜀，南夺楚黔中地，东伐魏拓境过安邑，使秦国土地扩大了两倍。公元前316年，司马错与秦相张仪在秦惠王面前辩论伐蜀利弊，难倒了策士张仪。司马错的论辩纵谈天下形势，并阐明了兵政关系，惠王称"善"。司马错伐蜀，"秦以益强，富厚,轻诸侯"。司马迁在《史记·张仪列传》中对此作了亲切而生动的记载。司马错的业绩与思想子子孙孙口耳相传,这就是司马迁兵学思想的家学渊源。

(3) 时势的推动,使司马迁注重兵学。汉武帝元朔三年(前126),司马迁二十壮游,网罗天下放失旧闻。其时汉匈战争已经进行了七年,天下飞刍挽粟,萧然烦费。骚动全国的战争动员给司马迁提出了研究兵学的课题。他"厄困鄱、薛、彭城,过梁、楚以归"①,详细考察秦灭六国以及楚汉相争的战场。他徘徊于大梁之墟,考求侯生所居夷门,遥想当年魏公子窃符救赵的壮举,激发报国之志。元鼎六年(前111),司马迁"奉使西征巴、蜀以南,南略邛、笮、昆明,还报命"②,亲历军阵,渡越关山。他扈从武帝,目睹了盛大的阅兵典礼和围猎军事演习,使书本上治兵置阵的兵学得到实际生活的验证。尤其是汉匈战争兵连不解数十年,深深地影响了当时人们的生活,不能不使忧国忧民的司马迁加倍地关注战争。所以司马迁的战争观,不只是来源于读兵书、史乘和家学承传,而更有对现实的战争体察和亲身实践。这就是司马迁的战争观具有进步性和人民性的根本原因。

纵观司马迁的战争观,立于治国平天下的政治高度,系统地总结了历史上的战争经验和兵学理论,形成了一套"志古自镜"的历史兵略学,供善为治国者览观。司马迁对兵政关系作了辩证的理论概括,认为兵与政是保国安民的两件不可或缺的工具。他借主父偃《谏伐匈奴疏》引《司马法》曰,"国虽大,好战必亡;天下虽平,忘战必危"③。这说明司马迁倡导注重战争、研究兵略,不是好战,而是自强,抗暴御侮。这些思想在今天看来,无疑也是值得肯定的。

---

① 《史记》卷一三〇《太史公自序》。
② 《史记》卷一三〇《太史公自序》。
③ 《史记》卷一一二《平津侯主父列传》。

第二节 《史记》是一部古代最完备的战争史

中国古代春秋战国及秦楚之际,是一个发生历史巨变的长期战乱时代,历时长达五六百年之久。只有约十八万字的《左传》,就记载了春秋二百四十二年中的动乱及战争五百五十余次。春秋之后是战国时代,更是无岁不征,无年不战。接着又是秦楚之际大动乱,不仅战争越来越频繁,而且规模越来越大。春秋时的大战,如晋楚城濮之战,晋齐鞌之战,双方出动兵车已达一二千乘,士卒一二十万,是相当规模的大战了。但这些大战役若与战国时的大规模,及秦汉之际的大规模相比,只不过是小巫见大巫。战国时秦赵长平之战、秦灭楚之战、秦楚之际巨鹿大战,楚汉成皋之战,双方动员的直接参战兵力以百万计,往往相斗数月乃至经年,汉匈大决战更是长达数十年。这些大战役,影响历史的进程,司马迁作了绘声绘色的记载。交兵始末,兵略战术,局势变化,序之如指掌。这说明司马迁是一个精通兵略的历史家。

《史记》系统地记载了古代战争,继承了《左传》的优良传统。但若将两书比较,由于体制和述史范围不同,《史记》对于战争的记载,内容更丰富,评论更深刻,堪称古代最完备的一部战争史,有以下几个突出特点,是其他任何一部古代史籍无法比拟的。其特点有三,叙之如次。

1.《史记》具有战争史的规模体制

《史记》五体,十二本纪、十表、八书、三十世家、七十列传，均载有战争的内容，有史有论，自成体系。单从篇目、字数来看，战争史内容是《史记》最重要的组成部分。《史记》一百三十篇，五十二万六千五百字。载有战争内容的篇目达八十二篇，重要的有五十八篇，字数十余万字，约占四分之一的篇幅。这些篇目记载擅长兵略战阵的帝王将相六十多人，兵家人物二十余人。全书记载战争五百余次，大战役立年表载其目，本纪、世家、列传记其事，有二百多次，特大战役五十八次，影响历史转折的战役有三个时段的系列大战役，省称三大战役，即战国后期的长平之战、秦汉之际的楚汉相争、西汉盛世汉武帝伐匈奴（此役亦可称汉匈大决战）。这三大战役将在本章第三节专题中详说。以上数据，生动地说明，《史记》就是古代一部最完备的战争史。

2.《史记》载战争具有鲜明的系统性，以反映历史之变

《史记》断限，上起黄帝，下讫太初，即是从黄帝的统一战争起序事，至汉武帝兵征大宛而结。提示历史进程与战争密不可分。寓意深刻。孔子说过："饰五兵及木石者曰贼"[1]，主张销毁兵器。儒家极力贬斥战争。司马迁却指出，秦始皇"堕坏名城，销锋镝，锄豪杰，维万世之安"，而这些禁忌"适足以资贤者为驱除难耳"[2]。"秦取天下多暴，然世异变，成功大"[3]。司马迁把战争与历史的发展变化联系起来考察，认识到战争是推进历史演变的一个动力，这不仅是超越前人的识见，而且在今天看来也是深刻的。因为战争是政治的继续，实质是阶级斗争的最高表现形式。《十二诸侯年表》《六国年表》《秦楚之际月表》三表首尾相接，就是用以系统地反映春秋战国及秦楚之际历史巨变的战史流年。三表内容以世系年月为经，以战争为纬，构成《史记》战史

---

[1] 《大戴礼记·千乘》。
[2] 《史记》卷一六《秦楚之际月表序》。
[3] 《史记》卷一五《六国年表序》。

内容的纲要。《十二诸侯年表》起西周共和元年讫东周敬王之卒（前841至前476），共三百六十六年，载战争一百八十九次；《六国年表》起周元王元年讫秦二世之灭（前475至前207），共二百六十九年，载战争二百零一次；《秦楚之际月表》起陈涉发难讫刘邦称帝（前209至前201），共八年，载战争五十三次。三表总计七百四十一年，载战争四百四十三次，去其重复三次，共四百四十次。① 其中重大战争五十八次。司马迁寓论断于叙事，他的战争观不仅表述于史论中，而且也表述于述史方法和笔削内容之中。如果我们把三表所载的五十八次重大战争排成一个战史流年，那么司马迁载述战争的历史内容和创表意义就鲜明地显现出来。为了使表格简洁，《史记》篇目均作略称，不加书名号。战国时代以公元前359年秦孝公变法和公元前241年六国最后一次合纵攻秦为分期临界点分为前期、中期、后期三个时期，加上春秋、秦楚之际，共为五个时期。依时间顺序表列五十五次重大战争，构成了反映春秋战国及秦楚之际历史巨变的系统的战史流年，寓示西周以来历史在动乱中走向统一。所以司马迁意味深长地在三表序中交代说，《十二诸侯年表》是将春秋时代的"盛衰大指著于篇"；《六国年表》是著战国时诸侯各国的"兴坏之端"，使"后有君子，以览观焉"；《秦楚之际月表》载"号令三嬗"的历史巨变。为省篇幅，表略。下一题，略作文字解析。

3.《史记》载战争旨在揭示历史的演变轨迹，颂扬秦汉大一统

这里试对三表列载的重大战争史流年的内容作一简要分析，以考察司马迁寓于史中的观点。

春秋时代三百六十六年，表列八次重大战争集中在中期约

---

① 四百四十次：指春秋战国及秦汉之际发生的战争，加上《三代世表》及汉代诸表中记载的战争又一百多次，《史记》全书共载战争五百余次。

一百五十年间。战国时代二百五十五年，重大战争四十二次。前期一百一十六年（前475至前359），只有三次重大战争；中期一百一十九年（前359至前241），有三十二次重大战争；后期二十年（前241至前221），有七次重大战争。秦楚之际八年（前209至前201），有八次重大战争。这个分期的战争史流年清楚地反映了历史由兼并战争走向统一的演变轨迹。由于春秋的兼并战争，改变了西周盛世"协和万邦"的封藩建国格局，形成了几个大国。《十二诸侯年表序》云："齐、晋、秦、楚其在成周微甚，封或百里或五十里。晋阻三河，齐负东海，楚介江淮，秦因雍州之固，四海迭兴，更为伯主，文武所褒大封，皆威而服焉。"齐、晋、秦、楚之所以兴起，是由于各国变法图强带来的经济发展起了巨大的作用。战国前期一百余年的相对平静是为战国中期大规模的战争做准备。这个时期各国先后变法，政治、经济、军事力量大大加强，所以才有战国中期频繁的大战。从战争地域来看，战国时期集中在三晋；楚汉相争，决胜在成皋。这说明在战国时期就已形成了"逐鹿中原"这样的格局。因三晋地处中原，是中国九州的经济、文化中心，人口密集，生产发达。《货殖列传》从经济地理角度阐述了三河（河东、河内、河南）为天下之中，然而关中最富。秦据关中，而晋全据三河。所以秦晋是两个大国。但是强大的晋国由于三分而削弱。偏处西方的秦国以其优越的地理形势及商鞅变法，后来居上，主宰了整个的战国局势。《六国年表序》云："秦始小国僻远，诸夏宾（摈）之，比于戎翟，至献公之后常雄诸侯。"通计战国之世的四十二次大战，东方六国之间的争雄只有六次，其中一次燕乐毅伐齐还有秦国的介入。其余三十六次大战都是秦与六国的争雄战争。秦国发动的战争三十二次，只有两次失败，即阏於之战和围邯郸大战，其余三十次都获得了胜利。东方六国四次合纵攻秦都以失败告终。所以司马迁列战国年表取名《六国年表》，而不用"战国年表"或"七国年表"命名,寓示秦为宗主。所以秦先公先王世系立为"秦本纪"。

《六国年表》下及秦之灭,而不是截至公元前221年秦统一止,具有更深刻的寓意。这寓意就是把战国之世看做是秦朝一代历史兴亡的组成部分,肯定秦朝的统一之功。《六国年表序》云:"秦取天下多暴,然世异变,成功大。"秦并六国的战争是十分野蛮和残酷的。《史记》独特标出秦军攻伐斩首若干,就是用以批评"秦取天下多暴"的。上表所列"斩首"一栏,皆秦军所为。从公元前364年的石门之战起,至公元前234年的平阳之战止,一百三十年中,秦军斩杀六国士卒一百六十七万人,单是白起一人就斩首坑杀92万人。秦将白起最为野蛮。公元前293年伊阙之战,他斩杀韩、魏士卒二十四万;公元前273年华阳之战,杀魏卒十三万,沉赵卒二万于河;公元前280年的光狼之战和公元前264年的陉之战,两役斩杀赵、韩士卒八万;公元前260年长平之战,坑杀赵降卒四十余万,此役前后斩杀总计四十五万。史称秦为"虎狼之国"①,称白起、王翦为"豺狼之徒"②。但秦能战胜六国,夷灭侯王,客观上是在"平乱世",所以得到了司马迁的肯定。他说:"秦起襄公,章于文、缪、献、孝之后,稍以蚕食六国,百有余载,至始皇乃能并冠带之伦,以德若彼,用力如此,盖一统若斯之难也。"③正如列宁所指出:"历史上常有这样的战争,它们虽然和一切战争一样不可避免地带来种种惨祸、暴行、灾难和痛苦,但是它们仍然是进步的战争,也就是说,它们有利于人类的发展,有助于破坏特别有害的和反动的制度。"④尽管司马迁还不可能认识到秦并天下是最后完成了中国封建制度的社会变革,但他通过"原始察终"

---

① 《史记》卷六九《苏秦列传》载苏秦语,又见《战国策·西周策》载游腾言。
② 《汉书》卷二三《刑法志》。
③ 《史记》卷一六《秦楚之际月表序》。
④ 《社会主义与战争》,载《列宁选集》第2卷,第668页。

的方法，认识到统一战争的进步意义，跳出了西汉时儒生学士的"耳食"之见，肯定以暴力取天下的秦朝"成功大"，为白起、王翦二人作传，可以说具有唯物的辩证的观点。

第三节　司马迁写历史转折的三大战役

战争，是政治的最高形式。大战役是战争中的一种形式，它是发生在特定历史时期最激烈的政治斗争。尤其是历史的大变局，大战役必将伴随历史转折而发生，也可以说大战役催生历史转折。战国后期的长平之战、秦汉之际的楚汉相争、西汉盛世的汉匈大决战，是司马迁所写古代三千年历史长河中催生历史转折的三大战役，精彩淋漓。三大战役为何发生？司马迁怎样写三大战役？三大战役积淀的历史思考有何现实意义？这些问题发人深思，值得研讨。

1. 战国后期的长平之战

战国后期发生在公元前260年的秦赵长平之战，是秦赵两国拼尽全力的大战役，秦胜赵败，赵卒被斩杀活埋达45万人，赵国元气大伤，从此衰败。自此，东方六国再没有一国有能力单独对抗秦国，秦并六国的形势不可逆转。从而，长平之战成了历史转折的大战役。表面看，这场大战役是秦赵两国大决战，其实质是战国时代合纵与连横两大战略的大决战，卷入战争的共有五国，韩与赵是盟国，楚、魏救赵，也就是秦国为一方，韩、赵、楚、魏为一方，是连横与合纵的对决，历程整八年，跨九年，长平之战只是决战的高峰。此役起于公元前264年白起攻韩，止于公元前257年秦兵解围邯郸，前后历时八年。秦兵退出战役在公元前256年初，所以说跨九年。

（1）长平之战的背景。长平之战是千年历史大变局历史转折的关键之战。千年大变局，就是秦汉大一统政治将取代夏商周三代以来的分封、建藩列国并立的旧制度。秦国统一六国，连横代表新生的大一统政治，赵国救韩，以合纵对抗连横，代表列国分治，是延续夏商周三代的分封建藩旧制。秦国自秦孝公任用商鞅变法以来，强势崛起，称雄天下，志在一统六国。苏秦为六国的生存谋长远提出合纵抗秦的策略，公元前334年说燕，拜六国相印；张仪为秦国谋统一提出连横瓦解合纵的策略，公元前328年相秦。合纵与连横的博弈，到长平之战发生的公元前260年，已持续了半个多世纪，连横逐渐占上风。连横策略是军事、外交两手并用，用当下的语言就是胡萝卜加大棒。合纵策略必须有一个挑头的国家，连横的大棒就打这个出头鸟。公元前278年，秦白起攻破楚都郢都，迫使楚国东迁到陈，夺取了楚国大片地方。公元前274年，秦攻魏都大梁，斩杀魏兵四万；公元前273年，秦将白起打败赵魏联军，杀魏卒十三万，俘获赵兵二万，全部沉入黄河。楚魏遭受深重打击，已无单独抗击秦国的实力。然后，秦国迫使被打击的国家与秦订立双边和约，退还一些侵占的土地，这就是胡萝卜。燕、齐两国，一个在北，一个在东，远离秦国，秦施连横手段，迫使两国中立。东方韩赵两国唇齿相依，又有深厚的世代情谊，韩厥救赵孤，两国王室世代联姻，加强情谊，韩国小弱又紧邻秦国，韩国能长期对抗秦国，靠的就是赵国为后盾。赵国自武灵王胡服骑射强大以后，在战国中后期是六国的中流砥柱，具有单独抗击秦国的实力。公元前270年秦将胡阳攻韩阏与，赵救韩，大败秦军。秦国经过六年的蓄力，在公元前264年派出白起攻韩，目的是腰斩韩国，夺取韩国黄河北的上党地区，打开进攻赵国的通道。秦军攻韩的前一年，公元前265年，趁赵孝成王新立，秦军攻赵，夺取三城，警告赵国不要救韩。公元前264年，秦将白起攻韩，夺取韩国陉邑（在今山西曲沃境）五城，杀韩卒五万，秦军在汾水旁筑汾城，建立大本营，决心长期攻韩。公元前 263 年，另一支秦军夺取了韩国的南阳（今河南济源）。公元前 262 年，秦军又取韩十城，攻下野王（今河南沁阳），切断了太行道。韩国与秦苦战三年，赵畏秦未出兵救韩。韩力不支，割上党郡十七城向秦臣服。上党郡守冯亭不降秦而投赵，其目的是引赵为援，韩赵共同抗秦。

面对韩国上党郡守冯亭的归附，是接受还是不接受，赵王室贵戚有两派意见。平阳君赵豹，反对受地，秦攻韩三年，眼看口中食为赵所取，当然不答应，秦赵之间一定要发生大战役。赵豹说："无故贪利是大祸。"赵国相平原君认为："动员百万大军，经年累月攻不下一座城，一下能得十七座城，这是大利，机不可失。"赵王说："得十七座城，增强赵国力量，不惜与秦一战。"

赵王接受上党之地，是必然的形势，有三个原因：其一，从地理态势增强邯郸西部的防务，上党入秦，邯郸门户洞开。此所谓唇亡齿寒，赵不可不救。其二，秦兵东进，意在并吞各国，东方各国都清楚。坐等秦国各个击破，不如联合一拼，但谁也不想出头，遭秦进攻，只好无奈观望。如今秦兵到了家门口，韩国又入地，又助力，入地增赵形胜，于是不惜一战受韩地。其三，赵有与秦一战的实力，八年前的阏与之战，赵救韩，大败秦军。有以上三个理由，平原君主张接纳冯亭是正确的决策。但司马迁批评平原君"利令智昏"，是警告人们，不要无故受益，天上不会掉馅饼。赵王、平原君既受地于韩，却又没有下定决心与秦一拼到底的思想准备，心存侥幸，这是失败的一个重要原因。司马迁的批评也是正确的。

（2）长平之战的历程。公元前 262 年，赵王受地后，双方都积极地做大战的准备，并都做了全国总动员。赵国动员在第一线的军队达 45 万，又在上党地区北沿修建百里石长城的防线。秦国动员更彻底，年15岁的男子都动员。原来是23岁为成卒，一下子降低8岁。秦国男子，扫境以赴前线，造成兵力优势以歼灭赵军，总兵力应多于赵军，第一线的兵力至少在50万以上。秦国后勤，关中运粮，把灌农田的水调入渠道运军粮。决战时刻，秦昭王从首都咸阳赶到前线坐镇河内，鼓舞士气，并对参战的家庭赐民爵一级。

公元前261年，战场沉寂一年多，双方展开了全国总动员，以及外交战与间谍战。赵国副相虞卿建言赵王，与秦国断交，专注与楚、魏、齐联合，尤其是争取齐国的援助，把赵王准备献给秦国的六座城邑献给齐国。赵王不听，派重臣入秦和谈，还要献地与秦王。秦王高调宣扬秦赵和谈，以最高的礼节迎接赵使，用以迷惑楚、魏、齐各国，他们都不敢救援赵国，齐国公然宣告中立，秦国达到了孤立赵国的目的。赵国外交战失败。秦国又施反间计，在公元前260年的决战高峰时，赵王临阵易将，用纸上谈兵的赵括取代廉颇，犯兵家大忌。赵王中了秦人的反间计，又失一着。

公元前260年四月，秦赵两军主力对峙长平，在今山西高平西北。秦军前线统帅王龁，赵军统帅廉颇，从四月到六月两军展开阵地战，秦强赵弱，赵军连折数阵，损失了几位尉官，丢了几个阵地。廉颇改变策略，避其锋芒，坚壁不出，秦军挑战，赵军岿然不动，秦军无可奈何。后来秦军反间计得逞，七月赵王任命赵括代廉颇，秦军白起秘密赶赴前线任统帅，对外仍称王龁为统帅，麻痹赵括。赵王换将，意味着不再坚持廉颇坚壁挫敌的战略，而要攻坚退敌，也就是以短击长。秦军善于野战。蔺相如看到这一点，他上书赵王说："赵括徒有虚名，他只会读兵书，不懂得临阵变化。打仗按书本，好比弹奏琴瑟，用胶把弦柱粘牢，就只能弹出一个声音，不成乐曲。"[①] 赵王不听。这时赵

[①] 引文见《史记》卷八一《廉颇蔺相如列传》："王以名使括，若胶柱而鼓瑟耳。"此为译意。下引赵括母语，亦为译意。

括母亲也出来上奏,说:赵括从小读兵书,喜欢夸夸其谈,他的父亲就说过,"我这儿子只会纸上谈兵,根本不会打仗,他若为将,兵败国亡的祸就要发生"。赵王仍然不听。

赵括至军,果然全线出击,中了白起诱敌深入之计,等到赵军进入秦军的"口袋"后,秦军事先埋伏的两万五千骑兵从两侧同时冲击,把赵军切断一分为二,团团包围赵军。从七月到九月,赵军断粮四十六日,战马吃光了,就把生病瘦弱的军人杀来吃。赵军山穷水尽,赵括分全军为四队轮番冲击秦军突围,自己冲锋在前,不幸战死。赵军主将战死,军无斗志,全军投降。

秦将白起将投降的赵军全部活埋,只留了240个青年士兵回国报信,此战前后斩杀与活埋赵军45万。赵国全国震动。秦军50余万也战死了一半,达20余万。双方总计死亡70余万,在中国战争史上骇人听闻。由此可见,两国生死存亡决战之残酷。

公元前260年九月长平之战主力决战刚结束,白起立即兵分三路扩大战果。白起率主力进攻上党,司马靳率军攻太原,王龁攻韩皮牢(在今山西省河津市境)。经过十月、十一月、十二月三个月的激战,秦军全部拿下这些地区,相当于当今山西省全境,赵、韩丧失大片国土。白起正要合军进攻邯郸一举灭赵,突然被命令退军回国。原来长平战败,韩国震恐,连忙请出苏代带了重金到秦国游说范雎。范雎听了苏代的游说之词,害怕白起灭赵,功大居自己之右,便以秦军困乏兵需休整为由,说服秦昭王召回白起,换将攻赵。公元前259年九月,秦军主师王陵大举攻赵围邯郸。赵经过九个月的休整,加固邯郸,秦军经过四个月苦战,兵败邯郸城下,丧师五校。秦昭王强令白起出征,白起认为此时赵不可破,称病不出,被罢为士伍。

秦将王陵无功,换将王龁,兵围邯郸三年不拔。公元前257年楚魏来救,三国之军大败秦军,秦将郑安平率部两万降赵。白起被赐死,范雎因所荐郑安平降赵受牵累，也失去了权势，不久被蔡泽所取代。秦国所侵地被赵韩重新夺回，还损失了良将白起和名相范雎。秦国是赢了还是输了呢？

（3）如何评价长平之战。从战争进程来看，长平之战并不是秦赵两国事先谋划的一场大战，而是秦国统一战争必然要发生的一场大决战，是形势的发展使然。公元前264年秦攻韩陉城，拔五城，斩首五万，是秦韩两国的一场大战。公元前262年白起断韩太行道。公元前261年又攻拔野王，上党危急。韩上党太守冯亭对官民说："上党与韩国都城的联系已经断绝，韩国保不住上党了。秦兵天天进逼，韩国无力反击，我们不如投降赵国。赵国如果接纳了上党，秦国必然大怒，一定攻赵。赵国遭到攻击，一定亲近韩国，韩赵联合为一，那就可以抵挡秦国了。"[1]赵国接受了上党，局势果然按照冯亭的预想发展，秦、韩之战演变成了韩赵联合抗秦的大战。秦国不惜倾全国之兵，连续三年攻韩，其战略目标是一定要拿下上党。上党入秦，不仅韩国遭到极大的削弱，而且赵国的门户洞开，邯郸就暴露在秦军的视野之下。赵国接纳上党，也是为邯郸的安全保有一道屏障。赵王与平原君，当然知道冯亭的打算，也明白接纳上党必然受祸。如果不愿坐等待毙，眼看被秦国各个击破，赵国必须冒险一战，这样既得上党，又得到韩国的同盟。赵国不接纳上党，可以免去长平之祸，眼前得到安宁，但秦国缓过劲来，下一个目标必然是攻打赵国。形势逼使韩赵联合，长平之战势不可免。秦攻韩之战，与秦围邯郸之战，都可视为长平之战的组成部分，前后八年。一场持续八年的大战，绝不是偶然的。在这一背景上评价长平之战，有如下几个意义：

其一，长平之战是秦国统一战争中划时代的一场大战役，它既是秦赵之间的一场主力决战，也是秦国与东方诸侯各国之间的一场主力

---

[1] 此据《史记》卷四三《赵世家》冯亭投赵之辞撮述其意。

大决战。东方诸侯韩、赵、魏、楚四国参战,秦国为一方,五国决战,历经八年。战役上,东方诸侯列国最终胜利,赶走了秦兵,韩国也收回了上党;战略上,秦国大胜,韩赵被彻底削弱,赵国损失巨大,从此韩、赵两国一蹶不振。

其二,长平之战,赵国倾全力而失败,说明东方列国单独一国不能抗秦。邯郸之战的胜利,说明秦国不能战胜东方列国的合纵。这场大战生动地证明:合纵存,则东方列国存;合纵亡,东方列国亡。秦要统一,必须打破合纵,各个击破才可能统一。苏秦合纵,张仪连横在长平之战半个多世纪之前,秦国力量还不十分强大,东方列国单个可以对阵秦国,所以合纵不坚,被秦国连横打破。长平之战形势明朗,秦国野心暴露无遗,单个国家又无力对抗秦国,因此长平之战后,东方列国没有形式上的合纵,而互相依存的实际合纵更加坚定。公元前247年和公元前232年,魏楚燕韩赵五国两次联合打败秦兵就是证明。齐国彻底守中立。秦始皇亲政后,采纳尉缭的建议,用重金,用间谍战破坏合纵,还假东方列国昏庸国君之手自毁长城,屠杀良将。因此秦始皇只用十年工夫就灭了六国,统一天下。长平之战为双方提供了经验,最终秦国取得了胜利。

其三,长平之战从秦伐韩起始,其后赵国卷入,再后楚魏卷入,愈来愈失控,没完没了拖了八年,因此绝不是"利令智昏"四个字就可以了结的。如同《亮剑》电视剧李云龙兵围平安县城,绝不是李云龙"为老婆报仇"这五个字可以了结的,它只不过是一个导火索。李云龙打平安县城,搅动了整个中日华北战场,牵一发而动全身,恰恰是中日两国生死决战这个大局决定的。赵国接收上党也只是一个导火索,秦赵决战,秦与东方诸侯的大决战迟早要发生。公元前270年的阏与之战,也是赵救韩。秦欲吞上党,打开攻赵的门户,早就虎视眈眈。赵王救韩,保守门户,并上党,无疑是正确的。但"利令智昏"

的批评，也有道理，赵国不纳上党，可以暂时免祸。从这一角度，不要贪无妄之财，也有警示意义。

其四，战争最终是国力、军力、财力、政治力的综合较量。当时三晋韩赵魏三国土地近一半已丧失给秦国，三国的地盘加起来也只有秦国的一半，三国力量的总和也只能与秦国打个平手。秦国动员15岁以上男子出征，可以说扫境以战，才勉强赢得胜利。长平之战，如果齐国加盟，用粮食支援赵兵，秦军就要失败。赵国救韩，秦国使者四出，警告列国不要参战，而赵国是在长平战败后才紧急求救。赵国长平之战，来得突然，准备不足，不但是军事失败，也是外交失败，后了秦国一步，付出了沉重代价。

其五，秦国的野蛮战法，杀降，报复平民，也增加了统一进程的难度。东方之民，不愿为秦民。上党地区民众自救，秦国在长平之战后又经过了十年左右，直到公元前247年才彻底平定上党的反抗，再次从韩国手中夺去，就是生动的明证。公元前227年，秦始皇破赵邯郸，赵公子嘉在代地这一弹丸之地抗秦，经过了五年，到公元前222年才最终灭亡，也是生动的明证。但秦军彻底消灭对方有生力量，在军事角逐上也有一定意义。

长平之战产生了许多故事，留下许多成语，如：利令智昏、纸上谈兵、窃符救赵、脱颖而出、一言九鼎等，为后世人们留下深深的启迪。

2. 秦汉之际的楚汉相争

秦朝灭亡后，刘邦与项羽两人争夺天下，司马迁称其为平乱诛暴的统一战争，史称楚汉相争。楚强汉弱，项羽凭的是力，善于征战，刘邦凭的是智，用谋略取胜。

公元前207年十二月，刘邦与项羽在鸿门会盟，史称鸿门宴，表面上是刘项和解，实质是刘项矛盾公开化的一次外交调解，拉开了楚汉相争的序幕。由于楚强汉弱，刘邦要取胜项羽，必须用智，而刘邦手下恰恰有一大帮谋士，张良、陈平、郦食其、随何都是奇士。韩信不但善用兵，而且善用计，战略决策不在张良、陈平之下[①]。项羽手下也有一个奇士范增，由于项羽"奋其私智"，"谓霸王之业，欲以力征经营天下"，所以有一范增而不能用。楚汉相争必然成了智与力的决斗，楚亡汉兴也成了历史上人谋取天下的经典战例。双方谋略，是本题评说的主线；战争过程和结局只做略说。

（1）汉王刘邦的灭楚战略。汉王刘邦的灭楚大计，由两场军事会议，两次对话提出，分述于次。

其一，对策汉中，刘邦东出。汉元年（前206）五月，汉王在南郑的练兵场上筑坛举行了隆重的拜将礼。这是汉王进入汉中兴办的第一件大事。拜将大礼成了激励士气的一项盛典。汉王部属，日夜思归。汉王举行拜将大礼，表示整军讲武，是东出的前奏，全军有了盼头，人人欢欣鼓舞。萧何做了认真的准备。午时正刻，汉王登上祭坛，由萧何主司仪。先由汉王祭拜天地，再祭拜祖宗，接着举行拜将大礼。全军注视接印大将何许人也，出乎所有人的意料，原来接印大将竟是新来的治粟都尉韩信，全军皆惊。中国历史上一颗杰出的将星，就这样在汉王建筑的拜将坛上冉冉升起。开汉家四百年基业的军事家韩信，此刻正式登上了安邦定国的政治历史舞台。

拜将礼毕，汉王推韩信坐上座。汉王向韩信咨问天下大计，韩信有条不紊，一吐胸中韬略，提出了楚汉相争的纲领。韩信对策考虑周全。孟子有言："天时不如地利，地利不如人和。"孟子分析历史变局三要素，天时、地利、人和，三者之中人和最重要，因为"得道者多助，失道者寡助。寡助之至，亲戚畔之；多助之至，天下顺之。以天

---

① 陈平、韩信两大奇才，原在项羽帐下，项羽不用，鸿门宴后两人转投了刘邦。

下之所顺，攻亲戚之所畔；故君子有不战，战必胜矣"[1]。楚汉相争，论天时，由于项羽背义帝之约，分宰天下不平，诸侯叛之，借众力以斗项羽，项羽虽强，独木难支，趁乱东出，此其时也。论地利，项羽不居关中形胜，又封秦民所怨三秦王，只要汉王东出，"三秦可传檄而定"，岂非天意以三秦资汉王者乎？论人和，汉王更胜项王一筹。"项王所过无不残灭者，天下多怨，百姓不亲附"；而汉王"秦民无不欲得大王王秦者"。这是说，百姓亲附汉王，汉王东出，"以义兵从思东归之士，何所不散！"汉王部属是山东人，高举义旗，打回老家，全军拥护，所向无敌，战士亲附汉王。项羽虽仁爱，"言语呕呕"，婆婆妈妈，妇人之仁，只能博得那些好面子多礼仪的书呆子们拥护；而汉王慢易，说话粗鲁，但胸怀大度，有功重奖，"以天下城邑封功臣，何所不服"，那些攻城夺地的勇士们都归到汉王旗下，这是说将相人才亲附汉王。单打力斗，逞匹夫之勇，汉王不如项王，而纵观天下大势，天时、地利、人和，汉王远胜项王，楚汉相争，必然是刘胜项败，韩信分析得清楚明白。如何东出，有步骤，有方略。这第一步就是不失时机，还定三秦，长远方略，则是收民心，智胜项王。

韩信说完，汉王心悦诚服，非常高兴，"自以为得信晚"。于是汉王全面采纳韩信计谋，部署诸将日夜操练，做好战备，听从韩信调遣。

韩信五月拜将，八月就兵出秦川。"明修栈道，暗渡陈仓"，取得突击效果，一举拿下陈仓，获得大量军实。韩信初战得手，乘胜扩大战果，以迅雷不及掩耳之势，闪电般推进，分兵四出攻击三秦王。仅用一个月时间，韩信就打通了八百里秦川。汉元年八月，雍王章邯被围困于废丘，塞王司马欣、翟王董翳望风而降。章邯弟章平与原秦将赵贲等退守陇西、北地，负隅顽抗，为章邯外援，等待项羽驰援。

汉将韩信充分利用秦民拥戴汉王的政治优势，趁项羽伐齐无暇西

---

[1] 《孟子·公孙丑下》。

顾这一战机，大胆地置关中残敌于不顾，与汉王亲率主力，于汉二年（前205）十月东出函谷关，驻兵于陕县（在今河南三门峡市西）。此时，张良以及赵王张耳前来归汉。

汉二年十月，项羽举大兵东击齐，欲先安定后方，再率兵西向。韩信东向出关至陕，则是尽力向中原推进，确保关中，扩大领地。这是一着妙棋，在政治和军事上至少有三方面的收获。第一，阻断章邯与项羽的交通，汉军在关中对章邯形成关门打狗之势，章邯只能坐以待毙。第二，汉王大张声势，与诸侯交通，安抚关外父老。第三，韩信出关，趁新韩王郑昌立足未稳，夺取韩地。

十一月，河南王申阳降，汉立河南郡。韩信击破韩王郑昌，汉更立韩太尉韩信为韩王，为汉南翼屏障。至是，汉王帐下两韩信。一是大将淮阴人韩信，一是韩王韩太尉韩信。

刘邦的这一着棋影响极大，汉军成了正义之师。强大的政治攻势，赢得了诸侯归心，他们纷纷派兵讨伐项羽，到了汉二年春正月，刘邦东出三个月后会合五诸侯之兵达五十六万之众，这时连项羽的心腹大将九江王黥布也不服从项羽的调遣，坐山观虎斗。韩信率领的汉军只有三万人，自汉元年八月出兵，到汉二年四月兵进彭城，在短短八个月的时间，由西向东横扫了大半个中国，从还定三秦到攻略韩地，一路高奏凯歌，直捣楚都彭城，端了项羽的老窝，兵众从三万发展到五十六万，几乎扩大了二十倍。如此大军，韩信运筹调度，有条不紊，他自称领兵"多多益善"，初露头角。萧何称赞韩信是"国士无双"。

（2）下邑画策，峰回路转。汉二年（前205）四月，汉军攻占彭城，项羽陷入齐地，汉军若乘胜追击，联合齐军在山东围歼项羽，楚汉战争可提前三年结束。由于汉兵一路顺风，没有阻拦地进入了彭城，汉王志骄意得，以为天下已定，收取楚宫室美人宝藏，日置酒高会，丧失了一举灭楚的最佳时机。

项羽闻听都城已破，赶忙从齐地回救。他精选三万骑兵，日夜兼程，绕在彭城之西，从萧县发起进攻，在黎明夜幕下由西向东向彭城推进。刘邦占领彭城以后，把大军布防在彭城以东、以南，阻挡项羽回救，防堵黥布北上，汉军意想不到项羽用轻骑兵从西边的空虚之处杀来。在彭城东面和南面用重兵布防的汉兵未见一兵一卒楚军，而后方阵地已乱了套。在混乱中，汉兵不知楚军虚实，一场混战，汉兵自相残杀，十几万人被推压在睢水中，睢水为之不流。汉兵溃散，刘邦突围时，正值大风沙，迎面不见人，因此才得以逃脱。项羽用三万精兵，打败刘邦的五十六万大军，获得了彭城大捷。这一以少胜多的战例是范增的杰作。它把项羽的军事生涯推向了顶峰。

由于楚军大获全胜，诸侯倒向，齐、赵与楚连和，魏豹反叛汉王，彭越丧失城邑，汉王处于孤立境地，项王恢复了盛强。

楚军彭城大捷，项羽进入彭城收拾残局，他没有亲自乘胜追歼刘邦，让刘邦脱逃，这是项羽的失策。也就是说，彭城大战之前与之后，刘项两人各丧失了一次追击穷寇而获全胜的时机。在天时的利用上，刘项两人打了个平手。

汉军彭城溃败，引起了汉王与策士张良的深思，他们意识到楚汉相争将是一场持久的较量，如何夺取胜利，需要认真总结失败原因，分析整个战局形势，筹划全盘战略方案，要一步一步周密地规划作战，再不能犯骄傲、被动作战的错误。

刘邦退逃到下邑（秦县名，在今安徽砀山），召开了紧急的军事会议。这里是汉王反秦时的基地，群众基础好。吕后兄吕泽在汉王东进时起兵于下邑，下邑兵人数不多，却都是可靠的家乡子弟兵。汉王与张良等在西逃中前往下邑，靠拢吕泽，收聚散卒，获得了喘息的机会。汉王刚刚摆脱了险境，来不及休息，就急切地问计于张良，张良于是规划了楚汉持久的战争方略，这就是"下邑画策"。张良说："九江王黥布，楚枭将，与项王有隙；彭越与齐王田荣反梁地，此两人可急使。而汉王之将独韩信可属大事，当一面。即欲捐之，捐之此三人，则楚可破也。"①

这就是张良下邑画策的总体方略，其核心是调动韩信、彭越、黥布三方力量与汉王自率的汉兵四方配合作战，打一场持久战来蚕食项羽，并最终消灭项羽。这一战略包括了对敌、我、友三方的历史与现实格局的分析，还运用了间敌与统战的策略，有四大战略要点和三个实施步骤，试分析如下。

先说四大战略要点。

其一，瓦解项氏集团，建立汉兵南翼战线。项羽伐齐，九江王黥布称病不出，彭城大战，决定项王生死命运，黥布坐山观虎斗，张良从中看出了黥布与项王已产生了裂痕。黥布是项王手下第一枭将，如果黥布反楚归汉，不仅削弱了项氏集团，而且在政治上、心理上对项王将是沉重打击。黥布所处地理位置，是楚国的大后方，又是汉兵的南翼。只要黥布按兵不出，项王就要分力，尤其是当前汉兵溃败，只要黥布拖住项王几个月时间，汉王就可重组力量，这是至关重要的一着，是成败的关键。汉王称是。他立即考虑派出最能干的使者去完成重任。汉王退逃至虞城（在下邑西，今河南虞城北），对谒者随何说："公能说九江王布使举兵畔楚，项王必留击之。得留数月，吾取天下必矣。"② 随何往说黥布，黥布果然叛楚。

其二，争取中间力量，乱楚后方。彭越是朝秦暮楚的中间力量，是汉军灭楚建立统一战线的首选人物。第一，彭越可独当一面，是一员勇将；第二，彭越恨项羽最深，项羽不仅没有分封彭越，反而夺取他的梁地；第三，彭越的基础在梁地，这是项羽的心脏地区，彭越反

---

① 《史记》卷五五《留侯世家》。
② 《汉书》卷一《高帝纪上》。

楚如同一把尖刀插在楚军的心脏上，乱其后方，断其粮道，破坏楚军的供应，项羽就不能深入，而且腹背受敌。成皋对峙，项羽疲于奔命，顾了前方顾不了后方。

其三，放手韩信，开辟北翼第二战场。韩信有独当一面之才，放手让其发挥才能建立奇功。韩信如果待在汉王手下做参谋，无法尽其才能，还要重蹈彭城之败，甚而背汉也未可知。韩信在汉中对策中对刘邦说："以天下城邑封功臣，何所不服！"韩信要功名，后来他的悲剧就因于此。汉王正当用人之际，不能不放手使用韩信，充分调动他的积极性。若不放手韩信去开辟北方战场，完成对项羽的战略包围，只在正面与项羽作战，楚汉两军势必只能硬拼，楚强汉弱，对汉不利。张良反问汉王："你不是要分封土地与功臣吗？那就分封给韩信、彭越、黥布三人好了，那么楚国是一定可以打败的。"韩信能为汉王打下半壁江山，多亏了张良的力谏与下邑画策方略。

其四，汉王正面拒敌，牵制项王。张良在回答中没有谈到汉王，因为韩信、彭越、黥布三人都能独当一面，正面拒敌者当然是汉王。汉王扼守荥阳、成皋，正面吸引项王，守险不战，消耗楚军，以待侧翼发展，积小胜为大胜，转弱为强。

以上是张良下邑画策的四大战略要点，它是放眼全局的一个总体作战方略，四个方面军全部发动起来，项羽将陷于前后左右四面受敌之中。汉王在正面，黥布在南翼，韩信在北方，彭越在项羽背后。要实现四个方面军的全面联动与完成对项羽的战略包围，需要时间，所以这个战略是一场人谋规划的持久战。

执行下邑画策的当务之急，是要打一场胜仗，阻止项羽西进，使汉军在荥阳、成皋一线站稳脚跟，这是第一步。第二步，就是汉王守险拒敌，全面实施下邑画策，乘势转入相持，吸引项目于坚城之下。第三步，四个方面军全面联动合围之日，就是楚汉相争结束持久战之时。最后总攻，歼灭项羽。

下邑画策的提出是在汉二年（前205）四月汉军溃逃途中。有了正确的战略决策，汉军士气振作起来，峰回路转。汉王君臣、全军上下，全力投入对项羽的阻击作战，争取第一步的胜利。汉二年六月，汉军在京索阻击成功，楚汉对峙成皋，直到汉四年（前203）九月对峙结束，前后共二十九个月，史称成皋之战。接着垓下会战，一战歼灭项羽，战争进程完全按下邑画策预计的计划进行，显示了这一策略的正确性。

韩信汉中对策与张良下邑画策，共同构建了楚汉战争的人谋规划，早于诸葛亮隆中对策人谋规划三分天下四百余年。张良规划全国大统一，诸葛亮规划局部统一。历史条件不同，成功大小有异，而人谋规划历史转折与前途，是他们的共同之点，非命世之才，不能有此杰作。陈寿评诸葛亮称其为良平之亚，极为中肯。良平者，张良、陈平也。陈平归汉，与张良同在汉王军中为画策臣。汉二年三月，汉王东进击降殷王司马卬时，陈平渡河归汉，随同进军彭城。下邑画策，亦当有陈平参与。

（3）项王亚父范增奇计。范增是秦末乱世涌现出的一个大谋士。他是秦居鄛县（今安徽桐城南）人。范增善奇计，投靠项梁为谋士。项梁死后，范增随项羽北上救赵，项羽尊其为"亚父"。项羽心胸狭窄，有妇人之仁，用人唯亲，信人不专，当范增之计与项羽亲叔父项伯相左时，项羽不辨是非，总是倒在项伯一边。鸿门宴放走刘邦，是项伯破了范增之计，此时项伯不自觉成了项王的内奸，以后一步步堕落成了自觉的内奸。项羽分封十八王，原本分封汉王的土地只有巴蜀，这是范增之计。张良运动项伯加封汉王汉中地，在军事态势上就有了还定三秦的前沿阵地。项羽分封三个秦朝降将章邯、董翳、司马欣为三秦王，其实是构筑了封锁刘邦东出的一道防线。又是张良用计，让刘邦入汉中明烧栈道，麻痹项羽，韩信暗渡陈仓，灭了三秦王，打破了项羽的封锁。张良配合韩信还定三秦，致书项王说，汉王只是欲得关中而已，又一次麻痹项羽，诱使项王东征齐王田荣，丧失了西向救援三秦王的战机。

汉王兵破楚都彭城，把重兵布置在彭城的东面和南面。东面防守项羽回军，南面防守黥布北上。范增用奇计，使项羽率领三万轻骑兵绕出彭城之西，凌晨在萧县从背后发起对汉军的进攻，楚兵三万破汉兵五十六万，取得大胜，汉王败逃，诸侯转向，又回到了楚强汉弱的态势。项羽擅长攻坚，突击，以骑兵为军魂。范增奇计是充分发挥项羽用兵的特点，制定快速决战与奇袭的方略，打破汉王的持久战略。彭城大战后，楚汉对峙成皋，进入相持，范增制汉策略，要点也有四项：

其一，拒绝汉王提出的割荥阳以西归汉的要求和建议，加紧进攻，争取速决。

其二，派人前往淮南说服九江王黥布出兵武关、西击关中。

其三，联合齐、赵，阻击汉韩信军，共同打击汉王。

其四，由项羽亲率大军攻击荥阳，切断汉军运输粮道，再进取成皋，西入函谷关，与黥布会师关中。

双方战略的主战场在河南，刘邦与项羽直接对决。刘邦依托荥阳、成皋的丘陵地带，坚固防守，御敌项羽于洛阳之东。项羽攻坚，突破汉王的荥阳、成皋防线，长驱直入关中。双方都需要侧翼的配合。汉王派韩信在河北开辟第二战场，派随何出使淮南说降黥布归汉，迟滞了项羽的进攻，打破了范增的战略。更为严重的是，项羽用人不专，唯亲是从，范增奇计不仅受到项伯干扰，而且项羽中了汉王的反间计，在成皋之战进入难分难解的关键时刻，赶走了范增，范增气愤疮发背而死。范增走后，项羽被动挨打，走了下坡路，灭亡的命运不可避免。

刘邦说他手下有张良、萧何、韩信三杰，"吾能用之，此吾所以取天下也。项羽有一范增而不能用，此其所以为我擒也"。① 刘邦帐下何止三杰，可以说是智士如云，猛将如雨。陈平、随何、郦食其、刘敬、陆贾等都是智士。刘邦集众智，项羽崇武单打独斗，逞匹夫之勇以对众智，哪有不败的道理？项羽帐下第一勇将黥布，也被刘邦挖了墙脚。忠心耿耿的钟离眛等大将被猜疑，不能充分发挥作用，项羽信用的诸项亲戚子弟，全都是饭桶。一个像样的叔父项伯，项羽言听计从，而项伯在鸿门宴拉开楚汉相争的序幕之时就被汉王刘邦诱骗，两人拜为把兄弟，又结为儿女亲家，他也就沦为内奸。一个缺少阅历的青年项羽，命运着实可悲。

（4）悲剧英雄项羽落幕。楚汉相争的相持阶段，即成皋对峙，通称成皋之战，此是楚汉相争的主战场和正面战场，汉王刘邦与楚王项羽直接对抗。刘邦一方用智，项羽一方用力，是典型的智与力的决战。前文指出，此役起于汉二年（前205）六月，讫于汉四年（前203）九月，历时两年零五个月（加一个闰月）。双方动员参战第一线的兵力达一百余万，是中国古代历史上继长平之战后，又一次投入兵力最多、历时最长的大战役。作战进程分为三个阶段。汉二年六月至后九月，为成皋序战，是第一阶段，凡五个月，以黥布反淮南为临界标识。汉三年十月至汉三年九月（汉初承秦历，十月为岁首，故十月至九月为一年），为荥阳、成皋攻防大战，是第二阶段，凡十二个月。此阶段是楚汉双方争夺最激烈的阶段，也是楚军范增谋略用力的时期，汉军两度陷入危境，而最终以汉王的谋略居上，用反间计假项王之手逐除范增占有优势，双方强弱开始转换。汉四年十月至汉四年九月，双方对峙广武，为第三阶段，凡十二个月。由于韩信、彭越观战，刘邦、项羽智力俱困，相持不决。最后刘邦采用张良计，与项羽以鸿沟为界媾和，中分天下，诱项羽东归，然后顺势追击，才打破均势，转入战略

---

① 《史记》卷八《高祖本纪》。

反攻。汉五年十二月，当公元前202年正月[①]，汉王刘邦会合韩信、彭越、黥布、诱降楚大司马周殷的刘贾等，五路汉军众五十余万，项羽之军只有十万，楚汉强弱易势，汉军处于绝对优势，项羽败走乌江自刎，悲剧英雄落幕。汉五年正月，当公元前202年二月，汉王即皇帝位，楚亡汉兴。

项羽失败，有多种原因，主要有四个方面：其一，兵法不精，以力斗智；其二，用人唯亲，贤才遭忌；其三，残暴不仁，失去民心；其四，政治幼稚，封王失计，这一原因是致命的。司马迁在《项羽本纪》的论赞中归纳为五个原因：第一，分裂天下，引起争斗；第二，背关怀楚，失去地利；第三，放逐义帝，诸侯叛乱；第四，自矜攻伐，不行仁政；第五，专恃武力，失去民心。司马迁的批评，无疑是切合实际的，五条中多了一条失去关中地利，两者精神是一致的。在项羽失败的多种原因中，为什么分封十八王是最致命的？项羽把亲信将领封王善地，以为这样就可控制局面，殊不知诸将得地称王，就不听他的号令了，黥布封淮南王以后不听调遣就是一个典型例证。项羽封刘邦为汉中王，将三秦将章邯、董翳、司马欣封为三秦王来拒塞刘邦，实际上等于拱手将关中送与刘邦。一是关中三分而势弱；二是因项羽在新安坑杀了秦降卒二十余万，关中秦民恨透了三秦王。又，项羽封王，主观武断，未能处置好一些拥有实力的中间军事集团。山东田荣、河南彭越、河北陈余皆被排斥在封王之外。所以项羽回彭城，还没来得及坐下来休息，这几个军事巨头就联合起来反抗项羽。刘邦趁机明烧栈道，暗渡陈仓，占了关中，杀出函谷，直捣彭城，端了项羽的老窝，幸亏项羽及时回救在彭城打了一个大胜仗，才避免了过早覆亡。

[①] 汉初继秦历以十月为岁首，汉五年十二月，即汉五年的第三个月，当公元前202年正月。汉五年正月，即汉五年的第四个月，汉王刘邦即皇帝位，为公元前202年二月。

项羽封王，争论最大，主要有两种观点。其一，论者或曰，项羽分封代表旧贵族的割据势力，开历史的倒车，必然失败。这种观点值得商榷。公元前210年，秦始皇出游天下，巡行浙江，当时项梁、项羽叔侄随众观看，项羽情不自禁地说："彼可取而代也。"可见他不是不想当皇帝，不是一心想分封。其二，项羽迫于各路诸侯都要称王的形势。这就更不符实际。巨鹿之战，诸侯折服，强捷有力者皆归项羽旗下，成了他的部将。最大的异己刘邦，欲与项羽争衡，心有余而力不足，他像踩钢丝一样，冒死入虎穴乞和。当时，谁敢和项羽对抗？迫于形势之说根本不成立。

那么，项羽为何分封十八王？追本溯源应是范增劝项梁立楚怀王这一政治失计，给入世未久的项羽套上了绳索。范增在秦末诸侯并起之时，建言立楚王后代，以利号召民众。本来秦并六国，政治一统，废除分封，用郡县制取代了侯王林立，消除了兼并战乱，民众"莫不虚心而仰上"[①]。可是秦施暴政，二世而亡，由于历史的局限，当时多数民众把大一统的集权政治与暴政二者等同起来，对秦政制度产生了惶惑，六国遗民纷纷乘势而起，分封制度的沉渣泛起，只不过是回光返照。项羽分封十八王，不自觉地走了回头路。范增劝项羽急击刘邦，可见也是要争天下的。但刘项两人封王，形似而内核实质不同。刘邦封王，只是政治策略，刘邦是在被动局面下利用封王的策略树羽之敌，壮大自己争取主动；而项羽封王，恰恰是在主动的鼎盛局面下，为了一个"如约"而封王，给自己树敌，显然是政治失计。刘邦集团的谋臣郦食其也曾献策立六国后代，被张良建言制止了。最后为了合击项羽，张良却又建议刘邦封韩信、彭越为王，为了策反黥布也给他封了王。张良看清了历史大势，只把分封作为策略运用，坚持统一路线，

---

① 贾谊《过秦论·中篇》。

最后胜利了。范增识见不远，逊于张良，他建言项梁立楚王后代在当时还有一些积极意义，而建言项羽封十八王则是误导，逆历史潮流而动，失败是必然的。于是又有一种观点认为，范增非善谋之士，他对项羽的失败应负主要责任，这也是不妥当的。范增只是一个谋臣，听不听还在项羽，何况智者千虑之一失并不足以导致项羽的失败。分封固然是馊主意，但设计鸿门除害、王刘巴蜀，这些主意并不坏。问题是，范增的馊主意，项羽采纳了；范增的好主意，项羽拒绝了，最后把范增赶走了。重瞳子以亲疏划界，虽有一范增而不能用，不亡何待！而那个改姓刘的项伯，却是项羽言听计从的一个笨伯和内奸！

　　项羽的致命弱点是政治幼稚。由于他少年逃难，在叔父项梁保护下成长，所以任人唯亲。设宴鸿门时的项羽，才是一个27岁的马背上的将军，他还不懂得用阴谋手段诛除异己，而且以形势论，项羽并不需要搞阴谋手段。本来，项羽用范增的计谋，封刘邦为蜀王，想把他困在巴蜀，又是张良运动项伯说情，改封刘邦为汉中王。项羽这一改动，既负背约之名，而又实授关中之实，为一大失策。他在鸿门宴上即使杀了刘邦，也担当不起靖乱安邦的历史重任。而刘邦多次出入险地，九死一生却安然无恙。鸿门宴上，项伯保了他；彭城战败了，丁公释放了他；荥阳出逃，有纪信替死；成皋逃出，项羽不察。这一切仿佛暗中有神灵保佑似的。怪不得司马迁发出了"岂非天哉，岂非天哉！"[①]的慨叹。以今天的观点来看，这"天"就是历史必然之中的偶然取得了胜利，实质是一个老谋深算的中年战胜了一个鲁莽天真的青年，刘邦的胜利是必然的，项羽的失败是值得同情的。

---

① 《史记》卷一六《秦楚之际月表序》。

3. 西汉盛世的汉匈大决战

汉匈大决战，起于汉武帝元光二年（前133）设谋马邑，拉开了汉匈大决战的序幕，到汉宣帝甘露元年（前53），呼韩邪单于入朝臣服汉朝止，汉匈大决战画上句号，前后历时81年，差不多可以称为世纪之战。汉匈大决战最精彩的段落是汉武帝伐匈奴，从元光二年到汉武帝征和三年下轮台诏休战止，即公元前133年到公元前90年，前后44年是最为激烈的战争状态，可分为三个段落。三段时间大体各为15年，前后两段均为汉匈大决战，中间一段是间隙备战。第一段从元光二年设谋马邑到元狩四年漠北大战，即公元前133年到公元前119年，这十五年是汉匈大决战最激烈的时期，结局汉胜匈败，漠南无王庭。从元狩五年到元封六年，即公元前118年到公元前105年，其间14年，双方休息备战，匈奴不臣服，仍时常犯边。从太初元年到征和二年李广利兵败降匈奴，征和三年汉武帝下轮台诏宣布休战止，即公元前104年到公元前90年，其间十五年是汉匈第二阶段大决战，西汉扩张，断匈奴右臂，置河西四郡，切断羌胡交通，汉通西域。张骞凿空，开辟了丝绸之路。西汉获得完胜，匈奴远遁，衰落分裂，但仍未臣服，汉朝也付出了沉重的代价。昭宣中兴，西汉达于鼎盛，匈奴衰败分裂，呼韩邪单于来朝，汉匈大决战画上句号。汉武帝时期的30年大决战，汉武帝的雄才大略，彻底打败了匈奴，这是汉匈大决战的闪光点。

将近一个世纪的汉匈大决战为何发生？汉朝付出了怎样的代价？如何评价其性质和意义？前人的论说多是负面的，认为汉武帝穷兵黩武，汉朝付出了"海内虚耗，户口减半"[①]的代价，得不偿失，特别是李广利两次兵征大宛，天下骚动，汉军损失数十万，只获得三千匹汗

---

① 《汉书》卷七《昭帝纪》。

血马,很不值当。说什么汉武帝晚年,民不堪重负,农民起义此起彼伏,已出现秦末的衰败征兆,还说司马迁是反战的,对汉武帝是批判的。如何看待昔贤的评说?本题循着司马迁记载的史实,从人类社会发展文明冲突的视角予以评说,抛砖引玉,以待贤者。

(1)汉匈大决战的背景。汉匈战争为何发生?其本质是一场人类文明冲突。亚洲北方气候寒冷,是大牧场,自然发展的是游牧文化。汉民族从宜于农耕的黄河流域的黄土高原与长江流域的江汉平原发祥成长,发展农耕文化也是自然的。两种文明的冲突早在春秋战国时期就开始了。从秦穆公的并国十二,辟地千里,到赵武灵王的胡服骑射,就是两种文明冲突的战争。万里长城的修筑,亦是两种文明冲突的标志,一道万里长城,说明在冷兵器时代,农耕民族处于守势,付出的代价也十分昂贵。

当历史指针指向秦汉之际,亚洲南方农耕民族中拥有最先进文明的华夏民族统一黄河长江两大流域建立一个超级大国,国土面积大约400万平方公里。北方匈奴游牧民族出了一个英武的冒顿单于,他把许多不统属的氏族、部落都统一起来,建立了强大的匈奴单于国,其地东起辽河,西至葱岭,北抵贝加尔湖,南到长城,东西万里,国土面积大约1000万平方公里以上,两倍于西汉的国土,是北方的超级大国。两个超级大国的碰撞,战争就要发生质的变化,形成两种文明的冲突,可以说是古代的一场世界大战,由于势均力敌,所以旷日持久。汉初汉匈两国发生的平城之战可以说就是大决战的一场预演。公元前200年,匈奴冒顿单于统领40万骑兵,大败汉高祖率领的32万步骑,一次战役,双方动员用于第一线的兵力就达70万以上,在当时可以说是双方倾全国之力的一场大决战。双方都是从长期的统一战争中走过来,都兵强马壮,但都是国家初建,经济匮乏,不利于持久战争,又势均力敌,以和亲罢战收场,其实是双方的一种休养备战。

到了汉武帝登场，西汉经过半个多世纪的休养生息，文景时代养马备战，储粮于边，汉朝的人口与财富是匈奴本部人口与财富的十倍，这就是汉武帝敢于亮剑的资本。

（2）汉匈大决战的代价和结局。汉匈大决战是一场世纪大战，汉武帝伐匈奴的决胜阶段，历时三十年，战役过程不必细说，只需说一说汉匈大决战的规模和双方付出的沉重代价，就足可以透视这场大决战为何不可避免、战争性质，以及惨烈景象了。汉武帝时的汉匈大决战，匈奴本部人口500余万，加上兼并的各游牧部众，估计人口在1000万左右；汉朝人口约4000万，四倍于匈奴人口，十倍于匈奴本部人口。古代无战乱的承平时期，大约100年间人口增长翻一倍。汉武帝时期是西汉中期，汉匈大决战前承平70余年，大决战后到汉末战乱承平80余年，刚好两者承平时期相当，人口增约一倍。汉初人口依范文澜《中国通史简编》[①]，以战国时人口五人一兵计，秦统一六国，全国人口2000余万，到西汉汉武帝发动汉匈大决战时人口增至约4000万。《汉书·地理志》统计西汉末人口5950万，即约6000万，在汉武帝时减半计是3000万。4000万减3000万，这1000万人口之差，就是汉匈大决战汉朝付出的人口代价。"户口减半"之说有些夸张，因战乱导致一些户口隐没未能登记，但减少三分之一则是可信的，即汉匈大决战，西汉人口减三分之一，损失一千二三百万。匈奴本部人口，以五人一兵计，平城之战一次投入骑兵40万，人口则有200多万，到汉匈大决战时匈奴本部人口500余万，战后损失200万。汉匈大决战，双方损失人口总计一千四五百万，相当于第一次世界大战损失人口之半，毫无疑问是古代的一场世界大战。这是游牧民族与农耕民族两种文明发展到不可并存时必然要发生的大决战，也是整个人类发展史上古代

---

① 范文澜：《中国通史简编》（修订本）第二编，人民出版社1965年版，第18页。

空前绝后的历史大变局。何为决战？决战就是双方交战必须分出胜负，一方彻底打败另一方，不达目的，双方战斗决不会停止。从这个意义上，汉武帝是非常之人，他带领卫青、霍去病、张骞、李广等时代英雄建立了非常之功，是值得肯定的。汉匈大决战改变了人类文明的历史进程。欧亚大陆板块，农耕民族由守势转入反攻，并战胜了游牧民族，先进文化得以传承。假如匈奴胜利，汉朝溃败，中华五千年文明就此中断，则历史不知道要倒退多少年。东汉又一次打击匈奴，迫使其西迁，而在西晋末尚有五胡入主中原的动乱，这是北方游牧残余导致的变局，由此反推，汉匈大决战西汉的胜利，即使付出了"户口减半"的代价也是值得的，因为这一代价的付出保卫了农耕文化。因此，汉武帝及其一代全民族的斗争与牺牲值得永远载入史册。

（3）张骞凿空建言断匈奴右臂，英雄创造时势。张骞，汉中城固（今陕西城固）人，西汉杰出的外交家和大探险家，这是学术界公认的评价，张骞当之无愧。张骞还是一位大政治家和战略家。他约生于公元前159年，卒于公元前114年，享年46岁，是一位中青年才俊，可以说其英年早逝。

准确地评价历史人物地位，必须放在当时的历史背景中，全面掌握人物的活动事迹。公元前139年张骞21岁出仕为郎，到公元前114年死于大行令，任职26年。其中两次出使西域17年，在宫廷为官9年，历郎官、太中大夫、卫尉、大行令，带兵出征为校尉、将军。郎官为皇帝侍从。太中大夫参决谋议，备顾问。卫尉、大行令位列九卿。卫尉，警卫宫殿。大行令，秦官为典客，掌蛮夷归义，相当于外交部部长。西汉大行兼理诸侯王事务，相当于内政部长。张骞的任职，表明了他是汉武帝的亲信大臣，处于决策中枢，参与军国大政谋议。

张骞出使西域，他的使命是联结大月氏抗击匈奴。由于大月氏在中亚已安居乐业，不想报复匈奴，张骞的使命未能完成，但他从西域的考察中提出了更高的战略。《大宛列传》记载张骞回答汉武帝的询问，可称为"西域对"。前文楚汉相争已述及韩信在汉中拜将，回答汉高祖询问，可称为"汉中对"。《三国志·诸葛亮传》记载刘备三顾茅庐，咨问天下大计，诸葛亮答以"隆中对"。这"三大对"都是当世历史转折的英雄规划历史变局的谋略。"汉中对"规划了楚汉相争以弱胜强的谋略。"隆中对"规划了三分天下，为刘备割据一方提出了胜利的人谋。"西域对"提升了汉武帝反击匈奴要放眼世界开拓进取断匈奴右臂的谋略。"三大对"标志张骞站到了韩信、诸葛亮的行列，可以说是一代人杰。

"西域对"影响汉匈大决战主要有三项决策：其一，提出断匈奴右臂，通使联结中亚的乌孙；其二，建言取大宛汗血马，改良中国马种，组建高质量骑兵，如同当今的现代化国防建设；其三，倡言通身毒国而重开经营西南夷。断匈奴右臂的胆识，只有张骞身临西域，了解大世界，才有头脑提出。以上几项，都是根本性的国策。张骞死后，西汉政府继续执行，平西南夷为郡县，兵征大宛，和亲乌孙，置河西四郡，既通西域，又切断羌胡交通，为日后青藏高原的归附，奠立了万世之基。这些战略决策，直到宣帝之世，全部实现张骞的战略理想。从决策角度考察，张骞不只是一个杰出的外交家，他还是一个胆识过人的政治家和战略决策人物。他对于中国历史的贡献和对西汉政治的影响，应给予崇高的评价。

张骞出使，不是掠夺、占领，他没有带庞大武装，而是传播忠诚信义，带去东方的物产，以和平为宗旨交谊朋友，这是更值得永远发扬光大的精神。特别是第二次出使乌孙，当时匈奴势力已被逐出西域，东西交通畅通，张骞携带丝、缯、帛、金钱、货物等前往。他在西域活动，始终贯彻"以义属之"的和平外交路线，寻求友谊与合作。乌孙王昆弥倨傲无礼，张骞责以大义，讲求忠诚与信誉，受到西域各国的热情欢迎和接待。甚至张骞死后，汉使都要打张骞博望侯的旗号，才能赢得西域各国人民的信任。张骞结盟大月氏夹击匈奴以及招大月氏重回故地，这一具体目的因客观原因没有实现，但不是外交的失败。张骞从长远战略目标出发，以和平友好使者身份传达友谊，沟通中西文化交流，从此中西使者、商队络绎不绝，获得了外交的极大成功。在公元前一二世纪，东西方文化各自达到了古代文明的高峰，西方有希腊、罗马文化，东方南亚有印度文化、东亚有中国秦汉文化。张骞通西域，在三大文化交流中做出了重要贡献，在世界文化史上写下了灿烂的一页。张骞无疑是一位世界文化名人，他的名字与丝绸之路是不可分割的。他是东西方文化的和平交流使者，有别于中世纪和近代那些以掠夺为目的的探险者、淘金者，这是中华民族的骄傲。

张骞通西域，《史记》《汉书》均称为"凿空"。苏林注："凿，开也。空，通也。骞始开通西域道也。"颜师古注："空，孔也。犹言始凿其空穴也。故此下言'当空道'，而《西域传》谓'孔道'也。"[1] 对阻路的大山，开凿通道，就叫凿空。张骞备受艰难险阻，首次由汉直通西域，故形象地比喻为凿空，匈奴是阻挡汉朝走向世界的大山，打开这座大山，突围向前，"凿空"二字比喻极为形象生动，也是对张骞备尝艰险的描述与赞评。古代没有人工开凿的穿山通道，司马迁创立"凿空"这一概念，本身就是一个伟大的创造。司马迁慧眼识英雄，把张骞的通使行迹上升为放眼看世界、中国的发展要走向世界，内涵极为丰富。张骞凿空，汉通西域，汉武帝移七十万民众于河西走廊，这是地域政治的凿空，屏断羌胡交通，迫使匈奴远遁并臣服，为日后青藏高原并入中国版图奠定基础，这是非张骞始料所及的又一贡献，也是汉匈大决战影响历史深远意义的外延，值得大书一笔。司马迁的记述尤其是《大宛列传》的创立，表明他是一个伟大的历史家，他带领

---

[1] 《汉书》卷六一《张骞传》颜师古注。

人们放眼世界的卓识尤令人叹服。

结束语

综上所述，司马迁所写中国古代历史转折的三大战役，长平之战、楚汉相争、汉匈大决战，给人类文明积淀下厚重的历史思考，是一份珍贵的文化遗产。所谓历史思考，就是已往历史留给人们的经验、教训和借鉴。三大战役留下的历史借鉴，主要有四个方面。其一，大战役必将伴随历史转折而发生。长平之战带来千年历史之变，楚汉相争产生了新王朝，汉匈大决战使处于守势的先进农耕文化战胜游牧文化。其二，历史转折的大战役，双方矛盾不可调和，也就是大战役不可避免，战争来临，要迎难而上，奉陪到底。长平之战，赵王意志不坚，心存侥幸，把一副合纵好牌打烂了，教训是深刻的。其三，历史转折大战役，必须决出输赢，双方都要拼尽全力，所以时间长、规模大，双方的投入都是全民总动员，使出浑身解数。其四，大战役取胜既是力敌，更要智取，往往是新生方以弱胜强，表现为智胜力。用智就要分清敌、我、友，孤立敌人、瓦解敌人；自我团结，上下一心，同仇敌忾；争取中间，广交朋友。楚汉相争，刘邦做得最好，以弱胜强。汉匈大决战，张骞凿空通西域，也是争取中间。任何强势一方，单打独斗，终将失败离场。长平之战，强势秦军不敌韩赵楚魏联军，就是一个生动的例证。试看今日之域，百年大变局，已见历史端倪，要丢掉幻想，做大做强自己，迎难而上，敢战才能止战，才能不战而屈人之兵，留给历史来做结论。

第十二章 《史记》的语言成就[①]

文学的第一要素是语言。《史记》之所以能产生强烈的美感效应,它的语言美具有举足轻重的作用。司马迁善于对社会、人生进行细致的观察、分析,善于抓住人或事物的本质特征进行描绘,在语言运用方面取得了惊人的成就,使《史记》成为中国文学语言的宝库。司马迁是中国古代最伟大的语言巨匠之一。

第一节 典范的叙事散文语言

《史记》人物传记的本质是一种散文叙事,而非人物传记的篇章大都带有政论色彩,更是典型的散文叙事。司马迁散文的艺术成就,代表了汉代文学的高峰。语言锤炼和章法结构是撰写优秀散文的重要因素。司马迁在《史记》中锻造出了自己富于时代特色和个性特色的接近口语的纯正散文语言,我们称之为"典范的叙事散文语言"。

1.《史记》语言的散文化和口语化

众所周知,汉赋是司马迁生活时代最流行的标准的文学语言。汉

[①] 参阅可永雪:《《史记》文学成就论稿》第五章,内蒙古教育出版社1991年版。

赋在句式上喜用骈句、偶句、排比，音韵上讲究抑扬谐妙。汉赋的作者，尤其是散体大赋的作者如司马相如等人，作为弘扬大汉帝国鸿业的辞赋家，他们对于大汉帝国的繁荣昌盛和大汉帝国的规模气象，对文、景、武几代迅速发展起来的高度物质文明和精神文明，抱有一种惊异、喜悦、赞叹、自豪的心理，一种不加以夸耀和展示便不足以餍心饫意的心理。正是这样一种心理，促使他们创作出了以"铺张扬厉""侈丽闳衍"为特点的汉大赋这种艺术形式。这种作品在语言上追求的是华丽、繁缛、铺陈、整饬，所谓"极声貌以穷文"。这种贵族化、形式主义化，并与口语分家的语言，是不能胜任记叙复杂的历史事件的，更不能用以描写人物，刻画形象。司马迁为了实现"究天人之际，通古今之变，成一家之言"的理想，在全面继承古代书面语言与学习民间语言的基础上，大胆创新，在《史记》中创作出了用以叙事的典型化散文语言。

这种语言有两大特征：其一，在叙事中坚持散句单行，按照语言的自然音节，屈折舒展，自如伸缩。句多长短相间，参差错落，形成一种灵活多变的流转句式，有意识地避免排句、偶句，避免散文的辞赋化。其二，是口语化。坚持汲取和吸纳民间活的口头语言，强化与当时群众语言的血肉联系，这也是散文语言的生机和发展的一大源泉。

司马迁遣词造句，句式灵活而多变化，句子长的可以长到几十个字，短的可以短到三两字，甚至一个字。长长短短，错落有致组成文章，现分别举例如次。

先谈《史记》中的长句。

例（1）：赐天下鳏寡孤独穷困及年八十以上孤儿九岁以下布帛米肉各有数。(《孝文本纪》二十八字)

例（2）：使壮士车令等持千金及金马以请宛王贰师城善马。

(《大宛列传》二十一字）

例（3）：愚民安知市买长安中物而文吏绳以为阑出财物于边关乎？（《汲郑列传》二十四字）

像以上这类长句，在先秦的文字中是较为少见的，而《史记》在叙事中运用相当普遍，还有多达四十余字的长句。长句中有着许多包孕的子句，或定语，或状语，或补语，或宾语，或兼语，用以描写复杂的事件和表达复杂的情感色彩，不一而足。多重长句的运用，表现了司马迁对语言的控驭能力。

那么《史记》里一般是在什么地方、什么场合用长句呢？大体有三种情况：一是帝王的诏告封赠，这属于朝廷文告，语言需要严密周详，故多长句，如例（1）"赐天下鳏寡孤独……"句；二是涉及一些"使令句式"时喜欢用长句，如例（2）"使壮士车令等持千金……"句；三是遇到情事委曲微妙，非长句不足以曲折达意、婉转尽情的时候用长句，这种情况更多。如例（3）汲黯为长安商人诉冤屈、讨公道所用的句子。这些地方不用长句，只是平铺直叙，就带不出人物的感情，点染不出环境气氛。

以例（1）为例，这是一个长宾语的句子，它在表达上发挥了什么作用呢？

此句为省略了主语的陈述句（主语是汉文帝，承前省；谓+宾），其特点是把本来可以分开说的几句话合成了一个有双宾语（间接宾语、直接宾语）的长句。这句话的谓语很简单，只有一个"赐"字，其余二十七字可以说全是宾语（"天下"是宾语的定语，"各有数"属于宾语的补语或说是定语后置）。这个宾语是由几个并列的词组充当，"鳏寡孤独穷困及年八十以上孤儿九岁以下"是间接宾语，"布帛米肉"是直接宾语。"天下"作为间接宾语的定语，表赐的范围；"鳏、寡、孤、独、穷困及年八十以上、孤儿九岁以下"并列几种人，表赐的对象之众多、范围之广泛，"布、帛、米、肉"，表所赐物品之实惠与品种；"各有数"则对赐的主体汉文帝虑事之周到、细心表述无遗，同时从中也就把文帝的仁心德治给体现出来了。

例（4）：上使王然于以越破及诛南夷兵威风喻滇王入朝。

（《西南夷列传》二十字）

这一句由名词主语打头，与"使"结合构成主谓句，然后再用兼语，而兼语之后又有兼语（主＋谓＋兼＋谓＋宾，兼语式），结构便越发复杂。为什么非要用这么复杂的结构？先抛开"以越破及诛南夷兵威"这个状语不说，就其主干而论，就是"上使王然于风喻滇王入朝"——皇上派王然于讽喻滇王使之入朝，这里涉及了三个人，意思至少也有三层：皇上派王然于（一层）；叫王然于讽喻滇王（二层）；目的是要滇王入朝（三层）。为什么要用两个兼语？因为一个兼语只能管到"风喻滇王"为止，而讽喻滇王不是目的，讽喻的目的是使滇王"入朝"，所以"滇王"后边"入朝"两个字绝不能少，而这两个字正是一谓（入）一宾（朝），与"风喻滇王"合在一起，正好又构成一个兼语"风喻滇王入朝"。光是主干句子就已经够复杂的了，还要加上讽喻手段——"以越破及诛南夷兵威"这个状语，如此，将几层意思凝结在一句话里，通过层折递接的结构，周密而又顺畅地传达出来。

通过例（1）、例（4）长句的分析，可以看出长句的传情达意的妙用，以及司马迁大手笔驾驭语言的高超才能。

再看《史记》中的短句。

例（1）：广令诸骑曰："前！"前，未到匈奴阵二里所，止。

(《李将军列传》)

十六个字,分为五句,三个一字句。每个一字句有如千钧之重。第一个"前"字,写口令,概括了李广如雷霆之声的命令,表示只有勇往直前,才能在气势上压倒敌军,争取死里求生。第二个"前"字写行进,表示全军整齐前进的豪壮气势。最后一个"止"字,显示全军岿然不动的意志。通计十六个字,长短五句话,就淋漓尽致地描绘出了汉军视死如归,一往无前的精神,描画了一场两军交兵的大场面,真是精绝。三个一字句的使用提了精神。《史记》中还有二字句、三字句,不一一列举。

例(2):使者惧而失谒,跪拾谒,还走,复入报曰:"客,天下壮士也,叱臣,臣恐,至失谒。曰'走!复入言,而公高阳酒徒也'。"(《郦生陆贾列传》)

例(3):项羽晨朝上将军宋义,即其帐中斩宋义头,出令军中曰:"宋义与齐谋反楚,楚王阴令羽诛之。"当是时,诸将皆慑服,莫敢枝梧。皆曰:"首立楚者,将军家也。今将军诛乱。"(《项羽本纪》)

例(2)是在通报和对话场合下的短句,一连串的短句,描写通报人急促情态可掬。例(3)叙写紧张激烈场面之中夹杂半句话。"今将军诛乱"就是半句话。诸将被突如其来的血腥场面吓破了胆,唯恐与宋义沾上边,赶紧表白项羽诛乱,应当为全军统帅,却在紧张气氛中说不成整句话,司马迁用半句话的形式将其活生生地表现了出来。

还有一种情况,是说话当中由于别人抢话而出现的半句话。《魏其武安侯列传》写灌夫极力讨好武安侯,为魏其兜揽贵客一段:"丞相(武安侯田蚡)从容曰:'吾欲与仲孺过魏其侯,会仲孺有服。'

灌夫曰：'将军乃肯幸临况魏其侯，夫安敢以服为解！请语魏其侯帐具，将军旦日早临。'"这里武安说什么"欲与仲孺过魏其侯"云云，原是个卖人情的门面话，因为此时正值灌夫有丧服在身，他料想灌夫去不成才这么说的，所以那"会仲孺有服"后边明显地还有"惜不能成行"这种意思的后半句，可没承想灌夫为魏其兜揽贵客心切，一见武安说出想去拜访魏其的话，不等武安把话说完就受宠若惊地把话抢了过去。这样武安那后半句话只好咽回去而随口应承。正是因此才导致第二天魏其夫妇备办下酒席而武安不到，灌夫登门去请，原来武安还在高卧，早把这个约会忘到九霄云外去了，出现了尴尬局面。

除此之外，《史记》还能写吞吞吐吐的话，写谈话中不知不觉转换称呼的话，写自言自语心口商度的话，等等，我们就不一一展开说了。

再看看长短相间的句子。句式长短相间，参差错落，增强了语言的表现力。

人们说话，随意吐词，连成句子，总是长长短短，参差错落。但是，战国时纵横家游说国君的说辞，列国行人的外交语言，讲究辞章华丽，与口语产生距离。《左传》《战国策》等书记载的行人外交辞令和策士的说辞，已经出现了一定程度的铺陈夸饰和排比对偶句式。到了汉代，辞赋盛行，铺陈夸张和骈偶化成为时尚。这对于推动纯文学语言的发展是有意义的，但不利于写史状人。司马迁为了增强语言的表现力，叙事简洁精练，有意识地不造排句偶句，行文总是长短不齐，参差错落，句式活泼生动，接近口语，富有生命力。如《项羽本纪》所写巨鹿之战，就长短句相间，错落有致。其文曰：

项羽乃悉引兵渡河，皆沉船，破釜甑，烧庐舍，持三日粮，

> 以示士卒必死，无一还心。于是至则围王离，与秦军遇，九战，绝其甬道，大破之，杀苏角，虏王离。涉间不降楚，自烧杀。当是时，楚兵冠诸侯。

这一段描写大战的文字，句式多短章促句，它造成一种紧张气氛，与激烈的战斗场面相照应，读者随着这短促的节奏，不觉加快了心脏的跳动，大战场景历历如画，真是神来之笔。

但是对称是一种美感，是中华民族文化中的一种传统美感，而且司马迁也是一个辞赋家，对称的美感对司马迁也不能不是一种诱惑。《史记》中也有许多排比句子，不过司马迁自有他出神入化的点化手法，运用了一种"寓骈于散"，以散统骈的方法[①]，造成对偶排句的散文化。清代批评家称之为意偶而笔不偶，或笔单而气双。试以《史记·货殖列传》中的两段话来说明：

> 贵上极则反贱，贱下极则反贵；贵出如粪土，贱取如珠玉，财币欲其行如流水。

> 其在闾巷少年，攻剽椎埋，劫人作奸，掘冢铸币，任侠并兼，借交报仇，篡逐幽隐，不避法禁，走死地如鹜，其实皆为财用耳。

这两段话中的句子业已构成对偶句，但前者忽然加上"财币欲其行如流水"，后者忽然把四字句改为"走死地如鹜"，这是故意改变那太整齐的呆板，以构成一种不整齐的美。

[①] 这里的分析，参见李长之《司马迁之人格与风格》（生活·读书·新知三联书店1984年版）有关内容。

有时连叙数事，司马迁也有意造出意义排比、句式不排比的散句，构成一种跌宕气氛，加深文意。如《秦楚之际月表序》写天下三嬗："初作难，发于陈涉；虐戾灭秦，自项氏；拨乱诛暴，平定海内，卒践帝祚，成于汉家。五年之间，号令三嬗，自生民以来，未始有受命若斯之亟也。"意义排比，加深了三嬗天下的对照；字句变化而不作排比，显示层层递进。吴见思《史记论文》对此评论说："《史记》凡用数句排比，无一句不变，而后人不复宗法，独用呆板。盖《汉书》一出，以匀齐整练四字害之也。"这的确是极为精辟地概括出了《史记》散文语言的特点。

2. 典范散文语言得心应手的叙事功能

叙事最难，难在一是对复杂史事如何做到叙述条理清晰，二是如何确保行文不呆板，流畅生动。作为历史著作的《史记》，基本要求是线索清晰，前因后果，一目了然。作为人物传记的《史记》，要求文字神采飞扬，有可读性。司马迁得心应手地运笔、游刃有余地叙事，绚丽多彩的史传散文在他手里完成，聚为《史记》，千古传唱。《史记》载三千年史，而对每个事件、每个人物的出处经历都有明确交代，即使再复杂的矛盾也能写得一清二楚。如《魏其武安侯列传》揭露统治阶级内部的矛盾斗争，窦婴、田蚡、灌夫三人的矛盾纠织在一起，难解难分，但司马迁笔力不凡，"以魏其、武安为经，以灌夫为纬，以窦、王两太后为眼目，以宾客为线索，以梁王、淮南王、条侯……许多人为点染，以鬼报为收束，分合联络，错综周密，使恩怨相结，权势相倾，杯酒相争，情形宛然在目"[①]。《高祖本纪》写刘邦一生，既有本纪的纲领性，又有列传的生动细致性，大小事件纷繁多变，但司马迁写

---

① （清至民国）李景星：《史记评议》。

得有条不紊,"整中见乱,乱中见整,绝无痕迹"①。《李斯列传》通过李斯的一生,展现出秦王朝由盛到衰到亡的全过程,虽是列传却有本纪的特点,因此,明代茅坤说:"学者读《李斯传》,不必读《秦纪》矣。"②近人李景星说:"《李斯传》以'竟并天下''遂以亡天下'二句为前后关锁。'竟并天下'是写其前之所以盛,'遂以亡天下'是写其后之所以衰。盛衰在秦,所以盛衰之故,则皆由于斯。……似秦外纪,又似斯、高合传,而其实全为传李斯作用。"③《史记》把复杂多变的历史写得眉目清晰,这是它叙事语言成功之一。

《史记》叙事语言还能做到生动传神。如前文引《项羽本纪》中的巨鹿之战,是项羽一生的关键一仗,它打败了秦军的主力,为起义军在军事上的彻底胜利奠定了基础。我们看作者对这场大战高潮的叙述,不仅将项羽破釜沉舟的过程、结果写得明了清晰,而且极为生动形象,"精神笔力,直透纸背,静而听之,殷殷阗阗,如有百万之军藏于隃糜汗青之中,令人神动"④。

又如信陵君,这是司马迁心目中最敬仰的人物之一,《魏公子列传》是这样写信陵君不耻下交、自迎侯生一段的:

> 公子于是乃置酒大会宾客。坐定,公子从车骑,虚左,自迎夷门侯生。侯生摄敝衣冠,直上载公子坐,不让,欲以观公子。公子执辔愈恭。侯生又谓公子曰:"臣有客在市屠中,愿枉车骑过之。"公子引车入市,侯生下见其客朱亥,俾倪故久立,与其客语,微察公子。公子颜色愈和。当是时,魏将相宗室宾客满堂,待公子举酒。市人皆观公子执辔,从骑皆窃骂侯生。侯生视公子

---

① (清)吴见思:《史记论文》。
② (明)茅坤:《史记钞》。
③ (清至民国)李景星:《史记评议》。
④ (清)吴见思:《史记论文》。

色终不变，乃谢客就车。至家，公子引侯生坐上坐，遍赞宾客，宾客皆惊。酒酣，公子起，为寿侯生前。

这样的叙述语言，使读者有身临其境之感。作者从不同的角度来刻画信陵君的谦恭态度，虽是叙述，但人物的神态、形象却非常生动。这类例子在《史记》中俯拾皆是。有时候，作者结合环境情况，采用参差错落的句式，达到生动传神的目的，如《刺客列传》写"荆轲刺秦王"一节：

秦王发图，图穷而匕首见。因左手把秦王之袖，而右手持匕首揕之。未至身，秦王惊，自引而起，袖绝。拔剑，剑长，操其室；时惶急，剑坚，故不可立拔。荆轲逐秦王，秦王环柱而走。群臣皆愕，卒起不意，尽失其度。……秦王方环柱走，卒惶急，不知所为，左右乃曰："王负剑！"负剑，遂拔以击荆轲，断其左股。荆轲废，乃引其匕首以擿秦王，不中，中铜柱。秦王复击轲，轲被八创。

由于刺秦王就在一刹那之间发生，极为紧张突然，因此，作者在叙述时也用极短促的语句描绘出这个场面，带有力量、速度。

《史记》叙述性语言还常常带有作者的感情，或褒或贬，颇有韵味。我们先看《李将军列传》中一段：

广廉，得赏赐辄分其麾下，饮食与士共之。终广之身，为二千石四十余年，家无余财，终不言家产事。……广之将兵，乏绝之处，见水，士卒不尽饮，广不近水；士卒不尽食，广不尝食。宽缓不苛，士以此爱乐为用。

叙事看来很平常、淡然，但字里行间渗透着作者的感情，对于李将军的廉洁和爱护士卒的品格，作者是持褒扬态度的。

《史记》叙事有时为了节省文字，也用概括性的语言来叙述，如用攻、击、守、追、围、战、下、破之、大破之等动词表明战争的过程，用定、得、取、斩、先登、陷阵等词语表示人的动作，《曹相国世家》即属此种情况。有时候则相反，为了加重语气，不惜用大量的重复词语，如《廉颇蔺相如列传》叙述"完璧归赵"故事，"璧"字反反复复出现，《魏公子列传》全文"公子"用了一百四十七次，这都是作者极用意之处。

　　《史记》的叙述语言有时在交代人物身份、历史背景、地理环境等方面有重要作用。《史记》传记每篇开头总要介绍人物的出身、家世、职业等，看起来漫不经心，实乃刻画人物很重要的一笔。就交代背景而言，有些事件十分复杂，它的发生原因、时间等都要有个来历。如司马迁写刘邦起义之事："秦二世元年秋，陈胜等起蕲，至陈而王，号为张楚。诸郡县皆多杀其长吏以应陈涉。沛令恐，欲以沛应涉。"然后再写刘邦之事。这样，整个事件的来龙去脉就很清楚。就交代地理形势而言，"秦楚之际，兵所出入之途，曲折变化，唯太史公序之如指掌。以山川郡国不易明，故曰东、曰西、曰南、曰北，一言之下，而形势了然。……盖自古史书兵事地形之详未有过此者，太史公胸中固有一天下大势"[①]。我们今天读《史记》中写战争的篇章，总会感到线索清晰，地理形势明了，这与司马迁的叙述语言有很大关系。

　　《史记》叙述语言有时在明确事件的前后时间及因果关系方面也有重要作用。作者往往用"是时""当是时""久之""顷之"等词语来连缀事件的前后次序。如《刺客列传》写不同时代的刺客，在连缀上用"其后百六十有七年""其后七十余年""其后四十余年""其后二百二十余年"等语句，使整个传记连为一个体系。

---

① （清）顾炎武：《日知录》卷二六。

总之，叙述语言在历史著作中是最基本的语言，司马迁运用自如，取得了可喜的成就。

第二节　个性化的人物语言

一般的历史著作用作者的叙述语言把事件叙述清楚即可，而《史记》则不只如此，它还用人物自己的语言表情达意，这就由历史向文学迈进了一大步。《史记》的人物语言具有个性，符合人物的身份、性格、心理等，不管是今人古人，是男是女，高低贵贱各色人物，谁的话就像谁，做到了"口吻逼肖"。

1. 切合人物身份的个性语言

在《史记》里，我们看专制帝王秦始皇说话的口吻是怎样的。《秦始皇本纪》记载，他统一天下之后，曾经下了一道诏书，要群臣给他议帝号，当群臣向他报告说"古有天皇，有地皇，有泰皇，泰皇最贵"，因此拟给他上尊号为"泰皇"时，他发话道："去'泰'着'皇'，采上古'帝'位号，号曰'皇帝'，他如议。"——这"去'泰'着'皇'"，一字一顿，凛凛然一派金口玉言，不可置疑的定案语气。

《史记》写策士说客的话。《淮阴侯列传》写蒯通游说韩信叛汉，说词层层剖析，反复取譬，语势跌宕流转，通脱灵畅，最后促韩信快下决心，那话是："夫听者事之候也，计者事之机也，听过计失而能久安者，鲜矣……故曰'猛虎之犹豫，不若蜂虿之致螫；骐骥之踯躅，不如驽马之安步；孟贲之狐疑，不如庸夫之必至也；虽有舜禹之智，吟而不言，不如瘖聋之指麾也'，此言贵能行之。夫功者难成而易败，时者难得而易失也。时乎时，不再来。愿足下详察之。"一听就是善辩滔滔的策士腔调。

又如《张耳陈馀列传》记载了这样一段话："蒯通说范阳令曰：'窃闻公之将死，故吊。虽然，贺公得通而生。'"出口就是说客口吻。

《郦生陆贾列传》写郦生的"狂"，观其言语绝对是一个"狂生"而非"儒生"。《淮阴侯列传》中写韩信被拜为大将后，给刘邦分析天下形势，一段言辞写得头头是道，那绝对是寓有远见的军事家的语言。人称这段言辞为"汉中对"，可与诸葛亮的"隆中对"相媲美。上文举证蒯通劝韩信反叛，其言辞滔滔不绝，气势充畅，那绝对是纵横家的语言。又如吕不韦是商人出身，当他看到安国君的儿子子楚在赵国做人质时，就想利用他以"钓奇"，做政治赌注，说："此奇货可居！"这绝对是巨商大贾的语言。

2. 捕捉场景、对话、心理独白，揭示人物个性的语言

言为心声，不同的人说不同的话，通过语言揭示人物的个性，这是司马迁写人艺术的一大特色。其手法多多，常见的有场景的捕捉、对话、心理独白等。

捕捉场景。每一个人每一天都在说话，但并不是每一句话都能表现他的个性，要提炼、筛选。或突发的语言，或漫不经心的生活语言，作家要加以捕捉，营造一种环境，如同照相要抢镜头一样，特定的环境衬托人物语言，才能揭示人物的个性。司马迁最善于捕捉。《魏其武安侯列传》"灌夫使酒骂座"就是一个在特定场景下用人物语言揭示人物个性的典型例证。

> 饮酒酣，武安起为寿，坐皆避席伏。已，魏其侯为寿，独故人避席耳，余半膝席，灌夫不悦。起行酒，至武安，武安膝席曰："不能满觞。"夫怒，因嘻笑曰："将军贵人也，属之！"时武安不

肯。行酒次至临汝侯，临汝侯方与程不识耳语，又不避席，夫无所发怒，乃骂临汝侯曰："生平毁程不识不直一钱，今日长者为寿，乃效女儿咕嗫耳语！"武安谓灌夫曰："程、李俱东西宫卫尉，今众辱程将军，仲孺独不为李将军地乎？"灌夫曰："今日斩头陷匈，何知程、李乎！"坐乃起更衣，稍稍去。

灌夫的言辞，"是醉中事，怒中语，如闻其声"[1]，将一个狂傲不羁的武夫形象展现在人们面前。

对话。对话是人物语言中很重要的一个方面。这是人物性格的直接外露。对话，可以体现出不同人物的个性特点，从艺术手法上说，明显带有对比的性质。如《平原君列传》写平原君准备与楚结盟，挑选文武双全者二十人一起去楚国，结果：

> 得十九人，余无可取者，无以满二十人。门下有毛遂者，前，自赞于平原君曰："遂闻君将合纵于楚，约与食客门下二十人偕，不外索。今少一人，愿君即以遂备员而行矣。"平原君曰："先生处胜之门下几年于此矣？"毛遂曰："三年于此矣。"平原君曰："夫贤士之处世也，譬若锥之处囊中，其末立见。今先生处胜之门下三年于此矣，左右未有所称诵，胜未有所闻，是先生无所有也。先生不能，先生留。"毛遂曰："臣乃今日请处囊中耳。使遂蚤得处囊，乃颖脱而出，非特其末见而已。"

这段对话显示出两个人的性格特征及其矛盾冲突，一个是不得意的食客，一个是养士图虚名的贵族公子，而毛遂的语言，"英姿雄风，千载而下，尚可想见，使人畏而仰之"[2]。《史记》中这类对话是很多的，如

---

[1] （清）吴见思：《史记论文》。
[2] （宋）洪迈：《容斋五笔》卷五。

《廉颇蔺相如列传》写蔺相如同他的舍人对话："于是舍人相与谏曰：'臣所以去亲戚而事君者，徒慕君之高义也。今君与廉颇同列，廉君宣恶言而君畏匿之，恐惧殊甚，且庸人尚羞之，况于将相乎！臣等不肖，请辞去！'蔺相如固止之，曰：'公之视廉将军孰与秦王？'曰：'不若也。'相如曰：'夫以秦王之威，而相如廷叱之，辱其群臣，相如虽驽，独畏廉将军哉！顾吾念之，强秦之所以不敢加兵于赵者，徒以吾两人在也。今两虎共斗，其势不俱生。吾所以为此者，以先国家之急而后私仇也。'"这段对话，既表现出舍人的目光短浅，又表现出蔺相如的大度，尤其是他"先国家之急而后私仇"的胸怀，深深地感动着人们。《留侯世家》写张良劝阻刘邦立六国后代的一段对话也极有特点：

> 汉王方食，曰："子房前！客有为我计桡楚权者。"具以郦生语告，曰："于子房何如？"良曰："谁为陛下画此计者？陛下事去矣。"汉王曰："何哉？"张良对曰："臣请藉前箸为大王筹之。"曰："昔者汤伐桀而封其后者于杞者，度能制桀之死命也。今陛下能制项籍之死命乎？"曰："未能也。""其不可一也。武王伐纣封其后于宋者，度能得纣之头也。今陛下能得项籍之头乎？"曰："未能也。""其不可二也。武王入殷，表商容之闾，释箕子之拘，封比干之墓。今陛下能封圣人之墓，表贤者之闾，式智者之门乎？"曰："未能也。""其不可三也。发钜桥之粟，散鹿台之钱，以赐贫穷。今陛下能散府库以赐贫穷乎？"曰："未能也。""其不可四矣。殷事已毕，偃革为轩，倒置干戈，覆以虎皮，以示天下不复用兵。今陛下能偃武行文，不复用兵乎？"曰："未能也。""其不可五矣。休马华山之阳，示以无所为，今陛下能休马无所用乎？"曰："未能也。""其不可六矣。放牛桃林之阴，以示不复输积。今陛下能放牛不复输积乎？"曰："未能也。""其不可

七矣。且天下游士离其亲戚，弃坟墓，去故旧，从陛下游者，徒欲日夜望咫尺之地。今复六国，立韩、魏、燕、赵、齐、楚之后，天下游士各归事其主，从其亲戚，反其故旧坟墓，陛下与谁取天下乎？其不可八矣。且夫楚唯无强，六国立者复桡而从之，陛下焉得而臣之？诚用客之谋，陛下事去矣。"汉王辍食吐哺，骂曰："竖儒，几败而公事！"令趣销印。

郦食其建议刘邦分封六国后代，以此来牵制项羽。张良左一个"不可"，右一个"不可"，一连摆出八条理由，步步为营，使刘邦无言以对，体现出张良"王者师"的风度，而刘邦则文过饰非，将不是全推到郦食其身上。《李斯列传》写赵高同胡亥、李斯谋议夺权时，对话也极为传神，"如观相扑，如听面谈，文心文笔，两者兼之"[①]，展现出三个人的卑劣个性。《淮阴侯列传》写刘邦与韩信谈论诸将将兵的才能，韩信以"善将将"和"将兵多多益善"概括刘邦和自己的个性、才能，也非常有神韵。而像《魏其武安侯列传》"廷辩"一场，各种矛盾在辩论中展示出来，面对同一事件，每个人有自己的语言，个性极为鲜明。

　　心理独白。心理独白既是人物自身语言的一种表现形式，也是心理描写的手法之一，这里不多说。再从个性化的语言角度补充几句。《史记》描写人物的内心独白，往往三言两语就能极为传神地展示人物心理，表现人物个性。《酷吏列传》写王温舒任河内太守时，捕郡中"豪猾"，连坐千余家，二三日内，大举屠杀，"至流血十余里"。汉朝惯例，春天不杀人，王温舒顿足曰："嗟乎，令冬月益展一月，足吾事矣！"一句独白，就把一个杀人成瘾的酷吏形象展示出来。再如大家熟知的项羽、刘邦，他们二人在观看秦始皇时发出不同的感叹，项羽说"彼可取而代也"，刘邦说"嗟乎！大丈夫当如此也！"个性完全

---

① （清）吴见思：《史记论文》。

不同,"项之言悍而戾,刘之言则津津然不胜其歆羡矣"①。《万石张叔列传》有一处写石建的谨慎:"建为郎中令,书奏事。事下,建读之,曰:'误书,马者与尾为五,今乃四,不足一,上谴死矣。'甚惶恐。"由于马(馬)字的笔画少写了一点,就吓得要死,其人的个性就可想而知了。

3. 情态描写人的个性化语言

情态描写的人物语言,往往只言片语就能把人物灵魂深处的一些东西亮给读者,有时,从一句话即可见出一个人。譬如庞涓在马陵道发现中了孙膑的埋伏计之后所说"遂使竖子成名"这句话,在一句之中,恨、惜、不平全在其中,一个嫉妒小人的灵魂于此毕现!又如霍去病在天子为其"治第"(建公馆),让他去看的时候,他回答说:"匈奴未灭,无以家为也。"一句豪言,吐尽英雄壮志,凭这一句话,人们便可品味其为人。

情态描写,要因人因事因时捕捉典型,唯司马迁能之。譬如司马迁写口吃、写醉汉语、写惶恐心急而语无伦次,都能托出人物个性与形象。

《张丞相列传》写了周昌的结巴话。刘邦一心想废掉太子刘盈(即后来的孝惠帝)而立戚姬所生的如意为太子。作为御史大夫的周昌坚决反对,便当廷强争。传中写:"上问其说,昌为人吃,又盛怒,曰:'臣口不能言,然臣期期知其不可。陛下虽欲废太子,臣期期不奉诏。'"这句话里的四个"期"字,都是口吃的象声词,是模拟口吃者结结巴巴的声口的,由于用了象声词,就把一个耿直而口吃的大臣在盛怒之下坚持自己意见的神态声口,极为逼真地摹绘出来了。

《李将军列传》写了霸陵尉带有醉意的蛮话。李广失官赋闲在家

---

① (清)王鸣盛:《十七史商榷》卷二。

的时候，有一次出猎晚归，路过霸陵亭，霸陵尉出来呵止李广，李广的随从上前介绍、通融，说：这是故将军李广。霸陵尉使腔说："今将军尚不得夜行，何乃故也！"这里倒没有象声词，可是因为用了"今将军尚不得"如何如何，"何乃"如何如何，听来便是带有醉意的侮慢之词。

《范雎蔡泽列传》写须贾语无伦次的赔罪话。须贾发觉被捉弄，得知范雎原来已经做了秦相，这一来吓得三魂出窍，慌了手脚，赶忙肉袒膝行，入门谢罪。他是这样说的："贾不意君能自致于青云之上，贾不敢复读天下之书，不敢复与天下之事。贾有汤镬之罪，请自屏于胡貉之地，唯君生死之！"这段谢罪之辞，一口气接连数语，说得心忙口急，杂乱无章，把须贾当时一片惊慌乞命之状活现纸上。

情态描写，能够展现同一个人在不同场合下的不同声口，揭示其人的个性。最典型的是写汉高祖刘邦的语言。

刘邦是以豁达大度著称的，其性格的主调就是豁达。在《史记》当中所写刘邦的许多话，对表达其豁达本色来说，真是语语入情，句句传神。

比如他以亭长身份送民工去骊山，由于这些民工知道在骊山服劳役没有好下场，所以路上纷纷逃跑。刘邦意识到这些民工不等到达目的地就会逃光，没法交差；又看到当时全国反秦情绪如山雨欲来风满楼的形势，因而索性把民工都放跑。在放之前，他先和民工们喝了一顿酒，然后宣布："公等皆去，吾亦从此逝矣！"吴见思《史记论文》评论说："两句写得豪达磊落，酷似高祖气度。"

又如陈豨叛乱，赵相周昌奏请斩常山地区守尉，理由是"常山二十五城，豨反，亡其二十城"。然而刘邦问道："守尉反乎？"对曰："不反。"于是刘邦说："是力不足也。"决定宽赦了守尉。这种做法、看法及他说出的那句诘问的话，鲜活地表现出他是多么通情达理！

为平定陈狶叛乱，刘邦要周昌举荐赵地四名壮士，马上任命为将，并"封之各千户"。跟随刘邦左右的人不服气，谏曰："从入蜀汉，伐楚，功未遍行，今此何功而封？"这时刘邦晓谕他们说："非若所知！陈狶反，邯郸以北皆狶有，吾以羽檄征天下兵，未有至者，今唯独邯郸中兵耳。吾胡爱四千户封四人，不以慰赵子弟！"[①]从这话里，人们看到刘邦高人一筹的大政治家的豁达胸怀。

写刘邦对生死看得透，他在临终前回答吕后问后事和谩骂医生的两段话极为传神。刘邦病危，吕后问他："陛下百岁后，萧相国即死，令谁代之？"他回答说："曹参。"又问曹参以后呢，刘邦回答说王陵可以，又说王陵"少戆"，可以叫陈平帮助他，周勃可以做太尉。吕后又问：再以后呢？刘邦回答说："此后亦非而所知也。"——意思是你用不着管那么长远，你也管不了那么长远。从这样的话里，你可领略到刘邦对整体看得多么透彻，为人又多么通达。他知道自己病已不治，又知医生欺瞒，谩曰"可治"。于是谩骂之曰："吾以布衣持三尺剑取天下，此非天命乎？命乃在天，虽扁鹊何益！"这种旷达语、负气语蛮有意味，实实在在透出他的豁达气概。

豁达固然是刘邦性格的主调，但这位小吏出身的"布衣皇帝"，品格脾性却是多侧面的，颇不单纯。他轻士善骂，什么"竖儒""鲰生""乃公""尔公"，几乎成了他的口头语。而在广武对峙中，当项羽以烹太公相要挟时，他和项羽竟耍起无赖来，说："吾与项羽俱北面受命怀王，曰'约为兄弟'，吾翁即若翁，必欲烹而翁，则幸分我一杯羹。"地地道道一副流氓腔。可是，人们还记得，同一个刘邦，他率义军进入咸阳，安抚黎民百姓的话却是这样说的："父老苦秦苛法久矣……凡吾所以来，为父老除害，非有所侵暴，无恐。"当秦人争持牛

[①] 《史记》卷九三《韩信卢绾列传》。

羊酒食献飨军士时刘邦辞谢说:"仓粟多,非乏,不欲费人。"这两段话又是和煦如旭日,温暖似春风,完全是一位解民倒悬的义军领袖和慈爱长者的风度。

刘邦平时任性率情,好为大言,狎侮轻慢,无所矫饰,高兴了开开玩笑,搞个恶作剧都是常事。当着大臣的面揶揄调侃自己的父亲,说什么"始大人常以臣为无赖,不能治产业,不如仲力。今某之业所就孰与仲多?"因为大白天搂着戚姬调情被周昌碰见,就追出去骑在人家脖子上没皮赖脸地问:"我何如主也?"如此这般的话、这般的事刘邦居然说得出、做得出。然而在必要的场合,他又能很严肃、很庄重,甚至表现得十分深沉,说的话也极有分寸。例如,起义初,沛地父老子弟推他为沛令时,他很郑重地对大家讲:"天下方扰,诸侯并起,今置将不善,一败涂地。吾非敢自爱,恐能薄,不能完父兄子弟。此大事,愿更相推择可者。"话说得相当恳切。日本的泷川资言评这段话说:"词婉礼恭,不似平生大言。"[①] 消灭项羽不久,诸侯将相共请尊他为皇帝,他先逊辞:"吾闻帝贤者有也,空言虚语,非所守也,吾不敢当帝位。"群臣坚请,他不得已,乃曰:"诸君必以为便,便国家。"话也说得持重、得体。

刘邦为人处世,能屈能伸,在下层政权混过多年,又练就一套见情说话的本领,所以尽管平时倨傲谩骂,粗野得很,可有的场合又婉言卑辞,语意蔼然。例如在鸿门宴前与项伯拉关系、释嫌疑的话:"吾入关,秋毫不敢有所近,籍吏民,封府库,而待将军。所以遣将守关者,备他盗之出入与非常也。日夜望将军至,岂敢反乎!愿伯具言臣之不敢倍德也。"《史记菁华录》评:"语气详慎卑抑之至,大英雄能屈处。"而鸿门宴上见到项羽后所说:"臣与将军戮力而攻秦,将军战河

[①] 〔日〕泷川资言:《史记会注考证》之《高祖本纪》。

北，臣战河南，然不自意能先入关，破秦，得复见将军于此。"更是句句套近乎，灌迷汤，终于解除了项羽对他的思想警惕。

刘邦生性刚毅，不是那种好动儿女情肠的人，但他仍然有厚重的人情味。彭城败退，追兵紧急，为了快跑，他竟从车上推堕孝惠、鲁元两个儿女下车，简直可以说他是个绝情的忍人。可是在太子废立和过沛还乡两件事上，刘邦的一言一行，又都充溢着无比浓重的人情味！当四皓随孝惠进见，他看到大势所趋，保护太子的势力不可动摇，决定放弃废立的打算之后，他把戚夫人找来，将四皓指示给戚夫人看，对她说："我欲易之，彼四人辅之，羽翼已成，难动矣。吕后真而主矣！"说这话时，感慨唏嘘，凄凉哀伤，特别是最后一句，揪心撼脾，的确是人间至情。《史记论文》评曰："只一句，悲切之至，宛是当时口角，不知何以体贴至此！"

以上，我们谈了《史记》人物语言的一些特点，由于这类语言是人物个性的直接展现，因此，在刻画人物时比叙述语言更为生动。

第三节 对民间语言的吸收与提炼

《史记》一书博大精深。为了丰富自己的著作，司马迁从民间文学中吸取了不少营养。唐代史学家刘知几曾指责司马迁"其所载多聚旧记，时插杂言"[1]。宋代郑樵也说"迁书全用旧文，间以俚语，良由采摭未备，笔削不遑""所可为迁恨者，雅不足也"[2]。这些指责是错误的。所谓"杂言""俚语"，是司马迁对民间语言的吸收与融化，他们没有

---

[1]（唐）刘知几：《史通》卷一《六家》。
[2]（宋）郑樵：《通志·总序》。

看到司马迁在吸收民间文学上的贡献。

《史记》中运用了大量的歌谣谚语，给《史记》增添了光彩。简析之如下：

> 一尺布，尚可缝，一斗米，尚可舂。兄弟二人不能相容。

这首歌谣见《淮南衡山列传》。淮南厉王刘长，自恃尊贵，起居"拟于天子"。汉文帝担心皇权旁落，采取手段逼刘长绝食而死。作者引歌谣来揭露最高统治者进行政治斗争的残酷，非常深刻。

这一类谣谚是很多的，《韩长孺列传》在描写汉家内部的倾轧时，引用了这样两句俗谚：

> 虽有亲父，安知其不为虎？虽有亲兄，安知其不为狼？

它一针见血、入木三分地揭示了封建统治阶级内部人与人之间的畸形关系。

汉武帝时，贵族灌夫在颍川一带横行无忌，《魏其武安侯列传》在揭露灌夫"诸所与交通，无非豪杰大猾，……为权利，横于颍川"的恶行之后，引了当时流传于颍川的一首童谣：

> 颍水清，灌氏宁；颍水浊，灌氏族。

颍水不会长清，灌氏也不会永久横行！一旦颍水变浊之日，就是姓灌的灭族之时。这形象而又贴切、富有哲理的诅咒，深刻地表现了人民对称霸一方的豪强势力的反抗情绪。

另外如《项羽本纪》引的"楚虽三户，亡秦必楚"，《赵世家》中的"赵为号，秦为笑，以为不信，视地之生毛"等等，都有着强烈的现实性与鲜明的针对性。

再如，《酷吏列传》的一首歌谣：

> 宁见乳虎，无值宁成之怒。

宁成是汉代有名的酷吏，本传说他"为人上，操下如束湿薪"，对待人民是"如狼牧羊"般地凶恶残暴。这首歌谣就活画出了他这个汉代统治者豢养的刽子手的狰狞面目。

有些歌谣谚语是对生活经验和处世哲学的总结。如：

> 《鲁仲连邹阳列传》：规小节者，不能成荣名；恶小耻者，不能立大功。
>
> 《淮阴侯列传》：狡兔死，良狗烹；高鸟尽，良弓藏；敌国破，谋臣亡。
>
> 《春申君列传》：当断不断，反受其乱。
>
> 《孙子吴起列传》：能行之者未必能言，能言之者未必能行。
>
> 《范雎蔡泽列传》：鉴于水者见面之容，鉴于人者知吉与凶。
>
> 《魏世家》：家贫思良妻，国乱思良相。
>
> 《留侯世家》：忠言逆耳利于行，毒药苦口利于病。
>
> 《乐书》：满而不损则溢，盈而不持则倾。

这些歌谣谚语，是从社会生活中体验、吸收总结出来的，具有一定的辩证思想，能给人以启发，也能给人以警戒。它们虽然运用于某一篇之中，但实际上已具有普遍意义，即使到今天，仍具有一定的现实意义和借鉴作用。如《赵世家》中有：

> 以书御者不尽马之情，以古制今者不达事之变。

《刘敬叔孙通列传》中有：

> 千金之裘，非一狐之腋也；台榭之榱，非一木之枝也；三代之际，非一士之智也。

前者强调的是理论与实践的结合,随着时代的变化,制定政策也应变化。后者强调的是要成就一项大的事情,必须依靠各方面的力量,必须有长期的积累。无疑对我们有借鉴意义。

有些歌谣谚语对历史上的人物进行热情赞颂。

萧何与曹参,是汉代开国初建时的两位相国。他们属于地主阶级中较为开明的政治家;在刚刚结束暴秦虐政压迫的情况下,恰当地采取了"休养生息"的政策,对农民做了某些让步,使人民在一定程度上得以恢复生产。老百姓为二人作歌说:

> 萧何为法,觏若画一;曹参代之,守而勿失。载其清净,民以宁一。

再如:

> 得黄金百斤,不如得季布一诺。

这是《季布栾布列传》中的一条楚人谚语,赞扬季布言必信、行必果的品德,表现了人们对诚信的期待。

《史记》中还有些民谚歌谣反映了一定的人情事理,如"人貌荣名,岂有既乎?"[1]"不知其人,视其友"[2]等。还有一些表现经济状况的,如"天下熙熙,皆为利来;天下攘攘,皆为利往"[3]"长袖善舞,多钱善贾"[4]等,内容十分丰富。

由于《史记》的记载,流传于民间的歌谣谚语在文字上得以固定,流传得更广泛和长远了,有许多至今活跃在群众的口语中。如

---

[1] 《游侠列传》。
[2] 《张释之列传》。
[3] 《货殖列传》。
[4] 《范雎蔡泽列传》。

"前事不忘，后事之师"[①]"养虎自遗患"[②]"唇亡齿寒"[③]"尺有所短，寸有所长"[④]"利令智昏"[⑤]"智者千虑，必有一失；愚者千虑，必有一得"[⑥]，等等。这些寓含哲理的通俗成语，即使在今天仍有其生命力。谚语属于人民的口头文学创作，它来源于生活，也需要熟悉生活的人用它更深入地观察生活。司马迁行游万里路，发现、采撷它们，并将其应用到《史记》写作中去。它们或经书中某些人物之口道出，或由作者直接引用，无论处于何种位置，都在发挥着论据的作用，支撑着传记的某一特定主题。由于谚语来自民间，它的哲理性与通俗性完美结合，有浓郁的生活气息，运用中又经司马迁筛选，因而在形成《史记》语言"博而肆"的独特风格方面起了强化、补益的作用。

司马迁对民间的方言俗语也都注意采用，而且运用时与人物的身份地位相符合。如《陈涉世家》写陈胜称王之后，当年与他一起佣耕的人来见他：

> 扣宫门曰："吾欲见涉。"宫门令欲缚之。自辩数，乃置，不肯为通。陈王出，遮道而呼涉。陈王闻之，乃召见，载与俱归。入宫，见殿屋帷帐，客曰："夥颐！涉之为王沈沈者！"楚人谓多为夥，故天下传之，夥涉为王，由陈涉始。

这里陈胜故人的一言一行，完全符合一个农民的身份。"夥颐"是楚地

---

① 《秦始皇本纪》。
② 《项羽本纪》。
③ 《晋世家》。
④ 《白起王翦列传》。
⑤ 《平原君虞卿列传》。
⑥ 《淮阴侯列传》。

方言,"沈沈"是俗语,司马迁加以采用,增添了作品的趣味性。像这类方言俗语在《史记》中有不少。《留侯世家》曰:"(张)良尝从容步游下邳圯上。"裴骃《集解》引徐广曰:"圯,桥也。东楚谓之圯,音怡。"可见"圯"字属方言。《张耳陈馀列传》:"赵相贯高、赵午等……乃怒曰:'吾王,孱王也。'"《集解》引孟康的话说:"冀州人谓懦弱为孱。"可见"孱"字属河北一带方言。《封禅书》:"神君者,长陵女子,以子死,见神于先后宛若。宛若祠之其室,民多往祠。"这里的"先后"二字,据颜师古《汉书·郊祀志》注引孟康云:"兄弟妻相谓先后。"颜师古进一步说:"先音苏见反(xiàn),后音胡构反(hòu)。古谓之娣姒,今关中俗呼为先后,吴楚俗呼之为妯娌。"可见"先后"二字属陕西关中方言。《大宛列传》:"于是天子始种苜蓿、蒲陶肥饶地。""苜蓿""蒲陶"(即"葡萄")是西域一带的植物,张骞通西域时传入汉朝,可见这两个词是西域一带的词语。

《史记》运用方言、俗语,一般都与人物的出生地有密切联系。司马迁能够广泛搜集民间语言,并把它们写入《史记》中,这不只是语言运用问题,更是与作者的阶级出身、世界观有一定关系,司马迁能冲破一些文人偏见,吸收民间语言的精华,这种精神是值得肯定的。

《史记》还采用了各地大量的口语,这些口语经过司马迁的加工,基本符合书面语的规范。如《陈涉世家》中"苟富贵,毋相忘",《外戚世家》"武帝择宫中不中用者,斥出归之"中的"不中用","帝及太子诸窦不得不读黄帝、老子"中的"不得不"等,这些口语直到今天还有其生命力。

第四节　各色语言技巧

作为语言巨匠的司马迁，在长期的写作实践中练就了种种语言的技巧，给《史记》传记文学插上了翅膀。

1. 韵味追求：动词连用、副词复用、特殊表数法

（1）动词连用。两个动词连用的例句：

乃褒封神农之后于焦。（《周本纪》）

景驹走死梁地。（《项羽本纪》）

放杀义帝于江南。（《高祖本纪》）

吕禄信然其计。（《吕太后本纪》）

还，袭灭虞。（《晋世家》）

郤至射杀宦者。（《晋世家》）

独视伟平。（《陈丞相世家》）

令赵啗说秦以伐齐之利。（《乐毅列传》）

遂皆降平齐。（《淮阴侯列传》）

月氏遁逃而常怨仇匈奴。（《大宛列传》）

士以此爱乐为用。（《李将军列传》）

三个动词连用的例句：

胡甚信之，归而袭破走东胡。（《匈奴列传》）

梁客后曹辈果遮刺杀盎安陵东郭门外。（《袁盎晁错列传》）

荀卿嫉浊世之政，亡国乱君相属……于是推儒、墨、道德之

行事兴坏，序列著数万言而卒。(《孟子荀卿列传》)

"褒封"是又褒又封；"走死"是逃而且死（即逃跑且死在梁地）；"放杀"是既放逐又杀害（先放逐后杀害）；"信然"是既信其计又然（肯定）其计；"袭破走""遮刺杀""序列著"等也都与此同，每个字都是独立的动词而非复合词。当然，对这样的句式可能还存在不同的看法，譬如不同的标点和不同的理解："景驹走死梁地"，可标点为"景驹走，死梁地"；"梁客后曹辈果遮刺杀盎安陵东郭门外"，可标点为"梁客后曹辈果遮刺，杀盎安陵东郭门外"；等等。或者把这种连用作为动补式理解，即把两个动词中后一个作为表示动作的结果或趋向，"弑代之"便是弑而代之、杀了之后取代他。其中有的后来就发展为复合词了，如"射杀""遁逃"等，并且成了常用词。但是，无论怎样理解，司马迁喜欢动词连用确是个明显的事实，是《史记》中值得注意的一个语言现象。

（2）副词复用。例句如下：

上乃遂去。(《武帝本纪》)

张廷尉事景帝岁余，为淮南王相，犹尚以前过也。(《张释之冯唐列传》)

天下士郡诸侯愈益附武安。(《魏其武安侯列传》)

天下莫不咸服。(《匈奴列传》)

酒酣，（田生）乃屏人说张卿曰："臣观诸侯王邸第百余，皆高祖一切功臣。今吕氏雅故本推毂高帝就天下，功至大，又亲戚太后之重。太后春秋长，诸吕弱，太后欲立吕产为王，王代。"(《荆燕世家》)

这类副词复用，尚有"皆各"(《五帝本纪》《大宛列传》)、"尚犹"(《秦本纪》《货殖列传》)、"唯独"(《惠景间侯者年表序》)、"始初"(《历书》)、

"仍在"(《历书》)、"咸各"(《太史公自序》)等等。

这里,"乃遂""犹尚""愈益""莫不咸"等,都是副词,而且,"乃"与"遂",都是"便",是"就"的意思,本来用一个字就可以的,或者说"上乃去",或者"上遂去",都行,意思是一样的,可司马迁却把"乃""遂"两个副词并用。还有"莫不咸"是三个字两个词,"莫不"也就是"咸","咸"也就是"莫不",只是一个反说,一个正说而已,本来两者用一个就可以,或者"天下莫不服",或者"天下咸服",司马迁却连用,其目的是为加强语气,同时也是作者的写作习惯。

(3)特殊的表数法。请看以下文字:

故曰陆地牧马二百蹄,牛蹄角千,千足羊,泽中千足彘,水居千石鱼陂,山居千章之材。安邑千树枣;燕、秦千树栗;蜀、汉、江陵千树橘;淮北、常山以南,河济之间千树萩;陈、夏千亩漆;齐、鲁千亩桑麻;渭川千亩竹;及名国万家之城,带郭千亩亩钟之田,若千亩卮茜,千畦姜韭:此其人皆与千户侯等。(《货殖列传》)

通邑大都,酤一岁千酿,醯酱千瓨,浆千甔,屠牛羊彘千皮,贩谷粜千钟,薪稾千车,船长千丈,木千章,竹竿万个,其轺车百乘,牛车千两,木器髤者千枚,铜器千钧,素木铁器若卮茜千石,马蹄躈千,牛千足,羊彘千双,僮手指千,筋角丹沙千斤,其帛絮细布千钧,文采千匹,榻布皮革千石,漆千斗,糵曲盐豉千答,鲐鮆千斤,鲰千石,鲍千钧,枣栗千石者三之,狐貂裘千皮,羔羊裘千石,旃席千具,佗果菜千钟,子贷金钱千贯,节驵会,贪贾三之,廉贾五之,此亦比千乘之家,其大率也。佗杂业不中什二,则非吾财也。(同上)

方今大王之兵众不能十分吴楚之一。(《淮南衡山列传》)

这样的表数法不很规范,是表数方式还没趋于定型的表现,从语言的科学性上来说也没有什么值得总结的，但是它确实把汉语的丰富性、生动性，以及人民群众运用语言中的创造性都充分体现出来了。把如此绚烂多彩的表数法采集运用到自己作品当中，既反映出司马迁对群众语言的重视，也反映出他在语言运用上的创新精神。

上述动词连用、副词复用、特殊表数法，这些在遣词造句上的灵活多变和创造性，并不是司马迁闭门造车空想出来的，其中大多数是对民间语言的吸收或者是受民间的语言的启发创造的。特殊表数法不必说了，就是动词连用和副词复用，也可以找到它与民间语言相互关联的痕迹。比如在汉乐府民歌《有所思》中有"闻君有他心，拉杂摧烧之。摧烧之，当风扬其灰"，句子中的"拉杂摧烧"就是动词连用；又如《孤儿行》这首乐府诗中"愿欲寄尺书，将与地下父母，兄嫂难与久居"，句子中的"愿欲"，就是副词复用。

2. 气势跌宕：重沓、加倍形容、用虚字传神

就语言的文学性而言，除遣词造句的创造性之外，司马迁还很讲究语言的气势，在造成语言的气势上，他经常使用的手法主要有三种：重沓、加倍形容、用虚字传神。

（1）重沓。宋代洪迈在《容斋五笔》卷五"史记简妙处"论"重沓"云：

> 予每展读至《魏世家》《苏秦》《平原君》《鲁仲连传》，未尝不惊呼击节，不自知其所以然。魏公子无忌与王论韩事曰：'韩必德魏爱魏，重魏畏魏，韩必不敢反魏。'十余语之间，五用'魏'字。苏秦说赵肃侯曰：'择交而得则民安，择交而不得则民终身不安。齐、秦为两敌，而民不得安，倚秦攻齐，而民不得安，倚齐攻秦，而民不得安。'平原君使楚，客毛遂愿行，君曰：'先生处胜之门下，几年于此矣？'曰：'三年于此矣。'君曰：'先生处胜

之门下,三年于此矣,左右未有所称诵,胜未有所闻,是先生无所有也。先生不能,先生留。'遂力请行,面折楚王,再言:'吾君在前,叱者何也?'……卒定从而归,至于赵,平原君曰:'胜不敢复相士,胜相士多者千人,寡者百数,自以为不失天下之士,今乃于毛先生而失之也,毛先生一至楚,而使赵重九鼎、大吕,毛先生以三寸之舌,强于百万之师,胜不敢复相士。秦围赵,鲁仲连见平原君曰:'事将奈何?'君曰:'胜也何敢言事!魏客新垣衍令赵帝秦,今其人在是,胜也何敢言事!'仲连曰:'吾始以君为天下之贤公子也,吾今然后知君非天下之贤公子也。客安在?'平原君往见衍曰:"东国有鲁仲连先生者,胜请为绍介,交之于将军。"……及见衍,衍曰:'吾视居此围城之中者,皆有求于平原君也。今吾观先生之玉貌,非有求于平原君者也。'又曰:'始以先生为庸人,吾乃今日知先生为天下之士也。'是三者,重沓熟复,如骏马下驻千丈坡,其文势正尔。风行于上而水波,真天下之至文也。

清人吴见思在其所著《史记论文》中论重沓之妙,于《平原君列传》之"平原君曰:'夫贤士之处世也,譬若锥之处囊中,其末立见。今先生处胜之门下,三年于此矣,左右未有所称诵,胜未有所闻,是先生无所有也,先生不能,先生留。'"句下批曰:"连用三'先生'作调。"又于"楚王谓平原君曰:'客何为者也?'平原君曰:'是胜之舍人也。'楚王叱曰:'胡不下!吾乃与而君言,汝何为者也!'"句下批曰:"两'何为'句,铿锵历落,如闻其声。"又于"毛遂按剑而前曰:'王之所以叱遂者,以楚国之众也,今十步之内,王不得恃楚国之众也。'"句下批曰:"前两'何为者也',此两'楚国之众也',俱作两叠调写,怒时急语,气正勃勃,其妙如此。"又于"王之命悬于遂手,吾君在前，叱者何也？且遂闻汤以七十里之地王天下，文王以百里之壤而臣诸侯，岂其士卒众多哉，诚能据其势而奋其威，今楚地方五千里，持戟百万，此霸王之资也。以楚之强，天下弗能当。白起小竖子耳，率数万之众，兴师以与楚战，一战而举鄢郢，再战而烧夷陵，三战而辱王之先人。此百世之怨，而赵之所羞，而王弗知恶焉。合从者为楚，非为赵也。吾君在前，叱者何也？"句下批："又点一句，与前句亦作两叠调，是章法。"

钱锺书先生《管锥编》于《项羽本纪》"诸将皆从壁上观，楚战士无不一以当十，楚兵呼声动天，诸侯军无不人人惴恐。于是已破秦军。项羽召见诸侯将，入辕门，无不膝行而前"文下评论史公重沓叠词之妙云：

> 《考证》："陈仁锡曰：'叠用三无不字，有精神；《汉书》去其二，遂乏气魄。'"按陈氏评是，数语有如火如荼之观。……马迁行文，深得累叠之妙，如本篇末写项羽"自度不能脱"，一则曰"此天之亡我，非战之罪也"，再则曰"令诸君知天亡我，非战之罪也"，三则曰"天之亡我，我何渡为！"心已死而意犹未平，认输而不服气，故言之不足，再三言之也。又如《袁盎晁错列传》记错父曰："刘氏安矣！晁氏危矣！吾去公归矣！"叠三"矣"字，纸上如闻太息，断为三句，削去衔接之词（asyndeton），顿挫而兼急迅错落之致。《汉书》却作："刘氏安矣而晁氏危，吾去公归矣！"索然有底情味？王若虚《滹南遗老集》卷一五訾诋《史记》文法最疏、虚字不妥，举"诸侯军无不人人惴恐"为"字语冗复"之一例。王氏谈艺，识力甚锐而见界不广，当时友生已病其"好平淡"而不"尚奇峭"，以"经义科举法绳文"（刘祁《归潜志》卷八）。玩其月旦，偏主疏顺清畅，饰微治细，至若

瑰玮奇肆之格，幽深奥远之境，皆所未识；又只责字句之直白达意，于声调章法，度外置。是故弹射虽中，鲜伤要害，匹似逼察江河之挟泥沙俱下，未尝浑观其一派之落九天而泻千里也。即以《史记》此句论之。局于本句，诚如王氏所讥。倘病其冗复而削去"无不"，则三叠减，一声势随杀；苟删"人人"而不删"无不"，以保三叠，则它两句皆六字，此句仅余四字，失其平衡，如鼎折足而将覆悚，别须拆补之词，仍著涂附之迹。宁留小眚，以全大体。经籍不避"重言"，《尚书》之"不遑暇食"，《左传》之"尚犹有臭"，孔颖达《正义》已道之。《汉书·项籍传》作"诸侯军人人慴恐"、"膝行而前"；盖知删一"无不"，即坏却累叠之势，何若迳删两"无不"，勿复示此形之为愈矣。[①]

司马迁为了追求感情的酣畅淋漓，常常反复使用同一词语，来加强抒情成分，增强感染力量。如像《酷吏列传》中的"何足数哉！何足数哉！"，《楚元王世家》中的"贤人乎，贤人乎！"，《张释之冯唐列传》中的"有味哉！有味哉！"，《匈奴列传》中的"唯在择任将相哉！唯在择任将相哉！"，《太史公自序》中的"意在斯乎！意在斯乎！""是余之罪也夫！是余之罪也夫！"。

（2）加倍形容。司马迁在《史记》中普遍地运用。《魏其武安侯列传》："其游如父子然，相得欢甚，无厌，恨相知晚也。"这种极度形容，着意刻画的递进性语言，文意上是极力表现窦婴、灌夫二人的相知，文气上是求其充沛畅达。

《平津侯主父偃列传》："愿陛下详察之，少加意而熟虑焉。""详察""少加意""熟虑"其实是一个意思，加倍使用同义词语就是要引起汉武帝对自己上书的重视，对自己提出的主张认真加以考虑。不是

---

① 钱锺书：《管锥编》第1册，中华书局1986年版，第272—273页。

重复同一个单词，而是换成多个同义词的说法加倍使用，在于加重语气，表示郑重。

《外戚世家》："欲其生子万方，终无子。""欲连固根本牢甚，然而无益也。"这里的"万方""牢甚"，都是为了加倍形容。

《酷吏列传》："其好杀伐行威不爱人如此。""好杀伐"是一层，这是主意所在；好杀伐是为什么？为的是"行威"，这又是一层；以杀伐行威，够不人道的了，所以又加"不爱人"；"如此"是说竟然达到这种程度！一句话几层意思，层层递加，以达到加倍形容的目的。

又："郡中毋声，毋敢夜行，野无犬吠之盗。"《史记菁华录》批："叠三句，酷焰犹赫！"

《刘敬叔孙通列传》："鲁有两生不肯行，曰：'公所事者且十主，皆面谀以得亲贵。今天下初定，死者未葬，伤者未起，又欲起礼乐，礼乐所由起，积德百年而后可兴也。吾不忍为公所为，公所为不合古，吾不行，公往矣，无污我！'"《史记菁华录》针对最后一段批曰："连下五句，如见其掉头挥手，咄咄不屑之状。"

《高祖本纪》："沛公……乃用张良计，使郦生、陆贾往说秦将，啖以利，因袭攻武关，破之。又与秦军战于蓝田南，益张疑兵旗帜，诸所过毋得掠卤，秦人喜，秦军解，因大破之。又战其北，大破之。乘胜遂破之。"刘辰翁在《班马异同评》批："两言'大破之'，又言'遂破之'，文如破竹。"吴见思《史记论文》评："'破之'，'因大破之'，'大破之'，'乘胜遂破之'，接连写来，声势赫奕。"又于"秦人大喜，争持牛羊酒食，献享军士。沛公又让，不受，曰：'仓粟多，非乏，不欲费人。'人又益喜，惟恐沛公不为秦王"下批："一句总收上数节，先言'秦人喜'，后言'秦人大喜'，又'益喜'，步步紧入。"这后一例是写高祖刘邦进入咸阳后约法三章，安抚百姓，秦地百姓对高祖感恩戴德唯恐不及的许多话，所以要不厌其烦地讲那么多，是因为觉得非如此不足以表达其受拥戴之情,作者极力传达出那种热乎劲,这便是极意形容语之所以出现的原因。

(3)用虚字传神。虚字造成语气,而语气能传达感情的韵味。这必然要有深厚而强烈的内在感情和较高的语感素质才能达到。虚字的运用是司马迁表达他主观的感情态度、感情色彩的一种适当的载体,一种适当的体现方式。

洪迈说:"东坡作《赵德麟字说》云:汉武帝获白麟,司马迁、班固书曰:'获一角兽,盖麟云。''盖'之为言疑之也。予观《史》《汉》所记事,或曰'云',或曰'焉',或曰'盖',其语舒缓含深意……"(《容斋随笔》续笔卷七"迁固用疑字"条)

焦竑则于《封禅书》评曰:"《书》中叠用'盖'字、'若'字、'云'字、'焉'字、'矣'字,皆有意,当玩。"(《史记萃宝评林》)

《史记》的《封禅书》是揭露讽刺历代帝王,特别是秦始皇、汉武帝搞迷信,信神仙,求长生不老的,其中用了"盖""若""云"等疑词,把事情写得迷离惝恍,似有若无,又用了"矣""焉"等拖长声的语气助词,便构成了强烈的讽刺意味。比如:

"自威、宣、燕昭使人入海求蓬莱、方丈、瀛洲。此三神山者,其传在渤海中,去人不远;患且至,则船风引而去。盖尝有至者,诸仙人及不死之药皆在焉。……临之,风辄引去,终莫能至云。"

"及至秦始皇并天下……使人乃赍童男女入海求之。船交海中,皆以风为解,曰未能至,望见之焉。"

用"盖""焉""云"等疑词,表示所讲的事情都是迷离惝恍,根本不可凭信、不足凭信。"盖""焉"不必说了,"风辄引去,终莫能至云"——不加"云"就是肯定的叙述语,加"云"就把它的可靠性打消了,成为飘忽不定的词语了。

"于是天子(武帝)始亲祠灶,遣方士入海求蓬莱安期生之属,而事化丹砂诸药剂为黄金矣。"

"(栾）大见数月，佩六印，贵震天下，而海上燕齐之间，莫不扼腕而自言有禁方，能神仙矣。"

"其明年，齐人少翁以鬼神方见上。上有所幸王夫人，夫人卒，少翁以方盖夜致王夫人及灶鬼之貌云。天子自帷中望见焉。"

用"矣""焉"等拖长音的语气词，表示这些事引起的无可改变的不良后果和作者对这种事的深深慨叹和讽意。

所有这些虚字，都饱含讥讽。由于《封禅书》多用这类虚字，多用这种语气，所以造成了全文浓厚的讽刺情调。

还有，司马迁对武帝时外戚卫青、霍去病的靠山卫皇后很看不起，在《外戚世家》中写到卫皇后时，便用了"卫皇后，字子夫，生微矣，盖其家号曰卫氏"——（她的）出身太微贱了，似乎她自己号称姓卫——这句话，有了"号曰"，再加"矣""盖"两个虚词，似乎她家自己号称姓卫，那意思是到底姓什么只有天知道。这话里，鄙夷之情流露无遗。在提到卫皇后的姐姐时，还有一句"及卫皇后所谓姊卫少儿"，《史记论文》评："'所谓姊'，与'盖其家号曰卫氏'，尖毒乃尔！"

《酷吏列传》："是时赵禹、张汤以刻深为九卿矣！"《史记菁华录》评："沉痛可味。"

又："其治所诛杀甚多，然取为小治，奸益不胜，直指始出矣。吏之治以斩杀缚束为务，阎奉以恶用矣！"《史记菁华录》评："两'矣'字，有太息之声。"

无论是从遣词造句，还是重沓、加倍形容、运用虚字传神来造成语言的韵味看，司马迁都不遗余力地追求语言的表现力，追求语言的文学性。人们在阅读《史记》和《汉书》以后，都明显地感到两书在语言风格上的差异，而且都在寻找恰切的字眼对这种差异加以说明，有的概括为《史记》雄浑酣畅,《汉书》富赡严整;有的概括为《汉书》"方以智",《史记》"圆而神"。无论怎样概括,其中有一点大家的感受恐怕是共同的,即班固的追求趋向于语言的规范性和典雅性,而司马迁则追求表情达意的逼真性和鲜活性。就实质上说,这两种追求在某种程度上反映了语言趋向科学化与趋向文学化的两种不同倾向——即文史结合还是文史分家的两种倾向。

3. 语译古文

创作历史要运用许多古史资料,这是不能回避的问题。司马迁极为重视书面语言的通俗化,与追求古奥典雅的班固截然相反。所以司马迁引用先秦文献资料,对古奥难懂的古文进行汉代通行语的翻译。例如,我们将《尚书·尧典》与《五帝本纪》对照就可以发现司马迁做了全面的翻译,有的句子直译,有的为意译,有的变换了语序句式和转译了词汇,有的为熔铸改写,表现了司马迁在古语今译上积累了丰富的经验。例如《尧典》中的"允厘百工,庶绩咸熙",十分"佶屈聱牙";《五帝本纪》写作"信饬百官,众工皆兴",这就明白畅达多了。宋人王观国在《学林》卷一中对司马迁转译先秦古籍词汇做了集中的统计,王氏说:

> 司马迁好异而恶与人同。观《史记》,用《尚书》《战国策》《国语》《世本》《左氏传》之文多改其正文。改"绩用"为"功用";改"厥田"为"其田";改"肆觐"为"遂见";改"霄中"为"夜中";改"咨四岳"为"嗟四岳";改"协和"为"合和";改"方命"为"负命";改"九载"为"九岁";改"格奸"为"至奸";改"慎徽"为"慎和";改"烈风"为"暴风";改"克从"为"能从";改"浚川"为"决川";改"恓哉"为"静哉";改"四海"为"四方";改"熙帝"为"美尧";改"不逊"

为"不训";改"胄子"为"稚子";改"维绩"为"维静";改"天工"为"天事";改"厎绩"为"致功";改"降丘"为"下丘";改"纳锡"为"入赐";改"孔修"为"甚修";改"凤夜"为"早夜";改"申命"为"重命";改"汝翼"为"汝辅";改"敕天"为"陟天";改"率作"为"率为";改"宅土"为"居土",如此类甚多。又用《论语》文分缀为《孔子弟子传》,亦多改其文:改"吾执"为"我执";改"毋固"为"无固";改"指诸掌"为"视其掌";改"性与天道"为"天道性命";改"未若"为"不如";改"便便"为"辩辩";改"滔滔"为"悠悠"。如此类又多。子长但知好异而不知反有害于义也。

王观国泥古,批评司马迁改字害义,这是完全错误的。但王氏的这番胪列比较是很有意义的,它生动地说明了司马迁语译古文是自觉的创新,系统的转译。司马迁师事孔安国,孔氏就以今文读古文《尚书》,在解说中必然用当时词汇转译古语。所以司马迁的古文今译工作也是有师承的。但是,把今译大量运用于书面语中,司马迁无疑是第一个取得了重大成就的人。

4. 直抒胸臆的评论语言

司马迁在《史记》中经常以"太史公曰"的形式,或评论历史事件,或褒贬历史人物,或对复杂的历史现象作出某种说明。放在篇首的称"序",放在篇末的称"赞",这是司马迁首创的一种史论形式,是《史记》内容不可缺少的一部分。

这些评论语言或长或短,大都直抒胸臆。有时曲折往复,极富变化。且看《项羽本纪赞》:

太史公曰:吾闻之周生曰"舜目盖重瞳子",又闻项羽亦重瞳子。羽岂其苗裔邪？何兴之暴也！夫秦失其政，陈涉首难，豪杰蜂起，相与并争，不可胜数。然羽非有尺寸，乘势起陇亩之中，三年，遂将五诸侯灭秦，分裂天下，而封王侯，政由羽出，号为"霸王"，位虽不终，近古以来未尝有也。及羽背关怀楚，放逐义帝而自立，怨王侯叛己，难矣。自矜功伐，奋其私智而不师古，谓霸王之业，欲以力征经营天下，五年卒亡其国，身死东城，尚不觉寤而不自责，过矣。乃引"天亡我，非用兵之罪也"，岂不谬哉！

清人吴调侯、吴楚材《古文观止》评此赞曰：

前后"兴""亡"二字相照，"三年""五年"，并见兴亡之速，俱关键。"过矣""谬哉"，唤应绝韵。一赞中，五层转折，唱叹不穷，而一纪之神情已尽。

两吴氏对《项羽本纪赞》曲折往复的特点给予了高度评价。我们再看《六国年表序》中的一段：

秦既得意，烧天下《诗》《书》，诸侯史记尤甚，为其有所刺讥也。《诗》《书》所以复见者，多藏人家，而史记独藏周室，以故灭。惜哉！惜哉！独有《秦记》，又不载日月，其文略不具。然战国之权变亦有可颇采者，何必上古。秦取天下多暴，然世异变，成功大。传曰"法后王"，何也？以其近己而俗变相类，议卑而易行也。学者牵于所闻，见秦在帝位日浅，不察其终始，因举而笑之，不敢道，此与以耳食无异。悲夫！

这段评论首先对秦国毁灭文化的政策表示惋惜，继而转到"何必上古"，以示战国之权变"亦有可颇采者"。再说秦国以暴力取天下，但又转到"成功大"上来,肯定秦统一天下的进步性。再转到现实,一些学者见秦国是短命王朝,就采取"举而笑之"的态度,不能对秦国历史进行公允评价,作者对此予以批评:"此与以耳食无异",并以"悲夫"收束。一段评论,多次转折,极尽曲折之能事,表现了作者对秦国历史的全面而深刻的认识。

另外如《五帝本纪赞》《秦楚之际月表序》《游侠列传序》等,都是极有特色的论赞。限于篇幅,我们不引原文,只引《古文观止》对这几篇论赞的评点,以见其风格。

评《五帝本纪赞》曰:

> 此为赞语之首,古质奥雅,文简意多。转折层曲,往复回环。其传疑不敢自信之意,绝不作一了结语,乃赞语中之尤超绝者。

评《秦楚之际月表序》曰:

> 前三段一正,后三段一反,而归功于汉。以四层咏叹,无限委蛇,如黄河之水,百折百回,究未尝著一实笔,使读者自得之,最为深妙。

评《游侠列传序》曰:

> 凡六赞游侠,多少抑扬,多少往复,胸中荦落,笔底抒写,极文心之妙。

这些评论均能切中要害,有助于我们深刻理解《史记》评论语言的特色。

为了增强评论语言的力量,《史记》还常常引用格言来证实自己的评论,或篇首立论,或篇末明旨,《伯夷列传》《李将军列传》《酷吏列传》《游侠列传》《货殖列传》等论赞就是这样,前代先哲如老子、孔子、管子等人及一些经典中的名言,都成为作者论证自己观点的依据。如《酷吏列传序》中孔子曰:"导之以政,齐之以刑,民免而无耻。导之以德,齐之以礼,有耻且格。"老氏称:"上德不德,是以有德;下德不失德,是以无德。法令滋章,盗贼多有。"一开头就引用孔子、老子的名言来阐明礼义道德的重要性,为后文打下了基础。

总之,《史记》评论语言丰富多彩,有直接明显的论断,有含蓄冷静的论断,有微言讥刺的论断,有言外之意的论断,也有貌似无关的论断,有哲理性的论断,还有叙事性实录性的论断,有时则为夹叙夹议的论断,再有就是运用对照手法加以论断。从语言的运用来看,有的运用重言叠句,有的故作反语,有的设疑问语,有的借他人语,有的引证古书或民间俗语[①],成为《史记》语言中一个重要的方面。

第五节 讽刺艺术

司马迁主张文学反映现实生活,并刺讥时事。本书第七章已指出司马迁十分赞赏屈原《离骚》和司马相如赋的讽谏价值和意义,做了高度评价。司马迁身体力行,他敢于刺讥,而且旗帜鲜明,所以《史记》问世而遭"谤书"之诬。讽刺的表现形式是用尖锐而诙谐的语言对假恶丑的东西加以揭露、嘲笑和谴责。目的是通过讽刺对假恶丑进行否定,达到对真善美的肯定,并使人们在欣赏讽刺艺术中得到审美的愉快。司马迁擅长"微言讥刺,贬损当世"。《十二诸侯年表序》云:

---

① 白静生:《灵活多彩的"太史公曰"》,载《河北师院学报》1995年第1期。

"孔子次《春秋》,……七十子之徒口授其传指,为有所刺讥褒讳挹损之文辞不可以书见也。"《匈奴列传赞》云:"太史公曰:孔氏著《春秋》,隐桓之间则章,至定哀之际则微,为其切当世之文而罔褒,忌讳之辞也。"这两则序赞借《春秋》以揭示《史记》对当代史的记载多有微词讽喻。宋人吕祖谦在《大事记》中说:

> 太史公之书法,岂拘儒曲士所能通其说乎?其指意之深远,寄兴之悠长,微而显,绝而续,正而变,文见于此,而起意在彼,若有鱼龙之变化,不可得而迹者矣。读是书者,不可不参考互观,以究其大旨之所归乎!

吕氏认为太史公行文如"鱼龙之变化",莫测高深。这见解十分精到。所以我们条列司马迁的讽刺艺术手法,只能举其大端,可以条列为以下八个方面。

其一,状摹本人自矜声色的心态以寓讽。《高祖本纪》载,汉高祖刘邦尊太公为太上皇,而"心善家令言,赐金五百斤"。因太公家令劝太公执人臣礼,刘邦心善之。"心善"二字揭示刘邦矫情孝敬的内心世界,十分绝妙。"赐金五百斤"这一行动,就是"心善"意识情不自禁的表现。又高祖置酒未央宫,为太上皇祝寿,曰:"始大人常以臣无赖,不能治产业,不如仲力。今某之业所就孰与仲多?"刘邦的揶揄举动,使太上皇尴尬难言,引动殿上群臣高呼万岁,大笑为乐。又《叔孙通列传》载,叔孙通作礼仪,"于是高帝曰:'吾乃知今日为皇帝之贵。'乃拜叔孙通为太常,赐金五百斤"。这两例更是自矜声色的典型例证。

其二,引用他人之语以寓讽。如《汲郑列传》借汲黯之口指责汉武帝"内多欲而外施仁义",可以说这是用他人之口抒写自己意趣的妙笔。司马迁用这一手法对叔孙通心态的描摹更为妙绝。先引鲁生语直斥叔孙通曰,"公所事者且十主,皆面谀以得其贵",作为铺垫,而后借叔孙通弟子之言,"诸生皆喜:叔孙通诚圣人也,知当世之要务"。这一贬一褒,相映成趣,使叔孙通好面谀以取宠的情态跃然纸上,嬉笑怒骂皆成讽喻。

其三,借秦讽汉。《六国年表序》云:"论秦之德义不如鲁卫之暴戾者,量秦之兵不如三晋之强也,然卒并天下,非必险固便形势利也,盖若天所助焉。"又说:"秦之帝用雍州兴,汉之兴自蜀汉。"鲜明地把秦汉联系起来,言外汉之兴也是得天之助,不是刘邦个人有什么德行,讽刺之意,隐于笔端。吴汝纶《点勘史记》评云:"语虽论秦,意乃指汉。"以秦事讽汉,《平准书·赞》最鲜明。"于是外攘夷狄,内兴功业,海内之士力耕不足粮饷,女子纺绩不足衣服。古者尝竭天下之资财以奉其上,犹自以为不足也。"明斥始皇,暗喻武帝。《史记评林》眉批引茅坤之语曰:"不及本朝,而以秦事为言若此,其旨深矣。"方苞《评点史记》亦云:"举秦事以譬况汉也。"

其四,用以褒为贬的反写法以寓讽。《萧相国世家赞》云:"淮阴、黥布等皆以诛灭,而何之勋烂焉。"显系以褒为贬。《傅靳蒯成列传》《万石张叔列传》等篇最为集中,最为典型。如蒯成侯周緤,当刘邦自将击陈豨时,周緤泣曰:"始秦攻破天下,未尝自行。今上常自行,是为无人可使者乎?"刘邦很受感动,"上以为'爱我',赐入殿门不趋,杀人不死"。司马迁在赞中评论说:"蒯成侯周緤,操心坚正,身不见疑,上欲有所之,未尝不垂涕,此伤心者然,可谓笃厚君子矣。"周緤等阿谀奉承而得高爵,司马迁郑重地载其谀行,严肃地给予褒扬,愈是庄重,刺讥愈是深刻。"此伤心者然",这句话的意思是说,"作出一副伤心的样子还真像那么一回事",语意既诙谐而又尖酸,行文却又装扮成十分严肃的样子,读后让人忍俊不禁。

《万石张叔列传》的讽刺极为冷峭。本篇通过讽刺一类人来讥刺绝对君权下的腐败政治,是对一种社会风习的针砭。万石君石奋一家是西汉一朝的显贵。石奋是高祖刘邦的一个贴身侍从,本人"无文学",但"恭谨无与比",历仕高、惠、文、景,成为四朝元老。石奋和他的四个儿子在文帝时都官至二千石,合计万石,尊荣无比,得了个外号"万石君"。汉武帝时,两个做高官的儿子郎中令石建、官至丞相的石庆,也无他能,唯效法老父一生醇谨。这时石奋家族累计二千石高官达十三人。万石君一家人做官的诀窍就是醇谨无比。万石君过宫门必下车趋,见路马必式,子孙为小吏来归谒,必朝服见之,子孙胜冠者在侧,虽燕居必冠。石建官至郎中令,还亲自为老父洗涤内裤溺器。写石庆,他为太仆,一次驾车出宫,皇上问有几马,石庆郑重其事地"以策数马",然后举手比出数字回答"六马"。司马迁插语说:"庆于诸子中最为简易矣,然犹如此。"很明显,司马迁的插语,"皆辞为褒义存讥刺"[①]。

万石君其人是愚忠愚孝的典型,他们身上确实有优点,为人诚笃宽厚,忠于职守,与万石君合传的人物卫绾、直不疑、周文、张叔等也都是言行持重、廉谨的长者君子。但这一类人没有什么政绩可言。石庆为丞相九年,"无能有所匡言""醇谨而已"。这是封建官僚政治体制下的一群奴才,他们平庸无能,只知保官而已。司马迁还用互见法揭露了这类人的"讷于言"具有虚伪的一面。郎中令石建在群臣廷见时,"如不能言",一个"如"字,说明他是装出一副不能说话的样子;但"屏人恣言",也就是打起小报告来却口若悬河,滔滔不绝。《魏其武安侯列传》,东朝廷辩,石建不发一言,退朝以后他为汉武帝"分别言两人事",结果是魏其侯被处斩。显然石建是看风使舵,站在王太后一边袒护卑劣小人田蚡。这类人打小报告时还能表演一番"极切"厚

---

① (清)方苞:《评点史记·太史公自序》中评语。

重的忠诚样子，所以能博得人主的"尊礼"。司马迁在叙述石建擅长"屏人恣言，极切；至廷见，如不能言者"后说"是以上乃亲尊礼之"，明显地把讽刺矛头转向了汉武帝。原来司马迁集中写平庸官僚的"醇谨"细节，就是要揭露官僚政治用奴才不用人才的腐朽本质。至于对这一类被绝对君权异化的"笃厚君子"，司马迁是有褒有贬的。

其五，记事两出，故为破绽以寓讽。周亚夫平吴楚七国之乱，采取以梁委吴的策略，《吴王濞列传》记载是周亚夫至淮阳，采纳了都尉的献策而制定的战略；但在《绛侯周勃世家》周亚夫本传中却记载为在京师制定，得到景帝的批准。以事实按之，梁王向周亚夫求救，周亚夫"守便宜，不肯往"；梁王又告急于景帝，景帝使使诏周亚夫救梁，他仍"不奉诏"。事后梁王怨周亚夫，在窦太后面前极言其短，但景帝不但不责备周亚夫，反而升任他为丞相。再从《梁孝王世家》中可知，梁孝王受窦太后恩宠，出入服舆"拟于天子"，景帝心中不满，而表面上却慈爱有加，并声言"千秋万岁后传梁王"。窦婴谏说景帝失言，"上何以得擅传梁王"①，景帝欣然以窦婴为贤。由此可知景帝心迹。他批准周亚夫的委梁之计，乃是借刀杀人，欲除却心头之患。所以司马迁故作矛盾记载，露出破绽，引人深思，暗示皇亲国戚之间的互相倾轧，以诛景帝之心。

其六，记事雷同，周而复始，相映成趣，构成讽刺。如《封禅书》记载汉武帝欲修道成仙，求不死之药，始受齐人少翁文成将军的欺骗，继而受栾大的更大欺骗。尽管他相继诛杀了文成、栾大，但是并不醒悟，仍旧与方士"处之不疑"。故《封禅书》以如下意味深长的话语作结："自是之后，方士言祀神者弥重，其效可睹矣。"骗人的方士更加疯狂地活动，等着瞧吧！当今皇帝还要上当的。这冷嘲的笔调，近于

---

① 《史记》卷一○七《魏其武安侯列传》。

戏谑，把汉武帝"尤敬鬼神之祀"的愚蠢面目活现在读者面前。

其七，用无声的沉默以寓讽。《匈奴列传赞》云："尧虽贤，兴事业不成，得禹而九州宁。且欲兴圣统，唯在择任将相哉！唯在择任将相哉！"此为影射之讽，声东击西，讽喻汉武帝好大喜功而不能择贤，故伐匈奴建功不深。何焯《义门读书记》云："下即继以卫、霍、公孙弘，而全录主父偃谏伐匈奴书，太史公之意深矣。"吴汝纶《点勘史记》亦云："此篇后，继以卫霍、公孙二篇，著汉所择任之将相也。"《佞幸传》末忽赘二语："卫青、霍去病亦以外戚贵幸，然颇用材能自进。"可为佐证。王鸣盛《十七史商榷》云："一若以此二人本可入《佞幸》者。"不过综观《史记》载述，司马迁曲折婉约地批评汉武帝不能择贤，主要是指兵败降敌的贰师将军李广利，卫、霍二将军毕竟以才能自进，并未深责，而是有抑有扬。又，《酷吏列传》所写酷吏无汉代以前人，十之八九集中在汉武帝一朝；《循吏列传》全为汉代以前人，而无一汉代人，两相对照，构成强烈讽刺。《大宛列传赞》不评论征宛事，亦寓无声之讽。所谓无声之讽，就是不作直接的评论而寓有强烈的讽喻意义。无声之讽要运用各种创造性的手法构成讽喻的环境和气氛，引人深思，唯司马迁能之。

其八，其他讽喻随文变化，或尽情形容，或委婉含蓄，或暗示喻讽，或用虚字传神以喻讽，不可尽举。《平津侯列传》对汉武帝丞相公孙弘谄谀、诡诈的品性尽情形容，一箭双雕，还揭示了汉武帝的昏庸。《平津侯列传》是这样叙述的：

> 每朝会议，开陈其端，令人主自择，不肯面折廷争。于是天子察其行敦厚，辩论有余，习文法吏事，而又缘饰以儒术，上大说之。二岁中，至左内史。弘奏事，有不可，不庭辩之。尝与主爵都尉汲黯请间，汲黯先发之，弘推其后，天子常说，所言皆听，

以此日益亲贵。尝与公卿约议，至上前，皆倍其约以顺上旨。……左右幸臣每毁弘，上益厚遇之。

一个老于世故、善于奉承的滑头形象于此可见。作者在这里，不仅讽刺公孙弘善于逢迎的丑恶形象，而且讽刺汉武帝的昏庸，一个老滑头被他重用，并不断提拔，这是多么荒唐！

在《封禅书》中，作者讽刺历代帝王迷信神仙，语句极为委婉含蓄。"自威、宣、燕昭使人入海求蓬莱、方丈、瀛洲。此三神山者，其传在渤海中，去人不远；患且至，则船风引而去。盖尝有至者，诸仙人及不死之药皆在焉。其物禽兽尽白，而黄金银为宫阙。未至，望之如云；及到，三神山反居水下；临之，风辄引去，终莫能至云。世主莫不甘心焉。"作者用"焉""盖……焉""云"等虚词，造成了跌宕讽刺的神韵，嘲笑了"世主"的愚蠢，秦皇汉武莫不如此。作者在《封禅书》结尾说："自此之后，方士言神祠者弥众，然其效可睹矣！"将汉武帝封禅、求仙种种荒唐行为一语推翻，"可睹矣"字句有"余音袅袅，不绝如缕"的讽刺效果。

《酷吏列传》讥讽汉武帝外宽内深，用法严酷，采用暗示法。司马迁对残民以逞的酷吏，采用"刻露而尽相"的手法予以揭露和鞭挞，作为讥刺汉武帝的铺垫。如写宁成，是"为人上，操下如束湿薪"，为济南都尉，"其治如狼牧羊"，当时人们传言说："宁见乳虎，无值宁成之怒。"写义纵，"以鹰击毛鸷为治"。写王温舒，大举杀人"至流血十余里"，"爪牙吏虎而冠"，尽十二月，王温舒顿足叹曰："嗟乎，令冬月益展一月，足吾事矣！"写杜周，更是一个"重迟，外宽，内深次骨"的人，他任廷尉，"诏狱逮至六七万人，吏所增加十余万人"。这些如狼似虎的酷吏，他们仗恃的是汉武帝给予的权力和鼓励。司马迁直斥王温舒说："其好杀伐行威不爱人如此。"紧接着说："天子闻之，以为能,迁为中尉。"全传点示"天子以为能""上以为能"共有八处之多,其讥刺所指是十分鲜明的。

运用虚字传神以喻讽,前节已述及,兹从略。

讽刺的特点是"微文刺讥",迂曲行文,意在言外。《酷吏列传》对酷吏们"刻露而尽相"的描写是鲜明的刺讥,而不是讽刺。"上以为能"的点示才是讽刺,司马迁对汉代帝王加以刺讥、讽刺之外,还用互见法,"本传晦之",而于"他篇发之"。例如汉文帝宠幸邓通,赐以铜山,使得一个皇帝家奴富比王侯,就不载于文帝本纪,而在《佞幸列传》中揭出。汉景帝猜疑周亚夫,使之冤死狱中;嫉恨张释之,左迁出京;迁怒栗夫人,废杀栗太子,亦不载于本纪,而在他篇揭出。至于今上汉武帝,司马迁更是将其强烈的批判锋芒运于笔端,但却又巧妙地纡曲其词,分散于各篇,既有明写,更多的是暗喻,用以突破禁忌。暗喻的手法就是讽刺。《封禅书》《酷吏列传》《万石君列传》三篇集中讽刺汉武帝其人及其腐败政治,是《史记》中讽刺艺术的名篇。由此可见,讽刺的重点是"微文刺讥,贬损当世",针对现实政治,发挥史学警世的功能,具有积极的进步意义。

司马迁的讽刺艺术也是有继承的。《诗经》中就有许多尖锐的讽刺诗。如《魏风·伐檀》讥刺在位的贪鄙者为素餐君子,即白吃闲饭的饭桶。《硕鼠》讥刺重敛的国君为大老鼠。《关雎序》称,这样的讽刺形式,"言之者无罪,闻之者足以为戒"。《汉书·艺文志》说:"古有采诗之官,王者所以观风俗,知得失,自考正也。"《国语·周语》召公谏厉王弭谤,有"天子听政,使公卿至于列士献诗"的记载。也就是说,讽刺艺术具有源远流长的历史,而且也是统治者能够接受的一种讥刺方式。司马迁是继承又向前发展的。他的讽刺无论多么尖锐,并没有违背尊汉的大旨而走向与封建制度彻底决裂的地步。例如他对所深恶痛绝的酷吏,也没有全盘否定,而称赞其廉者可以为吏治的表率。这就是《史记》的讽刺艺术得以流传下来的原因。

第六节　雄健、峻洁、婉曲的语言风格

司马迁语言的风格多彩多姿，异彩纷呈，归纳起来，主要有三点：一曰雄健，二曰峻洁，三曰婉曲。分述于次。

一曰雄健。韩愈、辛弃疾、刘熙载诸人认为，雄健是司马迁的风格之一。的确，司马迁笔力劲健，感情充沛，发之为文，使他的作品的文势或大起大落，跌宕有致；或如江河浪涛，滚滚而来，汹涌不绝，给人以雄放流荡的感觉。《项羽本纪》用千钧笔力写项羽那种狂飙突放、不可一世的盖世之勇，文章排宕开阖，浑浩流转，显得很有气势，很有魄力。他的《报任安书》"粗粗卤卤，任意写去，而矫健磊落，笔力如走蛟龙、挟风雨，且峭句险字，往往不乏，读之但见其奇肆，而不得其构造锻炼处"，"真是大有力量文字"[1]。至于毛遂定纵、蔺相如完璧归赵、荆轲刺秦王等等，无不写得惊心动魄，一种逼人的气势充溢在字里行间。就连他的十表序文，寥寥短幅也能极尽曲折跌宕之能事，有尺幅千里之势。有人评《三代世表序》说："曲折秀洁，数尺有千寻之势。"[2] 牛运震评《秦楚之际月表序》说："月表雄峻奇伟，顿挫处遒古可诵。"[3] 张廉卿则誉之曰："雄逸恣肆，千古一人。"[4] 文之雄健，全在气势。司马迁雄健有力的风格特点，就是由文章中那种旺盛不衰的

---

[1] 《评注昭明文选》引。
[2] （清）李晚芳：《读史管见》引。
[3] （清）牛运震：《史记评注》。
[4] （清）姚鼐：《古文辞类纂》引。

强烈气势表现出来的。所以方孝孺总颂之曰：波澜壮阔，"如决江河而注之海，不劳余力，顺流直趋，终焉万里；势之所触，裂山转石，襄陵荡壑，回旋曲折，抑扬喷伏，而不见艰难辛苦之态，必至于极而后止"①。这是一段非常形象生动的评论。

司马迁文章的气势，首先来自他文章的宽阔远大。清人刘大櫆指出："文贵大。……古文之大者莫如史迁。震川论《史记》，谓为'大手笔'。又曰'起头处来得勇猛'。又曰'连山断岭，峰头参差'。又曰'如画长江万里图'。又曰'如大塘上打纤，千船万船，不相妨碍'。此气脉洪大，丘壑远大之谓也。"② 一百三十篇《史记》，反映的是从上古到秦汉之际三千年的历史。在这漫长的历史画廊中，司马迁描绘了大大小小、数以百计的历史事件，刻画了形形色色、风姿有别的人物形象，展现在读者面前的，确实是一幅绚丽多彩的"长江万里图"。面对这幅巨画，读者会惊叹，会兴奋，会感到一股磅礴气势在胸中激荡。这确实是"大手笔"，非"大手笔"不能如此！

在具体描述时，司马迁有"来得勇猛"的开端，也有"连山断岭，峰头参差"的文章波澜。前者如《西南夷列传》，李景星说："传之起首如青天霹雳，如平地奇峰，突兀得势，入后步步照应，有破竹之妙。"③ 后者如《赵世家》，李景星评道："通篇如长江大河，一波未平，一波复起，令览之者应接不暇，故不觉其长。用笔节节变化，有移步变形之妙。"④ 司马迁还善于通过变化使用各种不同的语言来造成种种不同的气势，有时他连用一些表示动作的词语，以短促急迫的节奏，写出当时紧张激烈的情景，造成一种势如破竹、锐不可当的气

---

① （明）方孝孺：《与舒君书》。
② （清）刘大櫆：《论文偶记》。
③ （清至民国）李景星：《史记评议》。
④ （清至民国）李景星：《史记评议》。

势,如写巨鹿之战;有时用接连不断、层层逼近的反诘句造成一种刺激淋漓、怒气勃勃的气势,如《伯夷列传》对天道的责疑;有时则句式匀称,排比迭用,数语之间连用十几个"也"字,构成一种感情强烈、充畅激奋的气势,如《屈原列传》论《离骚》一节。司马迁还深谙累迭之妙,善于重复取势,如《魏世家》《苏秦列传》《平原君列传》《鲁仲连列传》等篇,都善用重复取势,所以宋人洪迈称赞说:"重沓熟复,如骏马下驻千丈坡,其文势正尔。风行于上而水波,真天下之至文也。"①

二曰峻洁。随着《史记》各篇内容的不同,其文章风格也呈现出不同,有的雄恣悲壮,有的冷峻深刻,有的低回婉转,有的轻捷飘忽,有的奇谲诙诡,有的热情奔放。而柳宗元独以"峻洁"二字目为司马迁风格。

所谓"峻洁",主要指《史记》文章写得朴素凝练,干净利落,没有东枝西蔓之病。清人恽敬说:"古今之文,越天成越有法度,如《史记》,千古以为疏阔,而柳子厚独以'洁'许之。今读伯夷、屈原等列传,重叠拉杂,及删其一字一句,则其意不全,可见古人所得矣。"②看来文章要写得浑然天成,滴水不漏,不能删除一词一句,方算达到"洁"的境界。《史记》各篇,虽不能说"字字经思,句句有法",已经"无衍词,无泛笔,一字不容增减",但它沉郁高洁,含蓄精深,即便是名家圣手,要想轻易删改,也不是件容易的事。顾炎武《日知录》曾记载了这样一件有趣的事,其言云:

《黄氏日钞》言苏子由《古史》改《史记》多有不当。如《樗里子传》,《史记》曰:"母,韩女也。樗里子滑稽多智。"《古

---

① (宋)洪迈:《容斋随笔》之《容斋五笔》。
② (清)恽敬:《与舒白香》。

史》曰："母，韩女也。滑稽多智。"似以母为滑稽矣。然则"樗里子"三字其可省乎？《甘茂传》，《史记》曰："甘茂者，下蔡人也，事下蔡史举，学百家之说。"《古史》曰："下蔡史举学百家之说。"似史举自学百家矣。然则"事"之一字其可省乎？以是知文不可以省字为工；字而可省，太史公省之久矣。

从此可以知道，司马迁作文，遣字造句是很用心的，名家如苏辙，删改《史记》的文章也不能尽如人意。难怪明代茅坤说，对《史记》文章，"于中欲损益一句一字处，便如于匹练中抽一缕，自难下手"①。此话虽不免溢美，但也不是没有一点道理的。

关于"峻洁"的具体内容，柳宗元没有作出明确的阐述，晚清曾国藩曾做解释。

第一，他评论《朝鲜列传》时说："事绪繁多，叙次明晰，柳子厚所称太史（公）之洁也。"②把纷纭复杂的历史人事写得有条不紊，清楚明了，的确是《史记》文章所以"洁"的原因之一。梁启超也曾以《西南夷列传》为例说："叙川边、川南、云南、贵州一带……诸种族，情形异常复杂，虽在今日，尚且很难理清头绪，太史公却能用极简洁的笔法把形势写得了如指掌。他把他们分为三大部分，用土著、游牧及头发的装束等等做识别，每一大部中复分为若干小部，每小部举出一个或两个部落为代表，代表之特殊地位固然见出，其他散部落亦并不挂漏。……这是详略繁简的最好标准。"③梁启超对这篇列传十分推崇，多次予以表彰，说"这是作文求简法的最好法门"。

第二，曾氏评《萧相国世家》说："萧相之功，只从猎狗及鄂君两

---

① （明）茅坤：《史记钞》卷首。
② （清）曾国藩：《求阙斋读书录》卷三。
③ 梁启超：《作文教学法》卷三。

段指点，其余却皆从没要紧处著笔，实事当有数十百案，概不铺写。文之所以高洁也；后人为之当累数万言，不能休矣。"① 这就指出，司马迁文章所以"洁"的第二个原因，是善于抓住重点作精雕细刻，而将一切对表现人物性格特征无用的东西全部剔除。《史记》中这种例子真是不胜枚举。如写项羽，侧重描绘巨鹿之战、鸿门宴和垓下之围三件大事，就把项羽的威猛骁勇和政治上的天真幼稚表现得淋漓尽致。李广一生经历大小七十余战，司马迁却只写他三次战斗，从而把李广非凡的才智和超人的胆略表现得十分充足。又如梁启超评《廉颇蔺相如列传》说：

> 记蔺相如完璧归赵及渑池之会两事，从始至末一言一动都记得不漏。这是详记大事之法。因为这两件大事最足表现相如的个性，所以专用重笔写他，其余小事都小叙。廉颇的大事，三回伐齐，两回伐魏，一回伐燕，传中前后只用三四十个字便算写过，绝不写他如何作战，如何战胜，因为这些战术战功是良将所通有，不足以特表廉颇的人格，倒是廉颇怎样的妒忌蔺相如，经相如退让之后怎样的肉袒谢罪，失势得势时候怎么的对付宾客，晚年亡命在外思念故国时怎么的"一饭斗米肉十斤，被甲上马以示尚可用"这些小事写得十分详细，读之便可以知道廉颇为人短处在褊狭，长处在重义气、识大体。②

司马迁行文，或从大处着眼，或从小处落墨，总之是非常善于抓住主要的东西作刻意描绘，而将那些可有可无、无关紧要的史料一并删除。因为《史记》写的都是有用的东西，所以它的文字特别干净，特别精练，称之为"峻洁"，是最恰当不过的。

三曰婉曲。太史公的文章，有的如浑浩的长江大河，雄奇奔放，

---

① （清）曾国藩：《求阙斋读书录》卷三。
② 梁启超：《作文教学法》。

豪迈不羁，表现出一种阳刚之美；有的却像微波荡漾的清池曲水，委婉曲折，平易自然，偏于阴柔之美。所以在注意到司马迁雄健的风格特征时，还不能忽视他风格中委婉的一面。古人对司马迁纡徐委婉、含蓄深远的风格特征是有很多评论的，清人刘大櫆指出："文贵远，远必含蓄。或句上有句，或句下有句，或句中有句，或句外有句，说出者少，不说出者多，乃可谓之远。昔人谓子长文字，微情妙旨，寄之笔墨蹊径之外，又谓如郭忠恕画，天外数峰，略有笔墨，而无笔墨之迹。故太史公文，并非孟坚所知。意尽而言止者，天下之至言也，然言止而意不尽者尤佳。意到处言不到，言尽处意不尽，自太史公后，惟韩、欧得其一二。"[①] 刘氏对司马迁寄于笔墨之外的"微情妙旨"理解颇透，故这段评论把《史记》委婉含蓄的风格特点，指点得异常详尽。

我们知道，司马迁是实录作家，具有耿直的性格，他敢于大胆地爱，也敢于大胆地恨，但他的思想，他的感情，并非在所有的时候都像庐山瀑布，一泻无遗的。他风格的另一特色是婉曲不露，常常愿意将自己的是非态度、爱憎感情隐蔽起来，而出之于婉笔，让读者去思考，去回味，给人以含蓄美的沉思。

司马迁的委婉笔法，在批评讽刺汉武帝时用得最为充分。比如司马迁对汉武帝的穷奢极欲，为了举行封禅，消耗了大量的人力物力感到不满，对汉武帝为访仙求不死药，甘心情愿受方士欺骗而不能自拔的所作所为，更是无限愤懑。故他的那篇富有滑稽色彩的《封禅书》，曾被古代学者认为是专门讽刺汉武帝的大文章。不过这种讽刺不是直截了当的，而是若明若暗、曲折委婉的，用的是指桑骂槐的手法；需要认真思索才能体会出来。如文中叙到"秦始皇并天下"后，有这样

---

① （清）刘大櫆：《论文偶记》。

一段话：

> 始皇封禅之后十二岁秦亡。诸儒生疾秦焚诗书，诛僇文学，百姓怨其法，天下畔之。皆讹曰："始皇上泰山，为暴风雨所击，不得封禅。"此岂所谓无其德而用事者邪？

这里的"始皇"，清人吴汝纶就指出是隐射汉武帝的。因为秦始皇封禅后并未得到上天神灵的庇佑，江山也并未传之万世，而仅传之二世就在"一夫发难，天下响应"的农民起义声中土崩瓦解了；汉武帝虽值盛世，可盛世在帷幕掩盖之下矛盾重重，危机四伏，农民起义已此起彼伏了，这种现状若不加紧改变，其结果并不会比秦始皇好多少。所以这段话表面看来，字字句句是针对秦始皇的，而骨子里，却字字句句都是在警示汉武帝。因此，《封禅书》的结尾含蓄地说："自此之后，方士言神祠者弥众，然其效可睹矣。"方士还在骗人，皇帝尚未觉醒，然其效果是不言而喻的。这个不失尖刻浅露的结尾，深受古人好评。

司马迁这种"语虽论秦，意乃指汉"的写法，在《平准书》中也有突出表现。这里先看该书结尾一段话：

> 以至于秦，卒并海内，……中一国之币为二等，黄金以镒名，为上币；铜钱识曰半两，重如其文，为下币。而珠玉龟贝银锡之属，为器饰宝藏，不为币。然各随时而轻重无常。于是外攘夷狄，内兴功业，海内之士力耕不足粮饷，女子纺绩不足衣服。古者尝竭天下之资财以奉其上，犹自以为不足也。

这段话字面上说的是"秦"事，其实一字一句都是针对刘彻的。像"于是外攘夷狄"以下几句，完全是汉武帝时代现实的真实写照。汉武帝积极对外扩张，大肆封禅求仙，劳民伤财，人们早已怨声载道。所以敏感的明代学者茅坤读到这里，提笔评道："不及本朝，而以秦事为言若此，其旨深矣。"① 觉得大有言外之意可寻。清人方苞的评语更明确，说这是"举秦事以譬况汉也"②。一针见血，毫不躲躲闪闪。清代另一位学者李晚芳对《平准书》的表现艺术体会更深，评论更细，值得一提。

李氏说，汉武帝时代弊政甚多，弃而不书，则不足为信史；若奋笔直书，又不足为君讳。故"太史（公）于是以敏妙之笔，敷绚烂之辞，若吞若吐，运含讥冷刺于有意无意之间，使人赏其绚烂，而不觉其含讥，赞其敏妙，而不觉其冷刺，笔未到而意已涵，笔虽煞而神仍浑。前用隐伏，将种种包孕，如草芽之在土；后用翻笔显笔，而节节回应，若绿缛之逢春。每于提处，或推原，或突起，用凌空之笔，醒纷更之不一。每段小驻，或绾或含，用概笔，留不尽之神，令人远想其味外之味。将数十年种种弊政，布于万余言之中，乱若散线而不可收拾，乃或离或合，忽断忽接，或错综叙去，或牵连并写，起伏转拉，痕迹俱化，浑如一线穿成，是何等笔力！八书中唯此书出神入化，骤读之无一语径直，细案之无一事含糊，总括之无一端遗漏，使当时后世，皆奉为信史，而不敢目为谤书，煞是太史公惨淡经营之作"③。看来司马迁用含蓄委婉的手法表现他的"言外不尽之言，味外不尽之味"已经到了娴熟自如、炉火纯青的地步，无怪乎古往今来的文章大家都要对他钦佩之至，连连叫好了。

下面再简单谈谈古人对司马迁风格形成原因的探讨。

一个作家的风格，主要是由他的生活经历、性格特征、美学趣味、艺术修养等因素决定的。不同的作家有不同的个性，所以不同的作品

---

① （明）凌稚隆：《史记评林》引。
② （清）方苞：《评点史记》。
③ （清）李晚芳：《读史管见》。

有不同的风格。比如"性格清澈者音调自然宣畅，性格舒徐者音调自然疏缓，旷达者自然浩荡，雄迈者自然壮烈，沉郁者自然悲酸，古怪者自然奇绝"[1]。像"贾生俊发，故文洁而体清；长卿傲诞，故理侈而辞溢"[2]。司马迁的性格不同于贾谊、司马相如，故他的风格和他们亦颇有差异。明代方孝孺说："司马迁豪迈不羁，宽大易直，故其文崒乎如恒华，浩乎如江河，曲尽周密，如家人父子语，不尚藻饰而终不可学。"[3]方氏注意到司马迁的个性与他作品风格的关系，评其文，先察其人，这种论文方法，是值得肯定的。

在探究司马迁风格形成的原因时，古代学者还十分重视司马迁广泛的生活阅历对作品风格的直接影响。宋人马存在《赠盖邦式序》一文中，对友人盖邦式谈到了周游天下的阅历对司马迁性情的陶冶和形成多样文章风格的影响。他的评论很精辟，这里援引如下，供研究者参考：

> 子长平生喜游，方少壮自负之年，足迹不肯一日休。非直为景物役也，将以尽天下之大观，以助吾气，然后吐而为书。今于其书观之，则其平生所尝游者皆在焉。南浮长淮，溯大江，见狂澜惊波，阴风怒号，逆走而横击，故其文奔放而浩漫；望云梦、洞庭之陂，彭蠡之潴，涵混太虚，呼吸万窍，而不见介量，故其文停蓄而渊深；见九疑之绝绵，巫山之嵯峨，阳台朝云，苍梧暮烟，态度无定，靡曼绰约，春妆如浓，秋饰如洗，故其文妍媚而蔚纡；泛沅渡湘，吊大夫之魂，悼妃子之憾，竹上犹斑斑，而不知鱼腹之骨尚无恙者乎？故其文感愤而伤激；北过大梁之墟，观

---

[1] 转引自王凯符等：《古代文章学概论》，武汉大学出版社，1983年版。
[2] （南朝梁）刘勰：《文心雕龙·体性》。
[3] （明）方孝孺：《张彦辉文集序》。

楚、汉之战场，想见项羽之喑呜，高帝之谩骂，龙跳虎跃，千兵万马，大弓长戟，交集而齐呼，故其文雄勇猛健，使人心悸而胆栗。世家龙门，念神禹之巍功，西使巴蜀，跨剑阁之鸟道，上有摩云之崖，不见斧凿之痕，故其文斩绝峻拔而不可攀跻。讲业齐鲁之都，睹夫子之遗风，乡射邹、峄，彷徨乎汶阳、洙、泗之上，故其文典重温雅，有似乎正人君子之容貌。凡天地之间，万物之变，可惊可愕，可以娱心，使人悲者，子长尽取而为文章。是以变化出没，如万象拱四时而无穷。今于其书观之，岂不信乎？

古人论文，特别讲究有"江山之助"，认为"若局促里门，踪迹不出百里外，天下名山大川之奇胜，未经寓目，胸襟何由而开拓？"[①] 胸襟不开阔，那么，其文之单调乏味也就可以想见了。司马迁则不然，他跋山涉水，足迹几乎遍及祖国各地；伟大祖国的名山秀水，以及历史陈迹，人情风貌，深深地陶冶了他的性情，引发着他的才智，促进了他作品风格的异彩纷呈。所以说，他雄深雅健、逸气纵横的独特风格的形成，与他深广的生活经历关系甚大，这一点，马存的评论已做了最清楚明晰的说明。

---

① 盛大士：《溪山卧游录》。

第十三章 史记学的形成与发展

《史记》问世两千多年来，阅读和研究它的人不可胜数，并传播海外。各种校勘、注释、考证、评论等专著大量涌现，成了一项专门学问，即"史记学"。"史记学"之名由宋人王应麟在《玉海》卷四六《唐十七家正史》中提出。他说："司马氏《史记》有裴骃、徐广、邹诞生、许子儒、刘伯庄之音解。……《史记》之学，则有王元感、徐坚、李镇、陈伯宣、韩琬、司马贞、刘伯庄、张守节、窦群、裴安时。"王应麟称"史记学"为《史记》之学，形成于唐代，这与实际的发展是吻合的。大体说来，汉唐是"史记学"的形成时期，宋元明清及近代是"史记学"的发展时期，新中国成立以来的现当代是"史记学"的深入和丰收时期。由汉至清以及近代、现当代的《史记》研究与"史记学"的发展，分为三节来谈，马班异同比较专题、中国台湾地区的《史记》研究、《史记》在海外的流传，纳入本章，各立专节，凡六节。

第一节 汉唐时期的《史记》研究

由汉至唐开元年间"三家注"问世，历经八百余年，"史记学"形成。司马迁《史记》完成之日，正是汉武帝"罢黜百家、独尊儒术"

的思想确立之时，战国时代"百家争鸣"的局面荡然无存，人们的思想受到禁锢。在正统思想家眼里，《史记》是离经叛道之作，被目为"谤书"[1]。因此，《史记》在两汉时上层统治集团的传布，受到政府严格的控制。《汉书·宣元六王传》载，成帝时，东平王刘宇来朝，上书求《太史公书》，成帝以问大将军王凤。王凤以为《太史公书》有"战国纵横权谲之谋，汉兴之初，谋臣奇策，天官灾异，地形厄塞，皆不宜在诸侯王，不可予"。成帝竟纳其言，遂不与东平王书。

《史记》书成，书中一部分易触犯时忌的内容，在流传本中被摘除，使得班固所见官本"十篇缺，有录无书"。东汉卫宏在其所著《汉仪注》中列出被削除的十篇书目。《史记》大行以后，有些篇传虽亡而复得，但《今上本纪》等篇仍然缺损。

1. 汉代学者对《史记》的批评

两汉是"史记学"的困厄时期。由于汉家定儒学于一尊，而司马迁的异端思想具有反传统和对现实强烈的批判精神，所以它的传播与研究受到官方的严格控制。西汉时代续补《史记》者十余家，除褚少孙外，均是接续《史记》叙载汉家之事，集大成者就是班固的《汉书》。尽管续补者众，但对"史记学"的发展没有直接影响。汉儒对《史记》多持批评态度。最早批评《史记》的学者是西汉末年的哲学家和文学家扬雄。《汉书·扬雄传》班固转述扬雄之言曰："太史公记六国，历楚汉，迄麟止，不与圣人同，是非颇谬于经。"扬雄又在《法言·重黎篇》中对照司马迁与孔子思想的不同点，指出："仲尼多爱，爱义也；子长多爱，爱奇也。"这里是将司马迁传人之"奇"作为儒家"义"的对立面而提出的，表现了扬雄的卫道立场。他的"是非颇谬于经"的指责，

---

[1] 谤书：《三国志·董卓传》裴松之注引谢承《后汉书》载王允之言曰："昔武帝不杀司马迁，使作谤书，流于后世。"王允之言又载于范晔《后汉书·蔡邕传》。

实开班彪、班固父子批评《史记》的先河。《汉书·司马迁传赞》载其言曰：

> 论大道则先黄老而后六经，序游侠则退处士而进奸雄，述货殖则崇势利而羞贱贫。

这就是所谓的不合于"义"的"史公三失"。在东汉随着儒学的神秘化，在统治集团，《史记》受到严厉的非难。光武帝建武四年（公元28），博士范升反对为《左传》立博士，涉及《史记》，认为太史公多引《左氏》，抨击《史记》"违戾五经，谬孔子言"①。如前所述，东汉末王允竟直斥《史记》为"谤书"。

班氏父子又批评《史记》不尊汉，将汉代帝王"编于百王之末，厕于秦、项之列"。在这种气氛中，《史记》在汉代流布不广，研究不受重视，治史者多效法《汉书》，以至班书取得独尊地位。颜师古《汉书叙例》所列的《汉书》注，汉代就有荀悦、服虔、应劭、伏严、刘德、郑氏、李斐、李奇八家，三国时有邓展、文颖、张揖、苏林、张晏、如淳、孟康、项昭、韦昭九家，晋代有晋灼、刘宝、臣瓒、郭璞、蔡谟五家，行世二百余年注家达二十二家之多。《史记》至东汉末仅有延笃《音义》和无名氏《音隐》两家，显得十分冷落。

由于《史记》的博大精深，汉代正统儒家学者并没有对《史记》全盘否定，有褚少孙的倾心研读续作，有刘向的高度赞扬②。刘向极为推崇《史记》，他的《别录》，常以《史记》为评断标准，例如《管子书录》就袭用《史记·管子传》。王充对《史记》有褒有贬，《论衡·书解篇》称赞西汉诸儒陆贾、司马迁、刘向、扬雄等人上继周公、孔子，"文儒之业，卓绝不循"。班氏父子虽有"史公三失"之批评，但

---

① （南朝宋）范晔等：《后汉书》卷三六《范升传》。
② 刘向及扬雄、班氏父子对《史记》的评价见《汉书·司马迁传》赞语。

对《史记》仍然是一分为二的；《汉书》效法《史记》的成功，应该说班氏父子是《史记》传播、研究的一大功臣。但大气候却是对《史记》不利，所以两汉是《史记》的困厄时期，流布不广。

2.《史记》流传，为杨恽所布

《史记》流布民间，是宣帝时司马迁外孙杨恽向外传播的。《汉书·司马迁传》载其事云："迁既死后，其书稍出。宣帝时，迁外孙平通侯杨恽，祖述其书，遂宣布焉。"从此开始了《史记》的传布，如同西汉古文经学一样，在民间士大夫中流传，到了东汉逐渐扩大，桓帝时，《史记》已成为司马迁书之专名。这时已有两部《史记》音注书问世。有延笃《音义》一卷，无名氏《音隐》五卷[①]。延笃，东汉顺桓时人，传见《后汉书》卷五十四，卒于桓帝永康元年，即公元167年。

东汉班固的《汉书》出，创造了断代纪传史，被目为五经之亚。《汉书》因袭《史记》，反过来推动《史记》的流传，学术史上马班并提，并形成了马班比较研究专题，详后本章第三节。

3."史记学"的奠基与形成

魏晋南北朝是"史记学"的奠基时期，人们对《史记》与《汉书》的注释与研究，并行发展，至隋唐而集中古研究之大成，形成了专门的"史记学"与"汉书学"。这是因为随着汉王朝的瓦解，《汉书》独尊地位受到冲击，《史记》"谤书"之说得到辩诬。客观环境的变化，扫除了《史记》流传的障碍。而这一时期纪传体史学的大发展，又推动了《史记》的研究。

从魏晋至隋唐，《史记》注疏，见于《隋书》及两《唐书》等三书史志记载的有十五家，但流传下来的只有三家，即南朝宋裴骃《史

---

① 见《史记索隐后序》。

记集解》、唐司马贞《史记索隐》、唐张守节《史记正义》,世称"三家注"。"三家注"是汉唐时代"史记学"集大成之作,至今仍有重要的学术地位,是研究《史记》的必读参考书。起初"三家注"各自单行,自南宋起"三家注"与《史记》正文合刻流传,直到今天通行的中华书局点校本《史记》都是"三家注"附于《史记》合排,方便读者。

唐代散文大家韩愈、柳宗元倡导古文运动,反对六朝骈俪遗风,以《史记》为旗帜,从而奠定了《史记》在文学史上的地位。《史记》在唐代的影响是空前的。

4. 唐代奠定了《史记》在史学史和文学史上的地位

《史记》问世,"自成一家之言",于是开了私人修史之风,《汉书》断代运用纪传体的成功,激发了后代史家的效仿。魏晋南北朝时期的分裂,以史为鉴又具有现实意义。因此,这一时期史学发达,有一百余家,其中纪传史居于首位。如晋司马彪《续汉书》、陈寿《三国志》、刘宋范晔《后汉书》、齐臧荣绪《晋书》、梁沈约《宋书》、梁萧子显《南齐书》、北齐魏收《魏书》,都是纪传史名著。有唐建立,最高统治者极为重视修纪传史,颁令纪传史为正史,并开设史馆大修前代国史。唐代官修《晋书》《梁书》《陈书》《北齐书》《周书》《隋书》《南史》《北史》,均一律用纪传史。唐修《隋书》在《经籍志》中列四部书目为经、史、子、集,而史部又以纪传史为第一,自此纪传史成为修史正宗,具有至高无上的地位。以后历代建国,都开局修前朝历史,中国从此有了一部洋洋大观,贯通五千年文明的"二十六史",《史记》居首,也取得了独尊的地位。《史记》的正史地位是在唐代得以确立的。

唐代科举有"三史"之目,即将《史记》《汉书》《后汉书》列为科举考试科目,鼓励士人研习"三史",通过科举选拔治史人才。这对于学习《史记》起了很大的推动作用。由于统治阶级的提倡,唐代精研"三史"成为时尚，因此，唐人的"三史"注解都获得了很高的成就，这绝不是偶然的。

伴随史学的发展，唐代研究历史编纂方法的专门理论著作也应运而生，那就是刘知几的《史通》。刘氏定书名为《史通》，就是受司马迁"通古今"的影响。该书的研究对象把《史记》开创的纪传体作为重点内容。《史通》标目有《六家》《二体》《本纪》《世家》《列传》《表历》《书志》《论赞》《序例》《题目》《断限》《编次》等专篇，就是从理论上总结纪传体编纂的得失的。《史通》是我国史学史上第一部历史编纂方法论的理论巨著。尽管刘知几在《史》《汉》对照时扬班抑马，但对司马迁和《史记》在史学史上的地位及其价值，在总体上仍是充分肯定的。实际上，刘氏的批评，是从史学批评史的角度对《史记》的地位和贡献作出了理论的总结，这也是唐代奠定《史记》在史学史上地位的标志之一。

唐代散文大家韩愈、柳宗元倡导古文运动，从而奠定了《史记》在文学史上的地位。

自唐以后，扬班抑马倒向，转而扬马抑班，人们对《史记》的评价越来越高，研究和学习《史记》的人也越来越多。集成前代《史记》研究成果的"三家注"在唐代完成，《史记》在史学史和文学史上的地位在唐代得以确立，从而成了一门学问，与时推移，得到了健康的发展，取得了丰硕的成果，唐人的贡献具有划时代的意义。

第二节 宋元明清及近代的《史记》研究

宋元明清及近代，是"史记学"不断深入发展的主要时期。据不完全统计，这个时期的研究成果总量论著有二三百部，论文近千篇。下面着重评述这一时期的主流成果，分四个细目来说，即宋、明人的评点，清人的考证，以及近代的《史记》研究。

1. 宋人的《史记》评点

宋代以前对《史记》的评论没有形成风气。宋代统治者重视史学的修撰，《新唐书》《新五代史》《旧五代史》以及《资治通鉴》都在北宋完成。科举考试改诗赋为策论。政治形势影响文化风尚，所以宋代士人钻研史书十分努力，并形成好发议论的习惯，从而开了评论《史记》的风气。宋人刻《史记》和评《史记》成为一代士风。欧阳修、曾巩、王安石、三苏（苏洵、苏轼、苏辙）、二程（程颢、程颐）、罗大经、刘辰翁、黄震、洪迈、郑樵、吕祖谦、晁公武、王应麟、叶适、王若虚，以及秦观、黄庭坚、黄履翁、陈振孙、朱熹、辛弃疾、马存等数十人，都对《史记》作过认真的分析评论，尽管专门著作不多，而散论文章可以说是洋洋大观，数量、质量都可称雄一代。

宋人对《史记》总体的评论，识见高于唐人一筹。

2. 明人评点《史记》的杰出成就

元代由于政治的原因，整体社会学术空气不浓，《史记》研究成绩不大。但元代用戏曲形式宣传《史记》，在普及方面取得了空前的成就。据今人傅惜华《元代杂剧全目》所载，元代取材于《史记》的杂剧有一百八十余种，而且大多为演出本。这么多的《史记》戏在全国大小剧场上演，《史记》的人物故事广为人知。这无疑为明清以来的"史记学"发展奠定了深厚的群众基础，因此，元代的《史记》戏，亦应值得大书一笔，故附论于此。

明人研究《史记》，承袭宋人的评论余风，发展壮大成为一代主流。明人评点改变了宋人因人因事立题的单篇论文和读书笔记的形式，而以恢宏气度对《史记》全书评点，出现了形式多样的评点专著。最基本的形式是在《史记》原文上用五彩笔作圈点、夹批、眉批、总批。著名的评点专著有杨慎《史记题评》、唐顺之《荆川先生精选批点史记》、茅坤《史记钞》、归有光《归震川评点本史记》、钟惺《钟伯敬评史记》等。另一种形式是搜集荟萃历代学者以及时贤的评论精语，一一标注在《史记》有关正文之上，号称"史记评林"。此由凌稚隆的《史记评林》发其端，后继者纷起，有李光缙等人的《史记萃宝评林》，陈仁锡的《史记评林》，葛鼎、金蟠的《史记汇评》，邓以赞的《史记辑评》，朱之蕃的《百大家评注史记》，陈子龙和徐孚远的《史记测义》等多种辑评专著。辑评形式，灵活自由，文字可长可短，内容丰富多彩，有总体分析，有细事发微，有人物评论，有史实考证，有感则发，无话则省。辑评精语，夹注在作品中，或书写在眉端，时时提起读者的注意，帮助读者思索品味，把自己的欣赏和感受上升到理论的高度。因此，辑评很受读者欢迎，流风所及，也成了清代和近代的一种最基本、最普遍的研究方法。晚清以后，形式又有所发展。如清末郭嵩焘的《史记札记》，已不录《史记》全文，而是摘引有关原文，然后发议论。近代李景星的《史记评议》，则完全抛开原文，没有夹批，只有百三十篇的评议。

明人评点《史记》的内容非常丰富，史事、人物、编纂体例、文章风格、艺术手法，无所不及。行文内容不似宋人以议论为主，而是紧贴《史记》原文以分析为主，语言明快，通俗易懂，不发空论，能够引导读者进入欣赏的境界。所以，像茅坤、杨慎、唐顺之、归有光、余有丁等人的见解，就成为品题《史记》的圭臬，深受读者喜爱。明人抉发司马迁的写人艺术，以及《史记》与小说的关系，更有精绝的分析评点，发前人所未发，如明末清初文学评论家金圣叹对《史记》文学技法的评论，就独树一帜，作出了杰出的贡献。

3. 清人的《史记》考证与研究

清代是旧时代"史记学"发展的高峰，研究者之多与成绩之丰，都是前所未有的。清人研读《史记》，留下文章著述的作者有三百余人，著名的专著有几十部。如王鸣盛《史记商榷》、钱大昕《史记考异》、赵翼《史记札记》、杭世骏《史记考证》、王元启《史记三书正讹》、邵泰衢《史记疑问》、邱逢年《史记阐要》、梁玉绳《史记志疑》、林伯桐《史记蠡测》、王筠《史记校》、程余庆《史记集说》、张文虎《校勘史记札记》、尚镕《史记辨证》、郭嵩焘《史记札记》、潘永季《读史记札记》、李慈铭《史记札记》、方苞《史记注补正》、牛运震《史记评注》、杨于果《史汉笺论》、杨琪光《史汉求是》和《读史记臆说》、鹿兴世《史记私笺》、储欣《史记选》、王又朴《史记七篇读法》、汪越《读史记十表》、汤谐《史记半解》、邵晋涵《史记辑评》、高塘《史记钞》、吴敏树《史记别钞》、沈家本《史记琐言》、王治皞《史记榷参》、吴见思《史记论文》、吴汝纶《点勘史记》等等，都是研精覃思的力作。此外，像顾炎武《日知录》、李晚芳《读史管见》、刘熙载《艺概》、曾国藩《求阙斋读书录》、刘大櫆《论文偶记》、林纾《春觉斋论文》等著作中，也对《史记》发表了许多精到的评论。

清人的《史记》考证，通过训诂、笺释、校勘、辨伪等方法和手段，对《史记》作了全面系统的整理研究。清代著名的考据学家，如王鸣盛、钱大昕、赵翼、何焯、王念孙、梁玉绳等人，都在《史记》考证上下过一番功夫。其中以梁玉绳的成绩为最大，他的《史记志疑》可代表清人《史记》研究的水平。这些学者，重视实证，力戒空谈，穷年累月搜集资料，进行归纳、排比，"究其异同，核其始末"，言必有据，据必可信，孤证不立，必以多项证据定是非，因此，他们的考据有较高的学术价值，受到世人的推重。

4. 近代《史记》研究的特点

这里所说的近代，是指 1905—1949 年，凡 45 年，正当 20 世纪的上半世纪。这一时期中国社会发生了翻天覆地的大变化，政治的动荡带来思想的活跃。资产阶级与马克思两种思想体系、两种研究方法从西方传入中国，在古老神州大地上激发了"五四"新文化运动。在这一大背景下的《史记》研究，具有继往开来的重要作用，呈现出与以往不同的一些新特点。从总体上说，这一时期的研究，一方面是对封建时代的《史记》研究成果开始了批判总结，另一方面是在继承前人研究成果的基础上有所创新。具体说，是全面继承清人的研究余绪，仍以考证与评议为两大主流，但更具有理论色彩，识见上了一个新台阶。尽管由于国家多难，成绩有限，但总成果仍可称述。重要的学术论文有两百余篇，专著三十五部。考证方面，崔适的《史记探源》、鲁实先的《史记会注考证驳议》、朱东润的《史记考索》、李奎耀的《史记丛考》、余嘉锡的《太史公书亡篇考》；评议方面，魏元旷的《史记达旨》、杨启高的《史记通论》、刘咸炘的《太史公书知意》、齐树楷的《史记意》、李景星的《史记评议》、施章的《史记新论》、李长之的《司马迁之人格与风格》；注疏方面，李笠的《史记订补》、吴国泰的《史记解诂》；书法方面，靳德峻的《史记释例》；太史公行年方面，张鹏一的《太史公年谱》、郑鹤声的《司马迁年谱》；等等——都是各具特色的专著。一大批著名学者如章炳麟、梁启超、罗振玉、王国维、鲁迅、茅盾、刘师培、钱玄同、顾颉刚、罗根泽、闻一多、朱自清、范文澜、吕思勉、翦伯赞、郑振铎等，也在他们的著作或论文中程度不等地评述了《史记》。这一时期创立的史学史、文学史大都给予《史记》以专章、专节的论述，使《史记》在我国史学史和文学史上的崇高地位得到了更牢固的确立。

第三节　现当代的《史记》研究

1949年中华人民共和国成立，标志着中国社会跨入了新的时代，这给学术研究带来了全新的思想观念。《史记》研究发生了质的变化，走上了新的发展道路，这就是现当代的《史记》研究。从1950年算起到2025年已历七十五年。新中国成立以来的七十五年，以1979年为时限，呈现出两个不同的发展时段，以《史记》研究成果所体现的时代性与研究方法的更新为依准，可以说鲜明地呈现出现代和当代两个时段。新中国成立的前三十年，1950年至1979年为现代，改革开放以来截至2025年的四十五年为当代。因此本节分为现代、当代两个细目来评说。

1. 现代《史记》研究概况

现代《史记》研究，是学术界运用马克思唯物主义研究《史记》初见成效和逐步深入的时期，成果不十分显著而开拓却较为宽广。现代三十年，因"文化大革命"中断，实际只有1951年到1965年共15年。时间短，一代新人未成长，又是新方法运用的发轫期，大家还很不熟练，论著以普及读物为主导，多为小册子。具有时代特色价值的论著有五种，均属"文献研究"，即中华书局点校本《史记》(1959)、贺次君《史记书录》(1958)、金德建《司马迁所见书考》(1963)、陈直《史记新证》(1979)、钱锺书《管锥编·史记会注考证》(1979)。这五种论著均出自前辈专家之手，实质是近代《史记》研究的延伸。这一时期有特色的《史记》研究是数十位史学界前辈学者发表的学术论文，他们精辟的论述和号召力，奠定了新时期《史记》研究的基础，起了承先启后的作用。其中翦伯赞是运用新思维在学术界第一个发表《史记》论文的学者，启动了现代《史记》研究。他的论文《中国历史学的开创者司马迁》，发表在 1951 年《中国青年》总第 57 期上。这虽然只是一篇知识性的评介文章，但颇有理论深度，文风一反旧时代研究者那种堆积史料和文字艰涩的毛病，议论简洁明快，文字流畅，且发表在通俗刊物上，有意识地向青少年介绍这部古代名著，为《史记》的普及和研究开了一个好头，是颇有影响的。嗣后，金兆梓、季镇淮、荣孟源、汪篯、侯外庐、高亨、尚钺、李长之、吴晗等先后写了通俗性的《史记》评介论文，对推进《史记》的研究起了宣传和号召的作用。1955 年郭沫若在《历史研究》第 6 期上发表《太史公行年考有问题》一文，发起了一场围绕司马迁生卒年问题的学术讨论。尽管这场讨论在解决司马迁生卒年上没有形成定论，但以此为契机推动了《史记》研究的开展，形成了新中国成立以来《史记》研究的第一个高峰。郑鹤声、季镇淮对司马迁行年和传记的研究，陈直对《史记》名称及早期传播的研究，卢南乔对《史记》体例的研究，侯外庐、任继愈对司马迁哲学思想的研究，齐思和对《史记》产生历史条件的研究，程金造对《史记》三家注的研究，都独具新见。

在 20 世纪 60 年代运用唯物史观与丰富史料相结合的方法，平允、准确地全面评价司马迁的思想，并取得显著成绩的是白寿彝。他的《司马迁与班固》和《史记新论》，是这一时期的代表作。传统的观点是马班并提。1963 年，白先生在《北京师范大学学报》发表《司马迁与班固》一文，洋洋三万言，分了十个专题，从两汉广阔的时代背景上用纵横的比较方法评价马班史学，提出了新观点。众所周知，唐人刘知几的《史通》是扬班抑马，而宋人郑樵的翻案又太偏颇，明清学者的传统观点是马班相提并论。白先生研究了两汉历史及史学的发展，正确地指出了司马迁的《史记》是"答复历史怎样变化发展"的,拿出的是"自己独到的见解",具有进步的异端思想,即人民性的成分;而班固的《汉书》却是"答复如何维持目前局面"的,只是把两汉的历史写出来,"用五经的道理将上下二百年的历史妥帖讲通",维护汉室的正宗思想。所以无论在体裁的创造上还是历史的识见上,班固都不能与司马迁并提。《史记新论》是与《司马迁与班固》蝉联完成的姊妹篇,写成于1963年,1981年由求实出版社出版。这两篇论文上溯西周共和以来七百余年的历史发展,探索《史记》的写作背景,第一次对司马迁自己揭示的《史记》要旨三题,即"究天人之际,通古今之变,成一家之言"作了贯通的评述。这一时期还对《史记》的阶级属性、司马迁的道德思想、游侠问题等展开了讨论。

2. 当代《史记》研究的特点

20世纪80年代以来的当代《史记》研究,出现了前所未有的生动局面,是两千多年来"史记学"发展的高峰,研究获得全面丰收,研究方法不同于以往,展现出许多新特点,大要有以下四个方面。

(1)唯物史观的方法。古代传统研究对司马迁"一家之言"的思想只有零星的探索,而且立论肤浅,例如"史公三失",争论两千年也没把它说明白。明清评点家对司马迁思想不乏精到见解。但总体上却是偏重辞章技巧,因而陷入寻章摘句中,同时,又刻意追求史公微文,往往断章取义,任情附会,脱离历史实际。这是缺乏唯物史观就事论事的必然结果。当代学术界在唯物史观指导下,把司马迁的写作活动与当时社会政治、经济状况紧密地联系起来,不仅揭示了司马迁历史研究活动的动机,而且能够从社会关系的总体中分析这种发展的客观规律性,看出物质生产发展是这种关系的根源。这种从广阔的历史背景上去考察司马迁思想的方法,在20世纪50—60年代,人们还很陌生，对司马迁思想的考察忽左忽右。20世纪50年代有拔高的倾向，如说司马迁是"人民歌手""人民历史的开创者""处处从人民立场上来评价历史人物和历史事件"，等等。到了20世纪60年代，则出现了贬低的倾向，如有人认为，司马迁的历史观只不过是由"英雄史观、历史循环论、神学史观等糅合于一体"的"唯心主义历史观体系"，他"是地主阶级的思想家""他所宣扬的是为统治阶级服务的封建伦理道德"，等等。唯物史观方法，在20世纪80年代以来宽松的学术氛围中为新一代研究者所普遍掌握，推动了"史记学"的迅猛发展，论说理由充实，平允中肯，标志着研究者思想理论的成熟。

（2）纵横比较的方法。古代的《史记》研究，比较方法局限于马班异同。当代的《史记》研究大大拓展了比较的范围，概括地说有三个方面。其一是《史记》篇目自身的比较，提示司马迁运用互见法的成绩。其二是将《史记》与前代、后代的史学和文学作品作比较。《史记》与前代的比较，如《史记》与《春秋》、《左传》、《战国策》、诸子的比较，与《离骚》《楚汉春秋》等的比较，探寻司马迁对前代思想及资料的继承；《史记》与后代的比较，除与《汉书》外，还与《资治通鉴》以及政书、戏曲、小说作比较，探索司马迁对后世文化的影响。明清评点家已将《史记》与小说比较，不过大都是札记性质。当代全面、系统地探索《史记》对后世传记及小说的影响，成为文学界研究《史记》的一大主流，论文、论著都不少，占当代《史记》研究总量的三分之一还多。其三是将《史记》与国外的史学著作比较。齐思和在1956年1月17日《光明日报》上发表的《史记产生的历史条件和它在世界史学上的地位》一文，第一次运用历史比较法将《史记》与希腊史学名著对比，分析了"《史记》的特点在于它的全面性，尤其是对于生产活动、学术思想和普通人在历史上的地位的重视"，简明地表述了《史记》在世界文化史上的地位。20世纪80年代，这种比较研究日渐成熟，如李少雍的《司马迁与普鲁塔克》[①]、黄新亚的《论司马迁在中国文化史上的地位》[②]、刘清河的《从〈旧约〉与〈史记〉的比较试探东方文学的一点规律》[③]、夏祖恩的《试比较司马迁与修昔底德的经济史观》[④]等文，颇有创见。诸文比较的结果表明，司马迁在知识的积累、认识的深度、表现力的强度方面，都是同时代东西方最杰出的代表人物，因此，司马迁不仅是汉代的文化巨人，而且可以说是整个古代世界的文化巨人。

（3）各种新方法的借鉴与运用。随着现代化的推进，中国与世界文化的交流更加广泛和深入，国外的文化传入中国，有新学科的传入，有我们对新方法的尝试，如系统论、价值论、艺术辩证法等都运用在《史记》研究上。徐兴海《史记所体现的系统观》[⑤]、党丕经的《论史记的史学框架》[⑥]，就是运用系统论分析《史记》整体结构和史学框架的尝试。艺术辩证法运用广泛，除了分析《史记》实录与人物塑造的关系的诸多论文外，还有宋嗣廉的《史记艺术美研究》、郭双成的《史记人物传记论稿》等论著也做了成功的尝试。技术性的现代化手段，如李波等编制的《史记索引》就是利用微机处理《史记》原文取得的成果。运用计算机检索较之传统手工检索不仅速度高出几百倍，而且准确无遗漏。

（4）文献与考古相结合。将近代考古学的发展运用于《史记》研究，首推王国维用甲骨文、金文证明《史记》记载的三代历史为可信。王国维和郭沫若都运用汉简考证司马迁生卒年。利用考古材料全面论

---

① 《文学评论》1986 年第 5 期。
② 《陕西师范大学学报》1986 年第 3 期。
③ 《汉中师范学院学报》1988 年第 3 期。
④ 《福建论坛》1987 年第 6 期。
⑤ 《人文杂志》1987 年第 3 期。
⑥ 《陕西师范大学学报》1988 年增刊。

证《史记》的史料价值,陈直的《史记新证》作出了新贡献。吴树平等人的《全注全译史记》也大量吸收考古成果,成为一大特色。

　　近代、现代的80年是新旧交替的时期,当代是研究方法全面更新的收获时期。当代的《史记》研究更偏重宏观,以历史的研究为主导,把《史记》从"史料学"的研究水平提高到"史记学"的研究高度上来,把司马迁和《史记》放到中国文化、中国思想文化史的大背景进行评述,走上了科学化的轨道,从而把司马迁的思想研究作为主轴提上议事日程,开拓了"史记学"的新格局。应该肯定,传统的考证研究是有贡献的,在史实考辨、鉴别真伪等方面是不能离开考据方法的。但是如果仅仅拘泥于一些事实的搜集和考据,而离开对事物发展过程的考察研究,往往会偏离正确的轨道,即使是博学宏通的学者有时也会迷失方向。例如近代文献学家余嘉锡考证《史记》缺佚,著《太史公书亡篇考》,洋洋十万余言,引证材料几百条,用此证明《史记》有十篇亡逸,认为张晏之说不虚。尽管余先生引证宏博,究源竟委,但他离开了《史记》本证,囿于班固、张晏之成说,考证的起点就偏离了方向,所以他的详细考证不能成为定案。20世纪80年代对此重新作了审定。近人和今人运用考据,一般均能将考据与唯物史观的分析方法结合,宏观与微观互相补充,考论结合,提高了研究水平。在这方面,前辈学者王国维、郑鹤声、白寿彝、陈直、程金造等在他们的论著中做出了表率。当代中青年学者施丁的《马班异同三论》,陈可青的《太史公书凡例考说》,吴汝煜的《史记与公羊学》,张大可的《太史公释名考辨》《史记断限考略》《史记残缺与补窜考辨》,刘家和的《史记与现代经学》,赵生群的《〈史记〉〈战国纵横家书〉史料价值考论》《司马迁所见〈晏子春秋〉〈管子〉考》等,都是考论结合的佳作。

第四节　马班异同成为一门学问

马班异同是一个引人注目的传统课题，又称班马异同，或史汉异同，或马班优劣论。自从《史记》《汉书》两书问世以后，马班齐名，《史记》《汉书》并论，从而马班异同的问题也就被提了出来，至今仍然是一个引人入胜的研究课题。尽管历代关于马班异同的专论著作不多，但研究《史记》的人大都要涉及这一问题，所以散论、笔记以及涉及的论说不可胜计。宋人倪思、刘辰翁《班马异同评》、明人许相卿《史汉方驾》是两部发轫名作。今人研究，以白寿彝《司马迁与班固》、施丁《马班异同三论》、徐朔方《史记论稿》三部论著最有成绩。

马班异同，首先是从马班优劣的角度提出问题，因而有扬班抑马和扬马抑班的争论，由抑扬争论而发展为异同比较，由比较而成为传统的研究课题。可以说马班异同，是中国学术史上没有使用比较术语的一门传统比较学，总结这门比较学的内容和发展历史，可以加深我们对中国传统史学的认识，是很有意义的。

1. 马班异同产生的原因及内容

为了表述的简明，先概述马班异同的内容，而后产生的原因将自然引出。

综括古今人讨论马班异同，主要内容有以下四个方面。

（1）文字异同。西汉二百年历史，《史记》《汉书》两书重叠部分整整一百年有余，故《汉书》一百篇，有五十五篇过半数与《史记》内容重叠，计有帝纪五篇，表六篇，志四篇，传四十篇。重叠部分，《汉书》基本承袭《史记》旧文而做了增补、删改、移动等工作，造成文字异同，显而易见。两书对照，分析班固是怎样增省《史记》的，这就产生了文字异同的比较。看起来只是一个互校的问题，形式简单，但它却是论马班优劣、是非、得失的基础，所以宋明人《班马异同》与《史汉方驾》主要就是考察文字异同。从总体上看，《汉书》文字多于《史记》，班固增补了若干诏令、奏议、政论等文章及人物事迹。赵翼《廿二史札记》中有"《汉书》多载有用之文""《汉书》增事迹"等条目，评述班固的增补，于史有益，值得肯定。历代以来对此多有抑扬评说。平心而论，班固的增补，从治史角度可以有是非得失之分，但不可据繁简论优劣。清人朱仕琇就指出，若"断以史法"，则"固非揉于私意以为之，而异同之势，俱处不得不然"①。意思是说，班固断代为史，文字有增省，不是私意所为，而是情与势不能不如此。近人刘咸炘说得更直率。他说："昔人多谓班载文多为好文章，又或谓马不载逊于班，皆谬也。吾谓读太史公书，须先将'黄帝以来，迄于麟止'八个字熟记，诸论班马异同者，皆未熟记耳。"②这是说《史记》为通史，目的在于通古今之变，载文不宜多，以免冲淡历史发展过程的叙事；班固《汉书》为断代史，述一代始末，多增补一些材料是必然之势。

班固移动《史记》内容大多改得不好，使人物减色。如《史记·吕太后本纪》具记事本末体特色，从史的方面完整记叙了吕太后临朝诸吕擅权始末；从文的方面生动塑造了一个刚戾残狠的女政治家形象。《汉书·高后纪》就索淡寡味。班固把《吕太后本纪》所载的吕太后戕杀赵王如意，残害戚夫人，以及王诸吕等事移入《外戚传》；把吕太后欲鸩齐王刘肥，害死两赵王刘友、刘恢，以及大臣诛诸吕，迎立文帝等事移入《高五王传》；又把陈平、周勃等大臣有关谋除诸吕

---

① 《梅崖居士文集·班马异同辨》。
② 《太史公书知意》卷六。

事移入《张陈周王传》——这样一来史事零散，人物形象模糊，于史于文两失之。又如班固将《史记》中《魏其武安侯列传》的灌夫，《淮阴侯列传》的蒯通分出移于他传，都是败笔，颇受后人讥议，不一一评说。但我们也应看到，有些移动是符合断代史法的，则不宜以优劣论。例如《史记》将项羽、高祖并立本纪，蝉联对照，史事条贯与人物刻画都极为精彩。班固改项羽为传，并将楚汉相争的一些重大事件和鸿门宴、彭城之战、陈平间楚、彭越韩信会兵垓下等，移入《汉书》卷首《高帝纪》，丰富了开国帝王的形象，并为全书提振。虽然损害了项羽的形象，但作为断代史不能不如此，这是失小而得大。所以赵翼在《廿二史札记》的《汉书移置史记文》条目中予以肯定，表现赵翼不同凡响的史识。

（2）体例异同。《史记》《汉书》以人物为中心述史，皆为纪传体，这是同；《史记》贯通，《汉书》包举一代，这是异。评议马班，尊通史而抑断代者，扬马抑班；尊断代而抑通史者，扬班抑马。前者代表人物为南宋郑樵，后者代表人物为唐代刘知几。

刘知几在《史通》中论《史记》《汉书》得失，立言甚多，主观上反对扬此抑彼，而实际评述是扬班抑马。他在《六家》篇中说："朴散淳销，时称世异，《尚书》等四家，其体久废，所可祖述者，唯《左氏》及《汉书》二家而已。"又在《二体》篇中说："然则班荀二体，角力争先，欲废其一，固亦难矣。后来作者，不出二途。"《史记》为通史，《汉书》断代，在六家中并论，这是可以的。但作为编纂体例，纪传创立者为司马迁而非班固，刘氏把《汉书》抬为纪传之祖，如果不是扬班抑马，则是识见有误，二者必居其一。刘知几在分论五体时，处处以《汉书》体例为标准，反过来范围司马迁，批评《史记》为例不纯。所以，在学术史上，刘知几是扬班抑马的代表，郑樵则针锋相对以为说。他在《通志总序》中说："自《春秋》之后，惟《史记》擅制作之规模，不幸班固非其人，遂失会通之旨，司马迁之门户自此衰矣。"又说："班固者，浮华之士也，全无学术，专事剽窃""迁之于固，如龙之于猪，奈何诸史弃迁而用固，刘知几之徒尊班而抑马。"郑樵肯定通史的会通精神，为纪传体创立者司马迁翻案，都无可非议。但他过分斥班，感情偏激，比刘知几走得还远，就不可取了。

纪传体，司马迁首创，班固因循，当然不能同日而语。但班固改纪传通史为断代史，也称得上是伟大的创造。如今人施丁在《马班异同三论》[①]一文中说："《史》开创于前，乃空前杰作，是古代史学的高峰；《汉》继于后，有所发展，对后世'正史'影响最大。"这个评价是公允的。首先，《汉书》断代的成功，提高了《史记》的学术地位。其次，《汉书》十志扩大了《史记》八书的内容，载史更为完备。再次，后世实践证明，纪传体更适宜于写断代史，而不适于写通史。仿司马迁作通史者有梁吴钧《通史》六百卷，魏元晖《科录》二百七十卷，以及郑樵《通志》中的纪传部分，都可说是一种失败。而效班固断代为史，均能成功。原因是纪传五体分别贯通，就会把同一时代的人和事分割悬隔。所以司马光用编年体作通史又获得了成功，创新了司马迁的会通精神。由此看来，通史和断代史，两种形式可以互为补充，并驾齐驱，谁也顶替不了谁。因此，《史记》《汉书》体例的异同，只可对照，不应扬此抑彼。清人章学诚发表了十分通达的评论。他说："史氏继《春秋》而有作，莫如马班；马则近于圆而神，班则近于方以智也。"章氏认为马班之书都是无愧于比肩《春秋》的良史，两书各具特色，"皆为纪传之祖"[②]，既肯定通史，又肯定断代史。

（3）风格异同。前人评论马班文章，认为两人都是大家，而风

---

① 收入《司马迁研究新论》，河南人民出版社1982年版。
② 《文史通义·书教下》。

格迥异。刘宋范晔说"迁文直而事核,固文赡而事详"①;南宋朱熹说"太史公书疏爽,班固书密塞"②;明凌约言说"子长之文豪,如老将用兵,纵骋不可羁,而自中于律;孟坚之文整,方之武事,其游奇布列不爽尺寸,而部勒雍容可观,殆有儒将之风焉",称赞马、班与左丘明、庄周诸大家之文"机轴变幻不同,然要皆文章之绝技也"③。

宋明评点家,经过深入研究,更多的人认为班固虽为大家,但比司马迁要逊色一筹。宋黄履翁说:司马迁之文"措辞深,寄兴远,抑扬去取,自成一家,如天马骏足,步骤不凡,不肯少就于笼络。彼孟坚摹规效矩,甘寄篱下,安敢望子长之风?"④明茅坤的评论最为深刻而中肯。首先,他称马、班皆"天授"之才,各领风骚,认为"《史记》以风神胜,而《汉书》以矩矱胜。惟其以风神胜,故其遒逸疏宕如餐霞,如啮雪,往往自眉睫之所及,而指次心思之所不及,令人读之,解颐不已;惟其以矩矱胜,故其规划布置,如绳引,如斧劚,亦往往于其复乱庞杂之间,而有以极其首尾节奏之密,令人读之,鲜不濯筋而洞髓者"⑤。这是对两人"文章绝技"不同风格的生动描绘,认为二者都是千年绝调,难分高下。其次,若定将马班分一个高下,茅坤认为班固难以比肩司马迁。他说,《史记》"指次古今,出风入骚,譬之韩、白提兵而战河山之间,当其壁垒、部曲、旌旗、钲鼓。左提右挈,中权后劲,起伏翱翔,倏忽变化,若一夫舞剑于曲斿之上,而无不如意者,西京以来,千古绝调也。即如班掾《汉书》,严密过之,而所当疏宕遒逸,令人读之,杳然神游于云幢羽衣之间,所可望而不

---

① 《后汉书》卷四〇《班固传》。
② 《朱子语类》卷一三四。
③ 《史记评林》引。
④ 《古今源流至论·别集》卷五。
⑤ 《汉书评林序》。

可捱者，予窃班掾犹不能登其堂而洞其窍也，而况其下者乎？"①

对马班文章风格高下，说得浅显易懂的，莫如《汉书评林》所引程伊川之言。他说：

> 子长著作，微情妙旨，寄之文字蹊径之外，孟坚之文，情旨尽露文字蹊径之中。读子长文，必越浮言者始得其志，超文字者乃解其宗，班氏文章亦称博雅，但一览无余，情词俱尽，此班马之分也。

马班文章风格，我们还可以作出具体的比较。微观的文字异同，亦可见出文章风格。班固好用古文奇字；司马迁好用俚语俗谚，将古文转译成汉代通语。班固改动《史记》字句，尽量删减虚字、语气词，使《汉书》文章有"典诰之风"。《史记》行文变化入神，《汉书》行文平铺直叙。司马迁好用重复语，用以增强文势和韵味，班固务求简严，一味删削。司马迁写人物对话，声口毕肖，个性鲜明，班固往往删节或简化为书面语。司马迁讥诮汉代帝王及汉儒，讲求讽刺艺术，班固为尊者讳，常常删去讽刺语言和细节描写，如《高帝纪》移植鸿门宴，基本是司马迁原文，但删去了其中几处显现人物风采的对话，又为刘邦讳删去鸿门宴上座次，因为这个座次有尊卑之分。像这样的例子很多，班固只是改动了字句，不仅降低了原作的思想性，而且使人物风神举止大为减色。茅坤说班固学习司马迁不能登堂入室，并未夸张。

施丁在《马班异同三论》中将《史记》《汉书》的历史文学作了宏观比较，认为"两者都注意写历史人物、战争、人情世故和历史环境，都有杰出的成就"，"相对说来，《史》文笔豪放、自然，用字大方、活

---

① 《史记钞·序》。

泼，文章富于变化，不拘一格，所以信笔写来，绘形绘色，非常生动，较为准确；《汉》文笔规整、朴质，用字节约、简雅，文章工致而少变化，讲究形式，所以写人稍欠生动，写事有点古板"。又说："司马迁是用画家的彩笔写历史，在描绘历史人物、战争和事理的特点和灵魂，通过一些具体的典型说明历史，因而在司马迁笔下，历史的长河在流动，史篇是活生生的历史；班固是用工细的墨笔写历史，用心计算历史的一般情况，通过一些具体内容说明历史，因而在班固笔下，历史的账单较为清楚，然少彩色，有格式化的倾向。"施丁的最后结论是："就历史散文来说，《汉》比《史》稍逊一筹。"这个评价，是符合实际的。

（4）思想异同。司马迁和班固都是汉朝史官，《史记》和《汉书》都以尊汉为主旨，宣扬汉家一统的威德，他们都是封建历史学家，这是相同点。有人说司马迁是"人民歌手"，这是不对的。但司马迁有异端思想，敢于突破愚忠思想的束缚，同情人民的苦难，鞭挞暴君污吏的丑恶，使《史记》融入了人民性的成分，班固则是较为保守的正统史学家，思想境界和史识不能与司马迁相提并论。西晋唯物主义哲学家、文学家傅玄论马班优劣就提出了这个问题。他说：

> 吾观班固《汉书》，论国体，则饰主阙而抑忠臣，救世教，则贵取容而贱直节，述时务，则谨辞章而略事实，非良史也。①

班固提出"史公三失"的批评，已公开宣言他与司马迁具有不同的思想境界。不过在整个封建社会，评论马班的思想异同，也局限在"史公三失"的圈子内，由于历史的局限，旧时代的学者谁也没有把这个

---

① 《傅子·补遗上》，见严可均辑《全晋文》。

问题说清楚。

比较马班思想异同，这是一个极富理论色彩的课题，所以真正的研究是新中国成立以来的当代，白寿彝和施丁两家的评论，最深入的地方正是评论马班的思想异同。

从上述马班异同的四个方面，就可以清楚地看出，由于《史记》《汉书》两书有过半篇幅的重叠，同以西汉王朝的历史为重心，两人都是大手笔，各自取得了辉煌的成就而并举，这些是产生马班异同的客观条件。两人由于思想意趣、文化渊源、历史背景种种不同，写出不同风格的作品，这是产生马班异同的主观条件。

我们再仔细分析和综合，马班异同的内容又可分为有形和无形两个方面。有形的异同产生于将《史记》《汉书》两书从内容到形式所作的比较，具体说是文字异同和体例异同。无形的异同指马班二人思想意趣和文章风格的异同。有形异同的比较，较为粗浅，似有终结，无形异同的比较，步步深入，永无了期。有形异同是无形异同的物质基础，无形异同是有形异同的升华，要通过一代又一代研究者的发掘才能探究底蕴。宋明人着重有形异同的研究，清代以来步步深入无形异同的研究，这是学术发展的必然，因此，不能以后人识见之精去讥笑前人识见之薄，这是我们今天评述马班异同应有的态度。

2. 马班异同的发展历史

大抵唐以前，论者主流是扬班抑马，宋明人评价马班抑扬相当；清人虽扬马抑班但俱称《史记》《汉书》为良史。今人评论，全面比较马班异同，总结二人史学的得失，显然比前人的论述更深刻，更具科学精神。分论于次。

（1）汉唐时期。班氏父子提出"史公三失"和批评司马迁编汉本纪于百王之末，就隐然含有《汉书》优于《史记》的意味。两汉时期统治者推尊《汉书》，冷落《史记》，这是一个政治问题。班氏父子的自诩与西汉时期的政治背景，事实上提出了马班优劣的问题，而且《汉书》被目为五经之亚，取得了国史独尊的地位。从学术上论马班优劣，最早的文献记载是王充的《论衡》。该书《超奇篇》云："班叔皮续《太史公书》百篇以上，记事详悉，义浅理备，观读之者以为甲，而太史公乙。""叔皮"，是班彪之字，王充以他代表班氏父子。"记事详悉，义浅理备"，这两句话是王充比较《史记》《汉书》两书后对《汉书》提出的评价内容，也就是《汉书》优于《史记》的论据。王充记载"观读之者"甲班乙马，说明当时风尚如此。

晋人已有扬马抑班之论。首发者为傅玄，已见前引。随后张辅将马班作比较评论，其言曰：

> 迁之著述，辞约而事举，叙三千年事，唯五十万言，班固叙二百年事，乃八十万言，烦省不同，不如迁一也。良史述事，善足以奖劝，恶足以监诫，人道之常。中流小事，亦无取焉，而班皆书之，不如二也。毁贬晁错，伤忠臣之道，不如三也。迁既造创，固又因循，难易益不同矣。又迁为苏秦、张仪、范雎、蔡泽作传，逞辞流离，亦足以明其大才。故述辩士则辞藻华靡，叙实录则隐核名检，此所以迁称良史也。①

张辅的优劣比较，实开宋人论班马异同之先河，方法无疑是正确的。张辅提出了四个方面的比较，即烦省、取材、史识、文采。但张辅没有作具体分析，着重点是文字烦省，流于形式比较，难以折服人心。因为文字多不一定就繁，就不善，文字省就一定是简，必然是佳。例如贾谊传，《史记》简《汉书》繁，从史的角度《汉书》收载贾谊治安

---

① 《晋书》卷六〇《张辅传》。

策于传中，洋洋数千言却是很有价值的文献。又如《汉书》的王莽传，作为汉史殿篇，写西汉衰败，王莽篡权，详赡有法，尽管有四万余字，可以说是二十四史中的第一大传，也是一篇佳传，不亚于史公之笔。另外，三千年与二百年，更是一种浮泛的比较，故刘知几驳云，"迁叙三千年事""唯汉兴七十余载而已""班氏《汉书》全取《史记》，仍去其《日者》《仓公》等传，以为其事烦芜，不足编次故也"。刘知几甚至断言："若使马迁易地而处，撰成《汉书》，将恐多言费辞，有逾班氏，安得以此而定其优劣邪！"①

刘知几反对以形式主义的繁省定优劣，这个意见是对的，但他从扬班抑马立场为说，反过来说史迁为文繁于班氏这就过了头。宋人王若虚承其余绪，走向极端，认为张辅立论大谬，论繁简"迁记事疏略而剩语甚多，固记事详备而删削精当。然则迁似简而实繁，固似繁而实简"②。这是意气用事，持理偏激，没有学术价值。

《史记》"三家注"唐代作者，司马贞对马班抑扬相当，张守节扬马抑班。

汉唐时期，也有持论公允的史家。如晋人袁宏在《后汉纪序》中说："夫史传之兴，所以通古今而笃名教也。……史迁剖判六家，建立十书，非徒记事而已，信足扶明义教，网罗治体，然未尽之。班固源流周赡，近乎通人之作，然因籍史迁，无所甄明。"袁宏肯定司马迁"通古今""网罗治体"，但详赡未尽；班固"源流周赡，近乎通人"，但"因籍史迁"，各有得失，难分伯仲。我们说袁宏评论公允，因为他是一种平心的分析，其说对后世有很大的影响。持论精神差不多与清人暗合，只是详赡不及罢了。

（2）宋明时期。马班异同，是宋明人研究《史记》的一个重要方

---

① 《史通》卷一六《杂说上》。
② 《滹南遗老集》卷一五《史记辨惑》。

面，它最大的成就是奠基了马班比较学，把晋人张辅的优劣论发展成为系统的异同比较，出现了《班马异同》与《史汉方驾》学术专著。这两部专著着重比较《史记》《汉书》的文字异同。此外，宋人苏洵、郑樵、王若虚、吕祖谦、朱熹、陈傅良、叶适、洪迈、魏了翁、黄履翁、杨万里，明人王鏊、茅坤、胡应麟、焦竑、黄淳耀、凌约言等人，从各个角度比较马班异同。大抵宋人着重书法、体例，明人着重文章风格。宋明人的评论，扬此抑彼，依然存在，如吕祖谦扬马抑班，朱熹扬班抑马。宋人更有偏激意见，王若虚极端扬班抑马，郑樵极端地扬马抑班，已如前引。但从总体上说，宋明人已将马班并提，杨万里与凌约言两人之言可为代表。杨万里以唐代诗人李杜比马班，他说："太白诗，仙翁剑客之语，杜陵诗，雅士骚人之词；比之文，太白则《史记》，少陵则《汉书》也。"[①] 凌约言以汉代齐名之将李广、程不识比马班。他说，"子长之才，豪而不羁，李广之射骑也；孟坚之才，赡而有体，程不识之部伍也"[②]。这种类比虽然不大确切，但肯定马班是齐名大才的意味却是明显的。

宋明人论马班的最高成就，应推《班马异同》与《史汉方驾》。

《班马异同》三十五卷，宋人倪思撰，刘辰翁所增评语与之合刻，则称《班马异同评》。本书比较《史记》《汉书》两书对应的篇目，考其字句异同，以观二书得失。本书的表述方法是一个创造。全书以《史记》原文为主干，用大字书写，《汉书》增加的文字用细笔小写，凡是被《汉书》删去的文字，就在其旁画一墨线标识，凡是《汉书》移动《史记》文字的地方，即注明《汉书》"上连某文，下连某文"。如某文被《汉书》移入其他纪传，即注明"《汉书》见某传"。倪思、刘辰翁的评语，一一列于眉端，十分醒目。《史记》《汉书》的同

---

① 《汉书评林》引。
② 《汉书评林》引。

异，一目了然，为研究品评提供了方便，其评语也引人深思。《班马异同评》从表述形式到评语内容，仍有甲马乙班的意味，但其说是建立在文字比较和审慎分析的基础上，是非的评判，比较端正，绝不信口雌黄和意气用事。如汉高祖本纪，《汉书》比《史记》多载若干诏令，于史有补，评语发问明其义，云："《汉书》精神全在收拾诸诏，不知子长何故放佚？又不知班氏何从得之？"《史记·高祖本纪》赞语从历史的发展角度，肯定"汉兴，承敝易变，使人不倦，得天统矣"，重心是说汉兴符合人心的变化，天命论色彩浅淡。如清牛运震评论说："赞语在更制宜民上立论，以见高祖能变秦苛法，得天之统，所以能绍三代也，真知大体得要领者。"此说就强调司马迁赞语谓汉兴重在人心而不是天命。[①]《汉书·高帝纪》赞语，强调"汉承尧运""协于火德"而"得天统矣"，天命论的意味显然浓重，班固史识不及司马迁。故评语云："班氏述刘氏承尧，愈疏，以下取周书语、刘向颂，徒成曲说。以此得天统，与儿童无异。"语气虽然有些轻蔑，道理却是不错。

《班马异同》局限于《史记》《汉书》对应篇目的文字比较，宏观把握不足，仍然是一种比较粗浅的比较，而且所考亦不周全，如《史记》之《孝文》《孝景》二纪，《天官》《封禅》《河渠》《平准》四书，《贾谊》《黥布》《韩王信》《东越》《西南夷》《儒林》《大宛》等十五传及《太史公自序》，均与《汉书》有异同而失考。虽然如此，《史记》《汉书》异同，文字比较是基础工作，倪思发其端，独立成专著，刘辰翁评，共创了马班异同比较学，为《史记》研究开拓了一个新领域，把马班优劣论大大向前推进了一步，故其价值不容低估。

《史汉方驾》，明人许相卿著，主要贡献是改进《班马异同》的体例。是书将《史记》《汉书》相同的文字直书行中，不同者分行夹注；

[①]《史记评注》卷二。

凡《史记》有而《汉书》无者，列于右；凡《汉书》有而《史记》无者，列于左。条理更为清晰，形成《史记》《汉书》并列，故题为《史汉方驾》。评语不再书于眉端，而移附于正文之旁，如同批点，表现了明人习气。

（3）清人评论马班异同。清人研究马班异同的专书有杨于果《史汉笺论》、杨琪光《史汉求是》。发表专题评论的有蒋中和、徐乾学、沈德潜、浦起龙、朱仕琇、邱逢年、熊士鹏、汪之昌等人。间接论及的有钱谦益、顾炎武、全祖望、牛运震、王鸣盛、赵翼、章学诚、陆继辂、王筠、沈家本等人。许多都是一代通人，又在复兴汉学的背景下评论马班异同，因而学术性强，取得的成就为最大。

首先，对前人的评论得失作了批判继承。如徐乾学肯定宋明人的成绩。他说："宋倪思为《班马异同》一书，标其字句而胪列焉，刘辰翁加以论断；至有明许相卿，本其意作《史汉方驾》，为之衡量而调剂其言，皆有条理，粲然备矣。"[①] 同时又指出宋明人的局限。如钱谦益批评《班马异同》"寻扯字句，此儿童学究之见耳"[②]。沈德潜、浦起龙、邱逢年等人对刘知几的右班和郑樵斥班的苛刻都提出了批评。沈德潜说："愚平心以求之，有马之胜于班者，有班与马各成其是者，有班之胜于马者。"[③] 清人鉴于以往抑彼扬此之失，以平心求实的精神审视马班，起点就高于前人。

其次，清人承认马优于班，而马班俱为良史。浦起龙说："从来称良史者莫如马，其次莫如班。"[④] 朱仕琇说："二氏皆博通古今而善缀

---

① 《憺园文集》卷一五《班马异同辨》。
② 《牧斋有学集》卷三八《再答苍略书》。
③ 《归愚文续》卷三《史汉异同得失辨》。
④ 《酿蜜集》卷二《班马异同》。

文，其断人事臧否，喜称孔孟，故其书世称良史。"①沈德潜、王鸣盛等人都并称马班为良史。徐乾学又进一步对良史作出定义式的评述，不在繁省而在体例、义蕴、事核、辞达及采择等方面。他说："史之为书，体闳而义密，事核而辞达，采之博而择之精，如是之谓良史，不系乎文与质，繁与简也。"并认为马班二氏均是"作史之模范"②。

再次，提出了比较马班异同的标准。钱谦益从史法、方法的角度，认为"读班、马之书，辩论其同，当知其大段落、大关键，来龙何处，结局何处"，"又当知太史公所以上下五千年纵横独绝者在何处，班孟坚所以整齐《史记》之文而瞠乎其后不可几及者又在何处"③。既从文章的表达结构，又从史识思想去辨识马班之书，显然超越宋明人的形式比较和认识境界。其后蒋中和的评论，又有深入。他说，"理有是非，论有异同。是焉，或同或异皆可也；非焉，或同或异皆不可也。奈何论马班徒论异同哉？虽然异同中亦未尝无是非焉"④。这是说，论异同要合是非、优劣、得失综合考察，不仅论异同，更要论是非。再后，熊士鹏的评论，又前进了一步。他比较《史记》《汉书》，作了具体分析，认为马书隐而彰，班书详而核，马书直而宽，班书赡可为戒。抓住两书的精神和传世价值，"则此外异同得失之迹，虽不论焉可矣"⑤。熊氏之意，旨在揭明异同比较的意义是领会马班之书的价值，不能陷入为比较而比较的死胡同。这见解是十分深刻的。

清人评论马班异同，既有宏观的概括，又有微观的分析，在论其是非、优劣、得失之时，都有理有据，结论从分析中出，切中肯要。

---

① 《梅崖居士文集·班马异同辨》。
② 《悫园文集》卷一五《班马异同辨》。
③ 《牧斋有学集》卷三八《再答苍略书》。
④ 《眉三子半农斋集》卷二《马班异同论》。
⑤ 《鹄山小隐文集》卷二《班马异同论》。

对马班的认识，可以用邱逢年与章学诚两人的话作总结。邱逢年说，"故夫甲班乙马，与夫甲马乙班之已甚，皆非平心之论也。然则二史无所为优劣乎？又非是。分而观之，各有得失互见，合而观之，量其得失之多少，吾知其得之多者必在班"[1]。章学诚概括马书特点"圆而神"，班书特点"方以智"，已见前引。千年以来马班异同的是非得失争论尽括于此六字之中，语言之精，摹写之妙，识见之高，皆出前人之右。

（4）近现代人评论马班异同。近人梁启超、刘咸炘、吕思勉、朱自清、郑鹤声等人，评论马班异同，亦有发明，但没有重大突破，姑置不论。研究马班异同作出系统的理论概括，取得较大突破者，应推今人白寿彝与施丁两人的长篇论文，以及徐朔方的《史汉论稿》。白文《司马迁与班固》比较马班史识，认为两者不能并举，很有见地。下面重点谈施丁的《马班异同三论》。

施丁的《马班异同三论》，前已有引述。该文长达十二万言，可视为一部专论。施文从历史编纂、史学思想、历史文学三个方面比较马班异同，既作宏观比较，又作细微分析，充分会综前人论述成果，又冷静提出新的思维，是迄今为止马班异同研究最系统最全面最有分量的一部力作。历史编纂，按纪、表、书志、世家、列传分体比较；史学思想，按历史思想、政治思想、经济思想、社会思想、学术思想五个方面作详细比较；历史文学，分为写人物、写战争、写人情世故、写历史环境四个方面作比较。大问题下又分细目。施文的结论，认为马班之同，"在写史的体例、记述的内容和手法等方面有很多相似处，都在史学上作出了杰出的贡献"。认为马班之异，"在历史编纂方面，马《史》通古今之变，是纪传体通史，有创新也有缺陷，可谓'体圆

---

[1] 《史记阐要·班马优劣》。

用神',班《汉》记一代兴亡,是纪传体断代史,体制完整有方,可谓'体方用智';在史学思想方面,马《史》具有朴素唯物主义、反对专制主义、向往百家争鸣的倾向,'成一家之言',有异端思想,班《汉》突出唯心主义,卫护专制主义,支持独尊儒术,尽心于'圣人之教',是正宗思想;在历史文学方面,马《史》绘形绘色,生动传神,较为准确,班《汉》朴质规整,字简句省,较为刻板"。所以"笼统而言,马班都有长短,都有民主性精华及封建性糟粕;如果对比言之,马的民主性精华突出一些,班的封建性糟粕明显一些"。

施文还认为马班之异,着重在思想分野,"就思想而言,不能不说马高班低",并从历史背景、家学渊源、两人生活经历与政治态度等方面分析了两者之异,理据充分,具有深刻的见解。

徐朔方的《史汉论稿》也别开生面,是今人的一部论马班异同的专书。该书分为上下两编。上编着重比较《史记》《汉书》两书异同的史料价值,结合具体的人或事发表评论。下编着重文字异同比较。徐氏对班书评价甚高。他的结论是,"作为文学,《汉书》比《史记》逊色;作为史学,《汉书》对《史记》有所发展"[①]。这个总体结论是恰如其分的。

总之,马班异同从厚此薄彼的评论发端,到全面比较《史记》《汉书》两书的文字、体例、风格、思想,以及史法、文法等丰富内容,成了一门传统的比较学,在中国学术史上几乎是独一无二的。诗人李杜、散文韩柳这类并提的事例很多,但未形成全面的比较学。由此可见,马班并提的意义和影响。从清人以来,论者在主观上尽量避免厚此薄彼,而最后结论仍是马优于班,这是全面比较所得出的公允结论,不当以厚此薄彼论,故理据充分,大大推动了马班异同比较学的深入

---

① 《史汉论稿》,江苏古籍出版社1984年版。

发展，从而使《史记》研究的这一课题成了专门学问。

第五节　中国台湾地区的《史记》研究

　　中国台湾地区的《史记》研究，自 1950 年以来至 20 世纪末，经历了半个世纪持续不断的发展，每年都有新出的论文和专著。据不完全统计，大约发表论文 400 多篇，出版专著 100 余部，这一成绩是很可观的，它说明了台湾地区学者的辛勤耕耘。台湾地区的《史记》研究队伍，也具有老中青齐头并进的特色。老一辈专家如徐文珊、王叔岷、钱穆、施之勉、张森楷、劳干等人是一批知名专家。中青年学者大都是 20 世纪 70 年代以后崛起的新秀，如《史记导论》的作者田博元、《史记解题》和《史汉关系》的作者吴福助、《司马迁之学术思想》的作者赖明德、《史记论赞研究》的作者施人豪、《司马迁的世界》的作者郑樑生，20 世纪末活跃于台湾地区学术界的阮芝生等，他们已成为台湾地区《史记》研究的骨干力量。老一辈学者长于考证、校勘，中青年新秀注意引进西方的一些理论，从新的视角重新评价《史记》，涉及了一些前人和大陆学者研究较少的问题，提出了一些新颖独到的见解。台湾地区，老中青《史记》研究学者都十分活跃，水平也较高，普及的工作很出色，专题的工作很深入，这是值得重视的。

　　对《史记》开展白话今注今译、导读评介、选读精粹、新编故事、在大学开设专题课等，都属于不同层次的普及工作，台湾地区的老中青学者都投入了很大的力量，取得的成绩十分显著，出版了不少有分量的专著。《史记今注》有马持盈与劳干、屈万里两家，《白话史记》有六十教授合译本。此外，杨家骆的《史记今释》、徐文珊的《史记评介》、李永炽的《历史的长城——史记》、郑樑生的《史记的故事》、周虎林的《司马迁与其史学》以及国学丛书本《史记精华》等，都是在台湾地区影响较大的读物。六十教授合译的《白话史记》和马持盈的《史记今注》流传内地，颇受学人注目。尤其是《白话史记》成为古典今译畅销书。台湾地区学者的普及工作带有自觉性和计划性，他们的目的就是要在台湾地区兴起文化复兴运动，让《史记》这样的优秀名著深入人心，家喻户晓，人人能读，个个能讲。如马持盈在《史记今注》的说明中，开宗明义地提出，他今注的目的就是"辅导读者能够轻松愉快地阅读《史记》，并进而引起其研究中国文化的兴趣，加强其宣扬中华文化的能力"。《白话史记》的凡例也说："本书编译的目的在于求《史记》的普及化，适用于一般有基本文史知识的大众。"又说："希望透过本书，有更多人有兴趣及能力研究《史记》原文，进而研究其他中国古籍。"这些都鲜明地揭示了作者普及祖国文化精品的自觉性。1967年7月28日，台湾地区成立了中华文化复兴运动推行委员会，在该委员会的倡导和组织下，大量的古籍被重新注释或翻译。台湾地区的《史记》研究成果，也正是在这种弘扬中国文化的浓厚氛围中出现的。

台湾地区学者在大力普及《史记》的同时，在专题研究方面下的功夫很深，高水平的学术论文及学术论著不断涌现。综括言之，有以下几个特点，值得借鉴和注目。

其一，注重考证，功力厚实。台湾地区学者在考订《史记》方面的成果较多，如赵澄的《史记版本》，钱穆的《史记地名考》，张森楷的《史记新校注》，海屏的《史记的补续与改窜问题》，曲颖生的《史记八书存亡真伪疏辨》，高葆光的《史记终止时期及伪篇考》，李崇远的《史记篇例考述》，陈槃的《读史记世家缀录》，阮芝生的《太史公怎样搜集和处理资料》，庞德新的《从考古资料看史记的几个问题》，吴福助的《汉书袭录史记考》，胡韫玉的《史记汉书用字考证》，等等，都是各自在某一专题上用功取得建树的论著。对《史记》全书的文字、史实做校勘、考订取得突出贡献的应推王叔岷的《史记斠证》，它对《史记》全书逐篇做证，主要内容有五个方面。①字句整理。下分证成旧说、补充旧说、修正旧说、审定旧说、新出己见五目。②史实探源。下分史实来源、史实补充、史实参证三目。③陈言佐证。主要是考证《史记》中的引文出处。④佚文辑录。下分可补入正文者、可补入注文者、无从附丽者三目。⑤旧注斠补。下分字句整理、位置审定、立说所本、佚注拾补四目。从斠证的立目内容来看，体系博大。全书以作者创见为主，前人时贤之说与斠证无关系者，概不录引，重点突出。本书在台湾地区学术界享誉很高。刘本栋在《六十年来之史记研究》一文中评论说："是书引证博赡，考辨精审。每一疑义，必求其至当而后已，使史公二千年来不白之旨，昭然涣然。可谓不仅有功史学，抑且嘉惠士林矣！"

《史记会注考证订补》，是施之勉订正日本泷川资言《史记会注考证》的一部力作。泷川氏之书是《史记》三家注问世一千余年后又一次集大成的集注专书，功绩不可泯没。但以一人之力搜采千余年来中日两国的学术成果，不是一件容易的事。所以错误和缺漏不可避免。该书问世后，受到我国多位学者的驳正。计有：鲁实先《史记会注考证驳议》，程金造《论泷川资言的会注考证》，钱锺书《管锥编》中有读《史记会注考证》五十八则，钱穆有《评日人泷川龟太郎史记会注考证》，张以仁有《读史记会注考证札记》等。施之勉的《订补》对泷川氏之书做了全面系统的补苴匡正，用力之勤非他书可比，因此，在台湾地区学术界也博得很高的声誉。

其二，对司马迁的学术思想做了广泛的探讨，挖掘较深。台湾地区学者不仅在《史记》的微观研究考证方面的功力厚实，而且在宏观思想方面的研究也卓有成就，涉及的范围也很广泛。如黄俊郎的《司马迁撰写史记的动机》、林宗霖的《司马迁创作史记的历程及其评价》，以及阮芝生的《试论司马迁所说的"究天人之际"》和《试论司马迁所说的"通古今之变"》，着重探讨了司马迁的作史动机和目的；阮芝生的《司马迁的史学方法与历史思想》、施人豪的《史记论赞研究》，分别从历史编纂学和"论赞"角度分析了司马迁的史学思想；邓璞磊的《司马迁政治思想之研究》评述了司马迁的政治思想；孔庆宗的《史记货殖列传在我国古代经济思想上的价值》，评价了司马迁进步的经济思想；周虎林的《司马迁的儒家思想》、洪安全的《孔子之春秋与司马迁之史记》、王基伦的《孟子与史记之关系》，比较深入地探讨了孔孟对司马迁的思想影响；惠敏的《司马迁对儒道二家思想之融合》，指出司马迁受儒、道两家思想影响很深；陈乃鼐的《史记历书历术甲子篇理论之研究》肯定了司马迁在历法学上的贡献。如此等等，不胜枚举。有关司马迁和《史记》中的所有问题，都有论文探讨，说明了台湾地区学者的思路是开阔的。同时还出版了对司马迁思想研究挖掘较深的学术专著。赖明德的《司马迁之学术思想》就是一部代表作。

《司马迁之学术思想》全书十章，四十余万言，是一部恢宏大论。该书对司马迁生长的时代和社会，司马迁的读书游历和师友，司马迁撰写《史记》的心理背景，司马迁的经学，司马迁的史学，司马迁的诸子之学，司马迁的文学，司马迁的历学，司马迁的政治、经济、社会思想等，都做了深入的评述。特别值得称赞的是，作者把司马迁置于广阔的大一统西汉社会和学术发展的背景之中，评论司马迁的学术思想，做到言之有理，持之有故，很有说服力。全书议论风发，新见迭出，语言流畅，文笔生动，有很强的可读性，在台湾地区成为畅销书。

其三，比较研究，细致深入。台湾地区学者好做比较研究，对照互证，议论纵横。例如马班比较，就是一个台湾地区学者颇感兴趣的课题。吴福助的《史汉关系》和《史汉体例比较》、刘安立的《从史记汉书儒林传比较司马迁及班固的思想》、徐复观的《史汉比较研究之一例》等论文，从不同角度比较马班异同，提出了新看法，分析十分细腻。例如《史汉比较研究之一例》长达六万言，分九个专题论证，对《史》《汉》两书的体例和文字一一列目比较，使人们在全面比较中清晰地看出马、班不同的旨趣和不同的风格。例如作者对《史》《汉》文字之比较，结论是：史公的文字疏朗跌宕，富于变化，文句的组成较为圆满，篇章的结构线索分明，照应周密。而班氏的文体较为质重简朴，缺少变化，结构的线索不甚分明，文字较《史记》为古奥。在叙事上，史公较精确而能尽量保存历史形象生动的原貌；而班氏渐流于空洞，对人物的描述渐流于抽象化。但《汉书》中有的传也写得很绵密。由于作者的分析是建立在翔实的比较基础上，故较为平实、中肯。

台湾地区学者的《史记》研究，硕果累累，非常丰富。由于历史原因，海峡两岸长期隔绝，介绍到大陆来的《史记》研究成果十分有限，上述介绍不免挂一漏万，不足以反映台湾地区《史记》研究的全貌。可喜的是随着改革开放的深入，海峡两岸的学术交流也已逐渐展开。我们深信，在不远的将来，这种交流将会进一步加强。海峡两岸学者携手齐进，一定会把《史记》的研究推向一个新阶段。

第六节　《史记》在海外的流传[①]

司马迁的《史记》，不但是中华民族的宝贵文化遗产，而且是具

[①] 此节文字，主要依据张新科、俞樟华所著《史记研究史略》中第九章《国外〈史记〉研究概述》。三秦出版社1990年版。

有世界意义的历史学上的伟大成就。司马迁不仅是中国史学之父，也是世界古代最伟大的历史学家之一。司马迁的成就可以与世界上任何一个史学家相比而毫无愧色。所以，《史记》流传到国外以后，就引起了国际汉学家们的广泛兴趣，研究者日益增多，还出现了一批《史记》研究的专家，像日本、朝鲜、越南、俄国、法国、德国、波兰、美国等国家的《史记》研究，都取得了一定成就，其中尤以日本为最。可是由于种种原因，我们对国外《史记》研究的成果了解甚少，这里所介绍的，只是我们所知所见的一部分，疏漏之处在所难免，只图起到由此可见一斑的作用。

《史记》是什么时候流传到国外的？具体时间已难以稽考。据史书记载，大约在魏晋南北朝时就已传播到海外了。据唐初李延寿所撰《北史》卷九四《高丽传》记载，唐以前"三史"已传到高丽。又《旧唐书·高丽传》说，高丽"俗爱书籍"，"其书有《五经》，及《史记》、《汉书》、范晔《后汉书》、《三国志》、孙盛《晋阳秋》、《玉篇》、《字统》、《字林》，又有《文选》，尤爱重之"。这就具体地说明了《史记》《汉书》等史籍传到高丽，并受到爱重的情况。所谓高丽，即是今天的朝鲜和韩国。朝鲜半岛人民至今仍然保留着雅爱《史记》的热情。据韩国《出版杂志》1988年2月5日号介绍，韩国汉城大学人文科学研究所出版了《史记》的抄译本，作为《大学古典丛书》中的一卷。把《史记》作为大学生的基本阅读书，这在国外还是不多见。这个抄译本为了最大限度地反映原作的意图和便于本国读者的阅读理解，编译者李成对《史记》的结构和叙述方式做了阐释，又对《史记》的序例做了新的编排。如译本第一编的"序部"，由反映司马迁著述动机和基本立场的《太史公自序》，以及相当于列传序的《伯夷列传》组成。第二编"秦朝兴亡"，重点叙述战国时代以后从秦朝建立到灭亡的政治过程。为了超越政治兴衰过程和王朝的秩序，重视社会和文化的发展等问题，该书的第三编设立了"古代的社会和文化"一目。这部分编排比较合理，既基本体现了《史记》的特色，又适合韩国读者的阅读习惯，对帮助韩国人民了解《史记》这部历史巨著，无疑起了积极作用。另据资料，自20世纪60年代中期至1994年，韩国出版韩文《史记》翻译本十余种；从1971年至1994年，韩国发表研究《史记》论文二十六篇，专著四部，硕士学位论文五篇，涉及司马迁思想、《史记》文学成就、《史记》与《汉书》比较研究等领域的问题。[①] 李成、朴宰雨、洪淳昶、李寅浩等先生都在《史记》研究方面取得了丰硕成果。

关于《史记》传入日本的时间，日本史学界有两种说法：其一，池田四郎次郎先生在《史记研究书目解题·关于史记在我邦的价值》中谈道："司马迁之《史记》传至我邦是何朝之事，尚不明白。"其二，野口定男先生在《读史记》中指出："《史记》传至我国，据说为派遣隋使和遣唐使所致。"据我国覃启勋同志考证，《史记》是在公元600年至604年之间由第一批遣隋使始传日本的"，明清之际"是《史记》东传日本的黄金时代"[②]。《史记》传入日本后，很受重视，阅读者很多。据《正斋书籍考》《三代实录》《日本纪略》以及《扶桑略记》日本史书记载，推古以降，历代天皇都有攻读《史记》的风气，以明治天皇为例，就特别爱读《史记》。比如明治十年，他在东京的住所中，凡逢二、七的日子，专学《史记》，所用课本为鹤牧版之《史记评林》。此外，为了培养大批了解外国的政治人才，日本朝廷曾将数百"传生"组织起来专攻《史记》等"三史"，与此同时，日本皇室还经常将《史记》作为赐品赐给府库，以供政府文武官员学习研究，到了奈良、平安时代，《史记》还被正式列为宫廷教科书，甚至僧侣也读《史记》，

---

① 〔韩〕诸海星：《史记在韩国的译介与研究》，载袁仲一等主编《司马迁与史记论集》，陕西人民出版社1996年版。
② 《史记在日本》，《文史知识》1988年第12期。

这都具体说明，日本朝野对《史记》这部著作都是非常欣赏爱好的。

在日本，读《史记》者众，研究《史记》的人也不少，已经形成一支实力强大的《史记》专门研究队伍。据初步统计，仅现代而言，日本颇有影响的《史记》研究专家就有泷川资言、水泽利忠、宫崎市定、野口定男、加地伸行、池田四郎次郎、池田英雄、伊藤德男、藤田胜久等一百二十多人。仅研究专著和译著就多达六百八十多种，至于单篇论文就更多了。

日本学者对司马迁的文史成就的评价也很高。如冈本监辅说："《史记》上补六经之遗，下开百史之法，具体莫不兼该，其文章变幻飘逸，独步千古。"[①] 对《史记》的史学成就和文学成就做了总的肯定。日本另一位学者斋藤正谦则把《史记》比为"群玉圃""连城之宝""绝佳"之作，极力推崇司马迁写人能写谁像谁、风姿如生的表现艺术，说："子长同叙智者，子房有子房风姿，陈平有陈平风姿；同叙勇者，廉颇有廉颇面目，樊哙有樊哙面目；同叙刺客，豫让之与专诸，聂政之与荆轲，才出一语，乃觉口气各不同。《高祖本纪》见宽仁之气动于纸上，《项羽本纪》觉喑噁叱咤来薄人。读一部《史记》，如直接当时人，亲睹其事，亲闻其语，使人乍喜乍愕，乍惧乍泣，不能自止。是子长叙事入神处。"[②] 司马迁在《史记》中写了数百个人物，主要人物几乎个个生辉，人人出色，具有非常强烈的艺术感染力，所以他的人物传记不仅受到古往今来的中国学者的交口称赞，而且赢得了国际声誉。斋藤正谦这段精湛的评论，说明日本学者也从《史记》的人物描写中获得了无限美妙感人的艺术享受。

司马迁作为我国古代一位良史，他的史才和史识都是十分卓越的，对此，日本学者也有清楚的认识和很高的评价。如长野确说："修史

---

① 〔日〕冈本监辅：《补标史记评林·序》。
② 〔日〕泷川资言：《史记会注考证·史记文章》。

者，知记历代事实及文物制度，固不足以为史矣。故修史之难，在不失其时世之本色，使千载之下读者如身在其时，亲见其事也。司马子长作《史记》，自黄帝迄汉武，上下三千余年，论著才五十余万言，而三代之时，自是三代之时，春秋战国之时，自是春秋战国之时，下至秦汉之际，又是别样。时人之气象好尚，各时不同。使读者想见其时代人品，是所以为良史也。"[1] 从这些评论可以知道，司马迁作为千古良史，受到了古今中外学者的一致好评，司马迁在世界历史上的崇高地位，已经得到公认。

　　日本学者对《史记》研究的最大贡献，是资料整理。日本对《史记》资料的整理，可分为两类：一类是书目解题性的；一类是汇注汇评性的。前者的代表作是池田四郎次郎的《史记研究书目解题》，后者的代表作是泷川资言的《史记会注考证》和有井范平的《补标史记评林》。

　　池田四郎次郎的《史记研究书目解题》，1978年10月由日本明德出版社出版发行。该书分版本、总说、校订注释、校勘、文字、音韵、文评、佳句、名言、史汉异同、太史公年谱、地理、国字解、稗史、史记研究关联图书等十几类，对六百多种《史记》研究的有关著作作了提要介绍，其中有《史记》三家注、王若虚的《史记辨惑》、凌稚隆的《史记评林》、钱大昕的《史记考异》、赵翼的《史记札记》、牛运震的《史记评注》、吴见思的《史记论文》、梁玉绳的《史记志疑》等《史记》研究名著；也有中国科学院历史研究所编的《史记研究的资料和论文索引》、哈佛燕京学社编的《史记及注释综合引得》、钟华编的《史记人名索引》、贺次君编的《史记书录》等《史记》研究工具书；还有像刘知几的《史通》、黄震的《黄氏日钞》、顾炎武的《日知录》、章学诚的《文史通义》、梁启超的《中国历史研究法》及《要籍

---

[1]〔日〕泷川资言：《史记会注考证·史记文章》。

解题及其读法》等和《史记》研究有关的专著,都包罗已尽,其规模之宏大,体例之专精,涉猎之广博,收罗之殷富,远远超过了我国同类著作,价值极高。这对日本学者了解我国一千多年来的《史记》研究的基本成就和发展变化,是一部极为有用的工具书。

这部解题书,对于我们了解日本学者的《史记》研究成果也有很大的帮助。该书著录日本学者的《史记》研究著作共一百九十多部,这个数字是非常可观的,说明了日本学术界对《史记》研究的极大重视。从其内容和形式看,也很丰富多彩:有以选读为主的,如安滕定格的《史记读本》、田中庆太郎的《史记读书》及《幻云史记钞》等;有以辨误为主的,如恩田维周的《史记辨疑》、古贺煜的《史记匡谬》等;有以辑遗为主的,如水泽利忠的《邹诞生史记音佚文拾遗》《刘伯庄史记音义佚文拾遗》《陆善经史记注佚文拾遗》等;有以考证为主的,如龟井昱的《史记考》、大岛贽川的《史记考异》、冈本保孝的《史记考文》、泷川资言的《史记会注考证》、水泽利忠的《史记会注考证校补》等;有以评论为主的,如三岛毅的《史记论赞段解》、森田益的《太史公叙赞蠡测》、小仓芳彦的《史记私议》、竹内照夫的《司马迁史记入门》等;还有以翻译为主的,如塚本哲三的《对译史记》、加滕与公田合著的《译注史记列传》、小竹文夫的《现代语译史记》等;此外还有以研究版本为主的,如冈本保孝的《史记传本考》、池田四郎次郎的《史记的版本和参考书》、水泽利忠的《史记古本考》等。琳琅满目,涉及的方面既多且广,可惜这些著作绝大部分都没有被介绍到国内来,我们无法评价这些著作,这是很遗憾的。

日本对《史记》研究资料的整理,成就最著、影响最大的是泷川资言编撰的《史记会注考证》。此书从大正二年开始编纂,到昭和九年完成出版,前后经历了二十二年时间。作者广采博搜,用力至勤,汇集了日人及我国学者对《史记》的各家注释计一百多种,并加以考释,成此巨著。除正文注释以外，该书还在书前书后附列了一系列重要材料。如书前附有司马贞《史记索隐序》《史记索隐后序》和《三皇本纪》，以及张守节的《史记正义序》《史记正义论例》，裴骃的《史记集解序》，书后附有《史记总论》，包括太史公事历、太史公年谱、《史记》资料、《史记》名称、《史记》记事、《史记》体制、《史记》钞本刊本、《史记》文章、《史记》残缺、《史记》附益、《史记》流传、《史记》集解索隐正义、《史记》正义佚存、司马贞张守节事历、《史记》考证引用书目举要等十五个方面的内容，差不多涉及了《史记》研究的所有重要方面。这是一部集前人时贤《史记》注释考证之大成的书，该书出版后，被日本学术界誉为空前之作，在我国也有很大影响，直到今天，在新的《史记》会注会评本出现以前，泷川之书仍然是《史记》研究者案头必备的有用之书。

日本还有一部重要的资料书，是有井范平的《补标史记评林》。泷川之书以会注考证为主，有井范平之书以汇集前人评论为主。两书各有所长，可以互相补充，相得益彰。通过这两部书，日本人民对我国历代《史记》的研究的基本成就，可以有一个概括的理解，所以泷川资言和有井范平的介绍之功，首先应该肯定。

《补标史记评林》的底本，是我国明代学者凌稚隆的《史记评林》。《史记评林》汇集了从晋代至明代的近一百五十人的《史记》评论，引用书目达一百四十余种，几乎将明以前评论《史记》的零散文章都搜集在一起了，为读者的阅读和研究提供了大量的有用的资料。所以该书在明清以来备受《史记》爱好者的欢迎。《史记评林》刊刻后，对其未备之处，李光缙又做了增补，使原书的内容更加丰富。但是历代评论《史记》的文章实在太多了，凌稚隆、李光缙的搜集还是不够完备。《史记评林》传到日本后，有井范平就在凌、李的基础上，"订正谬误，其评论未备者，折衷于古今诸家，间以己见补之，命曰《补标史记评林》"[1]。《补标》成书于 1884 年 6 月，时值清光绪十年，因其书成于清代，所以有井范平除了补充了凌氏未收的明人的《史记》评论文章，还补充了清人的评论，以及自己的评语。清人的《史记》评论文章远远多于明代，但有井范平所补充的内容，侧重于评论《史记》文章的艺术性方面，所以他对清初吴见思的以论《史记》艺术美为主的《史记论文》特别推崇，将其评论大量收录在《补标》一书中。他自己所作的许多按语，也主要是论《史记》文章的艺术成就的。如评论司马迁写项羽、高祖这两个人物说："《项羽纪》奔腾澎湃，《高祖纪》汪洋广阔，笔仗不同，各肖其人，可谓文章有神矣。"又说："史公作传，每一人用一种笔仗，至苏（秦）、张（仪）二传，笔仗相配，基调又相合。苏传有苏代附传，张传有陈轸等附传，是笔仗相配也。二传纵横变化，极写精神态度者，亦相似，是机调相合也。盖史公胸中早知以苏、张为反复一流之人也。"这些评论都指出司马迁写人笔法的灵活多变，是很恰当的[2]。

这里还值得一提的是，日本学者池田英雄著《史记学五十年》一书，明德出版社 1995 年出版，详细介绍 1945—1995 年日本《史记》研究情况，并与中国的《史记》研究进行对比分析，是了解日、中两国《史记》研究史的重要著作。

在国外《史记》研究中，苏联人民也很重视司马迁和《史记》。1955 年 12 月 22 日，苏联的东方学家、高等学校的教师和研究中国历史、语言、文学的青年学生等，在莫斯科举行晚会，纪念伟大的文学和史学家司马迁诞辰 2100 周年。会后，雅·沃斯科波依尼科夫写了一则消息，发表在 1955 年 12 月 27 日的《光明日报》上。从这篇报道，我们可以了解苏联学者对司马迁和《史记》的重视与评价。文章

---

[1] 《补标史记评林·序》。

[2] 关于日本《史记》研究情况，可参阅张新科、俞樟华《日本〈史记〉研究概述》一文，载《中国史研究动态》1990 年第 1 期。

说：" 主持晚会的是苏联科学院通讯院士古别尔，他在简短的开幕词中称司马迁是中国的第一个历史学家、最伟大的文学艺术家和古代中国的一位卓越学者和《史记》的编辑者"，"历史学硕士图曼在会上对司马迁的生活和活动作了一篇很长的和富有内容的报告。他指出了司马迁对中国文化宝库的伟大贡献，他又着重指出了中国人民的这个伟大儿子的著作为中国人民带来了光荣，并且使他的祖国永远地扬名于国外。图曼说，司马迁真正应当在大家公认的世界科学和文化泰斗中占有重要的地位"。除朝鲜、日本、苏联以外，世界其他各国对司马迁的《史记》也有程度不同的重视。在法国，汉学家沙畹曾把《史记》从《五帝本纪》到《孔子世家》这些篇单译成法文，并加以注释，这在法国是个有一定影响的《史记》读本。前几年，法国巴黎还成立了《史记》研究中心，这是国际上第一个专门的《史记》研究机构，它对法国汉学家们研究《史记》，起了很好的组织推动作用。在美国，汉学家瓦特逊著有《司马迁传》，罗切斯特大学魏汉明教授正在选译《史记》，并已完成了《史记·五帝本纪》，他准备通过他的教学和翻译，向青年学生介绍司马迁，介绍《史记》。还有威斯康星大学教授郑再发、倪豪士等人也正在进行《史记》翻译工作，据说倪豪士已完成了《史记》的全本翻译。还有像英、德汉学家也翻译了《史记》中的一些名篇，1979 年，我国外文出版社出版的英文版《史记选》，也为外国朋友阅读《史记》提供了方便。

第十四章　《史记》版本

《史记》流传两千多年以来，影响很大，历代抄本、刻本以及近代活字本，十分繁多。但是流传下来的古代善本并不多，唐以前抄本仅有少许残卷。《史记》刻本始于北宋，有"三家注"单刻本，南宋始有合刻本，嗣后又有新刻本。有的侧重文字训释，有的侧重文章评论。贺次君撰《史记书录》，著录《史记》版本六十四种，这是我们今天所能见到的宋代以来的各种版本，其中明刻本最多，约占二分之一，达二十九种，宋刻本次之有十六种，再次为清刻本，辽金元最少。《史记书录》所著版本，皆作者亲自翻阅、比勘，按时代先后排列，逐本分析，是集《史记》版本研究大成的一部著作，1958年商务印书馆出版。但贺氏《书录》，冗赘繁琐，缺乏条理，不便披阅。兹以贺氏书为主，参考他书，择其重要版本，分为五节，简明介绍如下。

第一节　宋代以前的古抄本

现存《史记》抄本都是残本，计有十七种，可分为四类。

1. 六朝抄本，有两件

第一件是《史记集解·张丞相列传》的残卷，第二件是《史记集解·郦生陆贾列传》一卷。原件均藏于日本京都之高山寺，1918年罗振玉曾影印，以《古写本史记残卷》刊出，北京大学图书馆有收藏。

2. 敦煌唐抄卷子本，有三件

第一件是《史记集解·燕召公世家》残卷，第二件是《史记集解·管蔡世家》残卷，第三件是《史记集解·伯夷列传》残卷。这三件都出于敦煌石窟，被法人伯希和盗去，现存巴黎国家图书馆，中国国家图书馆有原卷照相。

3. 唐抄本，有六件，其中五件是卷子本

第一件是《史记集解·夏本纪》一卷，藏于日本京都高山寺。第二件是《史记集解·殷本纪》一卷，原藏日本高山寺，后归内藤文库。第三件是《史记集解·周本纪》一卷，藏于日本高山寺。第四件是《史记集解·秦本纪》一卷，原藏日本高山寺，后归岩崎文库。第五件是《史记集解·高祖本纪》一卷，藏于日本宫内省。第六件是《史记集解·河渠书》残卷，藏于日本神田文库。以上六件抄本，第一件未见影印。第二件，1917年罗振玉影印。第六件，1918年罗振玉影印。第三、四、五三件，中国国家图书馆藏有原卷照相。

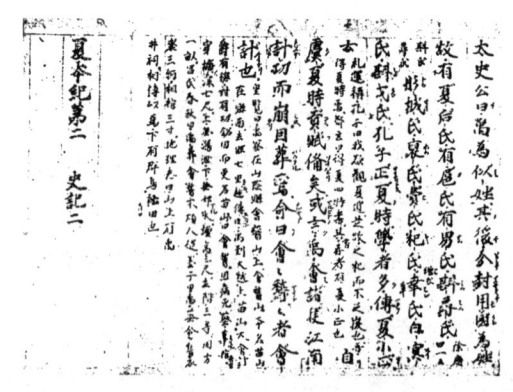

日本京都高山寺旧藏古抄本《史记集解·夏本纪》书影

4. 藏于日本而国内未见的抄本，计有六件

第一件，《五帝本纪》残卷，宫内省藏。第二件，《吕后本纪》残卷，毛利文库藏。第三件，《文帝本纪》残卷，东北帝国大学文库藏。第四件，《景帝本纪》残卷，野村氏旧藏，后归久原文库。第五件，《孝武本纪》残卷，在日本有关记载中说"崇兰馆藏"，但未见其书。第六件，《范雎蔡泽列传》残卷，宫内省藏。

第二节　三家注刻本

1.《集解》单刻本

自从南朝刘宋时裴骃撰《史记集解》后，《史记》全文即随《集解》以行，不再有白文无注本。宋人刊刻《史记》最初均为《集解》本。裴骃最大的贡献，不仅"集解"，而且纠正错讹，料理文字，对《史记》做了一次全面的文字校定整理工作，唐代的《索隐》《正义》对《史记》原文均是据《集解》本文字。因此，《集解》本是《史记》版本的源头。今存《集解》本有十行本、十二行本、十四行本、九行本，分述于次。

（1）十行本

① 《史记集解》景祐本残卷

——北宋景祐间刊本，中国国家图书馆藏。

《史记书录》云：存《项羽》《高祖》《吕后》《孝文》《孝景》《孝武本纪》六卷，《三代世表》《十二诸侯年表》《六国年表》《秦楚之际月表》《汉兴以来诸侯年表》五卷，《吴太伯》《齐太公》《鲁周公》《燕召公》《管蔡》《陈杞》《卫康叔》《宋微子世家》八卷，《信陵君》《春

申君》《范雎蔡泽》《乐毅》《廉颇蔺相如》《田单》《鲁仲连邹阳》《屈原贾生》《吕不韦》《刺客》《李斯》《蒙恬》《张耳陈馀》《大宛》《游侠》《佞幸》《滑稽》《日者》《货殖列传》《太史公自序》二十卷，共三十九卷。每半叶十行，行十九字；注双行，行二十五、二十六字不等。白口。左右双边。版心上记本叶大小字数，鱼尾下题"史本纪七"四字，中记本卷叶数，下记刻工郭书、魏正、郭敦、吴永年、伍祥、曹允、陈彦、范倾敏、余翌、詹允、刘山、赵宗义等姓名。《史》文第一行题"项羽本纪第七"六字，空三字题"史记七"三字，每卷均小题在上，大题在下，卷末空一行标小题。

②《史记集解》明弘治补刊本一百三十卷

——北宋景祐间刊，明弘治三年（1490）补刊本，中国国家图书馆藏。

【按】北宋太宗淳化五年（994），合刻《史记》、两《汉书》等三史，为最早之《史记》刻本。但此本不传，优劣无从妄议。景祐本为今存最早之北宋刊本。此本南宋绍兴年间重刻，称南宋绍兴本。到了明孝宗弘治三年（1490），又在此本残版基础上补刊成一百三十卷补刊本。补刊本之旧版版式一同景祐本，补刊部分，仿景祐本，唯是细黑口，四周双边，版心上题"弘治三年刊"。字体、刻工均不及宋本。以上北宋景祐本、南宋绍兴本、明弘治本三种，均为《史记集解》单刻本，由宋至明有承传关系，每半叶十行，故又称十行本。

（2）十二行本

此本为南宋刻《史记集解》之有年月可稽者，是绍兴十年（1140）邵武朱中奉刊本，一百三十卷。缪荃孙《艺风堂文漫存·癸甲稿》卷三有此书题跋，说："《史记集解》一百三十卷，宋刻本，每半叶十二行，行二十二字，大小字同，高四寸六分，白口，单边。口上一鱼尾下署'史记几'，下号数。目录作'大字史记'，目录后牌子三行'邵武东乡朱中奉宅刊行校勘即无讹舛绍兴庚申八月朔日'。字瘦劲。"张元济、傅增湘、贺次君诸家对此本均有记述。此本史文与注文多与北宋监本相同而与他本不同，可与他本互勘。

（3）十四行本

现藏中国国家图书馆，1955年文学古籍刊行社影印。傅增湘认为是北宋刊本，文学古籍社影印，据此本避讳与版式认为是南宋初复刻北宋本。此本无目录，可能是缺失。在一百三十卷中，有明、清人抄配补缺，因此，是今天所能见到的较古而又较为完整的《史记集解》单刻本。此本每半叶十四行，故称十四行本。行二十四至二十七字不等，注双行小字，行三十四至三十九字不等。白口，左右双边，版心上记第几册、本纪几。卷首有《史记集解序》，序题下至今有"乾学""徐健庵"印记，又钤有"瞿镛""瞿启甲印""铁琴铜剑楼"等印记，盖先后为清昆山徐乾学与常熟瞿氏所藏故也。

（4）九行本

"集解"单刻本中有一种是南宋绍兴间（1131—1163）淮南东路转运司刊本，是半叶九行本，行大字十六字，注双行，二十至二十三四字不等。左右双边，版心上记本页字数，鱼尾下题"史记×"三字，下记刻工姓名。此本传世不多，有残本四部，其中两部为宋元明初递修本，未递修者一为存三十卷的残本，一为仅存一卷的残本。在宋元明初递修本中，一为国家图书馆所藏，淮南东路转运司原刻存完整者七十八卷，又残卷二卷清抄补全；另外五十卷中用北宋蜀大字本配补九卷、明抄补三十卷、清抄配补十一卷。此本宋洪迈在《容斋随笔》中有记述，文字在不少地方较他本为精，限于篇幅，例证略。

"集解"单刻九行本中，另有一宋刻蜀大字本，行十六字，白口，左右双边，版心记大小字数，鱼尾下题"本纪十一"，下版心记刻工姓名。此本仅存九卷，用来配补上述淮南路转运司刻本。

2.《索隐》单刻本

《史记索隐》汲古阁本三十卷

——明崇祯十四年（1641）毛氏汲古阁北宋大字本。

《史记书录》曰：首裴骃《集解序》，载其全文，司马贞为之注；《史记》本文惟标注之字句，不录全文，盖亦陆德明《经典释文》之例，乃《经》《传》别行之古法，故其卷数与传世《史记》以一百三十篇为一百三十卷不同。首行题"史记索隐卷第一"，下题"小司马氏撰"五字。次行出"五帝本纪第一"六字，下为注，注双行，行二十五字，注下接"黄帝"二字，下为注，又下接"少典之子"四字，下为注。每卷所出《史》文及注均连书，不提行；一卷完则另起标题。全书三十卷。第一卷为《五帝本纪》至《周本纪》……第二十八卷为《日者列传》至《太史公自序》，第二十九卷为《五帝本纪述赞》至《三王世家述赞》，第三十卷为七十列传述赞。又有《补史记序》，记其补《三皇本纪》之由。后附条例，论《史记》体制……末即所撰《三皇本纪》，并有自注。此本无目录，盖古书目录多置于末，《太史公自序》即《史记》之目录也。毛氏此刻，谓是"北宋秘省大字刊本"，四库即据此著录，故其注文多胜于南宋诸刻。毛晋谓刊刻此本，"亟正其伪谬重脱"，是北宋秘省原本，错脱已多，毛晋特为之校勘改正。此本于考校今本《史》文及注，至为重要。

3. 二家注合刻本（《集解》《索隐》合刻本）

（1）《史记集解索隐》南宋蔡梦弼刊本残卷

——南宋乾道七年（1171）建溪蔡梦弼刊本，中国国家图书馆藏。

《史记书录》曰：此本残缺，今见者存九十一卷。刘燕庭百衲本《史记》中有十五卷，亦是此本。合此二者，并去其重复及屑入，蔡刊之幸存于今世者止九十五卷耳。首有司马贞《补史记序》，次《索隐序》，次《目录》，次《三皇本纪》，《三皇本纪》后有"建溪蔡梦弼傅卿亲校刊于东塾，时岁乾道七月（按：'七月'乃'七年'之讹）春王正月上日书"题记二十六字，凡两行。《五帝本纪》大题在下，小题在上，各卷均同。每半叶十二行，行二十一字，注双行，行二十八字，白口。四周双边。版心鱼尾上记本叶大小字数，但亦有不记者。鱼尾下题"纪一""表一""书一""世家二十五""列传一"等式，无刻工姓名。其他款式多与黄善夫本同。《史记集解》《索隐》合刻，今传以此本为最早。

（2）张杅桐川郡斋二家注合刻本残卷

——南宋孝宗淳熙三年（1176）刊于常州，中国国家图书馆藏。

此本国内现存仅一部，残本，存六十卷，现藏于中国国家图书馆。此本半叶十二行，行二十五字，注双行，行二十五字。白口，左右双边。版心鱼尾下题"史记×"三字，其下记刻工姓名。此书首目录，次裴骃《集解序》，次司马贞《索隐序》。前为小题，题"五帝本纪第一"，下有司马贞"索隐"注；次行为大题，题"史记一"，下为裴骃"集解"注。书首目录之后，有淳熙三年广汉张杅跋，说此本乃据蜀刊小字本而用"中字书刊之"。张氏认为《孝景本纪》《孝武本纪》《汉兴以来将相名臣年表》《礼书》《乐书》《律书》《三王世家》《傅靳蒯成列传》《日者列传》《龟策列传》等十篇，是班固在《汉书·司马迁传》中所说的"而十篇缺，有录无书"者，均系后人补作，因而将其中的九篇删去。唯《日者列传》一篇，张杅认为"大类庄周书意"而予以保存，用双行小字在后面附刊出来。此外，部分篇（卷）中的补作文字亦行删除。

（3）澄江耿秉重修桐川郡斋本

——南宋孝宗淳熙八年（1181）刊，中国国家图书馆藏。

耿秉本为重修桐川郡斋本，晚于张杅本五年，纠正了张杅本的一些讹误。耿秉本卷首有澄江耿秉序。此本的特点有二，其一是所收"索隐"较南宋蔡梦弼本、黄善夫本多出四十余条。蔡本、黄本均为二家注合刻。这两本在合刻时，凡"索隐"与"集解"重复者，均将"索隐"删去。耿秉本在二注重复时也以"集解"为主，但或不删"索隐"，或虽删而注出为"索隐注同"。其二是耿秉本比明毛氏汲古阁"索隐"单刻本的脱误要少。耿秉本流传至今，国内仅见一部，卷数齐全，现存中国国家图书馆。

【按】现在所知最早的二家注合刻本是南宋高宗绍兴间（1131—1163）的杭州刊本。

此本现已无存，只是在清人刘燕庭所集宋百衲本中还留存有残卷十卷，其中本纪三卷（《项羽本纪》《高祖本纪》《吕太后本纪》），列传七卷（《游侠列传》《佞幸列传》《滑稽列传》《日者列传》《龟策列传》《货殖列传》《太史公自序》）。每卷小题在上，大题在下，每半叶十二行，行二十四五字不等。注双行，行二十四五字不等。白口，左右双边。版心上记本叶字数，隔水下有"史记×"字样，下记本卷叶数及刻工姓名。从讳字看，当为南宋孝宗时重刻。此外，二家注合刻本，元刻蒙古中统二年（1261）平阳道段子成刊本《史记集解索隐》一百三十卷，明刻天顺七年（1463）丰城游明刊本《史记集解索隐》一百三十卷，是元明时代的善本。

4. 三家注合刻本

所谓"三家注"，是在裴骃的"集解"、司马贞的"索隐"之外，加上了张守节的"正义"。张守节与司马贞同为唐玄宗时人。他为《史记》作的注称为《史记正义》，成书于唐开元二十四（736）年，原为三十卷。到宋代，将"正义"与"集解""索隐"一起同《史记》正文合刻，产生了《史记》的"三家注"本，而《正义》单行之本遂失传。

"三家注"合刻本较多，这里只介绍最为世所称的两个刊本，一是南宋黄善夫本，二是元彭寅翁本。

（1）《史记集解索隐正义》南宋黄善夫本一百三十卷

——南宋庆元二年（1196），建安黄善夫刊本，中国国家图书馆藏黄本残卷六十九卷。日本有数种藏本，上海涵芬楼据日藏本影印发行，流传广泛。

张元济曰：其三家注俱全者，宋刻有黄善夫本。首《集解序》，次《补史记序》，次《索隐序》，次《索隐后序》，次《正义序》，次《正义论例谥法解》，次目录。《集解序》后有"建安黄善夫刊于家塾之敬室"本记二行，目录后有"建安黄氏刻梓"本记一方。半叶十行，每行二十字，小注二十三字。前有《三皇本纪》，《老》、《庄》二传，已升在《伯夷传》前，注云依《正义》本，然目录却未改。无刊刻年月，宋讳避至光宗，当刊于绍熙之世。此本未见我国著录，唯日本涩江全善森立之《经籍访古志》载之，余为涵芬楼在京师收得半部，亦由日本来者。尚有安成郡彭寅翁刊本，亦三注俱全，半叶十行二十一字，小注同，不著年月，验其板式，为元刊本。[①]

《史记书录》曰：按日本《经籍访古志》谓黄氏与《史记》同时刊有《汉书》，其《汉书目录》后有"集诸儒校本三十余家，又五六友澄思静虑，雠对异同，是正舛伪。始甲寅之春，毕丙辰之夏。建安黄善夫谨启"识语。甲寅即宋光宗绍熙五年（1194），丙辰即宋宁宗庆元二年（1196），故知《史记》刻成亦在庆元二年。日本藏书家称为"庆元本《史记》"，上海涵芬楼影印本亦题为"南宋庆元黄善夫《史记》"也。

【按】南宋黄善夫本，是最早的三家注合刻本。黄本校刻精善，正

---

① 张元济：《校史随笔》。

注文讹误少，若与他本对校，不仅远优于明代的两个著名版本——柯维熊本和王延喆本，而且胜过南宋二家注本之蔡梦弼本、张杅本。

黄善夫本国内未见全帙，现存皆为残本。涵芬楼曾收有黄本六十九卷，是张元济先生在北京正文斋收得，来自日本。现今国家图书馆所藏六十九卷黄本即此书。日本米泽上杉隆宪家藏黄本《史记》一部，一百三十卷，是目前所知存世的唯一全本。但此本内亦有补写十余叶。1936年上海商务印书馆曾影印黄善夫本《史记》一百三十卷，是用涵芬楼所藏之六十九卷，以日本上杉侯爵所藏之黄本补配齐全（见《张元济傅增湘论书尺牍》第256页、第273页）。《百衲本二十四史》中《史记》一书，亦用此本缩小影印。故黄善夫本虽原刻鲜见，但有影印本行世，反而较易见到。

（2）《史记集解索隐正义》一百三十卷，元彭寅翁崇道精舍本

——元世祖至元十五年（1278）安福彭寅翁刊，中国国家图书馆藏，残存七十七卷。

中国国家图书馆藏本中有十卷为抄本，实乃六十六卷。据贺次君先生说，"日本宫内厅、庆应大学、大谷大学、天理大学皆藏有此本全帙"[1]。彭本每半叶十行，行二十一字；注双行，行二十一字。细黑口，左右双边。此本正义与黄善夫本大致相同，讹误处较黄本多，但也有可正黄本错误之处。彭本的特点在于对"三家注"作了大幅度删削，以《周本纪》为例，较大幅度删削即有七八十处之多，其中最少删去四字，最多删去七十八字（一二字者不计在内）。对三家注在删削之外，还有增改，如：《周本纪》中"武王为殷初定未集，乃使其弟管叔鲜、蔡叔度相禄父治殷"句下"正义"有"按：二说各异，未详也"（中华点校本第一册第127页），而彭本改"未详也"为"未详孰是"。

---

[1] 贺次君：《史记书录》，商务印书馆1958年版，第114页。

【按】明刻"三家注"本常见的是"嘉靖三刻"和"南北监本"。"嘉靖三刻"的第一刻是嘉靖四年至六年（1525—1527）金台汪谅刊刻的《史记集解索隐正义》一百三十卷。此本因由莆田柯维熊校正，故世多称为柯本。第二刻亦是嘉靖四年至六年（1525—1527）震泽王延喆刊刻的《史记集解索隐正义》一百三十卷，世称王延喆本。第三刻是嘉靖十三年（1534）秦藩朱惟焯刊刻的《史记集解索隐正义》一百三十卷。嘉靖二十九年（1550）朱怀埢重修。中国国家图书馆藏有嘉靖十三年原刻本，北京大学图书馆、四川大学图书馆藏有嘉靖十三年刊、二十九年重修本各一部。以上三种，因皆刻于嘉靖年间，故称作"嘉靖三刻"。明刊本中较常见的还有"南北监本"。南监本有三种，北监本有一种，即：①明嘉靖九年（1530）刊刻的，南京国子监祭酒张邦奇、司业江汝壁校勘的《史记集解索隐正义》一百三十卷。半叶十行，行二十一字。②明万历二年至三年（1574—1575）刊刻的，南京国子监祭酒余有丁、司业周子义校正的《史记集解索隐正义》一百三十卷。半叶十行，行二十一字。③明万历二十四年（1596）刊刻的，南京国子监祭酒冯梦祯、司业黄汝良校正的《史记集解索隐正义》一百三十卷。半叶十行，行二十一字。④明万历二十六年（1598）刊刻的，北京国子监祭酒刘应秋、司业杨道宝校正的《史记集解索隐正义》一百三十卷。半叶十行，行二十一字。明嘉靖三刻优于南北监本，三刻中柯本最善。南北监本校勘不精，讹误较多，对《索隐》《正义》又多删削，故不为藏家所重。

第三节 《史记》评林本

评林本始自明代,这是有别于"三家注"及其他注本而言。明人崇尚评论,是当时风气。史书评论,分一句一段的小评和全篇总评两种形式。评论附史文合刻。小评刻于书眉,总评刻于篇末。或称"评林",或称"题评",或称"辑评",或称"集评",或称"汇评",等等,名虽各异,质实同,总称评林本。又有一种"评点本",略有不同,亦属此类。

(一) 主要评林本

1. 《史记题评》一百三十卷

——明杨慎、李元阳辑,高士魁校。嘉靖十六年(1537)胡有恒、胡瑞敦刊本。

此本为杨慎讲学内容,其弟子李元阳辑、高士魁校,有"三家注"。杨氏辑前代评论和自己对疑难句、段的疏解均刻于书眉之上,不署明某某曰的评论是李元阳的话。

2. 凌稚隆《史记评林》一百三十卷

——明吴兴凌稚隆辑校。万历四年(1576)刊。

此本版分上下两栏,下栏为《史记》正文和"三家注",上栏是评论。凌氏辑录的历代的《史记》评论,收罗广博,内容丰富,故称"评林"。对正文校勘,凡两可不决者都用小字旁注。个别评论不入上栏者亦用小字旁注。篇后有总评。凌本辑录的历代名家有:三国魏陆机，南朝梁沈约、刘勰、李萧达，唐刘知几、韩愈、白居易、柳宗元，宋欧阳修、司马光、苏洵、苏辙、郑樵、倪思、吕祖谦，元吴澄、金履祥，明唐顺之、吴宽、丘濬、杨士奇、方孝孺、杨慎、田汝成、李梦阳、许应元、柯维骐、余有丁、茅瓒、茅坤等。对苏辙的《古史》和吕祖谦的《读书杂记》全部录载。对《史记》正文取材于古书如《诗》《尚书》《左传》《国语》《世本》《战国策》《吕氏春秋》《楚汉春秋》等，凡引用不详或不全的，凌氏均抄录全文于上栏作参考。凌氏认为古书中可与史文互相印证、互相发明的地方，也都摘录在上栏里。这些典籍包括先秦诸子，《风俗通》《白虎通》《越绝书》《说苑》《新序》《论衡》《韩诗外传》等。这对于研究《史记》与原始材料和相互关系的人来说省去了查找资料的繁琐劳动，至为方便。凌氏还对史注均作校勘，许多考订有独到见解，不仅胜过明柯维熊本，而且许多地方不比南宋本差。明陈仁锡的《史记评林》，清梁玉绳的《史记志疑》都是依据凌本。由于有上述特点，凌本是评林本中的佳乘，影响很大。光绪十年（1884）湖南刘鸿年翻刻本，对史文和注均作有补证。

凌稚隆《史记评林》，1998年天津古籍出版社影印明万历年间李光缙增补本书影

3. 增补《史记评林》一百三十卷

——明李光缙增补。

增补本流传海外,日本曾五次刊刻:(一)宽永十三年(1636),(二)宽文十三年(1673),(三)延宝二年(1674),(四)明和七年(1770),(五)明治二年(1869)。朝鲜也有翻刻。泷川氏的《史记会注考证》大多取材于此。

4. 陈仁锡《史记评林》一百三十卷

——明陈仁锡评,崇祯元年(1628)刊。

此本特点有二:一是陈氏评论辞由己出,不录前人评论。陈氏评论对史文精神、司马迁旨意了解很深。对史实的评论有许多创见,对每篇的评论精当,甚为晚明学者所推重。嗣后葛鼎、金蟠刻《史记汇评》基本取陈说。二是陈本注重断句和校勘,较为实用。

5. 归震川《评点史记》一百三十卷

归氏为桐城派文宗,他的评点为明清两代文章家所重视。"好古者照临一本,珍若拱璧"①。归氏评点本与评林本有区别,不取"三家注",评语用双行小字夹于史文中如注然。正文加圈点,钩玄文章意境。清方苞撰《史记评点》四卷,是归氏本的延续。

(二)其他评林本

1.《史记辑评》二十四卷

——明邓以赞辑。

此本无"三家注",评语浮泛。但刊刻较精,字画整齐。

---

① 刘声木:《桐城文学撰述考》卷一归朝煦《跋评点史记》。

2.《史记集解索隐正义》一百三十卷

——明钟伯敬辑评。

此本任意删节"三家注",评语无足采。

3. 钱塘钟人杰刊本《史记》一百三十卷

——此本专注文章评语。

4.《史记测义》一百三十卷

——明陈子龙、徐孚远撰。

此本对史实、注文有不少订正发明之处,为清武英殿本考证所采择。

5.《史记汇评》一百三十卷

——明葛鼎、金蟠评。

6.《史记集评善本》一百三十卷

——明崇祯间朱东观辑,朱氏家刻本。

此本名为善本,其实未善。

7.《桐城吴先生点勘史记读本》一百三十卷

——清吴汝纶点勘。

此本承归、方二氏之衣钵,圈点并加句读。

评林本创始于杨慎,推波于凌氏。杨、凌二本有其可取者,精华不少,嗣后评林蜂起,大多空泛虚浮,很少有创新的观点和真实的学问。但评林对史文精意、司马迁思想的研究颇为重视,开辟了新研究途径,是值得注意的。

第四节 《史记》百衲本

《史记》的百衲本是清人辑宋本之残卷补以成完帙之本。百衲之义谓残卷补缀有如僧衣，故名之。因为宋刻《史记》即使是断简残篇也很珍贵，把各个残本汇集起来，凑成一部完书，称为百衲本《史记》。

最早的一部百衲本《史记》是清代钱曾（遵王）汇集而成的。他在《读书敏求记》中说："余藏《史记》有四，而开元本亦其一焉。今此本乃集诸宋版共成一书，小大长短，各种咸备。李汧公取丝桐之精者杂缀为一琴，谓之百衲，予亦戏名此为《百衲本史记》以发同人一笑焉。"但此本未流传下来。

上海涵芬楼影印百衲本《史记》书影

傅增湘《藏园群书题记》说："大兴朱笥河有百衲本《史记》，刘燕庭家亦有之。"朱本不传。刘氏原刻亦不存，有宣统三年（1911）贵池刘世珩玉海堂影印刘氏刻本，上海涵芬楼影印本二种。涵芬楼本较玉海堂本为佳。

目前留存下来而能见到的是宣统三年（1911）贵池刘世珩玉海堂影印刘氏刻本和上海涵芬楼影印本。刘氏百衲本包括宋刻四种：①南宋绍兴初年杭州翻刻的北宋《史记集解》残本，即与1955年文学古籍刊行社影印的十四行本同，在百衲本中有七十五卷；②北宋景祐年间刻本《史记集解》残本，为十行本，计存十九卷；③南宋《史记集解索隐》合刻本残本，计存十卷，此本未见单行，亦未见藏书家著录；④南宋乾道七年蔡梦弼《史记集解索隐》合刻本，计存二十六卷。四种合计为一百三十卷。

刘氏百衲本影印本各大图书馆均有藏。

第五节　《史记》的通行版本

这里所说的通行本是指正史系统的官私刻本，其中宋元刊本多已不传。保存下来的正史系统原刻本有：

①明汲古阁本十七史。

②明南北监本二十一史。

③清武英殿本二十四史。广东新会陈氏翻武英殿本。湖南宝庆三味堂翻殿本。四川成都局翻殿本。

④五局合刻二十四史本。

⑤清末石印二十四史本。同文书局本。竹简斋本。涵芬楼本。

⑥晚清活字二十四史本。图书集成本。

⑦民国商务印书馆影印百衲本二十四史。

⑧商务四部丛刊本二十四史。丛书集成本二十四史。

⑨中华书局四部备要本二十四史。

⑩开明书店缩印本二十五史。

这些通行本中汲古阁本《史记》、武英殿刻本《史记》、五局合刻金陵本《史记》是三大善本，其中武英殿本最流行。殿本以明监本为底本，校以当时所得善本，附以考证，参与工作者有张照、杭世骏、齐召南等。金陵本为金陵书局所翻，以汲古阁本为底本，又经张文虎参酌多本精校，号晚清善本。

第六节　中华书局点校本

中华书局标点本《史记》一百三十卷。

此本是新式点校的唐代"三家注"合排本，1959年初版，直行繁体字排印，分装十册，二百三十五万字。《史记》版本定型于唐代"三家注"，而奠基于南朝宋裴骃《史记集解》（参阅裴氏《史记集解序》与《四库全书提要》）。点校本《史记》的出版，是学术界继唐代"三家注"定本以来最精善的一次整理，是集千余年来学术研究之大成的善本，在《史记》版本校勘学研究发展史上是一个重要的里程碑。

点校本《史记》，以清同治年间金陵书局刊行的《史记》集解索隐正义合刻本为底本，这就保证了迄今为止《史记》校勘的最佳质量。因为金陵书局本经晚清著名校勘学家张文虎与唐仁寿校订，张、唐二人根据钱泰吉的校本，又博采宋元明清诸善本汇校汇考，又采择梁玉绳《史记志疑》、王念孙《读书杂志》、钱大昕《史记考异》等书成果，详为校刊，考其异同，精审采择，世称善本。点校本在此基础上参考凌稚隆的《史记评林》、吴见思的《史记论文》、张裕钊校刊的归方评点本和吴汝纶点勘本等的句读，对《史记》原文和"三家注"做了全新的断句、标点和分段整理，是最便于阅读的读本。此本有两大特点。第一，分段精善。一般是每事一段。但为了避免琐碎，凡事情简易、文字短小者，数事合为一段。反之，一个大事件，文字很长，则按事件发展的波澜分成若干段。如《项羽本纪》的"鸿门宴"一节就分为四段。分段精善，使史实内容条理清晰，线索分明。第二，技术处理合理。为了段落之间眉目清楚，根据段与段之间的不同联系做了不同的技术处理。凡大段之间空一行。二人以上合传，关系密切的，叙完一人事迹接续一人事迹时空一行；关系不密切的，人物之间空二行；附传人物为一组，之间不空行。正文中的大段引文如《秦始皇本纪》和《陈涉世家》所引《过秦论》，以及后人增补的文字如《张丞相列传》《郦生陆贾列传》所附增窜文字均另起一行，低二格以示标志。年表部分，在书眉上标注了公元纪年，又在《十二诸侯年表》《六国年表》《汉兴以来诸侯王年表》的双页码的左边加上国名标尺，阅读和考证都十分方便。在《史记》正文中，将张文虎特别喜欢保存的古字都改成今体字，改回避讳的缺笔字，版刻异体字改作现在的通行字。对"三家注"，则用小号字分条排列于各段正文之后，标注号码对应。《史记》经过这样整理以后，具有很高的学术价值，具备了新的时代风貌，有利于统一《史记》学习和研究者的"语言"，不仅给广大读者提供了精善的读本，也给专门研究者提供了完善的引证本。这一成果，也为我国古籍整理作出了有典范意义的重要贡献。

2013年，中华书局又出版了点校本的升级版《史记》修订本，并于2013年10月19日在全球同步首发，从此海内外广大读者有了一部更好的《史记》标准本。修订本在继承点校本《史记》全部学术成果的基础上做了两大修订工作。一是对底本讹、脱、衍、倒所做的校改，撰写校勘记达3400余条；二是订正了原点校本标点讹误，使《史记》文本更加精善。

第十五章　司马迁在世界文化思想史上的地位和影响

《史记》在南北朝后期就已流传海外，至今在一千五百年以上，现当代更是日益走向世界。司马迁与他同时代西方最伟大的历史学家希罗多德和传记作家普鲁塔克比较，不仅毫不逊色，而且在史家、史识及其创作的规模体制上，都要强于希、普二氏。司马迁是中国的，也是世界的一位文化巨人，在人类文化思想史上应享有崇高的地位。本章分为三个节目来谈。

第一节　司马迁与希罗多德

中国从春秋战国到秦汉大一统，文化思想界从百家争鸣到司马迁时代的儒学独尊，产生了许多思想家、文学家和历史学家，司马迁是一位杰出的代表。西方世界与东方中国对应而文化学术最发达的国家和地区，只有古希腊可与东方媲美。从公元前5世纪到公元1世纪，古希腊文化产生的各学科大师也是群星灿烂。伟大的历史学家有希罗多德和修昔底德，传记作家有普鲁塔克。研讨司马迁与希、普二氏之异同，对于定位司马迁在世界文化思想史上的地位和影响是很有意义的。先说司马迁与希罗多德。

希罗多德，古希腊历史学家，约生于公元前 484 年，卒于公元前 425 年，享年 60 岁，与司马迁（前 145—前 86）年岁相仿，早于司马迁三个世纪。希氏因其所著《历史》在西方有"历史之父"的美誉。司马迁因其所著《史记》，而被《苏联大百科全书》称为"中国史学之父"。司马迁和希罗多德是东西方两个最伟大的历史学家。前者的著作奠定了中国史学的独立地位，后者的著作奠定了西方史学的独立地位。

1. 希罗多德的经历

公元前 484 年，希罗多德出生在小亚细亚哈利卡纳苏斯城一个奴隶主贵族家庭。他从小受到系统的教育，勤奋好学，博览群书，尤其酷爱史诗，对荷马、梭伦、埃斯库洛斯等希腊古代名家有深入的研究，这为其日后成长为一个伟大的历史学家打下了坚实的基础。希罗多德叔父帕息斯是一位著名的诗人，公元前 461 年因反抗僭主暴政被杀头，时年 23 岁的希罗多德受牵连被流放到萨摩斯岛，8 年后才重返故乡。重获自由的希罗多德，时年 30 岁，时间在公元前 454 年。随后希罗多德离开故乡，开始了长达 8 年的四处漫游。希氏在西亚、北非、希腊半岛、地中海沿岸等古代欧亚非广大地区留下了自己的足迹。东方，希罗多德到了腓尼基、叙利亚、巴比伦，以及波斯帝国的腹地，两河流域的发达文化让希氏徘徊流连。南方，希罗多德到了埃及、北非。他沿尼罗河而上，考察尼罗河长期泛滥的原因。埃及宏伟壮丽的金字塔让希氏折腰陶醉。北方，希罗多德到了黑海北岸的西徐亚、色雷斯、马其顿等国。希罗多德的渊博学识吸引了马其顿王家大臣与之交游，加深了希氏对当时政治的了解。西方，希罗多德到了意大利半岛南部，他对繁荣的西西里岛赞不绝口。公元前 447 年，38 岁的希罗多德来到雅典，雅典的民主政治和兴盛的文化深深吸引了希罗多德。希氏在盛世的文化氛围中开始了《历史》的写作。经过18年的努力，公元前430年，《历史》正式发表，全书共九卷。希氏完成《历史》，时年54岁。

2.《历史》的内容和编纂方法

希罗多德的《历史》全称《希腊波斯战争史》，核心内容是反映公元前5世纪上半叶希波战争这一带来历史变革的大事件。希波战争是以雅典为核心的希腊城邦和波斯帝国之间的战争。公元前500年，小亚细亚沿岸最大的希腊城邦米利都起兵反抗波斯的统治，拉开了希波战争的序幕。公元前493年米利都反抗失败，城邦被毁。

希罗多德《历史》所写公元前480年希波战争萨拉米斯海战场景

公元前492年，波斯大举进攻希腊本土，战争持续绵延了43年，直到公元前449年，雅典派富豪卡里阿斯到波斯首都苏撒订立和约，史称《卡里阿斯和约》，波斯承认小亚细亚希腊各城邦独立，决定退出爱琴海，希波战争结束。43年的希波战争分为两个阶段，从公元前

492 年到公元前 479 年的 14 年为第一阶段，波斯三次大举进攻希腊，三次惨败，被逐出巴尔干半岛，雅典已经赢得了战争的全胜。从公元前 479 年到公元前 449 年的 30 年是雅典的扩张，波斯被逐出了爱琴海。《历史》记述的希波战争到公元前 479 年为止。波斯三次入侵希腊的战争，第一次在公元前 492 年，第二次在公元前 490 年。这两次入侵都是波斯皇帝大流士发动的，他两次大举入侵均遭惨败。第三次希波战争在公元前 480 年，波斯皇帝薛西斯从水陆两路大举入侵，起初波斯军以众击寡赢得主动，薛西斯进入了雅典。但是海战波斯军战败，几乎全军覆没。薛西斯不敢逗留，率主力退回亚洲，公元前 479 年留在希腊本土的波斯军被肃清，小亚细亚各城邦获得独立。弱小的雅典打败了强盛而庞大的波斯帝国，是值得记述的历史大事件。波斯帝国从此走向衰落。

希氏《历史》的创作有以下三大特点，从而奠定了希氏"历史之父"的地位。

第一，着眼世界范围研究历史的方法。希氏《历史》九卷，其中只有后五卷写希波战争，前四卷及第五卷前 20 节，有两卷写亚述、巴比伦和波斯，一卷专述埃及，此外一卷多记述欧亚草原地带的斯基泰族。由于希罗多德要探索战争的起源并介绍希腊及邻国的历史文化，所以突破了狭隘的地域，尽可能记述他所知的世界范围的历史，内容包括希腊诸岛、西亚、北非、黑海沿岸、地中海中部的意大利和西西里岛等地区。《历史》以希波战争为主要内容，不只是空间扩展，而且时间上溯希波战争以前的希腊、波斯的社会及人文历史，诸如民族分布、经济生活、政治制度、风土人情、宗教信仰、名胜古迹等丰富内容，为我们展现了古代亚非欧近 20 个国家和地区的民族生活图景，俨然是一部世界通史和百科全书。

第二，希罗多德有进步的历史观。他怀抱着满腔的热情，自觉地来写《希腊波斯战争史》，称颂雅典的民主自由，批判波斯的独裁专制，弱小的雅典战胜强敌波斯，正是民主自由战胜独裁专制的生动例证。希罗多德说："当雅典人蜷伏在暴君统治下的时候，他们一点也说不上有什么比其邻邦居民来得优越的地方；然而一旦挣脱了暴君的统治，他们就肯定地变得英勇盖世了。"由于"获得了自由，就人人竭其所能地争先效力，把国事当做自己的事了"。[①] 希氏还时常通过书中人之口，称颂民主，反对独裁。例如，他借书中人欧塔涅斯之口，主张废除独裁统治，说："在法律面前人人平等，因此我的意见废掉独裁统治，增加人民权力，一切事情必须取决于公众。"此外，希氏还主张各民族互相尊重和学习，他极力称扬希腊文化，但并不是希腊中心主义者。希氏认为东方文明优于希腊文化的地方应予吸收。他肯定埃及的太阳历比希腊历法准确，埃及的几何学、量地法、建筑技术，巴比伦的日晷和计时法，腓尼基的文字等等，都给希腊带来积极的影响。

古希腊雅典希罗多德斯音乐堂

第三，开创了叙述体的纂史方法。希氏《历史》一改以往内容博杂、

[①] 《历史》，商务印书馆，2005 年。

结构松散的记事特色,确立以历史事件为纲,全面记述史事的编纂体裁,对每一件事情都予以详细叙述,载其因果,记事系统连贯,史事来龙去脉清晰,具有系统性、丰富性、灵活性,成为西方极为盛行的体裁。

3. 司马迁与希罗多德之比较

如上所述,希罗多德的《历史》与司马迁的《史记》,两书的思想旨趣一脉贯通。共通的百科全书,进步的历史观,开创的历史编纂方法,就像是一对双胞胎。司马迁与希罗多德,远隔千山万水,而两人的史识见解,英雄所见略同。此外,还有以下的一些共通点,再列举三端。

其一,两人都是自觉的历史家。所谓自觉,系指史家以修史为己任,全身心投入,有明确的著书目的。司马迁承父志,效《春秋》著《史记》,以"网罗天下放矢旧闻,考之行事,稽其成败兴坏之理","述往事,思来者",实现"究天人之际,通古今之变,成一家之言"。目的是完成一代大典,为后王立法,为人伦立准则,成为一部人伦道德教科书。希罗多德的著述目的,《历史》开宗明义指出:"在这里发表出来的,乃是哈利卡纳苏斯人希罗多德的研究成果。他之所以要把这些研究成果发表出来,是为了保存人类所达成的那些伟大成就,使之不致因为年代久远而湮没不彰,为了使希腊人和异邦人的那些可歌可泣的丰功伟绩不致失去其应有的光彩,特别是为了要把他们之间发生战争的原因记载下来,以永垂后世。"两人的著述目的,旨趣相同,保存历史,志古自镜,探索历史演变的原因。

其二,取材宏富,记事实录,重视史料的考订和批判工作。《史记》记事实录,众所周知。希氏《历史》,前四卷有闻必录,有些地方失于轻信,后五卷叙事严谨可靠。同一历史事件,史料有多种来源,司马迁两传存疑。希氏记事,有的传闻也是记史存故,未必为信史。希氏特作交代说:"我的责任是报道人们所说的一切,但我自己并不一定就相信这些事是真实的。"有时说"这可能是真实的",或者说"我不知道是不是真有其事",这样的"声明",书中俯拾皆是。希氏记载这些他并不认为是真实的传说,是存疑,并引为艺术手段,使自己的叙述生动活泼,色彩鲜明,引人入胜。

其三,《史记》与《历史》都是文史名著,既是史学,又是文学。两书文笔生动,清新华美,语言流畅而富有韵律。司马迁和希罗多德都做到了把严肃的科学历史内容与具有高度艺术性的表达方法相结合,可以说两人的历史创作都是用散文写成的史诗。

《史记》贯通的是三千年历史,《希腊波斯战争史》着重写的是一场战争,两书的博大思精不可同日而语,但希氏早于司马迁三个世纪,两人各自创作了精彩绝伦的一代大典。一个是东方文明的史学之父,一个是西方文明的史学之父,司马迁与希罗多德比较,不必分伯仲,两人是永远闪耀在历史天空上的一对双子星。

第二节　司马迁与普鲁塔克

普鲁塔克,生于公元 45 年,死于公元 120 年,享年 76 岁,约晚于司马迁两个世纪。普氏是古罗马帝国早期的希腊作家。

1. 普氏的身世

普氏出生在希腊比奥提亚地区西北部一个小城镇洛涅亚的一个贵族家庭。祖父兰普利知识渊博。父亲奥托布通晓哲学、历史,而且是一个有名的传记作家。普氏出身书香门第,自幼恭承庭训,受到良好学术文化的熏陶。

公元 66 年，普氏 21 岁，来到文化教育中心雅典，受业于柏拉图主义者阿摩尼，学习哲学、数学、历史学、修辞学，兼攻医学。此外，自修诗学、演说术、美术和音乐理论，以及当时的自然科学。

普氏访学雅典后漫游各地。他游历了许多希腊城邦，访问过埃及和小亚细亚，两次游历罗马帝国。普氏在游历中结识了许多文化精英，还有一些政要朋友。其中罗马皇帝图拉真的宠臣索希乌斯·谢涅齐奥给予普氏重大影响，两人过从甚密。通过索氏，普鲁塔克与图拉真和哈德良两朝罗马皇帝交往，教过图拉真哲学，做过哈德良的师傅。图拉真赏赐普氏执政官的荣衔，哈德良任命普氏做了三年亚该亚省省长。普氏一生担任过许多公职，特别是荣任德尔斐阿波罗神殿的终身祭司。但普氏无论处于怎样的高位，一生笔耕不辍，著述多达二百余种。《道德文集》就是普氏现存各种著述的合集，《名人传》是其代表作。

普氏与司马迁之比较，就是他的这部《名人传》可与《史记》比肩。《史记》与《名人传》是古代东西方最伟大的两部人物传记作品。《美国大百科全书》列名世界古代伟大的传记作家，司马迁第一，普氏位居第三。

古希腊哲人辈出的雅典学院

2. 普氏的《名人传》

普氏《名人传》原名《希腊罗马名人平行列传》，意即"比较传记集"。全书 50 篇传记，其中 46 篇以类相从，分为 23 组。有 21 组是以一个希腊的名人与罗马的名人并列，后面附以名为《比较》的评论短文。还有两组，每组 4 传，一组是希腊人，一组是罗马人，后附以《比较》。在 50 篇之中另有 4 篇单个人物传记。这 4 个单传，可以看作是在整齐之中的变例。以上全书 50 篇，共写了 54 个人的传记，全都是帝王将相，即在政治上军事上叱咤风云的人物，而思想家、哲学家、诗人、科学家无一席之地。传记排列大体按时间先后，第一对传记是雅典的创立者提修斯和罗马城的创立者罗慕洛（公元前 9 世纪），一直写到公元 1 世纪的罗马皇帝加尔巴和奥托（两人都死于公元 69），包括大约一千年的历史。

普氏只写帝王将相，主旨是以人物传记形式写历史，把罗马皇帝与希腊国王并列评说，这是独特的研究方法与编纂方法。梁启超在《中国历史研究法》（外二种）中评论说："（《名人传》）这部书的组织，虽然有些地方勉强比对，不免呆板，但以比对论列之故，一面可以发挥本国人的长处，亦可以针砭本国人的短处。两两对照，无主无宾，因此叙述上批评上亦比较公平。"

3. 司普二氏比较之异同

司马迁与普鲁塔克分别生活在东西方两个社会制度完全不同的国家，两人相隔空间距离两万多里，时间距离两个世纪。但两人的经历和创作成果有许多共同点，其不同点是各自的特色。两人比较，可以给我们许多启迪。

首先，两人经历有三大共同点。其一，司、普两人都出生在书香门第之家，司马迁是史官世家，普鲁塔克是传记世家，学术文化厚重的家庭带给两人极高的文化修养。其二，两人在青年时代都游历了许多地方，接触广阔的社会，并且两人都跻身于统治权力的中心，与帝王将相交游。其三，两人都处于国家的极盛时代。司马迁一生基本与汉武帝相终始，处于两汉的极盛时代，普鲁塔克生活在"罗马的和平"年代，宏阔昂扬的时代是产生伟大作品的背景。可以说，《史记》《名人传》两部世界顶级作品都是应时代的呼唤产生的。两人经历的不同点是，普鲁塔克出身豪门，一生顺利，这一优越条件使普氏眼界只盯住上层，所写局限于帝王将相。司马迁出生于一般的中产之家，比普氏寒微得多，曾"耕牧河山之阳"，了解社会下层，晚年又受"腐刑"之祸，身遭危困而发愤著书，升华了《史记》主题。《史记》体大思精，囊括三千年历史，写尽社会人生百态，固然帝王将相是《史记》的主体，而社会各色人物，全方位纳入了《史记》，文学家、思想家、天文家，以及社会下层百工技艺之人都在《史记》中有位置。内容的丰富性、全面性，《名人传》无法与《史记》相比。司马迁的识见与目光的深邃，都超越了普氏。

其次，《史记》与《名人传》比较，有五大共同点。其一，两书都以人物为中心载述历史，塑造典型人物，积累了写人艺术。其二，两书都是实录记事。其三，两书都充满激情，作者直抒评论。《名人传》后有《比较》的评论，《史记》篇后有"太史公曰"。其四，两书都创造了历史的比较研究方法。《名人传》的比较特点极其鲜明，此为普氏的一大创造，梁启超给予了高度评价。《史记》中有类传、合传，就是司马迁引入比较法创作的篇章。《鲁仲连邹阳列传》，两人不同时代，合于一传，司马迁在"太史公曰"明确交代说："比物连类，有足悲者。"比物连类就是比较法。其五，两书文采斐然。两书的区别点表现为两书各自的突出特点，主要有两个方面。《名人传》的比较方法比《史记》更为突出，此其一。《名人传》主旨是文学作品，全书只写传记；《史记》主旨是"究天人之际，通古今之变，成一家之言"，首先是历史，文学是第二位的，此其二。两书都是文史名著，普氏侧重的是文学，司马迁侧重的是历史。

第三节　司马迁在世界文化思想史上的地位和影响

司马迁把一生全部贡献给了《史记》。司马迁和《史记》是一个不可分割的名字。评价司马迁在世界和世界文化思想史上的地位和影响，也就是评价《史记》的地位和影响。《史记》是一部空前的历史巨著，也是一部杰出的传记文学名著，自成一家之言。也就是说，司马迁集史学家、文学家、思想家于一身，在中国古代史上是前无古人、后无来者的一位文化巨人，在世界古代史上也是罕见的天才。

1. 伟大的历史学家

作为历史学家，司马迁的《史记》被誉为"史家之绝唱"，在我国古代史学史上树立了一座巍峨的丰碑。司马迁的创作，对先秦史籍和文献做了集大成的总结，不仅给后来的史学发展提供了范例，而且开拓了广阔的领域，从而奠定了史学的独立地位，结束了史学的童年。司马迁成为中国历史学之父，《史记》成为两千年来传统史学的优秀楷模。

登临司马迁祠前的石梯大道

司马迁创立的纪传体被传统史学家奉为作史圭臬。唐代设馆修史，以《史记》开创的纪传体为"正史"，从此纪传史居于独尊地位一千余年。历代史学家踵其遗轨修成蝉联而下的列朝正史，从《史记》至《清史稿》积数有二十六种之多，四千零四十二卷，洋洋近五千万言，按各史的朝代序列完整无缺地保存下来，故学术界有中华民族全史之称。记事起黄帝讫大清，中华民族五千年悠久文化发展的规模体制，载述毕于此编，司马迁的首创之功，可与日月并垂悬。

《史记》的影响，远远不限于正史系列。司马迁开创的"通史家风"，为司马光、郑樵所继承，写出了《通鉴》《通志》。《史记》所创"八书"，《汉书》扩充为"十志"，为正史系列所继承。唐以后别支分出，发展成为各种典制体专史系列，贯通的有《通典》《通考》等所谓"十通"系列，断代的有历代《会典》《会要》系列。此外，经济史、学术史、地方史、少数民族史等专史领域，追本溯源，都由《史记》发其端。

2. 杰出的文学家

作为文学家，司马迁开创了散文叙事的传记文学，《史记》遗泽后世，成为历代文学大家和千万计读者学习、借鉴的典范。《史记》对后世传记文学、散文、小说、戏曲都产生了深远的影响。

《史记》对后世文学的影响，最直接的是散文。司马迁的散文成就，不仅代表了汉代文学的高峰，而且在散文发展史上，也起了承先启后的作用。

"唐宋八大家"是我国古典散文作家的杰出代表，他们反对六朝骈文，提倡古文，把《左传》《史记》当作旗帜。《左传》散文叙事有具体的过程，而且富有文学性，在散文史上是一个发展。但《左传》散文以记事为主，还缺乏人物形象的塑造，它又受到解经编年的限制，还没有充分发挥出散文完整叙事的特点。《史记》散文广泛吸收先秦诸子散文与《左传》《国语》《战国策》等叙事散文的特长，创造出《史记》独具的史传文学，把散文的发展推向了一个新的高峰。唐代古文运动的先驱者独孤及说："荀、孟朴而少文，屈、宋华而无根。有以取正，其贾生、史迁、班孟坚云尔。"[1] 这是说司马迁的文章比荀子、孟子更富有文采，又没有屈原、宋玉"华而无根"的弊病，岂不是说司马迁文章比荀子、孟子、屈原、宋玉还要高一筹吗！从历史叙事的角度看，《史记》完整地叙述历史事件的发展过程，有个性鲜明的人物刻画，又广泛深刻地反映了社会生活，它远远地超越了《左传》。所以"唐宋八大家"提倡的古文运动，主要是学习、效法《史记》，追步司马迁，把《史记》文章当作古文典范来借鉴。"唐宋八大家"之后的明清评点家，尤其是清代桐城派古文家，更是把《史记》奉为古文正宗。这说明自宋代以后，《史记》对散文的发展，仍有巨大的影响。李长之先生有极精到的评述。李氏说：

> 司马迁的风格是丰富的，他的风格配合着内容而有变化……

---

[1] 《全唐文》卷五一八梁肃《毗陵集后序》。

韩愈得了这种风格的一部分，是矫健；欧阳修得了这种风格的一部分，是唱叹。归有光学了他那在琐屑处传神，在平淡处抒情的小巧。方苞学了他纪事文的有层次和干净利落处。一直到林纾，还用了司马迁的风格介绍了西洋资产阶级上升期的一些文学名著。这些人所得或大或小，或深或浅，但司马迁在散文风格方面的影响之大却可见了。①

从写人文学角度看，司马迁创造了史学与文学高度统一的传记文学，因此，《史记》不仅影响了后世史传、杂传的写作，也深深地影响了后世小说和戏剧的创作。司马迁是人物形象创作典型化的奠基人。只要提起司马迁，人们的脑中就会浮现出屈原、魏公子、廉颇、蔺相如、项羽、刘邦、张良、韩信、樊哙、李广，以及荆轲、聂政、朱家、郭解等一系列人物的形象。司马迁"以文运事"的写人艺术，直接影响"因文生事"的后世小说，使中国小说具有不同于西方小说的独立特点。中国小说故事性强，开头结尾与情节结构都带有史传的特点，这是受《史记》影响的结果。反过来读者觉得《史记》中的若干人物传仿佛就是生动的历史小说。

中国古典小说的发展主要有三个时期。一是六朝志怪小说；二是唐五代传奇；三是宋元明清的话本和通俗小说。各个历史时期的小说无不受到《史记》的深刻影响。

由上所述，在中国文学发展史上，司马迁是当之无愧承前启后的杰出的文学家。他创作的《史记》传记文学，具有多方面的文学价值，是中国古典文学中无与伦比的精品。

---

① 李长之：《中国文学史略稿》第二卷，五十年代出版社，1954年。

3. 卓越的思想家

作为思想家，司马迁具有崇高的人格和创新的精神。他的崇高人格和创新精神，主要表现在以下三个方面：一是忍辱负重，发愤著书，实现了"成一家之言"的理想；二是勇于探索和创新，创作了划时代的纪传体通史，用以稽其成败兴坏之理，志古自镜；三是严格地忠实于信实可靠的历史，不与圣人同是非。这些精神和品格，都是值得我们继承和发扬的。

司马迁忍辱发愤，实现了"成一家之言"的理想，为人们树立了以"立名"为核心思想的进步荣辱观和生死观，对后世也产生了深远的影响。北齐颜之推在《颜氏家训·名实》篇中说："劝其立名，则获其实。且劝一伯夷，而千万人立清风矣；劝一季札，而千万人立仁风矣；劝一柳下惠，而千万人立贞风矣。"这是说，杰出人物的修身立名可以影响一代人的风气。在封建社会，个人的修身立名是一种积极进取的人生观。"青史留名"，不仅是古代一切志士仁人奋斗和追求的目标，而且深入人心，普通老百姓都懂得"青史留名"的深刻意义。南宋抗元民族英雄文天祥在《过零丁洋》诗中曾写下了"人生自古谁无死，留取丹心照汗青"的壮烈诗句，至今仍是激励人们斗志的座右铭，可以说这就是司马迁名重泰山的"立名"精神。司马迁撰述《史记》获得了空前的成功，也正是"立名"信念推动的结果。明代柯维骐效法司马迁发愤修史，竟然自处宫刑，其行为固然可笑，但也说明了司马迁忍辱发愤的精神对后世产生的强烈影响。

作为思想家，司马迁的伟大更体现在他创作实践中不断创新的精神。司马迁非常尊敬他的父亲，也无限推崇孔子，但是他并不墨守父训和死抱经文。他的创新精神突破了父亲的规划和圣人的遗则。可以说，创新既是司马迁品格的集中反映，也是《史记》的最大成功。《史记》之所以是一部划时代的伟大著作，用最简练的语言来概括，就是前文第六章"史家之绝唱"所说的,这部巨著从内容到形式都是划时代的创新,用一句话概括,就是司马迁创造了百科全书式的"纪传体通史"。这不仅仅是史学发展史上的一次划时代的创新,而且在文学史和思想史上也树立了一座里程碑。从司马迁"立言"角度来看,五体结构的纪传体,乃是"一家之言"的表述形式;而贯通百家学说以建立统一的新思想体系,这就是"一家之言"的内容,其核心思想是稽其成败兴坏之理以志古自镜。因此,司马迁的思想体系不是思辨哲学,而是经世致用的总结历史经验,在述往事、思来者中形成"一家之言"。由于司马迁的"一家之言"融会贯通了百家学说,所以它是相对"独尊儒术"思想体系发出的异端。这一异端思想,使司马迁突破了封建主义的正统和愚忠的思想束缚,敢于实录历史,讥刺君王,非议圣人,反对暴政,同情人民的苦难,并在《史记》中突出了重视人民力量的思想,这些就是《史记》的人民性思想成分。司马迁的"一家之言"是我国古代异端史学的优秀传统,是应该肯定的。

  司马迁的鲜血和生命化成了《史记》,给华夏子孙留下了宝贵的文化遗产,他将永远值得人们祭奠!

陕西省韩城市司马迁祠文化广场上的司马迁铜像

附录一

史圣颂

【题解】史圣故里韩城市建设司马迁文史公园,广场落成,太史公巍巍铜像矗立,征文立碑纪念。中国史记研究会会长张大可、理事李永明,文史合璧,应邀共撰《史圣颂》碑文。

史圣者,司马迁也!史记者,史圣之雄文也!韩城者,史圣之桑梓也!观史圣之才奇,史记之文奇,韩城之气奇,三奇合一,叹为观止也。

史圣者,司马迁,字子长,称太史公,汉夏阳今韩城人也。诞景帝之丙申①,与汉武相终始。以史记闻,以风骨奇。十岁诵古文,二十游江淮②,讲业齐鲁③,问道孔董④,观书金匮⑤,考信六艺⑥,斯学殖之奇

---

① 此取王国维说,司马迁生于汉景帝中元五年丙申,即公元前145年。
② 武帝元朔三年,即公元前126年,司马迁二十岁,奉父命游历大江南北、讲业齐鲁,过梁楚以归,网罗天下放失旧闻,为修撰《史记》考察社会,储备资料。史称二十壮游,当有数年之久。
③ 讲业齐鲁:指司马迁二十壮游,曾到山东齐鲁地区孔子、孟子的故乡去考察民情风俗,研习学问。
④ 问道孔董:司马迁壮游归来,在二十二三到二十七岁之间,师从西汉古文学大师孔安国学习古文《尚书》,又师从今文学大师董仲舒学习今文学《尚书》。
⑤ 观书金匮:阅览国家图书馆、档案馆的藏书与档案。金匮,是"金匮石室"之省称,指代国家图书馆与档案馆,形容国家图书与档案收藏在坚固的书库中。
⑥ 考信六艺:宗仰六经,以之为评判是非之准绳。六艺,即儒家六经:《诗》《书》、《礼》《易》《春秋》《乐》。《乐经》亡佚,今存只有五经。

也①。仕为郎中,扈从武帝②,奉使西征,设郡置吏③,饱览山川壮观,网罗天下遗闻,笼天地之浩气,吐风云而成文④,斯游历之奇也。蒙冤而身受腐刑,忍辱而发愤著书⑤,效春秋成史记,立令名于天下,生也无悔,死重泰山,斯意志之奇也。忠臣死义之士,辅弼股肱之臣,扶义俶傥之辈,超凡负俗之伦,凡有奇德奇功奇言奇行者,莫不追慕而讴歌,传颂于千秋,斯好尚之奇也。然,斯四奇者,何足道哉!惟高山仰止,景行行止⑥,功追尼父,光争日月⑦,庶几当之。

① 学殖:学问增益,学问修养。
② 仕为郎中,扈从武帝:武帝元狩五年,即公元前118年,司马迁二十八岁,出仕为郎中。郎中为郎官之一,掌守宫门,皇帝出巡为仪仗警卫。武帝在位,巡游全国各地数十次,司马迁司警卫之职,是为扈从之游。
③ 奉使西征,设郡置吏:元鼎六年,即公元前111年春正月,司马迁奉命为郎中将监军开拓西南夷,在今云南、贵州,以及四川西部置郡有七:犍为、牂柯、越巂、益州、武都、沈犁、汶山。此为司马迁奉使之游。
④ 笼天地之浩气,吐风云而成文:司马迁游览天下,胸襟开阔,胆气豪壮,行文雄峻。苏辙《上枢密韩太尉书》云:"太史公行天下,周览四海名山大川,与燕赵间豪俊交游,故其文疏荡,颇有奇气。此二子者岂尝执笔学为如此之文哉?其气充乎其中而溢乎其貌,动乎其言,见乎其文,而不自知也。"(《栾城集》卷二二)
⑤ 蒙冤而身受腐刑,忍辱而发愤著书:腐刑,即宫刑,就是割除生殖器。受此刑法,被视为奇耻大辱,死后不得入祖坟。天汉二年,即公元前99年,汉将李陵率五千步兵出征匈奴,遭遇八万匈奴骑兵的围攻,李陵寡不敌众,败降匈奴,司马迁为其申辩。天汉三年,即公元前98年,司马迁受李陵案株连,蒙受腐刑,痛不欲生。司马迁为了完成《史记》,隐忍苟活,引古人自况,认为只有那些能够经受得起艰难环境磨炼的人才能做出一番事业来。司马迁效法文王演《周易》、孔子作《春秋》、屈原写《离骚》、左丘明著《国语》、孙膑论《兵法》,终于从个人悲怨中解脱出来,忍辱著书,升华《史记》主题,"贬天子,退诸侯,讨大夫",留下了宝贵的实录作品。这种精神体现了中华民族的脊梁,是值得后人敬仰的。
⑥ 高山仰止,景行行止:这两句诗见《诗经·小雅·车辖》。司马迁在《孔子世家》中用以称赞孔子的道德学问,像高山一样使人瞻仰,像大路一样导人遵循。这里借以称颂司马迁。
⑦ 功追尼父,光争日月:司马迁的成就可与孔子相比美,光芒与日月同辉。追,相比。尼父,指孔子。孔子名丘,字仲尼。尼父,称其字以示尊敬。郭沫若诗云:"功业追尼父,千秋太史公。"光争日月,司马迁在《屈原列传》中评价屈原的高尚志节以及《离骚》,"虽与日月争光可也",这里借以评价司马迁。

史记者，天下之奇书也。乃史家之绝唱，无韵之离骚[①]，国学之根柢，资治之宝典[②]！溯轩辕，综汉武，包举三千余载，荟萃百三十篇[③]，华夏文明之浓缩，百科全书之大成，斯囊括之奇也。厥协六经异传，整齐百家杂语[④]，开纪传之先河，创五体之仪范，史官必守其法，学人专精其书，斯体制之奇也[⑤]。其文直，其事核，不虚美，不隐恶，见斥叛道谤书，实乃实录信史[⑥]，斯史笔之奇也。融风骚之妙，擅古文之长，辞采峻洁，笔力雄健[⑦]，生与相如交辉[⑧]，逝后韩柳同崇，斯

[①] 史家之绝唱，无韵之离骚：此乃鲁迅在《汉文学史纲要》中对司马迁《史记》成就的评价。

[②] 国学之根柢，资治之宝典：《史记》是一部国学根柢书，它为后王立法，为人伦立准则，是一部治国宝典和人伦道德教科书。根，是树之本；柢，是根中的主根。将有五千年文明的中华文化，比作一棵参天大树，《史记》就是这棵大树之根之柢，即中华文化之源。在中国文化国学精品中，《史记》是一部百科全书，它生命之树长青，它有取之不尽的思想源泉，养育着一代又一代人的成长，具有无比的凝聚作用。这一特殊的历史价值与地位，奠定了《史记》成为中国人的一部人人必读的国学根柢书。

[③] 溯轩辕等四句：溯，追溯，上起。综，下讫。《史记》上起黄帝，下讫汉武，贯通三千年历史，全书一百三十篇，计：本纪十二篇，表十篇，书八篇，世家三十篇，列传七十篇。本纪、表、书、世家、列传，合称五体，其中本纪、列传两部分是主干，因此省称纪传体，是司马迁的独创。

[④] 厥协六经异传，整齐百家杂语：《史记》协调了六经各家的不同解释，整齐了百家互相对抗的异论。这两句是说司马迁包容和吸收了六经以及百家学说，而自成一家之言。

[⑤] 开纪传之先河等句：是对《史记》体制五体创造的评价，涵盖了宋人郑樵和清人赵翼的评价。郑樵曰："（《史记》）使百代而下，史官不能易其法，学者不能舍其书，六经之后，惟有此作。"（《通志·总序》）赵翼曰："司马迁参酌古今，发凡起例，创为全史。……自此例一定，历代作史者遂不能出其范围。"

[⑥] 见斥叛道谤书，实乃实录信史：班固、扬雄、刘向、刘知几等历史学、哲学大家都盛赞《史记》为实录信史，"其文直，其事核，不虚美，不隐恶"。东汉末王允斥责《史记》为谤书，为其滥杀蔡邕找借口。

[⑦] 辞采峻洁，笔力雄健：唐代大文学家韩愈、柳宗元发起古文运动，以《史记》为旗帜，叙事用散文，反对骈体文。韩愈论《史记》雄健，柳宗元称《史记》峻洁。

[⑧] 生与相如交辉：汉代文章两司马，指散文司马迁与汉赋司马相如两人齐名，共为一代文宗。此出自班固在《公孙弘卜式儿宽传》中的赞语，曰："文章则司马迁、相如。"

文采之奇也。究天人之际，通古今之变，熔六家之旨，成一家之言，为后王立法，为人伦立则，颂货殖游侠，重民生平准[1]，六经之后，惟有此书，斯思想之奇也。然，斯五奇者，形之奇耳。至若神之奇也，浩如太空，质如金刚，仰之弥高，钻之弥坚[2]，岂可尽道哉！

韩城者，天下之奇地也。西枕梁山，东临长河，北倚禹门，南襟韩原，群山环抱而茂树生，众水汇流而膏壤厚，斯山川之奇也。当秦晋之咽喉，扼东西之要津，霸者必图，兵家必争[3]，鼓鸣震于八荒，烽火烛于天际，斯形胜之奇也。地本夏后之墟[4]，民资椒梁之利[5]，承周秦之遗风，薰三晋之殊俗，秉子夏之教[6]，传洙泗之学，诗礼风行，俊彦

---

[1] 为后王立法等句：杨向奎在《司马迁的历史哲学》（《中国史研究》1979年第1期）一文中说，司马迁思想的亮点为两颂两立。两颂，一颂货殖，二颂游侠；两立，一为后王立法，二为人伦立则。两颂两立为这几句的主旨精神。碑文改"为后王立法"为"为天地立心"，用张载语，突显了哲理化而失真，还是不改为好，故此复原。

[2] 仰之弥高，钻之弥坚：语出《论语·子罕篇》，颜渊称赞孔子的学问："越抬头看，越觉得高；越用力钻研，越觉得深。"这里借以赞颂司马迁。

[3] 霸者必图，兵家必争：韩城坐落在河西狭长川原地带韩原的北端。韩原西枕梁山，东带黄河，南有少梁渡，北有禹门津，是关中的北门，亦是山、陕交通的咽喉要道，故在古代列国纷争或群雄割据中，这里是兵家必争的形胜要地。公元前645年，秦晋韩原大战，秦虏晋惠公。公元前205年，汉将韩信以木罂渡少梁而擒魏王豹。公元618年，唐高祖起兵太原，南下渡龙门而取关中，奠定了唐室基业。公元1126年，金将娄宿越龙门冰桥取陕西。公元1644年，李自成从陕西出龙门直捣北京，推翻了明朝。在司马迁诞生之前的春秋战国时期，晋取少梁而兴，魏失河西而衰，秦晋、秦魏在这里进行了长期的拉锯战。《史记》记载的大战役就有六次。

[4] 地本夏后之墟：夏墟，夏朝兴起的遗址。夏朝文化遗存在河东。韩原在河西，位于梁山之东，黄河之西，故秦魏争强，魏失河西少梁，称新都为大梁，秦则更名少梁为夏阳，意为夏墟之阳，其悠久文化盖过大梁。汉置县。

[5] 椒梁：花椒、高粱。用以指代韩城自古农业发达，物产丰富。韩城大红袍花椒闻名全国。

[6] 秉子夏之教：韩城文化悠久源长。《史记·仲尼弟子列传》记载："孔子既没，子夏居西河教授，为魏文侯师。"

辈出，斯风教之奇也。今观夫韩城，雄豪之气弥漫乎山川，雅尚之风充盈乎士庶，史圣化成于斯，必也。

嗟乎！二〇一六年，巧逢丙申①，令属三秋，陕西韩城司马迁祠文化广场告成。司马坡下，芝水河滨，文风郁郁，气象蒸蒸。史圣之风采重光，鸿著之精深弥显。低回吟咏，遐思翩翩，遂乃纵目长河，击节长歌，曰：

史圣之奇兮，国之素王。与孔子同圣，与日月齐光。

史记之奇兮，国之华章。如苍穹之浩，如瀚海之洋。

韩城之奇兮，国之灵壤。山远横兮昂昂②，水长流兮锽锽③。

中国史记研究会　张大可　李永明同撰
公元二〇一六年岁次丙申九月谷旦立

【点评】《史圣颂》文体，骈散相间，议叙结合，布局仿八股文起承转合应接，内容以人奇、书奇、地奇展开，共有十三奇，囊括古今文史哲大家的评论。上起《司马迁传》作者，下讫《史圣颂》笔者，两千年间班固、刘向、扬雄、刘知几、韩愈、柳宗元、苏辙、郑樵、赵翼、王国维、鲁迅、郭沫若、杨向奎等人的评价精言妙语，悉数采入，融会贯通，以"史圣"定位终篇。《史圣颂》是自古迄今对司马迁最全面最崇高的评价，无一字无来历，无一事无出处。"史圣"二字是首次使用，东圣孔子，西圣司马迁，二圣并立，依据有三：其一，《太

---

① 巧逢丙申：公元 2016 年，即中国农历丙申年，司马迁祠文化广场告成，撰《史圣颂》碑文纪念，恰值司马迁生年，汉景帝中元五年（前 145）丙申六十甲子年第三十六轮起始之年。"巧逢丙申"指此，仿佛冥冥中有必然。

② 昂昂：摹写山势之态，气宇轩昂，显现无限的灵动与生机。

③ 锽锽：形容龙门湍急的流水，发出金属般的声响，比流水泱泱更为浩大壮观。

史公自序》，太史公自喻孔子，效《春秋》作《史记》。其二，汉代扬雄以"奇"与"义"二字并提司马迁与孔子，《法言·君子篇》："仲尼多爱，爱义也；子长多爱，爱奇也。"其三，晚近文史大家郭沫若有诗赞曰："功业追尼父，千秋太史公。"

附录二

历代《史记》研究论著索引

1. 存世的古代《史记》研究论著索引（103 种，1905 年以前）

史记集解 / 刘宋·裴骃 / 存三家注中

史记索隐 / 唐·司马贞 / 存三家注中

史记正义 / 唐·张守节 / 存三家注中

班马异同 35 卷 / 宋·倪思 / 存

班马异同评 / 宋·刘辰翁 / 存

迁史删改古书异辞 12 卷 / 宋·倪思 / 存

黄氏日钞·史记 / 宋·黄震 / 清刻本

习学纪言·史记 2 卷 / 宋·叶适 / 中华书局本

班马字类 5 卷 / 宋·娄机 / 存

订正史记真本凡例 1 卷 / 宋·洪遵 / 学海类编本

史记法语 / 宋·洪迈 / 存

史记辨惑 11 卷 / 宋·王若虚 / 四部丛刊本

史记扁鹊仓公传补注 3 卷 / 明·张骥 / 明刊本

史记题评 130 卷 / 明·杨慎 / 明刊本

史记考要 10 卷 / 明·柯维骐 / 明刊本

荆川先生精选批点史记 / 明·唐顺之 / 明刊本

史记评钞 91 卷 / 明·茅坤 / 明刊本

归震川评点史记 / 明·归有光 / 清刊本

史汉古字 2 卷 / 明·朱睦

监本史记 130 卷 / 明·余有丁 / 明刊本

太史史例 100 卷 / 明·张之象 / 明刊本

史汉愚按 4 卷 / 明·郝敬 / 明刊本

史记琐琐 / 明·郝敬 / 明刊本

史记辑评 10 卷 / 明·邓以讚 / 明刊本

史记评林 130 卷 / 明·凌稚隆 / 明刊本

百大家评注史记 10 卷 / 明·朱之蕃 / 明刊本

史汉方驾 35 卷 / 明·许相卿 / 明刊本

太史华句 8 卷 / 明·凌迪知 / 明刊本

史记鸿裁 12 卷 / 明·穆文熙 / 明刊本

史记赛宝 / 明·陶望龄 / 明刊本

史记三家注评林 6 卷 / 明·赵志皋 / 明刊本

史记纂要文统 5 卷 / 明·王思任 / 明刊本

陈仁锡评阅史记 130 卷 / 明·陈仁锡 / 明刊本

史记奇钞 14 卷 / 明·陈仁锡 / 明刊本

史记萃宝评林 3 卷 / 明·焦竑 / 明刊本

史记合编题评 / 明·茅一桂 / 明刊本

史记癖嗜 1 卷 / 明·郑惟岳 / 明刊本

史䲮 / 明·谢肇淛 / 四库全书本

史记旁训便读 8 卷 / 明·郑惟岳 / 明刊本

评选史记玉壶冰 8 卷 / 明·汤宾尹 / 明刊本

静观室增补史记纂 6 卷 / 明·李廷机 / 明刊本

史记珍钞 5 卷 / 明·张溥 / 明刊本

读史汉翘 2 卷 / 明·施端教 / 明刊本
史汉合钞 12 卷 / 明·刘宗周 / 明刊本
史记统 5 卷 / 明·童养正 / 明刊本
史记测义 130 卷 / 明·陈子龙、徐孚远 / 清刊本
史记汇评 130 卷 / 明·葛鼎、金蟠 / 明刊本
史记文钞 22 卷 / 明·戴羲 / 明刊本
读史记 5 卷 / 明·赵维寰 / 明刊本
孙月峰先生批评史记 130 卷 / 明·孙𨰻 / 明刊本
史记狐白 6 卷 / 明·汤宾尹 / 明刊本
史记神驹 4 卷 / 明·梅之焕 / 明刊本
史记评论 1 卷 / 明·黄淳耀 / 明刊本
史记集评善本 130 卷 / 明·朱东观 / 明刊本
史记选 / 清·储欣 / 清刊本
义门读书记·史记 / 清·何焯 / 清刊本
史记注补正 / 清·方苞 / 清刊本
史记评语 / 清·方苞 / 四部丛刊本
读史记 / 清·方苞 / 四部丛刊本
读史记 / 清·何焯 / 光绪重刊本
史记论文 130 卷 / 清·吴见思 / 清刊本
史记半解 / 清·汤谐 / 清刊本
读史记十表 / 清·汪越、徐克范 / 清刊本
史记七篇读法 / 清·王又朴 / 清刊本
史记疑问 / 清·邵泰衢 / 清刊本
史记评注 130 卷 / 清·牛运震 / 清刊本
史记榷参 / 清·王治皞 / 清刊本
史记考证 7 卷 / 清·杭世骏 / 清刊本

史记三书正讹 3 卷 / 清・王元启 / 广雅书局本

史记商榷 6 卷 / 清・王鸣盛 / 商务馆排印本

史记札记 3 卷 / 清・赵翼 / 商务馆排印本

史记考异 5 卷 / 清・钱大昕 / 商务馆排印本

史记阐要 / 清・邱逢年 / 北京图书馆藏抄本

史记测义举隅 / 清・邱逢年 / 清刊本

史记辑评 10 卷 / 清・邵晋涵 / 上海会文堂书局本

史记杂志 6 卷 / 清・王念孙 / 金陵书局本

史汉笺论 / 清・杨于果 / 清刊本

史记钞 / 清・高嶙 / 清刊本

史记志疑 36 卷 / 清・梁玉绳 / 中华书局本

史记志疑识疑 4 卷 / 清・钱馥 / 清刊本

史记蠡测 / 清・林伯桐 / 修本堂丛书本

史记疏正 / 清・沈钦韩 / 清刊本

史记菁华录 6 卷 / 清・姚苎田 / 清刊本

史记发伏 5 卷 / 清・洪亮吉 / 清刊本

史汉骈枝 1 卷 / 清・成孺 / 广雅丛书本

史记三家注补正 8 卷 / 清・瞿方梅 / 清刊本

史记琐言 3 卷 / 清・沈家本 / 清刊本

读史记札记 / 清・潘永季 / 昭代丛书本

读史管见 / 清・李晚芳 /1937 年师古堂影印本

史记辨证 10 卷 / 清・尚镕 / 清刊本

史记余论 / 清・丁晏 / 清刊本

史记集说 / 清・程余庆 / 上海交通图书馆印行本

史记别钞 / 清・吴敏树 / 清刊本

校刊史记集解索隐正义札记 / 清・张文虎 / 中华书局本

史记札记 5 卷 / 清·郭嵩焘 / 商务馆本
史记札记 2 卷 / 清·李慈铭 / 北平图书馆印刷本
楚汉帝月表 / 清·吴非 / 二十五史补编本
天官书考证 10 卷 / 清·孙星衍 / 清刊本
点勘史记读本 130 卷 / 清·吴汝纶 / 清刊本
史汉求是 / 清·杨琪光 / 清刊本
读史记臆说 / 清·杨琪光 / 清刊本
史记私笺 / 清·鹿兴世 / 清刊本
史记解诂 / 清·吴国泰 / 清刊本

2. 近代《史记》研究论著索引（35 种，1905—1949）

太史公行年考 / 王国维 / 收入《观堂集林》
史记探源 8 卷 / 崔适 / 中华书局本
史记达旨 / 魏元旷 / 潜园类编本
太史公书义法 / 孙德谦 / 四益宦刊本
史记订补 / 李笠 / 横经堂刊本
史记旧注评议 / 王骏图、王骏观 / 正中书局本
史记通论 / 杨启高 / 清山阁刊本
史记读法 / 梁启超 / 清华周刊丛书本
史记货殖传新铨 / 潘吟阁 / 商务印书馆本
太史公疑年考 / 张惟骧 / 小双寂庵刊本
史记货殖列传新义 / 梁启超 / 商务印书馆 1917 年印行
史记意 / 齐树楷 / 四存中学排印本
太史公书知意 / 刘咸炘 / 尚友书塾刊本
史记选注 / 胡怀琛 / 商务印书馆本
史记拾遗 / 林茂春 / 北京图书馆藏稿本

史记举要 / 高步瀛 / 和平印书局版
史记评议 / 李景星 / 岳麓书社重校本
史记释例 / 靳德峻 / 商务印书馆本
史记新论 / 施章 / 北新书局本
史记会注考证驳议 / 鲁实先 / 岳麓书社重校本
太史公年谱 / 张鹏一 / 关陇丛书本
太史公书亡篇考 / 余嘉锡 / 收入《余嘉锡论学杂著》
司马迁年谱 / 郑鹤声 / 商务印书馆本
史汉研究 / 郑鹤声 / 商务印书馆本
史汉研究法 / 陈衍 / 无锡国学专修学校印行本
史记新校注稿265卷 / 张森楷 / 稿本
史记通论 / 李则纲 / 商务印书馆本
史记纪年考 / 刘垣 / 商务印书馆本
史记丛考 / 李奎耀 / 天津商科职业学校合订本
史记考索 / 朱东润 / 开明书店本
论司马迁的历史学 / 翦伯赞 / 1946年出版
司马迁之人格与风格 / 李长之 / 三联书店重印本
史记精华 / 秦同培 / 世界书局本
史记选注 / 庄适等 / 万有文库本
史记及注释综合引得 / 燕京大学 / 燕京大学出版

3. 现当代《史记》研究论著索引（26种，1950—1979）
司马迁 / 季镇淮 / 上海人民出版社1955年版
司马迁的故事 / 阳胡 / 古典文学出版社1955年版
史记选读 / 王邻苏 / 春明出版社1956年版
史记故事选 / 瞿蜕园 / 上海文化出版社1956年版

史记选注／张友鸾等／人民文学出版社 1956 年版

史记选注／王晓传等／人民文学出版社 1956 年版

史记研究的资料和论文索引／中国科学院历史研究所／科学出版社 1957 年版

司马迁与史记／文史哲编委会／中华书局 1957 年版

史记选／王伯祥／人民文学出版社 1957 年版

史记书录／贺次君／商务印书馆 1958 年版

史记故事选译／中华书局上海编辑所／中华书局 1959 年版

史记选／人民文学出版社编辑部选注／人民文学出版社 1959 年版

司马迁／谢介民／中华书局 1959 年版

史记／中华书局点校本／中华书局 1959 年版

史记选讲／郑权中／中国青年出版社 1959 年版

司马迁和史记／胡佩韦／中华书局 1962 年版

史记选辑／中华活页文选合订本（4）／中华书局 1962 年版

司马迁（蒙古文）／舍扎布·玉兰译／内蒙古教育出版社 1962 年版

司马迁所见书考／金德建／上海人民出版社 1963 年版

史记选择上、下／北京卫戍区某部六连／中华书局 1976 年版

史记人名索引／钟华／中华书局 1977 年版

史记故事选译（一）／梁弼／上海古籍出版社 1978 年版

史记故事选译（二）／张友鸾／内蒙古人民出版社 1979 年版

史记故事选编／曾凡礼／内蒙古人民出版社 1979 年版

史记选（英文）／外文出版社 1979 年版

史记新证／陈直／天津人民出版社 1979 年版

4. 当代《史记》研究论著索引（156 种，1980—2000）

司马迁和史记 / 谢介民 / 中华书局 1980 年版
史记故事新编 / 杨知秋 / 云南人民出版社 1980 年版
史记选（蒙古文）/ 奥尔黑勒译 / 民族出版社 1980 年版
史记新论 / 白寿彝 / 求实出版社 1981 年版
司马迁 / 郭维森 / 江苏人民出版社 1982 年版
史记选注集说 / 韩兆琦 / 江西人民出版社 1982 年版
史记选（朝鲜文）/ 方元成译 / 辽宁人民出版社 1982 年版
史记三家注引书索引 / 段书安 / 中华书局 1982 年版
司马迁与史记论集 / 历史研究编辑部 / 陕西人民出版社 1982 年版
司马迁研究新论 / 施丁、陈可青 / 河南人民出版社 1982 年版
史记酷吏列传译注 / 冯树梁等 / 群众出版社 1982 年版
史记汉书诸表订补十种 / 吴树平点校 / 中华书局 1982 年版
司马迁研究 / 陆永品 / 江苏人民出版社 1983 年版
史记汉书故事选读 / 文建伟 / 四川少年儿童出版社 1984 年版
史记纪传选译 / 上海古籍出版社 / 上海古籍出版社 1984 年版
史记论稿 / 徐朔方 / 江苏古籍出版社 1984 年版
史记研究 / 张大可 / 甘肃人民出版社 1985 年版
史记管窥 / 程金造 / 陕西人民出版社 1985 年版
史记评议赏析 / 韩兆琦 / 内蒙古人民出版社 1985 年版
史记人物传记论稿 / 郭双成 / 中州古籍出版社 1985 年版
史记正义佚文辑校 / 张衍田 / 北京大学出版社 1985 年版
韩城市司马迁研究文集 / 韩城市司马迁学会编印
史记艺术美研究 / 宋嗣廉 / 东北师范大学出版社 1985 年版
史记人物故事 / 仓阳卿、张企荣 / 浙江教育出版社 1985 年版
史记太史公自序注说会纂 / 吴忠匡 / 黑龙江人民出版社 1985 年版

司马迁 / 安平秋译注 / 中华书局 1985 年版
历代名家评史记 / 杨燕起等 / 北京师范大学出版社 1986 年版
司马迁·史记与档案 / 周经 / 档案出版社 1986 年版
司马迁评传 / 肖黎 / 吉林文史出版社 1986 年版
史记论稿 / 吴汝煜 / 江苏教育出版社 1986 年版
史记论赞辑释 / 张大可 / 陕西人民出版社 1986 年版
史记故事百篇 / 李靖之 / 新华出版社 1986 年版
史记菁华 / 陈茂兹译注 / 上海教育出版社 1987 年版
精选白话史记 / 本书编译组 / 内蒙古人民出版社 1987 年版
史记故事精华 / 浣官生 / 湖南少年儿童出版社 1987 年版
司马迁论稿 / 聂石樵 / 北京师范大学出版社 1987 年版
司马迁和史记 / 刘乃和主编 / 北京出版社 1987 年版
司马迁传记文学论稿 / 李少雍 / 重庆出版社 1987 年版
司马迁的传说 / 徐谦夫 / 北京文化艺术出版社 1987 年版
史记人物画廊 / 黄绳 / 广东人民出版社 1988 年版
太史公自序注释 / 王汉民 / 青海人民出版社 1988 年版
史记里的成语故事 / 刘元福 / 辽宁人民出版社 1988 年版
史记注译 / 王利器主编 / 三秦出版社 1988 年版
史记赏析集 / 韩兆琦主编 / 巴蜀书社 1988 年版
史记选译 / 李国祥等 / 巴蜀书社 1989 年版
史记与日本文化 / 覃启勋 / 武汉大学出版社 1989 年版
史记选注讲 / 张大可主编 / 山东教育出版社 1989 年版
史记研究资料索引和论文专著提要 / 杨燕起、俞樟华 / 兰州大学出版社 1989 年版
司马迁年谱新编 / 吉春 / 三秦出版社 1989 年版
司马迁史学批评及其理论 / 周一平 / 华东师范大学出版社 1989

年版

  史记地名索引 / 嵇超等 / 中华书局 1989 年版
  史记全本新注 / 张大可 / 三秦出版社 1990 年版
  史记美学论 / 何世华 / 陕西师范大学出版社 1989 年版
  史记研究史略 / 张新科、俞樟华 / 三秦出版社 1990 年版
  史记通论 / 韩兆琦、俞樟华 / 北京师范大学出版社 1990 年版
  史记赏析 / 韩兆琦主编 / 四川人民出版社 1990 年版
  史记名篇赏析 / 朱靖华、顾建华 / 北京出版社 1990 年版
  史记选注汇评 / 韩兆琦 / 中州古籍出版社 1990 年版
  史记故事精选连环画 / 汪述荣文、龚汝枢等绘 / 二十一世纪出版社 1990 年版
  司马迁与太史祠 / 吉春、徐兴海 / 陕西人民出版社 1990 年版
  历代咏司马迁诗选 / 张天恩、冯金波 / 三秦出版社 1990 年版
  史记故事 / 郝永辉、陈明编 / 北方妇女儿童出版社 1990 年版
  史记——历史的长城·战国四公子 / 蔡安忠 / 生活·读书·新知三联书店 1990 年版
  司马迁研究 / 冯庄、张天恩 / 三秦出版社 1990 年版
  史记选 / 来新夏 / 中华书局 1990 年版
  史记传记赏析 / 梁杨、杨东甫 / 广西教育出版社 1991 年版
  史记故事选 / 成德寿 / 学苑出版社 1991 年版
  史记少年读本 / 严硕勤 / 陕西教育出版社 1991 年版
  史记人物辞典 / 张克等 / 广西人民出版社 1991 年版
  司马迁评传 / 黄新亚 / 光明日报出版社 1991 年版
  史记辞典 / 仓修良主编 / 山东教育出版社 1991 年版
  新编史圣司马迁剧选 / 范明著，杨志烈编选 / 陕西艺术研究所 1991 年版

史记文学成就论稿 / 可永雪 / 内蒙古教育出版社 1991 年版

史记——史之巨构 / 任飞 / 春风文艺出版社 1992 年版

史记春秋十二诸侯史事辑证 / 刘操南 / 天津古籍出版社 1992 年版

民族精神谱（史记人物述评）/ 陈志辉 / 北京师范大学出版社 1992 年版

史记故事 / 赵淑敏等 / 中国国际广播出版社 1992 年版

史记文白评精选 / 韩兆琦主编 / 吉林文史出版社 1992 年版

史记与中学古文 / 宋嗣廉、赵国玺 / 吉林教育出版社 1992 年版

文白对照全译史记 / 杨钟贤、郝志达 / 国际文化出版公司 1992 年版

史记注解辨正 / 徐仁甫 / 四川大学出版社 1993 年版

史记 / 刘兴林点注 / 中国友谊出版公司 1993 年版

史记精华注译 / 张光勤、张盛如 / 北京广播学院出版社 1993 年版

史记故事 / 吉春等 / 陕西人民出版社 1993 年版

史记精华导读 / 杨燕起、阎崇东 / 中国旅游出版社 1993 年版

中国史官文化与史记 / 陈桐生 / 汕头大学出版社 1993 年版

史记选注 / 韩兆琦 / 台湾里仁书局 1993 年版

史记故事通览 / 姜如林等 / 海南出版社 1993 年版

司马迁自述集 / 张胜发、高巨成 / 陕西师范大学出版社 1993 年版

司马迁祠碑石录 / 李国维、张胜发 / 陕西师范大学出版社 1993 年版

司马迁史记名言录 / 高巨成、冯学忠等 / 陕西师范大学出版社 1993 年版

司马迁评传 / 张大可 / 南京大学出版社 1994 年版

千秋太史公 / 吉春 / 未来出版社 1994 年版

史记全译 / 吴东顺 / 贵州人民出版社 1994 年版

史记新探 / 俞樟华著 / 民族出版社1994年版
史记通假字汇释 / 易国杰 / 苏州大学出版社1994年版
太史公书研究 / 赵生群 / 陕西人民出版社1994年版
史记故事 / 路岩 / 岳麓书社1994年版
史记汉书比较研究 /〔韩〕朴宰雨 / 中国文学出版社1994年版
史记精言妙语选 / 高成元 / 百花文艺出版社1994年版
史记故事精华 / 吴言生、黄玲 / 陕西师范大学出版社1994年版
史记精彩故事 / 卢晓光、赵淑兰 / 河北少年儿童出版社1994年版
司马迁评传 / 许凌云 / 广西教育出版社1994年版
全注全译史记 / 吴树平等 / 天津古籍出版社1995年版
漫画史记 / 张文等文、张安等画 / 河北教育出版社1995年版
司马迁一家言 / 张大可、俞樟华等 / 陕西教育出版社1995年版
司马迁行年新考 / 施丁 / 陕西教育出版社1995年版
司马迁经济思想研究 / 韦苇 / 陕西教育出版社1995年版
史记与古今文经学 / 陈桐生 / 陕西教育出版社1995年版
司马迁的创造性思维 / 徐兴海 / 陕西教育出版社1995年版
史记——伟大人格的凝聚 / 程世和 / 陕西教育出版社1995年版
史记人生百态 / 梁建邦主编 / 西北大学出版社1995版
司马迁与地学文化 / 霍有光著 / 陕西教育出版社1995年版
司马迁教育思想述略 / 杨生枝著 / 陕西人民教育出版社1995年版
史记选注集评 / 韩兆琦 / 广西师范大学出版社1995年版
史记博议 / 韩兆琦 / 台北文津出版社1995年版
司马迁与《史记》研究论著专题索引 / 徐兴海主编 / 陕西人民教育出版社1995年版
司马迁与宗教神话 / 张强 / 陕西教育出版社1995年版
史记与中国文学 / 张新科 / 陕西教育出版社1995年版

史记文学论稿 / 李志慧 / 三秦出版社 1995 年版

司马迁民族思想阐释 / 池万兴 / 陕西教育出版社 1995 年版

彩图中国古典名著·史记 / 宗华等 / 江苏少年儿童出版社 1995 年版

史记 / 黄善夫本 / 新疆人民出版社 1996 年版

史记通论 / 韩兆琦 / 广西师范大学出版社 1996 年版

史记名篇述论稿 / 陈桐生 / 汕头大学出版社 1996 年版

史记的学术成就 / 杨燕起 / 北京师范大学出版社 1996 年版

史记与现代文明 / 刘永康 / 四川人民出版社 1996 年版

司马迁的历史学 / 毛曦 / 陕西教育出版社 1996 年版

司马迁与商战谋略 / 金鑫炎 / 湖北人民出版社 1996 年版

史记十二本纪疑诂 / 张家英 / 黑龙江教育出版社 1997 年版

史记的文化发掘 / 王子今 / 湖北人民出版社 1997 年版

二十五史新编·史记 / 汪受宽 / 上海古籍出版社 1997 年版

司马迁散文选集 / 徐柏容等主编 / 百花文艺出版社 1997 年版

史记全本导读辞典 / 周啸天等主编 / 四川辞书出版社 1997 年版

史记故事精选 365 / 周牧等主编 / 湖北少年儿童出版社 1998 年版

太史公书校读记 / 李人鉴 / 甘肃人民出版社 1998 年版

司马迁人格论 / 陈雪良 / 上海人民出版社 1998 年版

命运与性格的对话：再品《史记》的人物故事和思想 / 孙家洲 / 中国人民大学出版社 1998 年版

司马迁的人才观 / 程生田、高巨成、程宝山 / 西北大学出版社 1998 年版

司马迁政治思想通论 / 朱枝富 / 延安大学出版社 1999 年版

司马迁经济思想通论 / 朱枝富 / 延安大学出版社 1999 年版

史记文献研究 / 张大可 / 民族出版社 1999 年版

少年版史记 / 张大可 / 民族出版社 1999 年版

司马迁全传 / 刘国辉 / 长春出版社 1999 年版

司马迁传奇 / 张天恩 / 陕西人民出版社 1999 年版

史记与诗经 / 陈桐生 / 人民文学出版社 2000 年版

史记文献学丛稿 / 赵生群 / 江苏古籍出版社 2000 年版

史记精言妙语 / 张大可 / 中州古籍出版社 2000 年版

司马迁与中国天学 / 吴守贤 / 陕西教育出版社 2000 年版

史记题评 / 韩兆琦 / 陕西教育出版社 2000 年版

司马迁与屈原和楚辞学 / 吕培成 / 陕西教育出版社 2000 年版

史记八书与中国文化研究 / 徐日辉 / 陕西人民出版社 2000 年版

史记与中国古代建筑文化 / 赵安启、王宏涛 / 陕西人民出版社 2000 年版

史记与中国农业 / 惠富平 / 陕西人民出版社 2000 年版

史圣司马迁 / 东方芥子 / 海天出版社 2000 年版

5. 中国台湾地区《史记》研究论著索引（115 种，1951—2002）[①]

《史记》考索 / 刘甫琴编（编者按：著者实为朱东润）/ 台北：台湾开明书店 /1957 台一版，1969 台二版，1987 台四版

敦煌秘籍留真新编：史记帝王略论 / 台北：台湾大学装订本 /1958

司马迁 / 王国维等 / 台北：河洛图书出版社 /1960

司马迁 / 正言出版社编辑部编 / 高雄：正言出版社 /1963

《史记》《汉书》匈奴地名今释 / 张兴唐 / 台北 /1963

《史记》今注 / 劳干、屈万里 / 台北：中华丛书委员会 /1963

司马迁与《史记》/ 史次耘 / 台北：广文出版社 /1964

[①] 此部分书目为台湾大学学者李伟泰及其助手林雅琪提供。补遗为本书笔者所加。

《史记·天官书》今注 / 高平子 / 台北 /1965

《史记》新校注稿 / 张森楷 / 台北：中国学典馆复馆筹备处 /1967

《史记》考证研究论集 / 大陆杂志社编辑委员会编 / 台北：大陆杂志社 /1970

司马迁撰写《史记》采用《左传》的研究 / 顾立三 / 台北：正中书局 /1971

《史记》今释 / 杨家骆 / 台北：正中书局 /1971

《史记》索引 / 黄福銮编 / 台北：大通书局 /1973/ 另，台北：成伟出版社 /1987

《史记》三家注补正 / 瞿方梅 / 台北：广文书局 /1973

《史记》评介 / 徐文珊 / 台北：维新书局 /1973 印行，1992 修订初版

《史》《汉》初学辨体 / 潘椿重 / 台北：文海出版社 /1974

《史记·殷本纪》疏证 / 李寿林 / 台北：鼎文书局 /1975

《史》《汉》文辞异同释 / 季洛生 / 台北：弘道文化事业公司 /1975

司马迁思想探讨 / 曾秀气 / 屏东：美和护专 /1975

《史记》论文集 / 潘重规 / 台北：志光出版社 /1975

司马迁研究 / 刘伟民 / 台北：文景书局 /1975/ 另，台北：编译馆 /1985

《史》《汉》关系 / 吴福助 / 台中：曾文出版社 /1975/ 另，台北：文史哲出版社 /1987

《史记》研究之数据与论文索引 / 王民信编 / 台北：学海出版社 /1976

《史记会注考证》斠订 / 严一萍 / 台北：艺文印书馆 /1976

《史记》论文集 / 陈新雄、于大成主编 / 台北：木铎出版社 /1976 初版，1978 年再版

司马迁政治思想之研究 / 邓璞磊 / 台北：华冈出版公司 /1977

司马迁的世界：司马迁戏剧性的一生与《史记》的世界 / 郑樑生 / 台北：志文出版社 /1977 初版，1993 再版

《史记》的故事：中国最伟大的一部传记史书 / 郑樑生编译 / 台北：志文出版社 /1977 初版，1978，1980，1982，1984，1986，1992，1994，1997 再版

司马迁与其史学 / 周虎林 / 台北：文史哲出版社 /1978 初版，1980 二版，1987 三版，1991 四版

点校本《史记》人名索引 / 洪北江主编 / 台北：洪氏出版社 /1978/ 另，台北：九思出版社 /1979

《史记》解题 / 吴福助 / 台北：河洛图书出版社 /1979

《史记》今注 / 马持盈 / 台北：台湾商务印书馆 /1979 一版，1983 二版，1987 三版，1991 四版

司马迁的人格与风格 / 范寿康 / 台北：台湾开明书店 /1980

《史记》新证 / 陈直 / 台北：学海出版社 /1980/ 另，台北：河洛图书公司 /1980

司马迁 / 吴季桓 / 台北：名人出版社 /1980 初版，1982 再版

《史记》论赞研究 / 施人豪 / 台北：文史哲出版社 /1980

司马迁——其人及其书 / 王国维等 / 台北：长安出版社 /1980

《史记·伯夷传》——道德与幸福的矛盾 / 森三树三郎著，萧英宏译 / 台北：文思出版社 /1981

《史记会注考证》驳议 / 鲁实先 / 台北：洪氏出版社 /1981

《史记》：历史的长城 / 高上秦 / 台北：时报文化出版公司 /1981

《史记》考证：秦汉中古研究论集 / 大陆杂志社 / 台北：大陆杂志社 /1981

《史记》：历史的长城 / 李永炽 / 台北：时报文化出版公司 /1981

初版，1987 袖珍本 50 开初版，1997 二版，1999 三版

《史记》：历史的长城 / 裴溥言 / 台北：时报文化出版公司 /1981

《史记》之旅 / 喜美出版社编辑部 / 台北：喜美出版社 /1981

读《史记》管见 / 陈海瀛 / 台北 /1982

《史记》的舞台 / 颜昆阳主编 / 台北：故乡出版社 /1982

司马迁之学术思想 / 赖明德 / 台北：洪氏出版社 /1983 增订再版

太史公书义法 / 孙德谦 / 台北：台湾中华书局 /1983 台二版，1985 台三版 / 另，收入杨家骆主编《四史知意并附编六种》/ 台北：鼎文书局 /1976 初版

司马迁思想研究 / 林云龙 / 高雄：复文出版社 /1984

《史记》斠证一百卅卷（史语所专刊 78）/ 王叔岷 / 台北："中央研究院历史语言研究所" /1983

司马迁研究 / 杨定浩 / 台北：生韵出版社 /1984

《史记·屈原列传》伪窜考 / 杨定浩 / 台北：生韵出版社 /1984（编者按：本书内容与《司马迁研究》/ 杨定浩著相同）

闽南语考证：《史记》例证 / 黄敬安 / 台北：文史哲出版社 /1984

《史记》导言 / 陈飞龙 / 台北：庄严出版社 /1984

闽南话考证：《荀子》、《史记》、《汉书》例证 / 黄敬安 / 台北：文史哲出版社 /1985

《史记》述《尚书》研究 / 古国顺 / 台北：文史哲出版社 /1985

《史记》识误 / 周尚木 / 出版地不详 /1985

司马迁与《史记》新探 / 张维岳编 / 台北：崧高书社 /1985

司马迁与老庄思想：并论司马迁思想兼怀儒道 / 刘光义 / 台北：台湾商务印书馆 /1986 初版，1992 二版

《史记》之旅 / 赵震中 / 台北：皇鼎文化公司发行 /1986

《史记》中的处世学 / 简吉编译 / 高雄：大众书局 /1986

《史记》中的赌命人物 / 张心怡编译 / 台北：常春树书坊 /1986

司马迁的创作意识与写作技巧 / 范文芳 / 台北：文史哲出版社 /1987

司马迁与《史记》/ 李永炽 / 嘉义：明统图书公司 /1988

司马迁传 / 霍必烈 / 台北：国际文化出版公司 /1988

《史记》方法试论 / 游信利 / 台北：文史哲出版社 /1988

《史记》的处世学 / 许富顺 / 台南：大夏出版社 /1989

《史记》本纪地理图表 / 台北：编译馆 /1990

司马迁：中国伟大的历史家 / 吴珊珊编著 / 台南：世一书局 /1991

司马迁和《史记》/ 台北：国文天地出版社 /1991

司马迁和《史记》/ 胡佩韦 / 台北：群玉堂出版事业股份有限公司 /1991

《史记》人间学：帝王权力企划书 / 张慧良主编 / 台北：高战点子杂志社 /1991

看人：我读《史记》/ 吕正惠 / 台北：汉艺色研文化事业公司 /1991

《史记》政治人物述评 / 汪惠敏 / 台北：师大书苑 /1991

《史记》论文选集 / 黄沛荣编 / 台北：长安出版社 /1991

《史记》美学论 / 何世华 / 台北：水牛出版社 /1992

《史记》研究粹篇（一）、（二）/ 张高评主编 / 高雄：复文图书（所收皆大陆学者之论著）/1992

《史记》新探 / 丘述尧 / 台北：明文书局 /1992

读《史记》，学处世 / 王敏政 / 台北：星光出版社 /1993

《史记》：控制人的宝书 / 王淑妙 / 台南：西北出版社 /1993

《史记》地理今释 / 程宽正编著 / 台北 /1993

司马迁：中国伟大的历史学家 / 台南：世一书局 /1994

司马迁的史传文学世界 / 周先民 / 台北：文津出版社 /1995

史圣司马迁 / 王丕震 / 台北：秋海棠文化企业 /1995

两汉文学学术研讨论文集 / 王初庆等 / 台北：华严出版社 /1995

话说《史记》：历史兴衰胜负的症结 / 蔡信发 / 台北：万卷楼图书公司 /1995

《史记》博议 / 韩兆琦 / 台北：文津出版社 /1995

《史记》七十篇列传评注 / 李勉 / 台北：编译馆 /1996

《史记》导读 / 王伯涵编撰 / 台北 / 著者自刊 /1996

中国通史的鼻祖司马迁 / 李敬一 / 台南：红树林文化出版公司 /1997

司马迁 / 萧本雄改写；赖惠凤主编 / 台北：台湾东方出版社 /1998

司马迁 / 林择明编著 / 台南：光田出版社 /1998

司马迁 / 林树岭编著 / 台南：启仁出版社 /1998

《史记》黄老思想研究 / 郑圆铃 / 台北：学海出版社 /1998

《史记》评赏 / 赖汉屏 / 台北：三民书局 /1998

《钱宾四先生全集》34，《史记地名考》（上）/ 钱穆 / 台北：联经文化事业公司 /1998

《钱宾四先生全集》35，《史记地名考》（下）/ 钱穆 / 台北：联经文化事业公司 /1998

《史记》奇谋 / 宋效永、袁世全编 / 台北：利丰出版社 /1999

经营之神：《史记》货殖传者 / 吴岛 / 台北：利丰出版社 /1999

穷究天人通古今：司马迁与《史记》/ 田人隆 / 台北：万卷楼图书公司 /2000

司马迁 / 世一编辑部编著 / 台南：世一书局 /2000 初版，2000 修订一版，2001 修订二版

商战谋略：司马迁 / 余鑫炎 / 高雄：宏文馆图书 /2001

《史记》地图汇编 / 黄启芳、洪国梁绘编 / 台北：学海出版社 / 2001

司马迁 / 东方芥子 / 台北：实学社 / 2001

儒家经传文化与《史记》/ 陈桐生 / 台北：洪叶出版社 / 2002

补遗

《史记》精华 / 劳干等 / 台南大东书局

白话《史记》/ 六十教授 / 台湾河洛图书出版社

《史记会注考证》订补 / 施之勉 / 台北华岗出版有限公司

《史记》人物画廊 / 黄绳 / 广东人民出版社

言文对照《史记》读本 / 杨德恩 / 香港宏智书局

《史记》选注 / 杨德恩 / 香港中流出版社

《史记》导读 / 黄华表 / 香港中华文化事业有限公司

《史记》考 / 王仁禄 / 台湾中华书局

《史记》导读 / 李曰刚 / 台湾师大出版社

《史记》导读 / 林秘乾 / 台湾师大出版社

附录三

主要参考书目

1. 前人及近人论著

史记三家注 / 刘宋·裴骃集解、唐·司马贞索隐、唐·张守节正义

史记会注考证 /〔日〕泷川资言

史记会注考证校补 /〔日〕水泽利忠

史通 / 唐·刘知几

黄氏日钞 / 宋·黄震

班马异同评 / 宋·倪思撰、刘辰翁评

史记辨惑 / 宋·王若虚

史记评林 / 明·凌稚隆辑校

史记论文 / 清·吴见思

史记评议 / 清·李景星

读史记十表 / 清·汪越撰、徐克范补

史记商榷 / 清·王鸣盛

史记札记 / 清·赵翼

史记志疑 / 清·梁玉绳

史记札记 / 清·李慈铭

史记札记 / 清·郭嵩焘

史记探源 / 清·崔适

文史通义 / 清·章学诚

史记旧注平议 / 近人王骏图、王骏观

史记会注考证驳议 / 鲁实先

太史公书知意 / 刘咸炘

史记考索 / 朱东润

太史公书亡篇考 / 余嘉锡

史记要籍解题及其读法 / 梁启超

史记释例 / 靳德峻

史记研究 / 郑鹤声

太史公行年考 / 王国维

太史公年谱 / 张鹏一

司马迁年谱 / 郑鹤声

司马迁之人格与风格 / 李长之

2. 时贤论著

司马迁 / 季镇淮 / 上海人民出版社 1955 年

司马迁与史记 / 文史哲杂志社编 / 中华书局 1957 年

史记研究的资料和论文索引 / 中国科学院历史研究所 / 科学出版社 1957 年

史记书录 / 贺次君 / 商务印书馆 1958 年

司马迁所见书考 / 金德建 / 上海人民出版社 1963 年

史记新证 / 陈直 / 天津人民出版社 1979 年

司马迁 / 郭维森 / 江苏人民出版社 1982 年

司马迁研究新论 / 施丁等 / 河南人民出版社 1982 年

司马迁与史记论集 / 《历史研究》编辑部编 / 陕西人民出版社 1982 年

司马迁研究 / 陆永品 / 江苏人民出版社 1983 年

史汉论稿 / 徐朔方 / 江苏古籍出版社 1984 年

史记研究 / 张大可 / 甘肃人民出版社 1985 年

史记管窥 / 程金造 / 陕西人民出版社 1985 年

史记人物传记论稿 / 郭双成 / 中州古籍出版社 1985 年

史记评议赏析 / 韩兆琦 / 内蒙古人民出版社 1985 年

历代名家评史记 / 杨燕起等选辑 / 北京师范大学出版社 1986 年

史记论赞辑释 / 张大可 / 陕西人民出版社 1986 年

史记论稿 / 吴汝煜 / 江苏教育出版社 1986 年

史记艺术美研究 / 宋嗣廉 / 东北师范大学出版社 1986 年

司马迁和史记 / 刘乃和主编 / 北京出版社 1987 年

司马迁传记文学论稿 / 李少雍 / 重庆出版社 1987 年

司马迁论稿 / 聂石樵 / 北京师范大学出版社 1987 年

司马迁史学及其批评 / 周一平 / 华东师范大学出版社 1989 年

史记与日本文化 / 覃启勋 / 武汉大学出版社 1989 年

史记研究资料索引和论文专著提要 / 杨燕起、俞樟华 / 兰州大学出版社 1989 年

司马迁研究 / 韩城司马迁学会编 / 三秦出版社 1990 年

史记研究史略 / 张新科、俞樟华 / 三秦出版社 1990 年

史记通论 / 韩兆琦等 / 北京师范大学出版社 1990 年

司马迁评传 / 黄新亚 / 光明日报出版社 1991 年

史记文学成就论稿 / 可永雪 / 内蒙古人民出版社 1991 年

司马迁评传 / 张大可 / 南京大学出版社 1994 年

司马迁一家言 / 张大可、俞樟华等 / 陕西教育出版社 1995 年

司马迁与史记研究论著专题索引 / 徐兴海主编 / 陕西教育出版社 1995 年